《东南亚研究》第一辑 《东南亚概论》丛书

YUENAN GAILUN

越南概论

兰 强 徐方宇 李华杰 编著

[十二五]国家重点图书出版规划项目

国家出版基金项目
NATIONAL PUBLICATION FOUNDATION

中国出版集团
世界图书出版公司

图书在版编目（CIP）数据

越南概论/兰强，徐方宇，李华杰编著. —广州：世界图书出版广东有限公司，2012.12（2025.9重印）
（东南亚研究）
ISBN 978-7-5100-1840-4

Ⅰ. ①越⋯　Ⅱ. ①兰⋯　②徐⋯　③李⋯
Ⅲ. ①越南—概况　Ⅳ. ①K933.3

中国版本图书馆CIP数据核字（2012）第305422号

越南概论

项目策划：	陈　岩
项目负责：	卢家彬　刘正武
责任编辑：	魏志华
出版发行：	世界图书出版有限公司　世界图书出版广东有限公司
	（广州市新港西路大江冲25号　邮编：510300）
电　　话：	020-84184026　84453623
http:	//www.gdst.com.cn　E-mail: wpc_gdst@163.com
经　　销：	各地新华书店
印　　刷：	广东虎彩云印刷有限公司
版　　次：	2020年9月第2版
印　　次：	2025年9月第12次印刷
开　　本：	880mm×1230mm　1/32
字　　数：	300千字
印　　张：	12.375

ISBN 978-7-5100-1840-4
定　　价：35.00元

版权所有　侵权必究
咨询、投稿：020-84460251　gzlzw@126.com

解放军外国语学院亚非语系
《东南亚研究》编辑委员会

主　任：钟智翔　李晨阳
副主任：尹湘玲　于在照　祁广谋
编　委：（以汉语拼音为序）
　　　　毕世鸿　蔡向阳　陈　晖　龚晓辉　郝　勇　黄　勇
　　　　兰　强　李　健　卢光盛　孙衍峰　谈　笑　谭志词
　　　　唐　慧　谢群芳　易朝晖　余富兆　郑军军

前　言

"东南亚"指亚洲东南部地区，包括越南、老挝、柬埔寨、泰国、缅甸、菲律宾、马来西亚、文莱、新加坡、印度尼西亚、东帝汶等11个国家。该地区人口众多、资源丰富、幅员辽阔，北接东亚大陆，南望澳大利亚，东濒太平洋，西临印度洋，西北与印度、孟加拉国相毗邻，是连接亚洲和大洋洲、太平洋和印度洋的桥梁地带，具有举足轻重的战略地位。

东南亚是中国周边邻国最为集中的地区。通过陆地和海洋的连接，东南亚与中国为邻，是中国通往外部世界的最重要的海上通道，是中国维护国家安全的重要门户。由于山水相连、唇齿相依，中国与东南亚地区自古以来就有着密切的政治、经济和文化上的往来。虽然其间也曾有过摩擦和冲突，但和平友好一直是中国与东南亚交往的主调。新中国成立后，中国政府奉行睦邻友好的和平外交政策，正确处理与周边国家的关系，营造了一个较好的周边环境。特别是冷战结束后，出现了有利于中国改善与周边国家关系的国际大气候，为中国稳定周边关系提供了良好的机遇。在中国的对外关系中，东南亚具有举足轻重的分量，它既是中国实施"睦邻、安邻、富邻"外交的重要目标，也是展现中国与周边国家睦邻友好关系的窗口。无论是中国为实现社会主义现代化争取一个和平的国际环境，还是实施"立足亚太、稳定周边"的对外战略，东南亚都是不可或缺的一环。而在经济上，东南亚有着丰富的自然资源和潜在市场，是中国对外开放、开展互利合作的重要伙伴。因此，密切与东南亚各国的关系，对于中国构建稳定、和谐的周边环境具有重要意义。

近年来，中国和东南亚各国关系取得了迅速、全面、深入的发展。特别是1997年亚洲金融危机爆发以后，中国坚持人民币不贬值，以不附带任何政治条件的真诚支持和援助获得了东南亚各国的一致赞赏，拉近了相互间的距离，也使中国与东南亚的关系全面推进，不断拓展和深化。2002年11月，《中国与东盟全面经济合作框架协议》的签署，标志着中国—东盟建立自由贸易区的进程正式启动，也标志着中国与东南亚国家的经贸合作进入了新的历史阶段。此后，双方又将合作拓展到政治、安全和战略领域，相继签署了《中国与东盟关于非传统安全领域合作联合宣言》《南海各方行为宣言》，以及中国加入《东南亚友好合作条约》，确立"中国—东盟面向和平与繁荣的战略伙伴关系"等，奠定了中国与东南亚国家进行整体性制度合作的框架基础，中国与东南亚关系由此进入了合作共赢的发展阶段。

随着2010年中国—东盟自由贸易区的正式全面启动，中国东盟博览会和商务与投资峰会、大湄公河次区域经济合作、北部湾经济区的开放开发等一系列合作机制的建立和实施，昆河铁路、昆曼公路等一批跨国合作项目的建成和投入使用，可以预见中国和东南亚各国的经贸关系会更加密切，合作机制会更加健全，双方的相互依存度会更加牢固。在此背景下，越来越多的国人希望进一步了解和认识东南亚。有鉴于此，解放军外国语学院亚非语系依据自身拥有覆盖东南亚地区主要语言的优势和东南亚语种群办学52年的历史积淀，组织编写了《东南亚概论》《越南概论》《老挝概论》《柬埔寨概论》《泰国概论》《缅甸概论》《马来西亚概论》《印度尼西亚概论》

等，分别从自然地理、历史简况、民族与习俗、宗教信仰、文学艺术、政治制度、国民经济、军事与国防、对外关系等方面对东南亚及东南亚各国的国情与社会文化进行了阐述。参加丛书编撰工作的均为解放军外国语学院东南亚语种方向的专家学者。他们精通英语和东南亚语言，熟悉东南亚文化，在编写过程中多采用第一手资料，使丛书内容具有丰富、翔实、权威的特点。

在充满机遇与挑战的全球化时代，中国如何把握住时机，继续深化与东南亚国家的睦邻友好关系，提升在政治、经济、贸易、文化、安全等各领域的广泛交流与深入合作，是一个重要课题。《东南亚研究》丛书旨在为希望了解东南亚情况的人士提供较为客观、全面的知识和信息。由于受资料收集和学术水平等诸多因素的限制，书中所表述的观点难免有疏漏和不当之处，敬请广大读者批评指正。同时，我们也衷心希望有更多更好的东南亚研究成果问世。

解放军外国语学院亚非语系
《东南亚研究》编辑委员会
2012年11月

目 录

引言 ·· 1

第一章 自然地理 ·· 4
第一节 地理状况 ·· 4
一、山地、丘陵 ·· 4
二、平原 ·· 6
三、高原 ·· 7
四、河流 ·· 8
五、海岸和海岛 ·· 10
六、自然地理区域 ·· 11

第二节 自然资源 ·· 12
一、矿产资源 ·· 13
二、森林资源 ·· 15
三、海产资源 ·· 16
四、水能资源 ·· 16

第三节 人口与行政区划 ·· 17
一、人口 ·· 17
二、行政区划 ·· 18
三、省级行政区简介 ·· 20

第二章 历史简况 ·· 40
第一节 古代部分 ·· 40
一、远古时期 ·· 40
二、郡县时期 ·· 43

三、自主时期（968—1858年）……………………………… 47
　第二节　近代部分 ……………………………………………… 56
　　一、殖民入侵和殖民统治 ……………………………………… 56
　　二、反抗法国殖民的斗争 ……………………………………… 58
　第三节　现代部分 ……………………………………………… 59

第三章　民族与习俗 …………………………………………………… 64
　第一节　民　族 ………………………………………………… 64
　　一、概述 ………………………………………………………… 64
　　二、民族的来源与分布 ………………………………………… 65
　　三、主要民族简介 ……………………………………………… 66
　第二节　风俗习惯 ……………………………………………… 71
　　一、饮食 ………………………………………………………… 71
　　二、衣着 ………………………………………………………… 73
　　三、住房 ………………………………………………………… 75
　　四、交际 ………………………………………………………… 76
　　五、婚俗 ………………………………………………………… 78
　　六、葬俗 ………………………………………………………… 80
　　七、禁忌 ………………………………………………………… 81
　第三节　传统节会 ……………………………………………… 82
　　一、传统节日 …………………………………………………… 82
　　二、民间礼会 …………………………………………………… 88

第四章　宗教信仰 ……………………………………………………… 94
　第一节　概　述 ………………………………………………… 94
　第二节　佛　教 ………………………………………………… 96
　　一、越南佛教发展史 …………………………………………… 96

二、越南佛教的特点…………………………………102

　第三节　天主教、福音教………………………………104

　　一、天主教……………………………………………104

　　二、福音教……………………………………………107

　第四节　儒教、道教……………………………………109

　　一、儒教………………………………………………109

　　二、道教………………………………………………116

　第五节　本土宗教………………………………………120

　　一、和好教……………………………………………120

　　二、高台教……………………………………………122

　第六节　民间信仰………………………………………126

　　一、祖先崇拜…………………………………………126

　　二、城隍信仰…………………………………………127

　　三、母神崇拜、"四不死"神崇拜……………………129

　　四、自然神崇拜………………………………………130

　　五、生殖崇拜…………………………………………132

　　六、祖师爷崇拜………………………………………134

第五章　文学艺术…………………………………………135

　第一节　语言文学………………………………………135

　　一、语言文字…………………………………………135

　　二、文学………………………………………………137

　第二节　音乐与舞蹈……………………………………146

　　一、音乐………………………………………………146

　　二、舞蹈………………………………………………150

　第三节　电影与戏剧……………………………………152

一、电影 ……………………………………………… 152
　　二、戏剧 ……………………………………………… 156
　第四节　绘画艺术 …………………………………………… 161
　第五节　建筑艺术 …………………………………………… 163
　第六节　传统工艺 …………………………………………… 166

第六章　科技、教育和文化事业 ………………………………… 168
　第一节　科学技术 …………………………………………… 168
　　一、越南科技发展成就 ……………………………………… 168
　　二、越南科技发展存在的问题 ……………………………… 175
　第二节　教　育 ……………………………………………… 177
　　一、教育事业发展历程 ……………………………………… 177
　　二、越南现行教育制度和教育体系 ………………………… 181
　　三、21世纪初越南教育事业的发展 ………………………… 186
　第三节　文化事业 …………………………………………… 188
　　一、越南共产党关于建设和发展文化事业的政策主张 …… 188
　　二、越南文化事业机构 ……………………………………… 189
　　三、越南报刊业、出版业、广播电视业等 ………………… 191

第七章　政治制度 ………………………………………………… 195
　第一节　宪　法 ……………………………………………… 195
　　一、1946年宪法 ……………………………………………… 195
　　二、1959年宪法 ……………………………………………… 196
　　三、1980年宪法 ……………………………………………… 197
　　四、1992年宪法 ……………………………………………… 198
　第二节　国旗、国徽、国歌 ………………………………… 199
　　一、国旗 ……………………………………………………… 199

目 录

　　二、国徽 …………………………………………… 200
　　三、国歌 …………………………………………… 201
　第三节　国体与政体 ………………………………… 202
　第四节　国　会 ……………………………………… 203
　　一、国会职责权限 ………………………………… 204
　　二、国会代表和国会代表选举 …………………… 205
　　三、国会主席 ……………………………………… 206
　　四、国会常务委员会 ……………………………… 206
　　五、国会各委员会及国会办公厅 ………………… 207
　第五节　政　府 ……………………………………… 209
　　一、政府的职责和权限 …………………………… 209
　　二、政府总理 ……………………………………… 210
　　三、政府各部及部级机关 ………………………… 211
　第六节　司法机构 …………………………………… 219
　　一、人民法院 ……………………………………… 219
　　二、人民检察院 …………………………………… 220
　第七节　政党和社团 ………………………………… 221
　　一、越南共产党 …………………………………… 222
　　二、主要社团组织 ………………………………… 226

第八章　国民经济 ……………………………………… 229
　第一节　经济发展简史 ……………………………… 229
　　一、殖民时期的经济 ……………………………… 229
　　二、越南民主共和国时期的经济 ………………… 230
　　三、南越经济 ……………………………………… 232
　　四、统一至革新开放时期的经济 ………………… 233

五、革新开放以来的经济……236
　第二节　主要经济部门……240
　　一、农业……240
　　二、工业……243
　　三、能源……246
　　四、交通运输……249
　　五、邮电通信……253
　　六、旅游……254
　　七、金融……258
　　八、外贸、外资和外援……259
　第三节　经济发展前景……260

第九章　军事与国防……264
　第一节　人民军的性质、特点……264
　第二节　人民军简史……266
　　一、越南人民军的成立……266
　　二、1945—1975年间的人民军……268
　　三、1976—1986年间的人民军……271
　　四、1986年以来人民军的发展……273
　第三节　军种与兵种……276
　　一、陆军……276
　　二、海军……278
　　三、防空—空军……279
　　四、各兵种概况……279
　第四节　国防体制……283
　　一、武装力量的构成……283

二、统帅机构 284
三、作战指挥系统 285
四、政治工作系统 285
五、后勤保障系统 286
六、装备技术保障系统 286
七、生产管理系统 287
八、训练和学术研究系统 287
九、民兵组织 288
十、兵役和动员体制 288
第五节 军事战略和作战思想 289
一、对威胁的判断 289
二、军事战略 290
三、作战指导思想 292
四、战术特点 294
第六节 对外军事关系 295

第十章 对外关系 297
第一节 外交简史 297
第二节 外交政策、目标和成就 300
第三节 与中国的关系 302
一、"同志加兄弟"时期（1950—1975年） 302
二、非正常时期（1975—1990年） 303
三、正常化时期（1990—2000年） 304
四、建立21世纪全面战略合作伙伴关系 311
第四节 与东盟国家的关系 320
一、与老挝的关系 320

二、与柬埔寨的关系 ……………………………………… 321
　　三、与缅甸的关系 ………………………………………… 322
　　四、与泰国的关系 ………………………………………… 322
　　五、与菲律宾的关系 ……………………………………… 323
　　六、与马来西亚的关系 …………………………………… 323
　　七、与印度尼西亚的关系 ………………………………… 324
　　八、与新加坡的关系 ……………………………………… 325
　　九、与文莱的关系 ………………………………………… 325
　第五节　与世界主要国家的关系 ……………………………… 326
　　一、与美国的关系 ………………………………………… 326
　　二、与俄罗斯的关系 ……………………………………… 328
　　三、与日本的关系 ………………………………………… 330
　　四、与印度的关系 ………………………………………… 333
　　五、与法国的关系 ………………………………………… 334
　　六、与德国的关系 ………………………………………… 335
　　七、与英国的关系 ………………………………………… 337
　　八、与朝鲜的关系 ………………………………………… 337
　　九、与韩国的关系 ………………………………………… 338
　第六节　与国际组织的关系 …………………………………… 339
　　一、与东盟的关系 ………………………………………… 339
　　二、与亚太经合组织的关系 ……………………………… 340
　　三、与联合国的关系 ……………………………………… 341
　　四、与欧盟的关系 ………………………………………… 342

第十一章　中越友好关系 ………………………………………… 344
　第一节　古代中越友好关系 …………………………………… 344

一、郡县时期……344
二、自主时期……347
第二节　近代中越友好关系……360
一、法国入侵与中越友好往来……361
二、资产阶级救国运动与中越友好交往……364
第三节　现代中越友好关系……368

参考文献……371

后　记……374

引 言

越南位于亚洲东南部、中南半岛东部，面积329 556平方千米。越南的国土形状呈S形，南北两头较宽，为湄公河三角洲和红河三角洲；腰部较细，以长山山脉为骨架连缀两大平原。大部分国土位于北回归线以南，主要气候特征为湿热。越南的地势西北高、东南低，北部山脉多呈西北—东南走向，中部长山山脉为南北走向。越南河流众多，越北山区的河流，流程较长，多数汇入红河；长山北段和西原东坡的河流大多流程短、落差大，东流入海；西原西坡的河流流程较长，汇入湄公河和同奈河；众多的河流不仅是稻作文明的基石，还提供水运的条件，并蕴含了丰富的水利资源。越南海岸线长3 260千米，沿岸不仅有众多美丽的沙滩，还有不少丰产渔场。越南森林覆盖率约39%，孕育了丰富的生态系统，是最具生态多样性的国家之一。越南还是黄花梨、金丝楠木、沉香等珍贵木材的重要产地。

越南是一个多民族的国家，有54个民族。越族，也称京族，是越南的主体民族，人口占全国总人数的86%。截至2011年，越南全国共有8 784万人，人口平均密度约为每平方千米266人，城市人口占总人口的30.6%。越南还是一个多宗教信仰的国家，东方的佛教、儒教[①]、道教、伊斯兰教，西方的天主教、福音教，以及本土的高台教、和好教共同组成越南的宗教信仰体系，信教人数约占越南人口总数的80%。

---

① 中国的儒家思想传入越南后被称为儒教或孔教。中越两国学术界对此有不同观点。越南主流学界认为儒家思想具备宗教的核心特质，所以坚持称其为儒教。为了方便理解越南人的信仰，本书引用该概念。

越南属于汉文化圈国家（也称儒教国家），其文化底色是以儒教伦理为基础的秩序观，并在文学、艺术、习俗、伦理、典章、建筑等诸多方面表现出来。佛教具有全国性影响力，其慈悲、因果、超脱、修行等思想也强烈地影响了越南人的世界观、价值观。其他宗教多具有区域性影响力，对区域文化的塑造发挥了重大作用。在越南，具有普适性的信仰是"祖先崇拜"和"城隍信仰"，家中的供台是越南人寄放心灵、情感的第一圣地，本地的城隍是寻求安全庇护的精神归所。

越南是一个历史悠久的国家。根据考古发现，距今五六千年前，在今越南北中部地区出现了旧石器时代的居民。距今2700年以前，北部及北中部的各个文化群落已经汇聚在一起，形成了统一的"东山文化"，制作精细、纹饰精美的铜鼓是该文化的代表。公元前214年，秦设象郡，管辖今越南中部和北部地区，越南被纳入中国的版图，进入中国郡县时期。968年，丁部领平定十二使君之乱，建立自主封建国家——大瞿越国。此后，除了短暂的属明时期，不管朝代如何更替，越南封建王朝一直向中国封建王朝"称臣纳贡"，维持着稳定的"宗藩关系"。1858年，法国入侵，越南逐渐沦为法国殖民地。1945年，越南共产党领导"八月革命"，推翻了阮氏封建王朝并建立越南民主共和国。1954年，越南人民军在奠边府大败法军，法国被迫在《关于恢复印度支那和平的日内瓦协议》上正式签字，越南北部全部解放。1975年4月30日，越南人民军攻占西贡，越南全国解放，南北统一。1976年，越南全国举行普选，成立统一的国会，改国名为"越南社会主义共和国"。

从1986年起，越南推行革新、开放政策，发展社会主义定向的市场经济，成为经济发展速度最快的国家之一。越南用20多年的时间从世界上最贫穷的国家之一成长为人均GDP超1 000美元的新兴市场国家，经济革新成就巨大。2008年，在全球金融危机的背景下，越南经济发生巨大震荡，增速放缓，未来经济发展面临的变数增多。

从历史上看，越南一直是中国的友好邻邦。中越两国山水相连、民族同源，有着两千多年的友好交往史。早在公元前3世纪末，今越南北中部和北部即成为秦朝郡县，中原先进生产技术和文化传入越南，促进了越南当地经济社会的发展。在近千年的自主时期，两国虽偶有嫌隙，但友好交往是主流，汉文化继续南传，越南成为濡染汉文化最深的地区之一。近代以来，越南饱受侵凌，法国、日本、美国相继入侵。在反抗殖民入侵、争取民族独立的进程中，中越两国的仁人志士多有合作，两国人民相互支援，互相帮助。特别是新中国成立以后，两国间建立起了"同志加兄弟"的深厚情谊。在中国的无私援助下，越南取得抗法、抗美战争的胜利，最终统一祖国。

从1975年开始，越南奉行向苏联"一边倒"的外交政策，出兵柬埔寨，大肆排华，与中国渐行渐远。1986年，越共六大提出"革新、开放"政策，全面调整其内外政策。1991年，两国关系恢复正常化，随后逐渐升温，分别于1999年和2000年签订了两国《陆地边界条约》和《北部湾划界协定》。进入21世纪以来，中越两国政治互信日益加深，经贸往来日益频繁，民间交流日益活跃，两国建立起"全面战略合作伙伴"关系。由于历史的原因，越南占领中国南沙29个岛礁，并企图使之长期化、法理化。这是中越两国交往中最大的不和谐"音符"，并随着国际、国内局势的变化衍生出不同的表现形式。可以预见，南沙问题将是未来较长时间内影响中越关系的主要变数。但是，中越友好符合两国政府和人民的根本利益，我们有理由相信，两国政府和人民有足够的政治智慧，能妥善解决南沙问题，为中越世代友好扫清障碍。

第一章 自然地理

越南地形狭长，呈S形，位于中南半岛东部，北邻中国，西邻老挝和柬埔寨，东、南临南海。越南从最南端到最北端直线距离为1 650千米，东西最宽处位于越北地区从广宁省的芒街到奠边省西部的越老边界，约500千米，最窄处位于中部的广平省，约50千米。

越南是一个多山的国家，全境四分之三的面积为山地、丘陵和高原。西北地区和越北地区主要为山地。长山山脉从北纵贯至西原高原，是越南地形的骨架。红河平原和九龙江平原①是越南最大的两个平原，分别位于长山山脉的南北两端，是世界闻名的谷仓，因此有人形象地把越南地形比喻为"一根扁担挑着两个谷筐"。中部还有一些狭长、破碎的沿海小平原。如此，越南地形大致可以分为越北山地、红河平原、长山山脉和西原、中部沿海平原和湄公河三角洲五大板块。

第一节 地理状况

一、山地、丘陵②

越南地势西北高，东南低，所有的大山都位于越南西北部和西部，越往东地势越低，沿海地区常常是窄窄一带冲积平原。越南境内的主要山脉是横断山系在中南半岛的延伸，云南、广西境内的哀牢山、六诏山、十万大山向南和东南延伸构成了东北山地；云南境内的无量山沿越老边境向南延伸，在越南西北部称"拾宋早再"

---
① 亦称湄公河三角洲。
② 山脉和山峰等的译名首先采用习惯译名，次之采取汉—越音对照译名，无对应汉字的采用音译。

山①，从清化北至西原称长山山脉，在藩切附近入海。

（1）越北山地。越北山地包括黄连山和东北山地两部分。红河紧贴着哀牢山麓，由西北向东南奔流，流经越南北部山区，把山区分为两半，河西称西北山区或黄连山，东北部称红河以北山区或东北山地。黄连山长200千米，海拔一般在1200米以上，不少山峰海拔超过2500米②，是中南半岛地势最高的地区。其中，黄连山主峰番西邦峰高达3143米，不仅是越南的最高峰，也是中南半岛的最高峰。黄连山峰峦叠嶂，山势高峻，谷深坡陡，道路艰险。东北山地，南北宽90～120千米，东西长260～300千米，海拔1000～1600米，地势北高南低，高山主要分布在中越边界地区，最高峰是海拔2431米的西昆岭③。东北山地的地形特点是山地丘陵交错，多喀斯特地貌，既有深切的峡谷，也有宽阔的谷地。不少山岭间的川道自古就是中越交流的通道。

（2）长山山脉。长山山脉因其形状狭长而得名，它绵延达1100千米，宽50～200千米，是越南地形的骨脊，也是越南和老挝、柬埔寨的自然边界。它从义安④—清化北部山地往南，一直延伸到越南中部的最南端，是中南半岛气候和河流的分水岭。长山山脉以海云关为界可分为南北两段。北长山与西北山地相呼应，海拔较高，山势险峻。北长山位于越南领土最窄的部分，实际上它只是长山山脉的东坡，西坡在老挝境内，地势较平缓。由于岩性脆弱，地层断裂，这一地区形成不少山口，可穿越长山。这些山口成为越老两国的重要通道，如12号公路经过的穆嘉关，9号公路通过的辽保山口。南长山从海云关一直延伸到南部平原，其走势由北向南转向东北，

---

① 俗称黄连山。
② 这些高山多分布在越老边界地区，成为越老两国的自然边界。
③ 位于河江省黄树皮县。
④ 多数译作义安，本书采用其本义"分割"，译作义安。

而后又拐向西南，形成一个巨大的弓形[1]，其突起部面向东部大海，南北长450千米，东西宽150千米。南长山实际是高原和山地的混合，山峰和盆地相互交错，地形复杂，植被茂密。

海云关，又名"海云隘"，实际是长山山脉向东的一个支脉，绵延20余千米，在岘港以北入海，形成一道天然屏障，成为南北长山的界山。海云关是越南南北交通的必经山隘[2]，有"天下第一雄关"[3]之称。雄关漫道，风景峻秀，一直以来都是越南的文人墨客寻找灵感、抒发豪情的地方。同时，海云关阻断东北季风南下，还是越南气候的分界线[4]。

二、平原

越南平原面积为898万公顷，约占国土面积的27%。共有五大平原：北部平原（主体为红河平原），150万公顷；清义静平原，68万公顷；平治天平原，20万公顷；中部南区平原，60万公顷；南部平原（主体为九龙江平原），600万公顷。北部平原平度较差、河堤密布、有较完善的人工灌溉体系；中部平原坡度较大且比较破碎；南部平原河渠纵横、地势平坦、土壤肥沃。

（1）红河平原。也叫红河三角洲，主要由红河水系和太平江水系冲积而成。红河平原像一个顶点向西斜立着的等腰三角形，顶点是越池，底边在北部湾西岸，两腰分别长约180千米，底边长约

---

[1] 弓形环抱的高原地区俗称"西原"，是越南的少数民族聚居区。
[2] 1A公路经过海云关既可以走隧道，也可走盘山公路。走隧道只需要5分钟；而走盘山公路，小车一般需要40分钟，一路上流云飞漾、高山绿树、远海沙滩，风景十分宜人。统一铁路修建在靠近山根、贴近海边的地方，弯道大，火车经过时一般限速40千米。2004年，海云关发生过一起火车侧翻事故，事故原因为速度过快，达到70千米/小时。
[3] 海云关的海拔只有400多米，但是因为从海边突兀而起，地势险要，且为南北交通必经关隘，俗称"天下第一雄关"。
[4] 岘港、广南以南，四季温暖，没有冬季。

150千米。红河平原在远古时期就已形成，至今仍在不断生长，在宁平的入海口，平原仍以每年约100米的速度向海里延伸。红河平原土质肥沃，开发历史悠久，是越南主要的稻米产区。红河平原还是越人最早居住的地方，是"红河文明"的发祥地，人类活动频繁。丰富的物产、便利的交通和深厚的人文积淀使这里发育成为最具越南风情的地方。

（2）九龙江平原。也称湄公河三角洲，主要由湄公河冲积而成，面积约440万公顷。由于湄公河在越南境内形成六大支流、9个入海口，恰似九龙入海，因此，越南人更习惯使用九龙江平原这个名字。九龙江平原地势低平开阔，海拔一般不超过5米，河渠交错，沼泽遍布，是典型的水网稻作区和名副其实的鱼米之乡，产量占国内粮食总产量的40%左右。九龙江平原在相当广阔的面积上保持了原始的自然风貌，尤其是在同塔梅地区和金瓯半岛。现在，九龙江平原还在以较快的速度向西南方向生长，金瓯角地区的生长速度约为每年60~80米。

连接红河平原、九龙江平原的是从北到南的沿海狭窄平原，习惯上叫中部沿海平原。中部沿海平原实际上是清化到藩切间各个小冲积平原的总称。每个平原都是一条源自长山东坡的河流的作品，而每条河的流域常常又是一个省的地域。沿海平原并非完全连成一片，因为长山山脉有一些支脉[①]向东横向发展，直至入海，把中部沿海平原切割成相对独立的小块。中部平原一般形状狭长，面积不大，从义安至绥和以南没有一个平原超过20万公顷。

三、高原

越南最大的高原是中部以西的西原高原，简称西原，面积3.7

---

① 如横山、海云关、衢蒙山、大岬等，这些横向入海的支脉也是越南地形的天然屏障。

万平方千米,包括崑嵩高原、波莱古高原、多乐高原[①]、林同高原和夷灵高原,这五大高原像相互连接的五层台阶,其中最高一层是林同高原,平均海拔超过1 500米。西原高原大部分森林密布,草原辽阔,有公路通沿海和老挝、柬埔寨两国。西原高原的气候适合种植咖啡、茶叶、胡椒、橡胶、鲜花等经济作物。同时,由于四季如春,适合避暑,世界著名的避暑胜地达叻就位于此。

较小的高原有老街省老街高原、河江省同文高原、高平高原、山萝省木州高原等。

四、河流

越南河流众多,据不完全统计,长度在10千米以上的河流有2 860余条,总长4.1万千米。沿着海岸线行走,大约每隔20千米就可以见到一个河口。总体来看,越南河流的总流量很大,但分布不均匀,因为气候分旱季和雨季,河流也分为丰水期和枯水期,在丰水期,其流量占到全年流量的70%～80%。越南河流的泥沙含量[②]很高,其中,红河水的泥沙含量最高,雨季时,含沙量达到每立方米10千克,每年红河向大海平均输沙约2亿吨。

各地区的河流具有不同的特点,越北山区的河流,流程较长,多数汇入红河;长山北段和西原东坡的河流大多流程短、流域小、落差大,直接入海;西原西坡的河流流程较长,汇入湄公河和同奈河。众多的河流不仅提供了水运的条件,还蕴含了丰富的水利资源。越南的河流主要有红河水系、太平河水系、湄公河水系、同奈河水系。

(1)红河。红河又称珥河,是越南最大的河流,也是北方最大的水系,由于河水中夹带大量的泥沙而呈红色,俗称红河。红河发

---

① 也称邦美属高原。
② 其中,北方河流含沙量又高于南方河流。

源于中国云南，全长1 140千米，在中国境内称元江，在越南境内长505千米。其中老街—越池段流经山区，水流湍急，多险滩和瀑布。越池以下，流量大增，水流平缓，河道曲折。红河河内市区段，宽1 500米，水深15米，可供上千吨的轮船航行。红河的主要支流有沱江和泸江。沱江发源于中国云南，全长982千米，其中在越南境内长543千米，因河水呈黑色又名"黑水河"，位于红河右岸，与红河并行流淌至越池市汇入红河。沱江水流湍急，蕴含丰富水利资源，由苏联援建的和平水电站就位于沱江上。泸江发源于中国云南境内，位于红河左岸，由斋江、锦江、明江汇合而成，在宣光汇合后称泸江，在越池汇入红河。泸江全长450千米，在越南境内长270千米，多流经荒山秃岭，含有大量泥沙，宣光以上河床狭窄，礁石浅滩较多，宣光至越池，河床逐渐展宽，水流平稳。

（2）太平河。发源于越南东北部山区，主要支流有求江、陆南江、商江等，流经海阳、兴安一带后又分多条支流入海，全长69千米。太平河水量较丰富，流程短、水流缓、含沙量小，与红河有运河相连，形成水网，便于交通和调水灌溉，保障了红河平原的农业生产和商品交流。

（3）湄公河。发源于中国青藏高原的唐古拉山脉东坡，在中国境内称澜沧江，流出国境后称"湄公河"[①]，向南经缅甸、老挝、泰国、柬埔寨、越南，最后注入南海。湄公河全长2 888千米，越南境内的部分是湄公河的下游，长约220千米。湄公河自金边以下，分成前江和后江两大干流进入越南，在三角洲地区又分为六大支流、9个入海口，俗称"九龙江"。九龙江地区地势平坦，河网密布，水流平缓，是典型的水乡泽国。湄公河终年均可通航，3 000吨轮船可以溯流而上，直达金边。

---

① "湄公"译自老挝语，意为"母亲河"。

(4)同奈河水系。发源于西原地区,流经林同、同奈省,长300千米,河宽200～300米,水深2～6米。在胡志明市南,西贡河、东威古河、西威古河分别汇入,从同一河口入海,因为同奈河的长度最长,所以一般也把这一流域称为同奈河水系。入海口至胡志明市段约69千米,水深4～12米,可通航1.5万吨以下的轮船。

除了上述四大河流或水系之外,越南还有一些比较重要的地方性河流,如:谅山地区的奇穷河,高平地区的平江,这两条河都流入中国广西的左江;北中部地区有马江和朱江,主要在清化省境内;义安、河静省的蓝江,发源于老挝川圹附近,全长390千米;广平省有日丽江;广治省有边海河;承天—顺化省有香江;广义省有茶曲河、卫河;富安省有达让河等。

五、海岸和海岛

(1)海岸。越南三面临海,东面、南面濒临南海,西南临泰国湾。越南的海岸线曲折,总长3 260千米。越南海岸既有低平的泥沙海滩,又有曲折深邃、岩丘环抱的天然港湾。大体分为四段:(1)红河平原以北海岸曲折,岛屿众多。(2)红河三角洲和湄公河三角洲所处海岸为淤泥质,岸线大致平直。(3)清化以南至贤良河口段,海岸多平直的沙滩,往往夹有向海突出的小岩丘。(4)从贤良河口到藩切段,海岸线最曲折,多岬角、崖壁和山丘环抱的天然港湾。

由于河流众多,在越南的海岸线上形成大大小小上千个入海口,河流带来大量有机物,利于浮游生物生长,为鱼类提供了丰富的食料,因此,越南沿海有不少高产的渔场,尤以凤岛、顺安、勦劳秋地区的鱼类储量丰富。

(2)海岛。越南的岛屿大大小小有2 700多个,总面积达1 700平方千米。其中有84个岛屿面积在1平方千米以上,面积在10平方千米以上的有24个，100平方千米以上的有3个。还有近1300个海岛没有名字。越南的岛屿集中分布在东北部的广宁—海防以东海域和最南端的建江—明海以南海域。其中广宁—海防以东海域的岛屿占岛屿总数的83%，占总面积的48%；建江—明海以南海域的岛屿占岛屿总数的5%，占总面积的35%。

沿海岸线从北向南，较大的岛屿有：永实岛、盖毡岛、陈岛、青磷岛（又译香葩岛）、姑苏岛（又译苟枢岛）、盖宝岛、茶班岛、青兰岛（又译群兰岛）、吉婆岛、湄岛、麦岛、昏果岛、占岛、李山岛、列岛、水牛岛、青岛、竹岛、富贵岛、昆仑岛、快岛、水獭岛、南游岛、土珠岛、富国岛。

广宁省以东海面上有几个大岛自然条件好，岛上居民多，如永实岛、盖毡岛、盖宝岛、吉婆岛等。其中，吉婆岛被越南政府公认为国家生物园，拥有许多珍稀动物。

富国岛面积600平方千米，人口7万多人，有机场和大型码头。富国岛是著名的海洋捕捞基地，发展海水珍珠养殖和胡椒种植，富国鱼露、珍珠、胡椒都是越南著名的出口产品。同时，由于富国岛海水清澈，沙白细腻，是著名的休闲旅游目的地。

昆仑岛是昆仑群岛中最大的一个岛屿，距头顿近100海里，总面积76平方千米。昆仑岛被公认为国家森林公园，附近海域是储量丰富的大渔场。

六、自然地理区域

按比较粗放的标准，越南大致可以分为越北山地、红河平原、长山山脉、西原、中部沿海平原和湄公河三角洲六个地理区域。如果再参照气候、地形、地貌、水文、土壤、植被以及自然景观等要素，划分为8个自然地理区域更合理。

（1）西北区：包括山萝、奠边、莱州、和平4省，属于高山区，山高谷深，地形复杂。

（2）东北区：包括河江、高平、老街、北泮、谅山、宣光、安沛、太原、富寿、北江、广宁11省，属于山地、丘陵区。

（3）红河平原区：包括河内、海防、永福、北宁、兴安、海阳、河南、太平、南定、宁平10省、市，属于稻作平原区。

（4）中部北区：包括清化、乂安、河静、广平、广治、承天—顺化6省。该区位于北长山东麓，是由沿海平原、丘陵和山区组成的复合地形区。

（5）中部南区：包括岘港、广南、广义、平定、富安、庆和、宁顺、平顺8省、市。该区地形地貌类似于中部北区，只是沿海平原更加狭窄，气候更加温暖。南长山东麓的山地高度有所下降，丘陵所占比例增大。

（6）西原区：包括崑嵩、嘉莱、多乐、多农、林同5省，属于典型的高原区。

（7）南部东区：包括胡志明市、平福、西宁、平阳、同奈、巴地—头顿6省、市，属于平原和低丘陵混合区。

（8）南部西区和南部南区：包括隆安、同塔、安江、前江、建江、芹苴、后江、槟榔、永隆、茶荣、朔庄、薄寮、金瓯13省、市，属于典型的水网平原区。

第二节　自然资源

胡志明主席曾经用"金山银海"形容越南自然资源的丰富。越南的山脉属于横断山系地质构造带[①]的南延，蕴藏着丰富的矿产资

---

① 横断山系是著名的有色金属矿沉积带。

源①；海岸线长，不仅有丰富的海产资源②，还存在不少优质油气沉积带；多山的地形又孕育了丰富的森林资源和动植物资源；河流众多，落差大，水利资源丰富。

一、矿产资源

经过地质勘探，越南已发现了金、银、铜、铁、铅、锌、钡、钼、镍、钨、铬、锰、钛、锑、煤、硫、汞、石油、天然气、重晶石、铝矾土、石英、云母、磁石、磷灰石、硝石、石墨、石膏、磷酸盐、石棉、红宝石、石灰石、肥煤、稀土、矿盐和矿泉水等90多种矿藏资源。储量较多或有工业开采价值的有煤、石油、天然气、铁、钛、锰、铬、铝、锡、磷灰石、稀土③等。

（1）煤。越南煤的储量丰富，品种多、质量好。除广宁省外，太原省太原、宁平省儒关、谅山省禄平和红河上游沿岸地区均有煤，总储量达65亿吨④。广宁省东北部地区出产的无烟煤，外观黑亮、热量高、含硫量低、杂质少，属于优质煤，是主要出口商品。此外，越南还有褐煤⑤、泥煤、肥煤等。

（2）石油和天然气。越南是一个油气资源相当丰富的国家。据估算，其石油储量约100亿吨，在东南亚诸国中，仅次于印度尼西亚、马来西亚。越南的石油、天然气主要集中在几个沉积带：红河沉积带，预计储量为15亿吨；九龙江沉积带，勘探预测储量为25亿吨；昆仑岛以南沉积带勘探预测储量为30亿～40亿吨；此外，

---

① 矿产资源大致可以分为能源矿、金属矿、非金属矿，越南都有较丰富的储量。
② 此处的海产资源指从海洋直接获取的资源，主要包括海洋动物资源、海洋植物资源、海盐等，不包括海底钻探获取的有色金属、石油、天然气等。此外，越语词"hải sản"对应汉语就是"海产"，但其本义为"海鲜"，不可混淆。
③ 近年来，中国对稀土资源加大了出口管控，许多国家转而从越南购买，从而刺激越南稀土产业迅猛发展。但是因为管理粗放，开发野蛮，造成比较严重的浪费，已经引起越南政府的重视。
④ 其中，广宁省的煤炭储量达55亿吨，占全国煤炭储量的90%。
⑤ 褐煤属于低品质煤。据估计，在红河三角洲地层深处，褐煤的储量高达2000亿吨。

中部沉积带①也有10亿吨储量；土珠—马来沉积带储量较小，约2亿吨。据越南油气总公司预测，越南的天然气蕴藏总量约为16 520亿～22 120亿立方米，主要分布在九龙江平原和红河平原。

（3）铁。越南已发现了三个主要铁矿区。西北地区红河沿岸的贵砂、宝河、兴庆等地形成一个铁矿带，贵砂矿床主要贮藏褐铁矿，储藏量为1.25亿吨。北洴、高平、太原等省的铁矿储藏量为5 000万吨，主要是磁铁矿，含铁量在60%以上。越南中北部地区最重要的是石溪矿床，储藏量约4.8亿吨，属于高品质磁铁矿，含铁量达60%～65%，但该矿床距海仅1千米，开采的地质条件和气象条件都很差。

（4）铝土。北部的谅山、高平、河江、宣光等省有铝土矿床，估计储量为1 000万吨。西原地区②是铝土矿最丰富的地区，林同省的保禄、新来等地最为集中，估计有几十亿吨的储量。

（5）铜镍。铜镍在不同地区都有发现，一般是伴生矿，如生权矿床的铜矿储量为55.1万吨，混合金35万吨，银为25万吨。镍集中在班福矿床，镍的储量达12万吨，铜为7.3万吨。根据地质分析，红河右岸、沱江以南地区可能还有铜镍矿。

（6）铅锌。北方各省的田市、朗希、秀丽、银山、谅山等地都发现了矿床，其中田市矿床的储量估计有49.5万吨。

（7）铬。已探明储量370万吨，估计总储量达1 700万吨，主要分布在清化市西南约18千米的矿床带。

（8）稀土。莱州省已发现稀土矿，那车、东宝、封土等矿床氧化稀土的储量估计达1 000万吨，其中优质富矿占10%～30%的比例。

（9）非金属矿。老街有大量的磷灰石矿，已探明储量为5.78亿

---

① 包括顺化以西、富庆以东、岘港以东三个小沉积带。
② 西原地区土质为bazan土，土层中广泛地分布着铝土矿。

吨，估计总储量达20亿吨。此外，河内市巴寨的硫化物矿床，清化蛇纹岩矿床，广南省的石墨矿床，永福省盛宽的瓷土矿床，林同省三布地区膨润土矿床，安沛省陆安的宝石矿床，河江、宣光等地已初步探明的重晶石矿床等都具有较高的开采价值。

二、森林资源

越南地跨多个纬度，陆地面积的四分之三是山地、丘陵和高原。越南的气候为热带季风气候，高温多雨，年平均降雨量约2 200毫米，非常适合森林的繁育，形成了丰富多样的生态系统[①]。

越南的森林是典型的热带森林，不仅有常绿林、落叶和半落叶林、半常绿林、针叶林、针阔混交林、各种山地灌木，还有大面积的海生林[②]。目前，越南森林覆盖率为38.3%，木材储量达6亿立方米。越南是柚木、铁杉、榛木、花梨木[③]、樟脑木、花纹木、楠木[④]、格木、铁木等珍稀树木的主要产地。越南出产茴香、紫梗、砂仁、桂树、香菇、木耳等天然香料和食用植物。越南还有药用植物[⑤]1 500余种，竹林170多万公顷，红树林45.3万公顷。据不完全统计，越南有约1.2万种有种属植物，620种菇，820种苔藓。植物资源集中分布在黄连山、玉灵山[⑥]、林同高原和北长山四个地区。

---

① 据联合国教科文组织（UNESCO）的资料，越南是世界上最具生态多样性的16个国家之一。
② 俗称"红树林"，主要分布在九龙江平原和红河三角洲的海岸滩涂地带。海生林因为生长在海水浸泡的盐碱地，发育缓慢且十分脆弱，但海生林对于沿海滩涂湿地的自我净化具有不可替代的作用，近年来越来越受到关注和保护。
③ 黄花梨生产期长、硬度高且具有油性特质，是珍贵的家具用材，用它制作出的家具或者艺术品不用上油漆就可长期保存，且具有越磨越亮的特点。越南黄花梨品质略逊于海南黄花梨，随着海南黄花梨的枯竭，越南黄花梨成为高档家具收藏界的新宠，价格贵比黄金。
④ 其中最为珍贵的是金丝楠木，传统认为是制作棺材的最好材料。它密度高、花纹美，也是制作高档家具的上好木材。
⑤ 越南有悠久的使用草药治病的历史。近年来，中国中药饮片大多由人工种植，药效越来越不稳定，而越南的草药饮片基本还是源于野外采摘，质量可靠，成为中药采购的新源地。
⑥ 位于广南省和崑嵩省的南长山核心区，海拔2 598米。由于地势原因造成玉灵山地区"一山有四季，十里不同天"，形成丰富的生态系统。此外，玉灵山出产人参（玉灵参），是中南半岛唯一发现有人参的地方。

三、海产资源

越南的海产资源十分丰富。海产资源一般包括渔业资源、海生植物和海盐。越南海洋多处于浅海大陆架，海底多为沙质或珊瑚礁，适宜鱼群生存；同时，从北到南有众多的河流入海，带来大量的有机物质，有利于浮游生物生长，为鱼类提供了大量食物，因此，沿海有不少丰产渔场。渔业资源集中分布在东南部海域，约占全国储量的44%，尤以凤岛、顺安、劬劳秋地区的储量最为丰富。越南盛产鲳鱼、金枪鱼、秋鱼、飞鱼、红鱼、狗母鱼、石斑鱼、海虾、墨鱼、海蟹、蛤蜊等。越南各种海藻的产量也相当可观。越南的海盐资源也比较丰富，海水平均盐度约3.5%，在清化、乂安、广义、庆和、平顺、巴地—头顿省都有大型盐场。

四、水能资源

越南的河流总长4万多千米，总流量8 500亿立方米，潜在水力发电量为750亿～1 000亿千瓦时，水能资源的分布密度为94千瓦/平方千米，是世界平均密度的3.6倍，但是分布不均。北部地区约占全国水能资源的5成，中部约4成，南部仅占1成。北部的沱江就占全国水能资源的38.5%，贯穿中部和南部的同奈河占14.1%。

越南比较重视大、中、小型水电建设，但因资金困难和其他原因，目前水力发电量只达到潜在水力发电量的2%左右。目前，越南已建成的较大水电站有：托婆水电站[①]、和平水电站[②]、雅里水电

[①] 托婆水电站是越南自主设计、建设的第一个大型水电站，最大蓄水量20亿立方米，共3个机组，装机容量100兆瓦。
[②] 由苏联援建，建在和平省境内的沱江上，历时15年（1979.11—1994.12）完工，现在仍是越南乃至东南亚地区最大的水电站。它坝长734米，坝高128米，最大蓄水高度125米，最大蓄水量90亿立方米，安装8个发电机组，装机容量40万千瓦，年发电量81.6亿千瓦时。水电站兼具防洪、发电、灌溉、水运等功能，是越苏友谊的纪念碑。

站、多尼姆水电站、治安水电站、油汀湖水电站。2006年12月2日，国家级工程——山萝水电站开工建设，这是迄今为止越南最大的水利工程，设计最大蓄水量92.6亿立方米，安装6个机组，装机容量2 300兆瓦，全部建成后年发电量将达到94.29亿千瓦时。

第三节 人口与行政区划

一、人口

据越南国家统计局公布的数据，到2011年底，越南的人口总数为8 784万，比2010年增长1.04%，其中初生婴儿性别比（男∶女）为111.9∶100[①]。越南的人口总数在全世界排名第12，在东南亚各国中仅次于印度尼西亚。

1975年5月，越南南北统一，全国有人口4 500万。1979年10月1日，越南第一次全国人口普查后公布的人口总数为5 270万。1989年4月1日，越南第二次全国人口普查后公布的人口总数为6 440万。1999年4月1日，越南第三次全国人口普查后公布的人口总数为7 726万。2003年越南人口突破8 000万，达到8 090万。2011年，越南总人口为8 784万，其中城市人口2 688万人，占30.6%，农村人口6 096万人，占69.4%；男性4 347万人，女性4 437万人。

越南人口主要集中在红河三角洲和湄公河三角洲，其次是沿海地区，北方山区和西原地区则人烟稀少，全国人口密度平均为266人/平方千米。其中红河三角洲人口密度最大，平均每平方千米933人，湄公河三角洲平均每平方千米435人，西原地区人口密度最小，平均每平方千米92人。5个中央直辖市中，胡志明市人口661万，

---

① 由于历史的原因，当前，越南女性总数仍超过男性100多万，但是现在的初生婴儿性别比长期男高女低，未来可能引起新的社会问题。

河内市人口612万。人口最多的省是清化省，共有371万人；人口最少的是北㴜省，只有31万。人口密度最高的是胡志明市，平均每平方千米为3 149人。人口密度较高的省、市还有河内、北宁、兴安、南定、海阳、太平等，平均每平方千米都在1 000人以上；人口密度最低的是莱州省，平均每平方千米只有37人。①

越南总体上是一个年轻的国家，30岁以下年轻人占全国人口比例超过60%，但是也有较重的养老负担，现在有200多万人退休，350万革命功臣。另外，城市登记失业率常年维持在8%左右，农村隐性失业率更是高达35%。

越南的人口政策是实行"家庭计划化"②，提倡1对夫妇只生1个或2个孩子，妇女22岁以后才准生育，并规定头胎和第2胎之间必须间隔3年；遵守"家庭计划化"的家庭在购买住房、孩子入学、就医等诸多方面可得到优惠。违反"家庭计划化"政策的家庭则在有关福利和迁入城市、工业区等方面受到一定限制。

二、行政区划

越南是一个中等规模的国家，行政区划几经变动③。全国行政系

---

① 以上数据依据《2008年越南统计年鉴》整理。而根据中国外交部网站公布的数据，河内市人口在2010年已经达661万。
② 1975年越南统一后，经历过一段时间的生育高峰，自推行"家庭计划化"政策以来，越南的人口自然增长率从2.1%下降到现在的1.3%左右。"家庭计划化"政策最大的阻力来自农村，因为重男轻女的传统(有儿子才能保证自己过世后有人祭祀)，一般农村家庭都要生一个儿子才会停下来。"家庭计划化"属于"鼓励导向型"政策，对于违反者不强制处罚。在城市，由于B超技术的滥用，许多头胎生女儿的家庭都会确定第二胎是男孩子才会生，从而造成大量的堕胎。
③ 根据社会经济发展状况和实际需要，越南行政区划还有可能变动。一般由地方政府向中央政府提出建议，政府向越南国会提出正式建议和变更方案，经国会全体大会正式批准后实施。越南行政区划变动的基本规律是省越划越多(仅河西并入河内属于特例)，省级行政单位管辖的人口和面积都有限，难以在中央有话语权，越南高层一般从河内、胡志明市、中央各部委产生，各省领导难以跻身其间。

第一章 自然地理

图1-1 越南行政简图

统分为中央、省（直辖市）、县（市、郡）[①]、乡（镇、坊）四级。目前，越南有63个省级行政单位，包括58个省和5个中央直辖市。

58个省：奠边、莱州、山萝、和平、河江、高平、北洴、宣光、老街、安沛、太原、谅山、广宁、北江、富寿、永福、北宁、海阳、兴安、太平、河南、南定、宁平、清化、乂安、河静、广平、广治、承天、广南、广义、平定、富安、庆和、崑嵩、嘉莱、多乐、多农、林同、宁顺、平顺、平福、西宁、平阳、同奈、巴地—头顿、隆安、前江、槟椥、茶荣、永隆、同塔、安江、建江、后江、朔庄、薄寮、金瓯。

5个直辖市：首都河内、南部工商业中心胡志明市、北方工业港口城市海防、中部工业港口城市岘港、南部南区中心城市芹苴。

截至2010年底，越南全国县级单位643个，包括553个县、43个省辖县级市（小城市）、47个郡（城市区）[②]。省辖区域性中心城市（中等城市）54个[③]。乡级行政单位11 111个，包括9 084个乡、624个镇、1 403个坊（相当于街区）。[④]

三、省级行政区简介[⑤]

1. 河内

河内是越南社会主义共和国首都，是国家政治、文化、科学、教育、经济和国际贸易中心。河内市原有行政区划包括还剑郡、巴

[①] 越南省级行政单位的汉译名已经比较统一，但是县、乡级行政单位译名还难以统一，本书中县级行政单位基本采用丛国胜教授主编的《越南行政地名译名手册》的译名，个别译名采用更传统的译法。

[②] 2008年的统计数据为43个郡，河内增加1郡，海防增加1郡，岘港增加1郡，芹苴增加1郡。这些新增的郡都是在原某行政县的基础上，整合邻近县、郡的部分土地，突出区位优势，重新划定的。

[③] 省辖区域性中心城市有的是县级，有的高于县级，因此，单独列出。

[④] http://www.gso.gov.vn/default.aspx?tabid=386&idmid=3&ItemID=11526.

[⑤] 省级行政区面积和人口均根据越南国家统计局编写的《2008年越南统计年鉴》整理。2008年后，省级行政区变化不大，因此，面积基本没有什么变化，而人口都略有变化。同时，县级行政单位在省内部有调整。

亭郡、栋多郡、二征郡①、西湖郡、青春郡、纸桥郡、黄梅郡、龙编郡、嘉林县、东英县、青池县、慈廉县、朔山县共9个郡、5个县，面积921平方千米，人口350万。2008年5月，越南政府根据首都管理职能和社会经济发展的需求，向国会提出扩大河内市地界和管辖区域范围的建议，国会通过决议批准从2008年8月1日起正式扩大河内市地界和管辖区域范围。新河内市包括原有的9个郡、5个县，原河西省全部以及永福省的麋泠县、和平省梁山县的4个乡镇。新河内市下辖共9个郡，20个县、市，新增15个市、县分别是河东市、山西市、常信县、富川县、美德县、应和县、青威县、彰美县、国威县、怀德县、丹凤县、福寿县、石室县、巴维县和麋泠县。面积扩大到约3 348平方千米，总人口约612万人②。

河内市位于北纬20°25′至21°23′，东经105°15′至106°03′，属热带季风气候，只有旱季和雨季。旱季从10月到次年4月，天寒、雨少；5~9月是热季也是雨季，雨量充沛，且有台风。细分起来，河内也有较明显的春、夏、秋、冬。春天极其短暂，天气转暖，马上就热起来了；夏天漫长而炎热，是河内气候的基调；从9月中、下旬到11月中旬这段时间天清气爽，气候宜人，是河内的秋天；接着是冬天。河内夏季平均气温为28.9℃，冬季平均气温为18.9℃，年平均气温为23.2℃，年均降雨量为1 763毫米。

河内是一个历史悠久的城市。公元11世纪以前，先后名为"龙编""紫城""宋平""罗城""大罗城"。1010年李朝创建者李公蕴从华闾迁都大罗城后改名升龙③。1831年（即阮朝明命十二年）易名河

---

① 一般译为"二征夫人郡"。据史书记载，太守苏定杀征侧丈夫"诗"，征侧、征贰姐妹反，没有关于征贰出嫁的记载，因此，笔者以为译作"二征姐妹郡"更妥当些，简称二征郡。
② 到2011年底，河内市人口已达660万人。
③ 其后还使用过东都、东京、中都、北城等名称。李朝定都升龙使得升龙（河内）迅速成为红河平原的政治、经济、文化中心，2010年河内市举行盛大庆典庆祝河内建城1 000年。

内，取意于环抱在红河之内，沿用至今。1945年，越南民主共和国定都于此；1976年，越南统一，河内被定为越南社会主义共和国首都。

　　河内商业比较发达，交易成行成市。当时的街道往往以集中交易的货物名称命名，如棉行街、纸行街、帆行街、鱼露行街、银器行街、锡行街、糖行街等，不少街名沿用至今。据史书记载，1875年，河内已有36条街，不仅交易的货物品种丰富，数量也十分惊人。

　　河内是越南北方的交通枢纽。河内是5条铁路干线的起点，最重要的是连接河内—胡志明市的统一铁路，全长1 730千米，是越南铁路的南北轴线，此外还包括直通昆明、北京的国际联运列车。公路交通极其便利，以河内为中心，国道呈放射状通向红河平原和西北、越北各省，更有1A公路和胡志明公路通向南方。河内有内排国际机场和嘉林机场，内排机场的旅客吞吐量仅次于胡志明市的新山一机场，已开通数十条国际航线。红河水系的内河航运也很可观，尤其是货物运输。

　　河内是越南主要的旅游城市，市内湖泊星罗棋布，终年树木常青，鲜花盛开，风光秀丽，有"万花春城"之称。河内市有许多名胜古迹，如巴亭广场、胡主席陵、胡主席高脚屋、主席府、大歌剧院、还剑湖、西湖、文庙等。巴亭广场位于河内市中心，是胡志明主席宣读《独立宣言》、庄严宣告越南独立的地方，现在是国家领导人迎接外国政要、举行重要集会和重大活动的地方。广场周边分布着胡志明陵、胡志明博物馆、独柱寺、胡主席高脚屋、主席府、总理府、越共中央机关大楼、国会大厦等。还剑湖位于市中心，周边是河内的商业中心，古老的三十六街坊位于湖西北角，商铺相连，车水马龙，整日熙熙攘攘。文庙建于1070年，供奉孔子、周公，其中有国子监、太学堂等。

河内市还是越南的文化中心，有国家图书馆、河内图书馆；有历史博物馆、革命博物馆、军队博物馆、美术博物馆、妇女博物馆、胡志明博物馆、河内博物馆、民族博物馆等八大博物馆；有河内国家大学、百科大学、河内外语大学、河内外贸大学、国际关系学院、河内医科大学、河内建筑大学、河内水利大学等数十所大学和上百家研究所。

2. 胡志明市

胡志明市是一个年轻的城市，1629年开始修建，1698年阮朝派阮友景到此治理南方，逐渐成为南部经济、行政中心。1975年以前称作西贡市，1976年7月2日，越南国会决定更名为胡志明市。今天的胡志明市包括原来的西贡、堤岸、嘉定3个行政区域，面积2099平方千米，城区面积140平方千米，总人口约661万。下辖24个郡、县：1郡[①]、2郡、3郡、4郡、5郡、6郡、7郡、8郡、9郡、10郡、11郡[②]、12郡、新平郡、平盛郡、富闰郡、守德郡、鹅邑郡、平新郡、新富郡、芽艉县、芹苴县、霍门县、古芝县、平政县。胡志明市居住的主要民族有京族、华族、高棉族、占族。

胡志明市位于东经106°22′至106°54′，北纬10°10′至10°38′。气候分为雨季和旱季，雨季从5月到11月，旱季从12月到次年4月。1、2、3月最为干爽晴朗。年均降水量1979毫米，年均温度27.55℃，年均湿度为79.5%，年均日照时间为2299小时，没有冬季。

胡志明市还是南部交通枢纽，铁路、公路、水路、海运和航空都很便利。从胡志明市到河内有1A公路、胡志明公路，通向九龙江平原有1N公路，此外还有连接胡志明市—头顿的高速公路、直通金边的13号公路。胡志明市还是统一铁路的终点。新山一国际机

---

① 行政中心、商贸交易中心、高级宾馆大多在第1郡。
② 5郡、6郡、11郡所辖即原来的堤岸地区，为华人聚居区，是有名的商贸中心。

场距市中心7 000米，是国内最大的机场，有几十条国际航线。西贡港是越南最大的港口群。

胡志明市是越南经济最发达的城市，尤其是20世纪90年代以来，大量外资涌入，建起了一批现代化工业区和出口加工区，如新顺、铃中、边和、仁泽等[①]。同时，胡志明市还是全国最大的商贸中心和最国际化的城市。

胡志明市是世界著名的旅游目的地，有"远东明珠"之称，风情游、怀旧游是该市的名片。统一宫、大教堂、槟城市场、古芝地道等每年吸引大量的海内外游客。胡志明市还是越南南方的文化、教育、科技、医疗中心，有不少著名的高等学府和研究机构。

3. 海防市

面积1 522平方千米，人口184万。海防市现辖有6个郡、8个县，分别是鸿庞郡、吴权郡、黎真郡、海安郡、建安郡、涂山郡、安阳县、安老县、建瑞县、水源县、先朗县、永保县以及吉海岛和白龙尾岛两个海岛县。

海防位于越南东部，距河内104千米。属热带季风气候，年平均温度为23℃～24℃，年均降雨量为1 600～1 800毫米，温度适宜，草木终年常绿。

海防市的工业较发达，主要工业有造船、修船、机车、玻璃、塑料、罐头、地毯、纺纱等。

海防港是越南北部最大的海港。越南海军司令部、越南海上警察总部都设在该市。

4. 岘港市

1997年1月1日，越南国会正式批准岘港市成为中央直辖市。

---

① 这些工业园区和出口加工区作为经济发展的成功模式向全国推广，既推广了经验，也引起了全国范围内的"圈地运动"。

面积1 283平方千米,人口82万。岘港市下辖海州郡、清溪郡、山茶郡、五行山郡、莲沼郡、和荣县。岘港市位于热带季风气候区,一年分旱季和雨季。年均气温28℃～29℃,每年的9、10月,经常有台风登陆。岘港市的地形多样,北面是雄伟的海云关,西北的和汪县为山区,有高达1 780米的芒山,东面为山茶半岛以及一连串美丽的海水浴场,南面为五行山。

岘港市从1888年开始建城,一直以来都是越南中部重要的海港[①],旧称土伦,日属时期改称岘港。现在是中部政治、经济、交通和商贸中心,是越南陆路、水陆和航空交通网络的中点,不仅对越南中部各省意义重大,而且对西原、老挝南部、柬埔寨东北部都有辐射作用。

岘港保存有大量占城文化的遗迹和文物,仅占婆博物馆就保存有300余件古占城的文物[②]。

5. 芹苴市

2003年8月,芹苴成为越南第五个中央直辖市。面积1 402平方千米,人口117万。芹苴市下辖4个郡、5个县,分别是平水郡、丐让郡、乌门郡、宁侨郡、格多县、丰田县、永盛县、脱诺县、泰来县。

芹苴市是越南南部西区重要的城市,是九龙江平原11省的经济、文化中心。芹苴位于后江的右岸,法属时期就被视为越南南方的西都。芹苴是南部地区水陆交通的中心,连接南部西区七省的公路在芹苴交会,后江多条水系也在芹苴汇合,水路还可直达柬埔寨。

6. 奠边省

2004年5月新设立的省,之前属于莱州省,面积9 563平方千米,人口48万,省会奠边府市。下辖奠边府市、孟来县、巡教县、

---

① 岘港港背靠五行山和福祥山,外有山茶半岛为屏障,港阔水深,是著名天然良港。越美战争期间,美国曾大力扩建岘港,使之成为一个大型海陆空联合军事基地。
② 主要是带有鲜明占婆文化特征的石雕和陶器。

奠边县、奠边东县、朵佐县、芒茶县、孟涅县。因为"奠边府大捷"而闻名于世,每年都召开大捷纪念集会或联欢,逐渐成为越南"红色旅游"胜地。

7. 莱州省

面积9 112平方千米,人口34万,省会莱州市。下辖莱州市、孟得县、封土县、辛霍县、三塘县、潭渊县。境内河流多,水流湍急,流量大,水电潜能巨大。

8. 山萝省

面积14 174平方千米,人口104万,省会山萝市。下辖山萝市、琼崖县、孟拉县、顺州县、扶安县、北安县、枚山县、马江县、安州县、木州县、索沟县。省内主要为山地和高原,河流密布,水资源极其丰富,水电潜能巨大。矿产资源丰富多样,发展采掘工业具有十分便利的条件,工业前景广阔。

9. 和平省

面积4 595平方千米,人口82万,省会和平市。下辖和平市、沱北县、枚州县、奇山县、梁山县、金杯县、新乐县、乐山县、乐水县、安水县、高峰县。和平是首都河内西北的重要门户,沿6号公路距河内约70千米,自然风景美丽迷人,旅游资源丰富,许多独具特色的民族村落吸引着广大国内外游客。

10. 河江省

面积7 946平方千米,人口70万,省会河江市。下辖河江市、同文县、苗旺县、安明县、官坝县、北糜县、黄树皮县、箐门县、渭川县、北光县、光平县。河江位于越南的最北端,多高山和河流,有大面积的原始森林,出产稀有贵重木材。

11. 高平省

面积6 725平方千米,人口53万,省会高平市。下辖高平市、保乐县、河广县、通农县、茶岭县、重庆县、原平县、和安县、广和县、下琅县、石安县、保林县、复和县。高平气候凉爽，天然风景宜人，是避暑、休闲、旅游的理想去处。著名的板约瀑布、马克思山、列宁溪位于该省。

12. 老街省

面积6 384平方千米，人口60万，省会老街市。下辖老街市、孟康县、巴刹县、北河县、保胜县、沙巴县、保安县、新马街县、文盘县、滩渊县。老街是连接越南与中国云南省的枢纽，因而在政治、经济、文化和军事等方面有极为重要的地位。老街省自然资源丰富，自然风光美丽迷人，著名的避暑地沙巴位于该省。

13. 安沛省

面积6 889平方千米，人口75万，省会安沛市。下辖安沛市、义路市、陆安县、文安县、姆庚寨县、镇安县、安平县、文振县、站奏县。安沛省地处内陆，是越南西北部的门户和交通枢纽，有著名的陆安宝石矿。

14. 宣光省

面积5 870平方千米，人口75万，省会宣光市。下辖宣光市、纳杭县、占化县、咸安县、安山县、山阳县。宣光是北部山区省份之一，矿产、林产资源丰富，原始森林中有很多稀有的动植物。

15. 谅山省

面积8 327平方千米，人口76万，省会谅山市。下辖谅山市、长定县、文浪县、文关县、平嘉县、北山县、右陇县、支棱县、高禄县、禄平县、亭立县。谅山是越南北部的边境省份，与中国有着253千米的边界线，矿产品、农产品发展潜力大，盛产八角，省内名胜古迹众多，旅游业前景好。

16. 广宁省

面积6 100平方千米，人口111万，省会下龙市。下辖下龙市、锦普市、汪秘市、芒街市、平辽县、海河县、潭河县、先安县、巴节县、云屯县、横蒲县、东潮县、姑苏县、安兴县。广宁省位于越南东北部，其北面与中国有170千米长的边界线，海产、林产、矿产资源丰富，原煤储量占整个越南原煤储量的90%。下龙市是越南旅游中心城市之一，有世界自然遗产——下龙湾和上百个历史文化遗迹。广宁省北部口岸城市芒街隔北仑河与中国的东兴相望，在革新开放之后，经济发展迅猛，成为越南北方经济重镇。

17. 北泮省

面积4 859平方千米，人口31万，省会北泮市。下辖北泮市、波背县、银山县、白通县、则屯县、新市县、那里县、北捻县。北泮省属半丘陵和山区，境内河流密布，矿产品资源丰富多样，森林资源丰富。

18. 太原省

面积3 534平方千米，人口115万，省会太原市。下辖太原市、公河市、定化县、大慈县、武涯县、同喜县、富良县、富平县、普安县。太原是越北公路、铁路枢纽，还是重要的钢铁、冶炼、制造基地，盛产茶叶。

19. 富寿省

面积3 528平方千米，人口136万，省会越池市。下辖越池市、富寿市、夏和县、青波县、端雄县、临洮县、安立县、三农县、青水县、青山县、扶宁县、锦溪县。红河水系的三条大河洮江、泸江和沱江在越池市汇合，水路、陆路和铁路交通都很便利。著名的雄王庙在该省。

20. 永福省

面积1 232平方千米，人口101万，省会永安市。下辖永安市、福安市、三岛县、立石县、三阳县、平川县、永详县、安乐县、糜泠县。永福省交通发达，靠近内排国际机场，发展外向型经济有良好条件。三岛山区气候凉爽，年平均气温为21℃，是北部理想的避暑胜地。

21. 北江省

面积3 827平方千米，人口163万，省会北江市。下辖北江市、山峒县、陆岸县、陆南县、安世县、谅江县、安勇县、越安县、新安县、协和县。地形包括平原、半丘陵和山地，境内有裒江、商江、陆南江三条大江流过，水路运输便利，同时也给农业和旅游业创造了有利条件。

22. 北宁省

面积823平方千米，人口102万，省会北宁市。下辖北宁市、桂武县、安丰县、仙游县、顺城县、嘉平县、良才县、慈山县。北宁是越南文明的摇篮之一，境内的历史遗迹众多，礼会[①]极富特色，传统手工业发达。

23. 海阳省

面积1 654平方千米，人口174万，省会海阳市。下辖海阳市、至灵县、南策县、清河县、荆门县、金城县、嘉禄县、四岐县、锦江县、平江县、清沔县、宁江县。海阳省位于红河三角洲中心，地形相对平坦，水路、公路、铁路交通便利，农业较为发达，绿豆糕是该省著名农产品，近年来着力承接河内、海防产业转移。

24. 兴安省

面积923平方千米，人口117万，省会兴安市。下辖兴安市、

---

① 因为多在庙祠举行，也译作庙会。本文采用礼会译名。

美豪县、文林县、安美县、快州县、文江县、恩施县、金洞县、芙渠县、仙侣县。兴安省地形相对平坦，河流湖泊多，水路、公路、铁路交通便利。献街是兴安著名的历史古街，从17世纪繁荣至今，此外还有许多历史文化遗迹如金钟寺、南献亭等。厚肉龙眼是本地最有名的特产，曾是皇室贡品。

25. 河南省

面积860平方千米，人口83万，省会府里市。下辖府里市、维先县、金榜县、里仁县、清廉县、平陆县。河南省在红河三角洲南部，是首都河内南大门。土质大部分是冲积土，土地肥沃，有利于发展农业。

26. 太平省

面积1 560平方千米，人口187万，省会太平市。下辖兴河县、琼附县、太瑞县、东兴县、武舒县、建昌县、钱海县。太平省处于红河平原上，是越南北部的谷仓之一。

27. 南定省

面积1 652平方千米，人口199万，省会南定市。下辖南定市、务本县、美禄县、懿安县、南直县、直宁县、春长县、胶水县、义兴县、海后县。南定省位于红河三角洲南端，农业是该省的支柱，纺织工业较发达，此外，南定的手工艺品也很有名。

28. 宁平省

面积1 392平方千米，人口93万，省会宁平市。下辖宁平市、三叠市、儒关县、嘉远县、华闾县、安谟县、安庆县、金山县。宁平省位于北部平原南端，有发展多样化农业的优势；发展旅游业方面也有较大潜力，境内有许多自然景观和历史遗迹，如三谷、碧洞、华闾故都、发焰石制教堂建筑群，国家级森林公园——菊芳园也在该省，该园以拥有丰富的动植物资源著称。

29. 清化省

面积11 135平方千米,人口371万,省会清化市。下辖清化市、岑山市、碧山市、孟辣县、关化县、关山县、巴托县、锦水县、琅政县、石城县、玉乐县、常春县、如春县、如青县、永禄县、河中县、峨山县、安定县、寿春县、厚禄县、绍化县、弘化县、东山县、肇山县、广昌县、农贡县、静嘉县。清化省是越南的大省,连接着北部与中南部,地形复杂多样,地势由西向东倾斜,依次为山地、丘陵、平原和沿海滩涂。交通便利,旅游资源丰富。

30. 乂安省

面积16 499平方千米,人口313万,省会荣市。下辖荣市、格卢市、演州县、琼琉县、安城县、都良县、宜禄县、兴元县、南坛县、清漳县、新圻县、英山县、乂坛县、葵合县、葵州县、桂峰县、襄阳县、祈山县、冠桃县。乂安是越南中部的大省,地形包括山地、丘陵和盆地;地势由西北向东南倾斜;也是中部重要的经济、文化、政治中心。

31. 河静省

面积6 025平方千米,人口131万,省会河静市。下辖河静市、鸿岭市、香山县、德寿县、宜春县、甘禄县、香溪县、石河县、锦川县、祁英县、武光县。河静省处于越南中部,与老挝接壤,葛糖口岸是与老挝、泰国交流的重要通道。

32. 广平省

面积8 065平方千米,人口86万,省会洞海市。下辖洞海市、宣化县、明化县、广泽县、布泽县、广宁县、丽水县。广平省位于越南中部,西与老挝接壤,曾是胡志明小道著名的集结地。广平省风光绮丽,头枕雄奇俊美的横山岭,沿海有美丽的金色海滩,旅游资源丰富。境内的丰芽洞是世界自然遗产。

33. 广治省

面积4 744平方千米，人口64万，省会东河市。下辖东河市、广治市、永灵县、由灵县、甘露县、肇丰县、海陵县、向化县、达克容县、昏果岛县。广治位于越南中部，将南北方分隔了近20年的分界线即在本省。境内河流密布，落差大，蕴藏了丰富的水能。气候恶劣，有干热的西南风和老挝风。抗美战争时期，广治是敌人狂轰滥炸的对象，至今，广治还保留着不少革命历史遗迹，如长山烈士陵园、永牧地道、溪山战场等等。

34. 承天—顺化省

面积5 065平方千米，人口115万，省会顺化市。下辖顺化市、丰田县、广田县、香茶县、富荣县、香水县、富禄县、阿雷县、南东县。境内的平原基本沿海岸线呈西北—东南分布，狭长，面积1 400平方千米，是中部平原的重要组成部分。境内有顺安港及水深达18～20米的真梅湾，有条件建设深水港；富排机场位于1A公路和统一铁路旁边，公路、铁路、航空、水运都十分便利。

35. 广南省

面积10 438平方千米，人口149万，省会三岐市。下辖三岐市、会安市、大禄县、奠盘县、维川县、南江县、升平县、桂山县、协德县、先福县、福山县、成山县、北茶眉县、南茶眉县、富宁县、东江县。考古学家在广南地区发现了公元前1世纪铁器时代的遗址，被命名为沙潢文化，而后被占婆人继承并发展成占婆文化，广南省现在还遗留有不少占婆文化的遗迹。

36. 广义省

面积5 153平方千米，人口130万，省会广义市。下辖广义市、李山县、平山县、茶蓬县、山静县、山西县、山河县、思义县、义行县、明龙县、慕德县、德普县、巴德县、西茶县。广义省位于越南的正中部，盛产水稻和甘蔗。广义的榕橘港是一个正在建设中的深水大港，以后将是越南最大的油气港。

37. 平定省

面积6 040平方千米，人口159万，省会归仁市。下辖归仁市、安老县、怀恩县、怀仁县、符美县、扶吉县、永盛县、西山县、云耕县、安仁县、绥福县。归仁港是南中部地区最大的港口，平定的特产有丝绸、燕窝、沉香、建筑石材、各种手工艺品等。平定有悠久的文化，保留着许多传统礼会，是呐剧的摇篮，西山武术的发源地和光中鼓阵舞的故乡。这里留存了许多占婆人的建筑和文化遗迹，最为集中和著名的是搭磐城，这里曾经是占婆王朝的都城。

38. 富安省

面积5 061平方千米，人口89万，省会绥和市。下辖绥和市、同春县、裘江县、绥安县、山和县、绥和县、馨江县、富和县。富安省是南中部沿海省，海岸线长100多千米，有些陡峻的山一直延伸到海边，把沿海平原分割成不连续的块状，并形成许多水潭和海湾，主要种植水稻。富安省有许多遗迹和旅游景点，如位于绥和市中心的雁山，矗立在沱然河畔，景色秀丽。此外，还有不少美丽的海滩，如叠滩、拜仙滩，山石嶙峋，风景峻美。

39. 庆和省

面积5 218平方千米，人口116万，省会芽庄市。下辖芽庄市、金兰市、万宁县、宁和县、延庆县、庆永县、庆山县。庆和省是南中部沿海省，海岸线长200千米，有大大小小上百个岛屿，鱼和虾的产量较大，燕窝、沉香是该地特产。庆和有不少优良的海港，其中，金兰港是世界级的深水良港，在冷战时期是苏军的海军基地。芽庄市是著名的旅游胜地。

40. 崑嵩省

面积9 690平方千米，人口40万，省会崑嵩市。下辖崑嵩市、达格雷县、玉回县、达多县、公伯陇县、达河县、沙泰县、公瑞县。崑嵩位于嘉莱—崑嵩高原的北部，大部分位于长山山脉的东面，是峥江、秋盆河、茶曲河、波河的发源地。境内50%的面积为森林覆盖，有各类珍贵的木材、林特产和珍稀鸟类。除此之外，崑嵩的土质为巴赞（bazan）土，适合种植橡胶、咖啡、茶、甘蔗、蚕桑等经济作物。崑嵩以自然景色优美著称，著名的景点有玉灵峰、沙忒原始森林、多苏温泉等。此外，崑嵩监狱、胡志明小道、多苏战场、新景战场等是抗美战争时期的见证地。

41. 嘉莱省

面积15 537平方千米，人口119万，省会波莱古市。下辖波莱古市、安溪市、阿云巴县、诸巴县、诸博容县、诸色县、德基县、罗格莱县、克邦县、克容巴县、公则若县、芒杨县、罗跛县、多朵县、多博县。嘉莱省境内有许多湖泊、溪流、险滩、山岭和原始森林，形成了雄伟绮丽的自然景观，带有西原山林浓厚的原始色彩。

42. 多乐省

面积13 125平方千米，人口178万，省会邦美蜀市。下辖邦美蜀市、亚赫勒澳县、以苏县、克荣能县、克荣布县、邦敦县、居玛甲县、亚卡尔县、玛德拉克县、克荣巴县、克荣阿纳县、克荣崩县、多米尔县、乐克县。多乐省是全国自然面积最大的省，森林资源丰富。此外，这里的红土土质利于橡胶、咖啡、茶、胡椒和甘蔗等经济作物生长。

43. 多农省

面积6 515平方千米，人口43万，省会嘉义市。下辖嘉义市、居瞿特县、多农县、多双县、克荣诺县、多日勒普县、多米县。多农省是2004年5月新成立的省，之前属多乐省。

44. 林同省

面积9 772平方千米，人口120万，省会达叻市。下辖达叻市、保禄市、乐阳县、单阳县、德重县、林河县、保林县、夷灵县、达怀县、达得县、吉仙县、丹龙县。林同省平均海拔1 500米，东部和南部地势较为平坦，人口较稠密，70%的面积是山地和森林。达叻市为著名旅游胜地，四季如春，有"春城"之称，终年有日照，花开不断。

45. 宁顺省

面积3 358平方千米，人口58万，省会藩朗—占塔市。下辖藩朗—占塔市、宁海县、宁福县、宁山县、北爱县。宁顺省气候干热，风多，蒸发量大，无冬季。盛产葡萄、烟叶、甘蔗、糖、棉花、葱、蒜等，水产养殖业也相当发达。旅游景点众多，珍贵的历史遗迹——占塔保存完好，海水浴场水清沙白，占婆人的礼会独具特色。

46. 平福省

面积6 874平方千米，人口83万，省会同帅市。下辖同帅市、同富县、福隆县、禄宁县、布当县、平龙县、真城县、布窦县。平福省地处高原与平原的交界处，高原区森林资源丰富，地势较平坦的地区，适合橡胶、咖啡、红木和芭蕉等经济作物的生长。

47. 西宁省

面积4 049平方千米，人口106万，省会西宁市。下辖西宁市、新边县、新洲县、杨明州县、周城县、和成县、边求县、峨油县、壮庞县。西宁与柬埔寨接壤，地处连接胡志明市到柬埔寨首都金边的交通线上，是经济与国防战略要地，境内有木排、沙玛两个国家级口岸。

48. 平阳省

面积2 695平方千米，人口107万，省会土龙木市。下辖土龙木市、边葛县、油汀县、新渊县、富教县、顺安县、以安县。平阳省是胡志明市的北方门户、战略要地，近年来，经济发展迅猛。平阳省土质肥沃，适合种植橡胶、咖啡、杂粮、水稻，果园经济潜力大，出产的榴莲、山竺、红毛丹、菠萝蜜闻名全国。

49. 同奈省

面积5 903平方千米，人口229万，省会边和市。下辖边和市、隆庆县、新富县、定贯县、永久县、统一县、春禄县、隆成县、仁泽县、掌奔县、锦美县。边和市是南部工业重镇，边和工业区有大量外资企业，经济发展迅猛。此外，传统手工业也很发达，陶瓷器享誉全国。

50. 平顺省

面积7 810平方千米，人口119万，省会藩切市。下辖藩切市、绥丰县、北平县、咸顺北县、咸顺南县、咸津县、性灵县、德灵县、富贵县。平顺省有较长的海岸线，海产丰富，优势产业是海洋捕捞、鱼露生产、制盐和海产冷冻。此外，木材加工、腰果加工以及手工艺品生产都是传统悠久的产业。

51. 巴地—头顿省

面积1 990平方千米，人口95万，省会头顿市。下辖头顿市、巴地市、周德县、川木县、新成县、隆地县、德道县、昆仑岛县。巴地—头顿省的油气生产在全国具有举足轻重的地位，同时港口相关产业也很发达。巴地—头顿还是著名的旅游目的地，美丽的山海风景与都市风情，再加之纪念台、庙宇、教堂等各种文化建筑有机地结合在一起，使巴地—头顿成为有特色的旅游城市，充满吸引力。

52. 隆安省

面积4 494平方千米，人口144万，省会新安市。下辖新安市、边沥县、芹德县、芹约县、周城县、德和县、德慧县、木化县、新盛县、新柱县、盛化县、守承县、永兴县、新兴县。隆安是农业省，东威古河与西威古河冲积带土壤肥沃，非常适合水稻种植和水果栽培。

53. 同塔省

面积3 375平方千米，人口168万，省会高岭市。下辖高岭市、沙沥市、新鸿县、鸿御县、三农县、清平县、塔梅县、高岭县、勒普瓦县、周城县、来翁县。同塔省境内水网密布，多池塘和大湖，前江和后江终年冲积而淤积的泥沙使这里土地肥沃，村落密集，非常适合种植水稻和各种热带水果，同塔梅地区被誉为全国的粮仓。

54. 安江省

面积3 537平方千米，人口225万，省会龙川市。下辖龙川市、朱笃市、安富县、新洲县、富新县、周富县、靖边县、知尊县、新市县、周城县、话山县。安江的水稻产量居全国第一（200万吨以上），除了水稻，还种植玉米、大豆和养殖鱼、虾等淡水水产。安江的传统手工业很有名，如新州丝绸、朱笃鱼露、守集木器、富新虾片（饼）、牛干等，特别是历史悠久的占婆族人的手工织布工艺极富特色。

55. 前江省

面积2 484平方千米，人口174万，省会美萩市。下辖美萩市、鹅贡市、丐贝县、丐磊县、周城县、米市县、鹅贡西、鹅贡东县、新福东县。前江省靠海，每年能捕获大量海产；土地肥沃，是九龙江平原的大谷仓之一。美萩市和鹅贡市是著名的物资集散地，每年在这里交易大量的农产品和水果。

56. 永隆省

面积1 479平方千米，人口107万，省会永隆市。下辖永隆市、龙湖县、芒铁县、平明县、三平县、茶温县、泳濂县。永隆省地处前江和后江之间，位于九龙江平原的中心，因其富饶，人口众多，而且具备九龙江平原的所有特征而被喻为微缩九龙江平原。永隆土壤肥沃，种植业是优势，除种植水稻外，还种植大量水果，如柑、龙眼、桔、柚子、椰子等。

57. 槟椥省

面积2 360平方千米，人口136万，省会槟椥市。下辖槟椥市、周城县、则来县、楳棋县、榕淳县、平大县、巴知县、盛富县。槟椥省盛产多种农作物和水果，如稻米、玉米、甘薯、菠萝、红毛丹果、蟒求果、牛奶果、榴莲等。

58. 建江省

面积6 346平方千米，人口173万，省会迪石市。下辖迪石市、河仙市、安边县、安明县、土块县、新协县、周城县、榕莲县、鹅瓜县、永顺县、坚海县、坚良县、富国县。建江地处西南边陲，所辖海域有100多个大小海岛，战略地位重要。农业、渔业、矿产以及旅游方面都具有丰富多样的资源。

59. 后江省

面积1 601平方千米，人口81万，省会渭清市。下辖渭清市、渭水县、周城县、周城A县、凤协县、隆美县。后江省位于九龙江平原的中心，河渠纵横，水网密布，土地肥沃，自古以来就是稻米之乡，水稻种植和果树栽培是支柱产业。此外，还有相当丰富的水产资源。

60. 茶荣省

面积2 295平方千米，人口106万，省会茶荣市。下辖茶荣市、冈隆县、荀格县、小芹县、周城县、茶句县、求昂县、沿海县。茶荣省位于湄公河下游，为前江与后江所环抱，经济支柱主要是水稻种植、渔业捕捞、水产养殖和种植园经济。茶荣地区的文化带有浓厚的高棉民族色彩。

61. 朔庄省

面积3 312平方千米，人口130万，省会朔庄市。下辖朔庄市、计策县、美秀县、美川县、盛治县、隆富县、永州县、容岛县、阿南县。朔庄以农业为主，水稻种植是支柱，此外，还种植杂粮和热带水果。本地的高棉文化极具特色。

62. 薄寮省

面积2 585平方千米，人口83万，省会薄寮市。下辖薄寮市、洪民县、永利县、稼来县、东海县、福隆县。薄寮省位于九龙江平原，号称越南陆地的尽头，这是一片年轻的土地，由泥沙冲积而成。薄寮省土地肥沃，人口众多，主要种植水稻、杂粮、水果以及捕鱼、制盐。薄寮省的龙眼十分出名。

63. 金瓯省

面积5 332平方千米，人口125万，省会金瓯市。下辖金瓯市、蝙蝠潭县（登瑞县）、玉显县、丐诺县、陈文时县、乌明县、太平县、富新县、年芹县。金瓯省位于越南的最南端，三面临海，海岸线长达307千米，由于海岸线长，海域面积广，所以渔业较发达，每年的鱼虾捕捞量十分可观。

第二章 历史简况

越南有悠久的历史，经历了部落联盟时期、中国郡县时期、自主时期①、法国殖民时期、民主共和国时期和社会主义共和国时期，其名称几经变换。自秦至唐，越南为中国郡县，汉代时称交趾、交州；公元679年，中国唐朝调露元年，在其地设置安南都护府，故又称"安南"，治所在交州。968—980年为丁朝，国号"大瞿越"。1010年，李朝更名为"大越国"。1803年，阮朝的开国皇帝阮福映按惯例向清廷遣使请封，且请改国号。1804年，清朝封"越南"②国号，封阮福映为"越南国王"。1838年，明命皇帝改名为"大南"。1858至1945年，越南被法国殖民，多使用"安南"和"印度支那"等名称。1945年，越南民主共和国诞生。1976年7月2日，越南全国统一，定"越南社会主义共和国"为国名。

第一节 古代部分

一、远古时期

关于越南的起源，《大越史记全书·外纪》卷首《鸿庞纪》有如下记载："按黄帝时，建万国，以交趾界于西南，远在百粤之表。尧命羲氏宅南交，定南方交趾之地。禹别九州，百粤为扬州域，交趾属焉。成周时，始称越裳氏，越之名肇于此云。鸿庞纪，泾阳王

---

① "自主时期"采用越南说法，意为自主建立封建王朝时期。这一时期越南向中国称臣纳贡，维持"宗藩关系"，也称"藩属时期"。
② 1803年，阮福映请求清朝封"南越国王"，南，安南之南；越，越裳之越。清政府为避免与古代南越国（包括两广、越南中北部）重名，故以"越南"区别于"南越"。

讳禄续，神农氏之后也。壬戌元年，初炎帝神农氏三世孙帝明，生帝宜，既而南巡至五岭，接得婺仙女生王。王圣智聪明，帝明奇之，欲使嗣位。王固让其兄，不敢奉命。帝明于是立帝宜为嗣，治北方，封王为泾阳王，治南方，号赤鬼国。王娶洞庭君女曰神龙，生貉龙君。"

泾阳王之子貉龙君娶妪姬，生下百男，封长者为雄王，嗣君位，国号文郎。后为蜀王子泮所灭，改国号为瓯雒，自称安阳王，迁都古螺城。有的越南历史学家把文郎国和瓯雒国列为存疑，如陶维英在《越南古代史》里写到："传说中关于我们民族起源的记载，当然这些材料实属怪诞，姑且存之以质疑。"但是后来的越南历史学家根据传说和一些历史考古材料，大多倾向认为越南最早的国家雏形是文郎国[①]。

（一）越南的考古发现

根据考古发现，在越南这片土地上，很早就有人居住。他们会使用黏土或砂石做模子，会种植水稻和饲养家畜，如水牛、黄牛、猪、鸡。可以确定的有三个文化群落，第一个通常叫作"前东山"文化，分布在红河、马江、大江流域。第二个文化群落是分布在南中部的"前沙潢"文化。第三个文化群落分布在东南部的同奈河流域。

1926—1927年，法国女学者科拉尼（M. Colani）博士在越南和平省首先发现了"中石器时代遗迹"，称为"和平文化"，随后，又在宁平、清化、义安、广平一带陆续发掘了70多处遗址。"和平文化"距今1万年至五六千年，基本特征为：穴居、打制石器、屈膝葬，并出现了磨石、锯石技术和绳纹陶。"和平文化"之后，过渡

---

① 《大越史记全书》将文郎国部分列为"外纪"，此后越南史家从将信将疑，转而宁信其有。2001年越南以立法的形式将传统的"雄王节"（农历三月十日）定为国家祭日，全国放假，安排祭祀活动，以行政手段强化"文郎国"的"历史存在"。

到以磨光石器为标志的新石器时代——"北山文化"[1]，最后形成了统一的"东山文化"。"前东山"文化时期相当于传说中的雄王时代初期。在距今2 700年以前，北部的"前东山"文化各支以及北中部的文化群落已经汇聚在一起，形成了统一的"东山文化"。"东山文化"被视为铁器时代的早期，因为已经出现了一些简单的铁器，但作为该文化代表的是一些制作精细、有着精美装饰花纹的铜鼓。同一时期，南中部的"前沙潢"文化也发展成铁器时代的"沙潢"文化，这一文化的代表是从墓葬里开掘出来的大量铁制工具以及玛瑙、碧玉等装饰品。这一文化广泛地分布于承天至同奈河流域的广大地区。"沙潢文化"的主人或许是占人的祖先，他们曾建立过"占婆国"。

（二）"瓯雒国"和"文郎国"

根据越南史书记载，雄王时代曾建立过"文郎国"；在雄王时代之后，安阳王蜀泮又建立了"瓯雒国"。瓯雒国当时创造的奇迹是修建了有3圈城墙的古螺城，今天仍可寻见一些遗迹。另有史书记载，在春秋战国时代，居住在中国南方和今越南北方的各民族已从原始群居阶段过渡到部落社会阶段。其中越族的一支在中国浙江一带建立了越国。公元前4世纪，楚国灭越国。越族大量南迁，其中一支迁至红河中下游流域，形成越南民族的祖先——雒越人，其中一支较强的称"文郎"部落，在首领"雒王"的带领下吞并了一些小部落，建立"文郎"部落联盟。公元前3世纪中叶，北部较强的部落"瓯雒"部落，以"蜀王子泮"为首领，南下灭"文郎"部落，建立了称为"瓯雒"的部落联盟，"蜀王子泮"自称"安阳王"。

这一时期，应该说还没有出现真正意义上的国家。关于"文郎

---

[1] 北山文化遗址分布在和平、宁平、鸿基、清化、义安、广平等地，共发现45处遗址。

国""瓯雒国"也都来自古代传说①，还有待于考古和史料的证实。那时可能已经出现了贫富的差异以及氏族首领、部落首领等。

二、郡县时期

秦灭六国，统一中原，而后派军深入岭南，继续其统一事业。公元前214年（秦始皇三十三年），"发诸尝逋亡人、赘婿、贾人略取陆梁地，为桂林、象郡、南海，以适遣戍"。象郡包括今天越南北部和中部，秦设象郡为中国封建王朝在越南实行郡县统治之始。

与此同时，秦朝大批向岭南移民，"与越杂处"，把中原地区先进的生产技术带到该地，促进了当地经济社会发展。秦末，天下大乱，南海郡龙川令赵佗②（真定人）乘机于公元前207年"击并桂林、象郡"，建立了以广州为中心的地方割据政权"南越国"，于其地设交趾、九真二郡。越南古代史书把南越国列入王统，称赵佗为赵武王，推尊为开国之君。赵佗对交趾、九真二郡的统治，是"从其俗而治"，仅派"二使者"典主。③因此，越南把赵佗尊为开国之君实在是一厢情愿，缺乏基本逻辑。公元前204年，刘邦统一中国，建立汉朝；公元前196年，赵佗接受汉王朝赐予的"南越王"封号，称臣于汉，成为汉王朝属下的诸侯王，与中原地区有较密切的联系。公元前137年，赵佗死，其孙赵胡继位；公元前112年，丞相吕嘉反。公元前111年，汉武帝发兵灭"南越国"，在其领地设置9郡：南海

---

① 越南的信史不早于秦代，之前的"文郎"国、"瓯雒"国都缺乏证据。比较可靠的关于越南社会的记载是公元4世纪的《交州域外记》中所说："交趾昔未有郡县之时，土地有雒田，其田仰潮水上下，民垦食其田，因名为雒民。设雒王、雒侯主诸郡县，县多为雒将……"这段文字描写了交趾地区落后的耕作方式，雒王、雒侯、雒将、雒民名称由来，但对于当时的社会组织，缺乏明文记载。
② 赵佗，据《大越史记全书》记载，生于公元前257年，卒于公元前137年，活了121岁；《汉书》的记载为生于公元前239年，卒于公元前137年，活了103岁。按常理，活103岁的可能性大于活121岁。
③ 戴可来、于向东：《越南》，南宁. 广西人民出版社，1998年版，第4页。

(广东)、苍梧(广西)、郁林(广西)、合浦(广东)、交趾、九真、日南、珠崖(海南岛)、儋耳(海南岛)。其中的交趾、九真、日南三郡相当于今天越南北部和中部地区,三郡之下,交趾辖安定、麋泠等10县,治所在龙编(今河内东北);九真辖胥浦、都风等7县,治所在胥浦(今清化西北);日南辖朱吾、象林等5县,治所在西卷(今广治附近)。九郡之上设交趾部,委派刺史统管,从此直属中央王朝管辖。这种行政机构的设置更加严密,也为以后越南的行政区划奠定了基础。

在西汉末东汉初,锡光、任延任交趾、九真太守,他们大力推广中原地区先进的文化和生产技术,下令铸造铁农具,推广牛耕,教习耕作,建立学校,倡导一夫一妻制等,使该地区社会经济和文化迅速发展起来,由原始社会逐步过渡到封建社会。越南的封建化主要是在中国的影响下在较短时间内完成的,因此,残存着许多前封建的残余,主要表现在农村公社长期存在和奴隶制残余十分严重,这是越南封建社会的一个重要特点。①

1世纪中叶后,中国封建统治者进一步加强郡县制的推行,修筑道路,建造城池作为统治中心;施行中国法律,取消与之抵触的习惯法;兴修水利、鼓励农耕。大量中原人来到越南,带来较先进的技术和文化,同时,越南的一些农作物和水果如稻种、龙眼、荔枝等也传入中国。2—3世纪,越南的经济、文化有了进一步的发展,交趾成为当时中国同东南亚和西洋各国海上贸易和交通的重要港口。3世纪时,孙吴曾征调交州的1 000余名工匠至南京,说明交州的手工业技术已经有较高水平。到了隋唐时期,越南的农业、手工业、商业都相当发达,不但种植了双季稻,发展了蚕桑业,而且广泛使用铁制工具,修筑了防洪堤坝和灌溉沟渠。在文化方面,由于

---

① 戴可来、于向东:《越南》,南宁.广西人民出版社,1998年版,第6页。

第二章 历史简况

中原文化和汉字的传入,越南士子较早就参加科举到中原做官,到了唐朝,考中进士的人越来越多,有的做了翰林,姜公辅甚至官至相当于宰相的"中书门下平章事"。

随着社会的发展,越南当地的封建势力逐渐壮大,他们要求获得更大的权力。同时,中国朝廷派去的官吏有不少贪墨之徒,不断激起反抗。1—10世纪,起义连绵不断,这些起义为摆脱中国的统治和越南自主封建国家的建立开辟了道路。

40年,交趾地区发生了一次较大的起义——征侧、征贰姐妹领导的起义。二征原是雒将之女,因姐姐征侧的丈夫——"诗"[①]被交趾太守苏定杀害,二征姐妹遂起兵反对东汉王朝,攻陷了一些城池,并自立为王。41年,东汉派伏波将军马援南征;43年,起义失败。

从43年起,越南又轮番被东汉、三国时代的东吴、晋朝、南北朝时期的南朝统治。其间,交趾三郡地区爆发了大大小小几十起农民起义,其中规模最大、控制地区最广的是248年爆发的九真地区赵国达和他的妹妹赵妪[②]所领导的农民起义。

541年,即梁武帝大同七年,李贲兴兵起事,占据龙编城。544年,李贲自称"李南帝",立国号"万春",封赵肃为太傅。545年,梁武帝以杨标为交州刺史,并派陈霸先率兵平南越。李南帝战败,退守屈獠峒,并把军权交给左将军赵光复——太傅赵肃之子。548年,李南帝在屈獠峒病死;次年,赵光复在夜泽得知这个消息,乃称越王,史称"赵越王"。当李南帝逃到屈獠峒时,其兄李天宝与族人李佛子逃至老挝,称桃郎王。555年,李天宝卒,无嗣,兵权

---

① 一说为"诗策",但是根据越南人称名的习俗,"诗"或者"阿诗"更符合实际。印刷术发明以前,文献都是手抄,错漏难免,但是不同版本都有"诗",故推断为"诗"。
② 俗称"赵婆"。

归于李佛子。571年，李佛子举兵攻赵越王，赵越王兵败。李佛子夺取龙编城，袭王位。

李佛子在南越称王时，隋文帝统一了中国。602年，隋文帝派大将刘方攻南越，刘方派人劝李佛子归降，李佛子怕势不能敌，于是请降，交州之地又归中国封建王朝统治。618年，隋朝灭亡，唐朝建立，唐高祖以丘和为大总管，治理交州。679年，唐高宗分交州之地为12州59县，并设置安南都护府，越南称安南从此开始。在交州的西北面，又设置一个州，称之为蛮州，统辖这个地区的诸"芒"，规定其每年向唐朝皇帝纳贡。唐朝末年，天下大乱，唐朝派往安南的节度使都不能稳定局势，土豪曲承裕趁机崛起，控制了安南。905年，曲承裕得到唐朝的承认，被授予"静海节度使"。曲承裕虽然接受了唐朝的任命，但实际上却是一个独立的割据政权的首领，开创了越南人建立独立政权的先河。曲氏祖孙三代统治安南26年。到930年，南汉刘龚发兵掠取交州，俘曲承裕之孙曲承美，以李进为交州刺史。安南为南汉统治仅一年，曲氏旧将爱州人杨延艺发兵围困交州，南汉所派援军未到，交州即陷于杨延艺之手。之后，南汉无力收回安南，为示羁縻，只得任命杨延艺为节度使。

937年，杨延艺牙将矫公羡杀杨而代之。次年，杨延艺旧将吴权[①]发兵于爱州，北攻矫公羡。矫公羡向南汉求援，救兵未至，身已先亡。吴权转而击败南汉救兵于白藤江[②]。939年，吴权称王[③]，建

[①] 吴权，898年生于今河内山西市唐临乡。据《大越史记全书·外纪·卷五》记载，吴权身材魁梧、双目如电，龙行虎步、智勇双全，力可举缸，容貌异常且腰上长有三颗痣，人皆奇之，以为可为一方之主。我们注意到，《大越史记全书》把这一时期出现的领袖人物描写得均有异相，且智勇双全，它从侧面反映了越南自主、自立意识的增强。

[②] 吴权的军队利用白腾江入海口有涨潮落潮的特点，在江底密插木桩，涨潮时引诱南汉军的战船从入海口追击进入白腾江河道，待潮水下落，汉军战船皆搁浅在木桩之上，难以动弹，再出兵聚而歼之。白腾江大捷是利用自然条件，巧妙战胜强敌的典范。

[③] 吴权称王意味着中国对越南长达千年的郡县统治的结束。

都古螺城(今河内东英县)。吴权设官职、制朝仪、定服色,并整顿国内政治,欲为长久之业。①

三、自主时期(968—1858年)

(一)丁朝(968—979年)

944年,吴权去世,出现了"十二使君"之乱。使君们相互攻伐,给民间造成很大痛苦。华闾的丁部领②平定了使君之乱,统一江山,定都于华闾,称丁先皇,建国号为"大瞿越国"。975年,宋太祖封丁部领为"交趾郡王",承认大瞿越国是自己的"列藩"。丁朝时,中央政权不太稳固,主要依靠军事专制统治,严刑峻法;同时依靠佛教势力维持国内封建秩序,寺院拥有大量土地。贵族、官僚和寺院封建主是丁朝的统治支柱。979年,丁部领及子丁琏被太监杜适杀害,"十道将军"黎桓趁机独揽大权。因为黎桓篡权,980年,宋朝出兵干涉,在大兵压境的情况下,丁朝大臣们便拥立黎桓作皇帝。

(二)黎朝(前黎)(980—1009年)

黎桓建国于华闾,年号天福,史称前黎朝。黎桓即位,首要的紧迫任务是组织力量对抗宋军,最终在支棱打败宋军。抗宋胜利后,黎桓马上又与宋朝和好、纳贡。986年,宋朝承认黎朝。993年,宋朝封黎桓为"交趾郡王";997年,又加封为南平王。1005年,黎桓病死,太子黎龙铖即位,登基三天就被其弟黎龙铤杀害。1006年,黎龙铤正式登基。黎龙铤推行暴政,生活荒淫无度③,1009年病死。

---

① 越南传统史学把曲、杨、矫、吴四氏列入"外纪"或"历代守任"之中,把丁氏立为"丁世家"或"丁纪",视为本纪之始。因此,一般认为,越南自主封建国家的建立应从968年开始,自此以后,越南虽然仍与中国封建王朝保持"藩属"关系,而实际上已经摆脱了中国的统治,获得了独立。
② 丁部领是欢州刺史丁公著的儿子,父亡后随母回华闾,种田放牛、学习习武。"十二使君之乱"闹得天下大乱,饥民遍野、民不聊生,丁部领招募军士,接纳豪杰,发兵讨伐十二使君,终成帝业。
③ 黎龙铤好杀人取乐,并无度纵欲,身体虚弱,不能坐着临朝,只能躺着听政,史称"卧朝"。

左亲卫殿前指挥使李公蕴①趁机夺权,建立李朝。

丁朝和前黎朝是越南封建国家发展的初期,仿效中国建立了中央集权制,统一货币,依靠军事专制和佛教思想控制民众。农业有较大发展,但是生产力依然低下。

(三)李朝(1010—1225年)

1010年,李公蕴在华闾登基,称李太祖。由于华闾地处丘陵,李公蕴决定迁都至大罗②,为此还专门撰写了流传千古的《迁都诏》③。1010年7月,开始迁都,当抵达大罗时,太祖以见黄龙出现之兆④为由,改大罗为升龙城⑤。

李朝是越南封建国家巩固和发展的时期,统治机构和官制皆效法中国。(1)中央朝廷以国王为最高统治者,称皇帝,文武官员皆设九品。(2)在行政区划方面,李朝废除丁朝的10道,划分全国为24路,下有州和府,最基层为社。(3)颁布越南历史上第一部刑书,废除酷刑。(4)广修佛寺,以佛教"慈悲"的信条治理国家,加强对人民的思想控制。(5)削减赋税,兴修水利,鼓励农耕。(6)实行科举制度,通过考试选拔官吏。(7)效仿唐宋,实行征兵制。同时,李朝统治者还吸取前朝地方诸侯拥兵自重危及中央政权的教训,削弱地方军权,加强中央禁军。国家的军事力量得到增强,其军事扩

---

① 李公蕴是越南历史上具有传奇色彩的人物,相传其母在仙山寺梦见仙人而受孕,诞下李公蕴。李公蕴3岁时就被送入古法寺修学,后又到六祖寺师从万行法师,满腹才学,入黎朝做官,深孚众望。暴君黎龙铤死后,朝廷大臣推举其为国君。
② 大罗位于红河中游,地处红河平原中心,水陆交通便利,便于发展农业和商业,实为首都的不二之选。
③ 《迁都诏》是越南历史上的著名文献,用汉字写成,代表了当时越南文学创作的水平。
④ 史载,李公蕴乘船抵达大罗城墙角下时,突见一条黄龙腾空飞起,李公蕴认为此乃吉兆,是天意,于是决定改"大罗城"为"升龙城"。
⑤ 不少文献也写作"昇龙城"。

张的野心也同步膨胀。①

李朝时期，农业得到很大发展，民间手工业和商业也得到发展，海外贸易逐渐兴旺。音乐、歌舞、戏剧、水木偶等逐渐发展起来。1174年，南宋改称交趾郡为安南国，封李英宗为国王，进一步承认大越的独立地位。

1225年，掌握李朝大权的辅国太尉陈承与殿前指挥史陈守度强迫年幼的女皇李昭圣让位于其8岁的丈夫——陈承之子陈煚，李朝灭亡，越南开始了陈朝的统治。

（四）陈朝（1226—1400年）

陈煚，即陈太宗，因年纪太小，登基时年仅8岁，诸事为太师陈守度把持。当时的陈朝面临着北方元蒙的威胁，但陈朝的君王以及将领上下同心，同仇敌忾，分别在1258、1285、1287年三次击败元蒙军队②的入侵。这几次战争的军事指挥都是兴道王陈国峻，他是这一时期卓越的军事指挥家。这一时期，陈朝还向南扩张占领占婆。

陈朝继承和完善了李朝的各种典章制度，是越南历史上一个强盛的王朝。（1）政治上，陈朝为了加强皇权，实行有利于政权稳定的"上皇制"。（2）经济上以农业为主，国王拥有全国土地的最高所有权，并把大量的土地分封给王室、贵族和功臣，赏赐给寺院。据旧史记载，陈太宗时（1255年），土地分为四类：① 国库田，是王室直接经营的田地；② 公田，即农村公社的田土，分给农民耕种，

---

① 1075—1076年间，李朝曾派李常杰领兵10万，分水陆两路，北犯宋朝两广一带边疆，攻陷钦、廉和邕州等地，屠杀中国居民几十万，并掳掠三州大批百姓回国。因此，宋朝被迫派郭逵等人领兵还击，恢复了两广失地，并推进到富良江（今红河）。据宋史记载，双方在裒江、如月江两岸激战月余，均损失惨重，议和，宋军班师，李朝始终纳贡。但是在越南史书上，1077年3月发生在如月江的战争被描写为李常杰指挥军队完胜宋军，并把这场战争吹嘘为越南战争史上的典范，李常杰更是被推崇为战神一般的人物。
② 当时元蒙军队是世界上最强大的军队，向西曾经打到多瑙河流域。

向国家缴纳租税；③ 拓刀田，是国王封赐给功臣的土地；④ 私田，即个人占有的私有田地。贵族、官僚强迫农民向他们交租和服各种劳役，以作为他们的俸禄；国家的赋税、徭役也都压在农民头上，农民与农奴无异。同时，陈朝也采取了一些有利于农业生产的政策，如兴修水利、鼓励开荒等，耕地面积为之大增，从而使陈朝的农业经济得到较大发展。(3)手工业和商业发展较快，开始出现专业的手工制作村，分别制陶、铸铜、炼铁等；中国和许多东南亚国家的商船在会统、云屯等海港频繁出入。(4)军事上，推行"寓兵于农"的政策，军队分为常备军和屯军。屯军平时在家务农，根据相应的制度轮值。当有战争爆发时，王侯贵族的军队也调归国家使用。(5)文化方面，佛教占统治地位，对同时期的文学、艺术有较大影响；儒学开始发展，11世纪末，供奉孔子的文庙建成；到陈朝，以儒家经典为主要内容的科举考试渐渐完善，得到有序的组织；儒学出身的官僚集团日益庞大。这一时期，越南人民还创造了自己的民族文字——喃字[①]，并在文学创作中大量地使用。1227年，越南最初的官修史籍《大越史记全书》编撰印行，记载了从南越王赵佗至李朝时期的历史。

这一时期也出现了一些离散的因素。从14世纪中期起，农民起义此起彼伏，规模和影响最大的当属1344—1360年的吴陛起义。起义高举"赈救贫民"的旗帜，吸引了许多贵族田庄的农奴参加，极大地动摇了陈朝的统治，朝政日衰。1400年，胡季犛篡夺王位，建立了存在时间极为短暂的胡朝。

(五)胡朝和属明时期(1400—1427年)

1400年，胡季犛称帝，迁都至清化，设立西都，定国号大虞。

[①] 喃字，也称字喃，它利用汉字为造字素材，运用形声、会意、假借等方式表达越南的语言。只有先学会了汉字才有可能写、读喃字，书写复杂，音义兼用颇不明确，很难普及，最终走向消亡。

胡朝曾一度准备实施新政以摆脱陈朝末年的恐慌状况，内容包括出版14篇《明道》，批判宋儒思想，主张限田限奴、发行纸币、革新课税、驱散僧侣、限制宗室贵族等。但是，由于胡氏政权大规模地屠杀陈朝宗室，对人民也采取残暴的高压手段，引起各种力量的反对，政权不稳。因此胡朝的改革未取得预期的成果，人心离散。1406年10月，明朝出兵伐胡①。1407年5月，明军占领升龙，胡朝灭亡。

1414—1427年间，明朝在交州设"交趾布政使司"，辖17府、5州，进行直接统治，为短暂的"属明时期"。1418年，黎利②发动蓝山起义，得到民众的支持和拥护，麾下聚集了许多有才华的军事、文化人才③，经过10年的艰苦战争，1428年，黎利打败明军，建立后黎朝。

（六）后黎朝（1428—1788年）

后黎朝大致可以分为三个阶段，第一阶段从1428—1527年，为黎朝中央集权时期；第二阶段从1527—1592年，为莫、黎纷争时期；第三阶段从1592—1788年，为郑、阮割据时期。第二阶段和第三阶段也统称南北朝混战时期。

1. 中央集权时期（1428—1527年）

1428年，黎利称帝，定都升龙城，史称后黎朝。15世纪，越南封建社会进入高度发展时期，中央集权得到进一步加强。（1）朝廷

---

① 明朝为了维护陈朝的正统地位，出兵进攻胡季犛，以扶持陈氏后人即位，因陈氏后人在几个连续的阴谋中丧生，明朝遂决定对其直接管理。
② 黎利生于1385年9月10日，幼年聪慧过人，左肩有7颗黑痣，面貌不凡。相传有渔人打捞到锈迹斑斑的剑送给黎利，剑到黎利手中后立刻变成一把寒光闪闪、锋利无比的宝剑。此后，黎利仗剑起义，最终取得胜利，登基为皇帝。登基后，一日在河内绿水湖游湖，一老龟浮出水面向黎利索还宝剑，黎利抽出宝剑，宝剑即飞入湖底，此后，绿水湖更名为还剑湖，成为河内著名名胜。
③ 其中最卓越的就是阮廌，他写了著名的《平吴大诰》，这篇檄文被越南史学界推崇为具有"独立宣言"性质的文献。

大力削减地方官吏权力,设置监察御史监察地方政权,并废除宰相职位,皇帝的专权统治得到进一步加强。(2)以儒学①经典为内容的科举考试有序进行,为政府培养、选拔了大量人才。(3)在圣宗时期,编撰、颁行《国朝刑法》②。(4)推行募兵制,选拔壮丁入伍,建立一支庞大的常备军,对占城和老挝发动了大规模侵略战争③。(5)推行均田制,把田亩平均分配给国民,尤其是乡村的农民。兴修水利、奖励垦荒,农业得到恢复和发展。(6)手工业和工商业也有新的发展,出现了一些商业集镇。(7)文化方面,1479年编撰出了《大越史记全书》,成为越南历史的定本。④

2. 莫朝和莫、黎纷争(1527—1592年)

到16世纪,黎朝衰败,中央集权严重削弱,社会混乱,国家陷入南北分裂局面。1527年,大臣莫登庸杀掉黎昭宗,废除了黎朝最后一个皇帝黎恭皇,在升龙自立为王,建立莫朝。莫朝为了稳定政局、发展经济也做了不少努力,但历史留给莫氏王朝的时间并不多,他们还来不及稳固政权,各个对立的封建集团就在光复正统皇帝的旗号下纷纷起兵。1530年,黎朝大将阮淦起兵,立黎维宁为帝,称黎庄宗。从此,以清化为界,莫氏控制北部,阮淦家族控制的黎朝占据南部,形成了"黎莫对峙"的南北朝局面。在南朝,阮淦死后,其女婿郑检大权独揽,谋害了阮淦的长子,幼子阮潢装疯才幸免于难。1588年,郑检派阮潢镇守顺化,以后阮潢逐渐在顺广地区形成

---

① 儒学成为显学,成为正统的思想,与黎朝各位君王的推崇有很大的关系,尤其是黎圣宗,非常喜欢儒学,并且有相当高的造诣。
② 也叫作"洪德法",依据唐律、唐令制定。其中父母遗产由子女平分,承认夫妻双方享有财产所有权等条款具有越南特色,反映了当时社会制度的特点。
③ 1446—1471年间,黎朝三次出兵占领占城,并抓获占王,吞并了占城国2/3的领土。1479年,黎圣宗发兵18万攻打老挝,占领了王都琅勃拉邦,设镇宁府。连年的对外征战,也给黎氏王朝带来了灾难性的后果。
④ 戴可来、于向东:《越南》,南宁.广西人民出版社,1998年版,第10页。

割据势力。1592年,郑检之子郑松带领郑家军攻下升龙,黎王复位,莫朝撤退到高平,固守至17世纪末。

3. 郑、阮纷争(1592—1788年)

黎氏能够打败莫氏,主要依靠阮淦和郑松两位将军。郑松在打下升龙后,独揽朝中文武大权。攻打升龙时,阮潢协同郑家军作战,胜利后,郑氏排除异己,阮潢逃回顺化,回到自己的势力范围——从峥江以南到广义的广大地区。阮氏家族各个首领都重视开疆拓土,其控制的领地一度达到九龙江平原。1697年,阮氏攻占占城,占城国消亡。当时的越南被一分为二,以峥江为界,北方由郑氏家族控制,中部、南方由阮氏家族统治。

1627年,郑氏家族向南方阮氏家族发起进攻,此后,战争不断,一直持续到1672年。连年的战争,人力、物力消耗过大,农田荒芜,天灾不断。郑、阮政权不断向人民增加苛捐杂税,供战争和宗室贵族使用。这一时期,均田制被破坏,乡村的公田公土落入地主的手中,农民失去土地,流离失所。在整个18世纪,北方的农民起义此起彼伏,黎郑王朝日益衰败。

这一时期,越南手工业、商业发展较快。专业的手工业村发展较快,尤其是传统的纺织和养蚕缫丝业。从16世纪末,特别是17世纪,与西方各国如葡萄牙、西班牙、荷兰、英国、法国等的贸易往来有所发展。在北方,外国商船有时购买蚕丝达920担,约合4.6万千克,数量相当大。越南的王室公卿纷纷投身到丝绸贸易中来,从中获取利润。值得注意的是,出现了一些专门从事买卖的村子和人群,产生了生产、贸易的基地。由于商业的发展,许多都市兴起,南方有会安、清河、咸水,北方有升龙等。

(七)西山朝(1788—1802年)

在南方,1771年,阮氏三兄弟,阮岳、阮惠、阮侣在西山(今平定、崑嵩）起义，很快蔓延到各地，最终推翻了阮氏家族的统治。阮公的一个孙子阮福映逃到暹罗（今泰国）求援，1784年，暹罗军护送阮福映回到九龙江平原。1785年初，暹罗军在美萩江被西山起义军击溃。西山起义军又引军北上，推翻了郑氏政权。黎朝的最后一个皇帝黎昭统逃到中国，请求清王朝出兵镇压。1788年，阮惠在富春（今顺化）登基，而后率军北进，于1789年正月在升龙击退清朝19万大军。

西山朝的开国君主——光中帝阮惠，实施了一些有利于民众的土地和文化政策。但是由于阮氏三兄弟各据一方，相互倾轧、内讧、火并，西山朝存在时间很短。1792年，光中帝去世，阮福映借着法国的势力[①]重新回到九龙江平原。1802年，西山起义军被打败，阮福映占领富春。

（八）阮朝（1802—1945年）[②]

1802年，阮福映登基，即嘉隆帝，定都富春，建立了越南历史上的最后一个王朝——阮朝。阮朝逐步统一了国家，建立起了稳固的中央集权，控制了越南历朝历代都从未有过的广大疆土。在国内，平定农民起义之后，阮朝调整政策，鼓励开荒屯田、发展水利，各地的农业生产都得到了较好的恢复和发展。在对外关系上，明命和绍治帝允许商船跨海贸易，与法国、英国、印度尼西亚、印度等国建立商贸往来。从1835年到1840年，阮朝曾派出21艘商船与东南亚各国进行贸易往来。在发展海外贸易的同时，阮朝又实行重农抑

[①] 其中，法国传教士佰多禄（Pignean de Behaine）发挥了巨大的作用。
[②] 阮朝一直存续到1945年，但自1858年法国入侵并推行"分而治之"的殖民政策以来，已经基本丧失自主权。法国把越南分为北、中、南三圻，采取不同的殖民方式，阮朝沦为傀儡政权，只维持名义上的存在，在中部地区有残余影响力。

商的政策，最终走向闭关锁国。①

阮朝还组织编撰了国家的历史和地理，印刷了多部重要的文献、典籍，对民族文化的建设有重要意义。儒教处于独尊的地位，并成为统治阶级的理论指导和思想资源。这一时期，儒教与天主教产生过激烈的冲突，最终虽取得胜利，但式微的趋势却已经很明显。

阮朝最后确定了现今越南的版图，10世纪中期，越南疆域仅限于红河中下游和中部地区，只有现在版图的四分之一，其余领土全是从邻国逐步侵占的。首当其冲的就是占城，占城大约在2世纪立国，是一个在历史、文化上与越南完全不同的文明古国，从10世纪至17世纪，越南不断蚕食其领土，最终完全兼并了占城。在14世纪以前，老挝的国土上已经存在不少小国和部落，它们都成为越南侵凌的对象，据《大越史记全书》记载，自李朝至陈朝300多年间，越南对老挝境内诸王国发动了13次战争，其中攻击琅勃拉邦和盆蛮（今川圹地区）的战争最为惨烈②。17世纪末，越南灭掉占城后，继续南侵水真腊（柬埔寨），到18世纪后半期已经兼并了从嘉定到河仙的广大领土。

到19世纪中叶，西方资本主义竞相开拓和争夺东方市场，并逐步侵占亚洲各地。孱弱的阮氏封建王朝很快进入法国殖民者的视野。1858年，法国炮轰岘港，公开武装侵略越南。从此，越南被法国殖民。一直到1945年，法国政府都保留了阮氏王朝，充当自己的傀儡。

---

① 嘉隆帝和明命帝曾经关闭过法国驻顺化的领事馆，还推辞了30多个外国使团与越南的建交要求。阮朝统治者一方面希望发展海外贸易，促进经济发展，同时又闭关锁国，这看起来十分矛盾。这确实是统治者矛盾心理的外在表现，重农抑商，把农民束缚在土地上是巩固封建统治的有效手段，但是无商不富，而且帮助过阮朝的法国更是有明确的通商要求，因此，有限的海外通商是统治者的不二选择，只是在不同时期有不同限制度，或者在通商对象上进行限制。

② 据史书记载，1479年12月，越南攻击盆蛮，首领琴公战死。后黎朝军队焚毁川圹城，大肆屠杀民众，致使川圹发生饥馑，原有9万户，只存两千余人。

第二节　近代部分

一、殖民入侵和殖民统治

法国殖民者早就觊觎越南，从16世纪后期开始，法国传教士和商人①开始进入越南。18世纪末，法国的传教士们帮助阮福映扑灭了西山起义，其时，侵略野心已经暴露无遗。1858年，法国以保护传教士为名，勾结西班牙，组成法、西联合舰队，炮轰岘港，发动了对越南的侵略战争。腐朽的阮朝抵抗不住洋枪、洋炮的进攻，节节败退，被迫于1862年6月5日和法国签订了《西贡条约》，把南圻的边和、嘉定、定祥三省和昆仑岛割让给法国，并接受了法国提出的一系列有损主权的要求。1867年，法国又侵占了南圻西三省，南圻全部落入法国殖民者之手。

1873年法国第一次入侵北圻，占领河内。法国侵略者遭到了越南军民和当时在越南北部的中国农民起义军——刘永福黑旗军的痛击，黑旗军在纸桥击毙法军头目安邺。但阮朝还是于1874年3月15日签订了第二次《西贡条约》，承认法国对南圻的占领；开放海防、归仁、河内3城和红河，准许外国商人通商；允许教士自由传教，并允许国内民众自由信教；给予法国航运和通商权；给予法国领事裁判权。

1882年，法军再度侵犯北圻，包围了河内城，4月29日，占领河内。1882年5月，黑旗军在第二次纸桥战役中，又一次重创法军，击毙头目李维利（Henri.Rivière）等。但是法军利用阮朝内部的斗争，于1883年3月乘机占领了鸿基、南定等城镇，北圻形势紧张。1883年8月，法军攻占顺化，迫使阮朝签订《顺化条约》，承认法国

---

① 传教士和商人往往充当着殖民先驱的角色，不管其初衷是什么。

对越南的"保护权"。

法国殖民者占领越南后,直接威胁中国南部的安全,1884年,中法战争爆发。冯子材率部在谅山大败法军,消息传至法国,费理(Jules.Ferry)内阁因之垮台,但是昏庸的清政府却害怕战事扩大,于1885年同法国签订了丧权辱国的《天津条约》[1],承认了法国对越南的"宗主权",从此越南完全沦为法国的殖民地。与此同时,柬埔寨和老挝也先后于1863年和1893年沦为法国的"保护国"。法国殖民者把越南分为北圻[2]、中圻[3]、南圻[4],并连同老挝、柬埔寨组成所谓"法属印度支那联邦"。殖民统治的中心设在河内,由法国总督独揽军政大权。阮氏封建王朝被保留下来,名义上有权统治中圻,实际上完全是殖民统治的傀儡。

法国在越南推行殖民教育体系,逐渐改变越南的官员、文职人员的培训方式。1905年,建立起了最初的3级普通教育,小学、中学、秀才。1915年,法国废除了越南的科举制度。1917年,正式成立专门培养官员的学校,按西方的模式培养人才。

1904年,印支全权(总督)当局颁布决议,重组越南的基层行政,即通常所谓的"乡政改良"。这实质上是法国殖民势力向乡村渗透的制度安排,通过"乡政改良"培植新的地主阶层,接受殖民教育,以之取代深受儒家文化影响的老地主阶层。

对于劳动人民,尤其是农民,法国殖民者施行一以贯之的愚民政策以钳制思想;通过密探和官僚体系管控人身自由;通过苛捐杂税盘剥、压榨血汗。可以说,农民的生活境遇极端黑暗和凄惨。

---

[1] 《天津条约》标志着中越之间"宗藩关系"的终结,意味着中国封建王朝一体放弃了对越南的"保护"义务以及要求越南"称臣纳贡"的权利。
[2] 也称"东京"保护地,派"统使"管辖。
[3] 也称"安南"保护国,派"钦使"管辖。
[4] 也称"交趾支那",派"统督"管辖。并禁止越南人在三圻之间自由往来,以便分而治之。

殖民时期，法国殖民者集中投资的部门是矿山开采及与之相关的产业①，对农村的投资极少，但农业生产仍有较大的变化。除了种植水稻，还种植茶、咖啡、橡胶、蓖麻等经济作物，农业产品开始成为商品。手工业渐渐脱离农业，成为独立的商品生产部门。伴随着经济生活的变化，越南的资产阶级和无产阶级诞生了。在法国的统治下，越南由封建社会变为半殖民地半封建社会。

二、反抗法国殖民的斗争

从法国殖民者入侵越南的那天起，越南人民的抗法斗争就没有停止过。抗法起义首先从最先沦陷的南圻爆发，影响较大的有张定的鹅贡起义（1859—1864年），起义得到广泛支持，张定死后，其子继续斗争，坚持到1867年。北圻和中圻被法国侵占后，各地起义不断。潘廷逢的香溪（河静）起义②，从1885年到1896年，坚持斗争达11年。1887年，安世农民在黄花探的领导下起义。各地"勤王运动"③的义军失败后，不少投奔到安世根据地继续战斗，黄花探的队伍日益庞大，打了不少漂亮的胜仗，沉重打击了法国的殖民统治。1913年，在安世附近的森林里，黄花探被内奸杀害，起义失败。

到20世纪初，越南民族解放运动进入资产阶级民主革命阶段。这一阶段，越南的爱国者们，主要是富有民族意识的士大夫们，开始思考越南亡国的原因，探索拯救民族的道路。他们的政治倾向不同，采取的斗争方式不同，但都为祖国解放采取了积极的行动。

---

① 概括起来，法国在越南实施的经济政策就是资源掠夺和产品倾销，为此，法国在越南建设了比较成体系的港口、铁路、公路。
② 潘廷逢领导的香溪起义最早响应"勤王抗法"运动，并坚持最久。
③ 1885年7月4日夜，主战派大臣尊室说在顺化袭击法军营寨，血战至次日晨，失败，护送14岁的咸宜帝逃出京城，并发出勤王诏谕，号召抗法。各地勤王抗法运动纷起，因为勤王抗法运动的领导者多为退休官吏或乡村举人等"文绅"，故勤王运动又称"文绅运动"。勤王运动风潮中较有影响的起义还有：阮善述领导的芦荡起义（兴安省）、宋维新领导的雄岭起义（清化省）、范澍领导的巴亭起义（清化省）等。

1904年，潘佩珠成立"维新会"，号召恢复越南，成立独立政府。潘佩珠还领导"东游运动"，组织越南青年到日本留学，培养革命人才。梁文干、阮权等共同创办"东京义塾"，宣传维新思想，教授科学文化知识，提高民智。潘周桢等领导的中圻维新运动最终发展成中圻各地的抗税运动。1912年，潘佩珠等在广州建立"越南光复会"，组织"光复军"进行武装斗争，走民主革命的道路。但是光复会缺乏群众基础，最终被法国殖民者、中国军阀、泰国军阀共同镇压。潘佩珠也在上海被捕，押回越南，软禁在顺化。"越南光复会"的失败标志着由资产阶级领导的民主主义革命的基本结束。

1930年2月3日，越南的第一个共产党人胡志明领导越南的三个共产主义组织合并成为统一的越南共产党（同年10月改名为印度支那共产党[①]）。越南共产党的诞生标志着越南人民的抗法斗争发展到了共产党领导的民族解放斗争阶段。

第三节　现代部分

在十月革命的影响下，越南革命者逐渐看清了民族解放运动的方向，那就是在共产党的领导下走武装反抗的道路。1921年，阮爱国（即胡志明）加入了法国共产党，他当时指出：越南人民要解放，只有走俄国人的道路，走列宁指出的道路。1925年，胡志明在中国广州创立了"越南青年革命同志会"，组织了"共产团"，为建党进行思想和组织上的准备。与此同时，越南国内具有共产主义性质的小组也开始出现，但是缺乏统一领导。1930年2月3日，胡志明在香港召开会议，宣布成立越南共产党，同年10月，举行党中央第一次会议，通过了政治纲领——《政治论纲》，并改名为印度支那共产

---

① 在不同时期还使用过"印支共产党""越南劳动党"等名称。

党。越南共产党的诞生宣告越南革命进入无产阶级领导的新时期。

在共产党的领导下,越南掀起了新一轮的革命高潮,1930年5月,爆发了"义静苏维埃"运动,一些地方成立了"苏维埃政权",把土地分给农民。但是由于没有强有力的武装力量,在法国殖民者和阮氏王朝的联合绞杀下,很快失败。1940年9月,日本法西斯入侵越南,法国殖民者无耻地出卖了越南,同意日本在越驻军,越南进入法、日共同侵占的"双重枷锁"时期。越南共产党领导人民进行了艰苦卓绝的抗日、反法斗争,成立了一些武装组织,其中较著名的有北江县的"北山游击队"[①]。1941年,胡志明从中国云南回到越南,直接领导革命运动。同年5月,在他主持下成立了"越南独立同盟",这是越南第一个具有广泛群众基础的民族解放阵线组织,简称"越盟"。越盟决心团结和发动民众开展武装斗争,建立革命根据地,夺取全国政权。在越盟的领导下,各地抗日、反法武装组织蓬勃发展。1944年12月22日[②],根据胡志明的指示,组建了"解放军宣传队",这是一支真正意义上由党领导的军队。

1945年3月9日,日本发动"三九政变",踢开法国殖民当局,建立亲日傀儡政府,独占越南。越南人民掀起了抗日救国的新高潮,1945年4月15～20日,越南共产党在河内郊外召开了"北圻革命军事会议",决定将救国军、自卫队、游击队和解放军宣传队合并为"越南解放军"。1945年6月,解放区扩大到越北的6个省,成立了各级政府,这为"八月革命"夺取全国政权奠定了基础。1945年8月14日,日本法西斯投降,印支共产党于8月13日召开全国大会,决定发动全国总起义夺取政权。1945年8月19日,河内起义取得胜

---

① 1940年9月27日,北江县人民举行抗日、反法武装起义,并建立了党领导下的第一支武装力量——北山游击队。
② 这一天成为越南人民军的建军节。

利，顺化和西贡也分别于8月23日、25日取得胜利。8月25日，阮朝保大皇帝在顺化宣布退位，胡志明主席代表越盟出面组织政府。1945年9月2日，胡志明主席在河内的巴亭广场宣读"独立宣言"，庄严宣告越南民主共和国诞生，"八月革命"成功。这一胜利"推翻了封建君主制度，粉碎了殖民枷锁，为人民夺回了政权，为独立、自由、幸福的越南民主共和国打下了基础"。[①]

越南民主共和国刚刚诞生，被日本法西斯赶走的法国殖民者又卷土重来。在印支共产党和胡志明主席的领导下，越南人民进行了艰苦的抗击法国殖民者、保卫民族独立的斗争。当英、印军队根据盟国协议进入越南南方（北纬16°线以南）接受日军投降时，英、印军队就默许法军尾随进入。法国殖民者于1945年9月23日进攻西贡，发动了第二次侵略越南的战争，这一天也成为南方抗战日。1945年9月26日，胡志明主席号召全国人民全力支持南方同胞的抗法战争，保卫国家的独立。战争初期，由于力量悬殊，越南军队向北部山区撤退，以广大农村为依托开展游击战。1947年，法军向越北根据地发动大规模进攻，妄图一举消灭越军主力，越军粉碎了法军的大扫荡，战争进入相持阶段。

1949年，中华人民共和国成立，从此，越南人民的解放事业有了可靠后方，并源源不断从中国获得各方面的帮助。1950年9月，越南人民军在中国的支援下，发动"边界战役"，消灭了中越边境地区的法军，解放高平、谅山等地区，扩大并巩固了解放区，掌握了北部战场的主动权。1951年2月，印度支那共产党召开了第二次代表大会，通过了新的党章和党纲，改名为"越南劳动党"，确定了党在抗战中的基本政策，在解放区推行土地改革，调动了农民的抗战积极性，广大青年踊跃参军，兵力大增。1953年，法国殖民

[①] 摘引自胡志明主席《独立宣言》。

者在美国支持下，实施"纳瓦尔计划"①，企图在18个月内消灭越南抗战力量。越南军民在中国的大力支援下，积极应战，于1954年5月7日赢得了"奠边府大捷"②，消灭了法军在越北地区的主力，取得了抗法战争的决定性胜利。1954年7月21日，法国被迫在《关于恢复印度支那和平的日内瓦协议》上正式签字，越南北部全部获得解放。根据此协定，越南暂时被分为南越和北越，以北纬17度线为临时分界线，并决定两年后通过全国的总选举来实现国家的统一。这一时期北越称为越南民主共和国，首都为河内，在越南劳动党的领导下开始恢复和平，建设国家。在越南南方，由法国和美国扶持的吴庭艳集团，于1955年10月宣布成立"越南共和国"，以西贡为政治中心。吴庭艳傀儡政权想尽一切办法阻止越南全国总选举的举行，镇压和排斥抗战人士，由此引发了争取和平、统一祖国的运动。1960年12月20日，在越南南方成立了以阮友寿律师为主席的越南南方民族解放阵线，把南方各界人民反对美国干涉、反对吴庭艳伪政权的斗争推向新高潮。为了维持西贡政权及其制度，美国加强了对南越的军事援助，1961年发动了由美国顾问指挥的"特种战争"；1964年8月5日又挑起"北部湾事件"，开始轰炸北越；1965年3月8日，美国海军陆战队在岘港登陆，把侵越战争升级为直接出兵的"局部战争"，向越南派出了50多万美军和"联合国军"直接参战。

---

① 1953年11月，驻印度支那法军总司令纳瓦尔开始实施其18个月内消灭越军主力、夺回战场主动权的作战计划，该计划俗称"纳瓦尔计划"。具体内容：出动5 000名空降兵占领越南西北战略要地莱州省的奠边府，然后逐步增加兵力，将奠边府建成一个包括49个支撑点，分成8个据点群和北、中、南3个防御分区，拥有两个机场的防御枢纽部。法军企图以此切断越、老抗法武装力量之间的联系，并为驻老挝上寮的法军提供掩护。

② 为粉碎法军企图，越军决定在奠边府实施战略性进攻，由武元甲任前线总指挥。越军集结4个步兵师、1个炮兵师及其他兵种部队约4万人，从北、南两个方向对奠边府形成合围，采取稳扎稳打、分阶段歼敌的方针。1954年5月7日，战役取得全面胜利，全歼法军主力，俘虏法军指挥官卡斯特里准将及其全部参谋人员。中国为该战役提供了强有力的保障。但是在越南军事博物馆的奠边府大捷专馆中，反映中国援助的只有两张照片，个中情由引人深思。

但越南军民没有屈服，在胡志明主席"没有什么比独立自由更珍贵"思想的鼓舞下，在南方和北方各个战场上取得了一个又一个重大胜利。美国、西贡伪政权、越南民主共和国、越南南方共和临时革命政府四方经过谈判于1973年1月27日签订了关于在印度支那结束战争、恢复和平的《巴黎协定》，美国被迫同意从越南撤出全部军队。1975年春，越南人民军对南越伪政权和伪军发起了总进攻，并于1975年4月底，发动了著名的"胡志明战役"，4月30日攻占了西贡伪总统府，解放了南方的全部城市、农村，统一了全国。1976年4月25日，越南全国举行普选，成立统一的国会；同年6月24日至7月3日，统一国会通过决议，改国名为"越南社会主义共和国"。

第三章 民族与习俗

第一节 民 族

一、概述

越南是一个多民族国家。1979年3月2日,越南政府根据语言特点、文化生活特点和民族意识三项原则颁布了《越南各民族成分名称》,确定越南共有54个民族,京族为主体民族,其他53个为少数民族。京族(越族)人口约7 476万,占全国人口的86%,其他少数民族人口约1 217万,占全国人口的14%。[①]人口最少的民族人口不过数百人,如:布娄族397人,俄都族376人。

根据各民族使用语言的状况,54个民族分属南亚、汉藏和马来—波利尼西亚三大语系。

属于南亚语系越芒语支的有:越(京)族、芒族、土族、哲族。属于南亚语系高棉语支的有:高棉族、巴拿族、色当族、格贺族、赫雷族、莫侬族、斯丁族、布鲁—云乔族、戈都族、叶坚族、麻族、克木族、戈族、达渥族、遮罗族、抗族、兴门族、莽族、布娄族、俄都族、勒曼族。

属于汉藏语系壮泰语支的有:岱依族、傣族、侬族、山仔族、热依族、佬族、卢族、布依族。属于汉藏语系苗瑶语支的有:赫蒙(苗)族、瑶族、巴天族。属于汉藏语系藏缅语支的有:哈尼族、拉祜族、夫拉族、倮倮族、贡族、西拉族。属于汉藏语系华语支的有:华族、艾族、山由族。

属于马来—波利尼西亚语系的有:嘉莱族、埃地族、占族、拉

---

① 该数据为2010年统计数据,参见中华人民共和国外交部网站。

格莱族、朱鲁族、拉基族、拉哈族、布标族、仡佬族。

二、民族的来源与分布

越族是越南的主体民族，居住在经济文化较发达的平原地区。少数民族除高棉族、占族和部分华族居住在平原地区外，其余分布在北部和西部靠近中越、越老和越柬边境的广大山区和河谷盆地，居住地区占全国总面积的三分之二以上。越南民族的分布特点是：（1）在北方多交叉居住，有的山区一个乡就有六七个民族；（2）在南方，多形成单一的小块民族居住区；（3）岱依、傣、侬、苗、瑶、山仔、热依、克木、哈尼、拉祜、倮倮、布依、华等十几个民族为中越两国的跨境民族，虽有国界分割，但其分布区基本连成一片，互相之间保持着密切的联系和共同的民族特点。

越南北部和西北部的绝大多数民族是从中国迁入的，有的迁入很早，如岱依族、傣族、芒族等；有的则较晚，仅仅一二百年，如侬族、瑶族等。这些地区的少数民族和中国西南少数民族关系密切，语言和风俗习惯也很相似，他们是越南少数民族中文化比较先进的民族。居住在中部长山和西原地区的少数民族绝大部分人口稀少，居住分散，文化和生活水平都很低。

居住在南部平原和西南部的大多数民族很早以前就居住在那里，他们与东南亚和印度的许多民族有着历史联系。其中高棉族是越南人口最多的少数民族之一，主要居住在湄公河三角洲的西南地区。越南的高棉族与柬埔寨的高棉族原是一个民族，语言、文字、宗教信仰完全相同，受古印度文化影响较深。

各少数民族的具体分布情况大致如下：岱依族分布于越南西北和北部；傣族分布于西北和中部；芒族分布于西部；华族主要分布在各大城市，如胡志明市、河内市、海防市、广宁省以及南部地区；

高棉族分布于南部；侬族分布于北部和南部；赫蒙（苗）族分布在北部；瑶族分布于北部和中部；嘉莱族分布于西原；埃地族分布于多乐、庆和；巴拿族分布于西原、平定；山仔族分布于北部；占族分布于南部（古占城地区）；色当族分布于广南、平定；山由族分布于东北部；赫雷族分布在广义；格贺族分布于林同、宁顺；拉格莱族分布于西原、宁顺、庆和；莫侬族分布于多乐、平福；土族分布于乂安、清化；斯丁族分布于同奈、平福；克木族分布于山萝、莱州、乂安；布鲁云乔族分布于广平、广治、承天—顺化、多乐；热侬族分布于老街、河江、莱州；戈都族分布于广南、崑嵩；叶坚族分布于广南、崑嵩；达渥族分布于广治；麻族分布于林同、同奈；戈族分布于广义、广南；遮罗族分布于同奈；哈尼族分布于莱州、老街；兴门族分布于山萝、莱州；朱鲁族分布于林同、平顺；佬族分布于莱州、山萝、清化；拉支族分布于河江；夫拉族分布于老街、莱州、山萝；拉祜族分布于莱州；抗族分布于莱州、山萝；卢族分布于莱州；巴天族分布于宣光；倮倮族分布于高平、河江、莱州；哲族分布于广平；莽族分布于莱州；仡佬族分布于河江；布依族分布于河江、老街；拉哈族分布于莱州、山萝；贡族分布于莱州；艾族分布于广宁、谅山、同奈；西拉族分布于莱州；布标族分布于河江；布娄族分布于崑嵩；勒曼族分布于崑嵩；俄都族分布于乂安。

三、主要民族简介

（一）越族（京族）

越族又称京族[①]，现有7 476万人，是越南的主体民族，全国各地均有分布，以红河三角洲、湄公河三角洲和沿海地区最为密集。越族讲越南语，文字为拼音拉丁文。在古代，越族一直使用汉字，

---
① 源自"居于京畿之地"的意思。

第三章 民族与习俗

后来在汉字的基础上创立了喃字，16世纪初，西方传教士进入越南后开始创立拉丁化文字，经过几个世纪的应用，到20世纪初逐渐取代汉字成为国语。

越族有悠久的历史，据记载，越族是古代百越的一支——雒越的后代，生活在红河平原地区，后来不断向南扩张，至17世纪，越族已经分布在整个越南的平原地区。

越族是农耕民族，有悠久的水稻种植史，在不同的土壤、气候地带培育了几百个水稻品种。另外，越族还种植玉米、马铃薯等杂粮。越族居住地区河网纵横，水资源丰富，渔业也是重要的生产部门。稻作生产方式和水网环境决定了越族的饮食结构以大米以及大米制品、蔬菜、鱼类为主，鱼露[①]是极具民族特色的调味品。

越族的手工业比较发达，纺织业有悠久的历史，他们生产的"安南绸"闻名于世。越族的典型服装是男性着无领对襟上衣，下穿宽裤脚的长裤，赤脚或穿橡胶拖鞋；女性着长衫裙[②]，丝绸质地宽裤脚长裤。

越族的传统节日与中国相同，如春节、元宵节、寒食节、清明节、端午节、中秋节、冬至节等，其庆祝形式和内涵略有变化。

---

① 鱼露俗称"鱼酱油"，是极具越南民族特色的调味品。其加工制作过程相当繁琐、复杂：在产鱼旺季，把鲜鱼（一般使用海产小鱼，越南最常用原料鱼是cá cơm）装进筐子，通过踩踏等方式去掉鱼鳞，然后除去内脏，洗净；放入制作鱼露的大木桶内（鱼桶），撒上适量的盐，在木桶底部放置导管，导入另一木桶（汁桶）；三五天后，鱼汁渗出，流入汁桶；将汁桶鱼汁倒入鱼桶，如此反复数次，直至鱼肉全部溶化成鱼汁，此即鱼露原浆（原汁）；将鱼汁滤清，装入大桶或大瓮，放在烈日下暴晒20天左右；分装成成品。整个制作过程大约需要5~6个月。成品放置在荫凉、干燥的地方，可以长时期保存。越南的潘切鱼露、富国岛鱼露都是著名的出口产品。我国广东、福建也出产鱼露，尤以福州出产的为最好。
② 长衫裙类似于开衩至腰部的窄袖旗袍，裙摆垂及脚面。长衫裙是越南的"国服"，是越南妇女在正式场合的唯一选择。它端庄、典雅而又蕴含灵性。收紧的胸部，夸张的开衩，衬托出曲线的身材和柔美的体态；舒展的下摆使活动方便；下穿与长衫裙颜色相同的长裤，裤管宽松而稍长，一般触地，则显行动潇洒不羁；衣服颜色常为白色，体现出女性的纯洁、温柔。但是，高开衩对女性的腰部有极高的要求，否则赘肉乍现；同时，配裤一律追求拖地，不适合在大街行走，否则裤脚容易扫地变黑。

越族人的姓名格式与中国汉族相同。姓（约400多个）是不能改的，世代相袭，以阮、范、陈、吴、黎最多。男子姓名一般都是三个字，如阮志清。姓和名字中间的一个字称为垫字。男子的垫字多种多样，女子的垫字多用"氏"来表示，如阮氏玄。

越族主要信奉佛教、道教和儒教，也有信奉天主教的。普遍崇拜祖先，每家的正房都供奉祖先牌位，每逢重大祭日或节日均隆重祭拜。

（二）岱依族

岱依族是越南人数最多的少数民族，约有160万人，主要分布在越南北部的高平、谅山、北𣴓、太原、河江、宣光、老街、广宁和山萝等省。岱依族与中国壮族有着密切的亲缘关系，至今仍保持着许多共同的民族特点，属于跨国界而居的同一民族。

岱依族的语言在语音、语法、基本词汇方面都与壮语基本一致，不同的是岱依语受越语的影响较多。岱依族多居住在比较平坦的河谷平坝地区，土地肥沃，自然条件优越，有着发达的传统农业，家庭饲养业和手工业也比较发达。岱依族一般实行一夫一妻制，家庭是父权制小家庭。岱依族主要信仰大乘佛教，城镇居民也有信仰天主教的，同时受道教、儒教的影响也很深。

（三）傣族

傣族约有145万人，人数居越南少数民族第2位。按他们的服饰颜色可分为黑傣、白傣和红傣三大支系。黑傣主要居住在山萝、老街、奠边等省。在清化、乂安和河静省西部，也有属于黑傣支系的"傣腾""傣梅"人分布。白傣主要分布在莱州省的琼崖和山萝省的北安、扶安等县。红傣是一个成分比较复杂的支系，主要分布在山萝省的木州县与和平省的梅州、沱北县。

越南傣族是从中国西南地区迁移去的，与中国云南的傣族有着密切的历史关系和共同的民族特点。越南傣族多居住在肥沃的山谷盆地和河流两岸，是以稻作为主的农耕民族。傣族的家庭饲养业比较发达，手工业还未与农业分开，只能说是家庭副业。越南傣族除红傣人信仰小乘佛教外，黑傣人和白傣人都信奉万物有灵的原始宗教。越南傣族有着悠久的历史文化，他们有自己的文字，留下了许多民间文学作品。

（四）芒族

芒族约有123万人，主要分布在老街、安沛、和平、永福、河南、宁平和清化等省。芒族与越族同源，二者在语言、风俗习惯和宗教信仰等方面有许多共同之处。另一方面，受傣族影响也较大，住高脚屋，妇女穿筒裙。芒族是农耕民族，主要种植水稻和玉米。

（五）高棉族

高棉族有约112万人，主要居住在湄公河三角洲的九龙江平原。这一地区古代属于真腊（今柬埔寨），18世纪中叶并入越南版图，因此，这一地区的高棉人在语言、宗教、风俗习惯和文化传统等诸多方面与柬埔寨高棉族保持着一致。高棉族以种植水稻为生，信仰小乘佛教，宗教对世俗生活的影响很深。

（六）侬族

侬族有约91.5万人，主要居住在与中国交界的谅山、高平、北泞、太原、老街、河江、宣光、北江、北宁、广宁等省。越南侬族与中国壮族也有着密切的亲缘关系，二者的共性较岱侬族和壮族的共性还多，也属于跨境民族。越南侬族大多是10世纪前后由中国广西迁徙去的，与广西左右江一带壮族的"布侬"是同一支系。越南侬族又分为许多支系，由于各支系之间的交往和了解不多，在语言、风俗习惯等方面也略有差别。侬族是农耕民族，以种植水稻为主，家庭饲养业和各种家庭手工业比较发达。

（七）苗族（赫蒙）

苗族有约89.7万人，分布在河江、宣光、高平、老街、莱州、山萝、北泮、太原、河西（今属河内）、和平、清化、乂安等省的山区。越南苗族的祖先最早生活在中国的洞庭湖地区，与中国苗族同源，17世纪后陆续从中国贵州、广西、云南迁来，其语言和风俗习惯与中国苗族大体相同。越南苗族有白苗、黑苗、红苗、花苗、汉苗五个支系。苗族主要以耕种山地为生，生产比较落后。其春节（苗历新年）在农历十一月底。苗族妇女有剃眉毛的习俗。

（八）瑶族

瑶族有68.6万人，分布地域较广，沿中越、越老边界一直延伸到北部沿海地区。越南瑶族与中国瑶族同源，其祖先是从中国西南地区陆续迁过来的。根据服饰特点分为红瑶、白裤瑶、窄裤瑶、蓝靛瑶等支系。瑶族的生产、生活非常落后，至今还有部分处于刀耕火种的阶段。信奉多种神，有祭祀"盘王"的习俗。

（九）华族

越南有关部门将1975年后改换成越南国籍的华侨和华裔越南居民统定为华族，又称"汉族"，是越南的第六大民族，现有91.3万人。华族大多居住在越南的城镇，尤其是中心城市。从地域上看，居住在南部的华族数量更多，仅居住在胡志明市的华族就超过越南华族总数的一半。北部华族大约有30万人，其中广宁省约有18万人，海防市有5万余人，河内的华族也为数不少。此外，山区、平原、海岛、城镇都有华族居住。

历史上，中国人移居越南有经济上的原因，也有政治上的原因。从秦汉时期开始，就不断有中国人迁入越南，从事农业、渔业、商业和工矿业，与越南人杂居通婚。宋代以来，随着航海业和对外贸易的发展，中国人移居越南者日渐增多。南宋末年，由于社会动荡，

第三章　民族与习俗

遗臣义士也多逃奔越南。元朝、明朝，由于战乱，大批士卒流落越南境内。明朝中叶，中越两国互舶贸易极盛，广东、福建人士赴越经商者众多，越南中部会安古镇浓厚的中国风格反映了这一时期中国人移居越南的情况。自19世纪以来，一方面由于鸦片战争，东南沿海人民大批破产，纷纷外流谋生；另一方面，法国占领越南后加紧开发资源，急需大量劳动力，便采取免税优待等多种手段，吸引众多的中国人到越南开发。此外，还有一些中国人因逃避抓丁、纳税、迫害、追捕等原因而流亡越南。华人移居越南，历史悠久，人数众多，对越南社会经济文化的发展作出了重要的贡献。

第二节　风俗习惯

越南是一个多民族的国家，各民族都有自己的风俗习惯，在礼仪、礼会、饮食、服装、禁忌等方面也各有差异。但是，越（京）族作为越南的主体民族，历史悠久，文明程度较高，因此，在越南各民族中，越族的风俗习惯又具有一定的代表性。

一、饮食

越南的气候、地理环境和农业生产模式决定了越南人获取淀粉和蛋白质的途径。多雨的热带季风气候和水网平原利于水稻和蔬菜种植，利于各种鱼类的生长，大米、蔬菜和鱼类是越南饮食的基本结构。

越南人以大米为主食，爱吃粳米，也有的民族以食糯米为主（如傣族），法国的殖民者还给越南带来了吃面包的习惯。以大米为原料制作的米粉是越南人的最爱，单单是米粉的种类就有十数种之多，从北到南叫法也有区别，再根据制作方式和添加辅料的差异，竟可以变化出上百种米粉。在河内市的几乎每个街区都有自己引以为豪的招牌米粉店。

越南的河流、湖泊、水塘众多，鱼虾产量大；海岸线长，海域面积广，有不少丰产渔场，海产品丰富，海鱼产量极大，所以鱼在越南人民生活中占有重要地位。越南人烹制鱼一般采用清蒸和油煎两种方式。由鲜鱼加工而成的"鱼露"是越南人日常生活中不可缺少的调味品，其地位、作用相当于中国的酱油。其他肉类副食还有牛肉、猪肉和鸡肉等，不少地方还有吃狗肉的习俗。蔬菜常见的有空心菜、小白菜、竹笋、黄瓜、茄子、水芹、生菜等。酸菜和腌茄子也是常见的佐餐菜。大米饭、清水煮空心菜浇鱼露、煎鱼块，外带小螃蟹酸汤是越南人最常见和最爱吃的家常饭菜。每逢节日、祭日或做酒席时必不可少的是白切鸡，越南俗语云"无鸡不成席"。此外，炸春卷、酸肉丸、方粽子、烧肉等也是常见的节日菜肴。

越南人还普遍喜欢吃孵化十天、半月的鸭蛋。鸭蛋用沸水煮熟，趁热摆在放有香草和红辣椒的碟子上食用。其次公认的美味食品是煮蚕蛹，蚕蛹加少量蔬菜用薄饼裹好、煮熟。

在饮料方面，越南人喜欢饮酒、喝茶、喝咖啡[①]。越南传统的酒类主要有糯米酒、菊花酒、莲花酒、槟榔酒等。由于越南地处热带，啤酒越来越成为城市居民，尤其是青年人的最爱。茶是越南人最常用的饮料，不少人喜欢饮用"功夫"茶。农村人多饮粗茶，城市人喜饮绿茶，无论贫富，每家有一套茶具，可见饮茶在越南之普遍。太原地区产的茶叶质量最好，俗语云"宣光女子，太原茶"。饮咖啡也是越南一大特色，以西原地区所产咖啡为佳。

在饮食器皿方面，越南人用筷子吃饭，开饭时，把菜和汤放在圆形或方形的大托盘上，一起端出，置于床上、席上或茶几上，全

---

① 喝咖啡也是法国殖民遗产之一种。

家围坐而食,两腿盘坐是比较普遍的姿势。在城市,坐在餐桌上吃饭逐渐取代席地而食。

自古以来,越南人还有嚼槟榔的习俗,把槟榔与一种叫"蒌"的藤类植物的叶子和石灰同时放在嘴中嚼,三样东西混合后立即发生化学反应,变成血红色的汁液,再将残渣吐出,长期嚼食槟榔,嘴唇变红,牙齿变黑,以前,妇女以此为美。据说,嚼槟榔还有健齿和杀菌的作用。槟榔在越南人的社会生活中还有重要的社交作用,婚丧嫁娶、节日祭祀都要用到槟榔。

总体看,越南人喜食生、冷、酸、辣食物,饮食清淡。

二、衣着

以越(京)族为代表的越南人的衣着,经历了一个演变过程。最早的穿着是男子用粗布兜裆缠腰,女子围裙,以后逐步发展到穿各种套头衣服和长裙。中世纪时,越族平民喜穿褐色布衣,官吏穿蓝色葛衣。近代以来,越族人的服饰发生了很大变化,衣着更为简单朴素,妇女时兴穿结纽上衣和裤子。到了现代,由于西方生活方式的影响,城市越族人的服饰又发生了重大变化。男子一般以西装为正装,平时也穿休闲裤和衬衣,年轻人也喜欢着T恤衫,不穿短裤[1]。丝绸质地的长衫裙及宽腿长裤是越南妇女的民族服装(礼服),越南人认为,长衫裙能充分展现越族女子婀娜窈窕的特点,既庄重又飘逸,美不可言。城市女子平时一般着牛仔裤和衬衣,穿着裙子不普遍,这可能与她们需要骑摩托车有关。在农村,男女大都穿褐色或白色窄袖无领上衣(南方多穿黑白两色)及黑色宽腿长裤。

越南男子一般蓄短发,不少人喜欢戴帆布硬壳盔形帽[2]。女子多

---

[1] 越族人一般认为穿短裤是不礼貌的,在正式的场合,七分裤和九分裤也被认为是不合适的。
[2] 颜色多为绿色,也有土褐色的,具有透气、轻便和便于隐蔽的特点,在抗战时期,是越南军人的标准装备之一。

数留长发①，疾驰而过的摩托车和女子飘逸的长发被认为是最具越南特色的街景之一。②年长女子梳发髻，农村女子还有系黑色头巾的习俗。劳动时妇女大多头戴葵叶和竹篾编制的圆锥型帽斗笠，打赤足。越族人普遍喜欢佩戴首饰，首选是金饰，其次是银饰。越南城乡大大小小、成行成市的金店反映了越南人的黄金消费状况。越南人普遍喜穿橡胶质地的拖鞋，现在各种时装鞋也越来越受到年轻男女的喜爱。

其他几个人口较多的民族，如岱依族、傣族、侬、芒族等，男子的服饰与越族差别不大，普遍穿蓝色、黑色、白色等的无领对襟上衣和蓝、黑、褐色的宽腿长裤。但妇女服饰仍保留有传统的民族特色，如傣族妇女喜欢穿缀有两排漂亮蝴蝶形银制纽扣的对襟紧身短衣，下身穿一条长至脚背的紧身筒裙，下摆织有雅致秀丽的图案，具有鲜明的民族特色。

苗、瑶等山地民族的妇女服饰也具有本民族的特色，苗族妇女传统服饰由斗笠形褶裙、前襟开缝带有短围胸的上衣、围裙、腰带、绑腿组成。而瑶族支系的名称则是由妇女服饰特点而来：红瑶妇女头戴红巾，胸前缀有红花图案；钱瑶妇女衣领后钉有几枚铜钱，故名钱瑶；角昂瑶，姑娘出嫁时要戴一块缀有兽角形木块的头巾；青衣瑶，穿青色衣服，头戴角状帽；白裤瑶，姑娘出嫁时穿白色裤子；窄裤瑶，穿长衣，过膝短裤；等等。

各少数民族普遍喜戴装饰品，如侬族，男子戴手镯和戒指，妇女戴项圈、项链和手镯、脚镯。越族、傣族男子喜欢文龙形图案在身上。布娄族男女都有文身、文面习俗，还有锉齿习俗，不论男女

---

① 女子剪短发不符合一般越族人的审美情趣，他们认为短发透着精干气，消减了女子最弥足珍贵的温柔、温存气质，剪短发的女子一般有海外留学经历或是在外企工作。
② 这也是越南强制骑摩托车时佩戴安全帽政策难以彻底执行的原因之一。

到了青春期就要将4颗上门牙锉短锉齐，以此作为成人标志。芒族少女有文唇的习俗。

三、住房

在农村，越族人房屋建筑的布局一般为一排三间，中间为堂屋，两边厢房。堂屋正中对着门的墙上一般设有供台或供桌，上面供奉着祖先牌位。堂屋为家庭用餐、待客和活动的场所，两边厢房为卧室。其他如厨房、库房、猪舍、厕所等一般建在正房的一侧。在红河平原地区，一般每家都围有一个小院子，房前屋后常常有槟榔或菠萝蜜树，院子里总要留出一小块地种花、种菜。几十户、上百户组成一个自然村，北方的村庄周围一般有茂密的竹丛环绕，南方的村庄则隐没在椰树林中。每个村庄一般建有村亭或寺庙，位于村寨中央，村亭是村社传统的"政治中心"，也是节日举行庆祝活动和平日闲聚的场所。竹丛、榕树、椰林、槟榔树、池塘和村亭（庙）构成了平原地区越族人传统的村舍特征。

居住在城市的越南人住房主体为自建房，一般是临街一面较窄，从两米到十几米都有，长度一般超过10米，有的甚至长达30米。形状细长，通常建三层，少数也有建十几层的，一层一般为客厅和餐厅，设祭祖供桌，如果没有院子，晚上还放摩托车。二层以上每层结构类同，都一般地布局卧室、卫生间等。房屋外墙一般刷成土黄色，窗户使用百叶窗，颜色以深绿色居多。在陈兴道街、黄妙街、潘廷逢街、陈富路等古街上可以看到不少歇山屋顶的古建筑和法式建筑，古朴漂亮。随着城市化进程的加快，城市土地日益稀缺，自建房由于土地使用效率较低，难以规划和管理，政府开始鼓励房地产商开发出售公寓房，河内的美庭新城是较典型的代表，而且正逐渐为城市年轻人认可。

傣族、岱依族、侬族、芒族一般住竹木结构的高脚屋，因为上述少数民族多居住在山区，较少大片平地，而高脚屋非常适合依山建构，还兼具防潮、防野兽和蛇等功能，屋脚空间可以住牛等牲畜，可谓一举多得的建筑模式，充分反映了民族智慧。

岱依族的住房形式较有特色，住房主要有三种形式：高脚屋、平房、防守屋。高脚屋最为普遍，有木结构和土墙结构两种类型。防守屋多见于边境地区，墙高而厚，一般不开窗户，四角有岗楼式建筑，下面是地堡，所有的房间都有暗道相通，墙上开有枪眼，有的还在房屋四周挖有壕沟，布有尖桩和鹿砦。

四、交际

越南人注重社交，见面要打招呼问好或点头致意，妇女喜欢串门，此外村亭也为越南人提供了交际平台。越族人的名字与中国汉族的姓名特征基本相同，一般是"姓 + 垫字 + 名"模式，称呼时只称名。[①]越族人的称呼极其复杂，同时缺乏汉语中"你、我、他"一类的中性称谓，有时难以选择。越族的称谓向来被认为充满了越族人的交际智慧，初学越语者很难真正地理解这个系统的精华，因为它有定式无定论，有规则看情形，特例繁多，因势灵活，灵活是核心，但须是恰当的灵活，不合时宜的灵活只能给交际带来麻烦。比如，在交际过程中他们常常以降低自己的身份和辈分的方式贯彻"称谦呼尊"的礼貌原则，如有客来访，称作"龙到虾家"；应称为"哥、姐"的却称作"伯"，应称作"弟、妹"的却称作"叔、姑"（以自己小孩的身份来称呼）等。但是现在城市人，尤其是女性，不喜欢别人把自己叫得老了，所以，近年来，"称谦呼尊"原则也遇到挑

---

① 笔者认为只称名的习俗是村社交际特点的遗存，只称"名"背后的潜台词是"人人都知道你姓什么"，还暗含了"我们属于同一个共同体中"的意味。

战,"称兄道弟,呼姐叫妹"变得十分流行。总的说来,需要交际者在每一个交际场合重新定位自己的位置,并通过尝试交际获得肯定或否定来进行修正。

越南人非常好客,周到殷勤,热情大方,"逼"[①]客人吃喝,把最好吃的留给客人,把方便留给客人,彬彬有礼。去做客一般不空手,礼物不必珍贵,主要为表达心意。家中待客的一般程序是男主人陪着喝茶聊天;然后是家宴,开饭时,小辈儿要逐个"请"餐桌上比自己辈分高的人先用;餐后男主人继续陪着喝茶;告别时,全家送到门外,并热情邀请下次再来。

越南人好奇心也非常强。陌生人即使初次见面也会问姓名、年龄、籍贯、收入、受教育程度、社会地位、家庭情况、结婚与否、有几个小孩等等。笔者以为这是越南人进入角色较快的缘故,中国人从认识到相熟的过程一般都比越南人长。在越南生活过的人大都有越南人"太热情"的印象,因为自与你相识以后,在越南人的心目中已经把你"想象"为家庭中的一员了,所以关心你的一切。你越是放松,越能享受到家庭般的温暖,虽然有时这种温暖并没有多少实质内容。

越南人与人交际非常重感情,只要有感情,规定、原则都可以灵活,俗语云"一亲二熟"[②],因此,在越南生活,交几个朋友很重要。不守时也是越南人的痼疾之一,越南人也常常自嘲为"橡胶时间"[③],不管政府机关的会议还是重要的商业谈判都可能会迟到,好在大街小巷无数的咖啡馆和路边茶水摊可以打发足够多的等待时间。

① 到越南家庭做客,主人往往会给客人夹菜,把他们认为最好吃的食物堆在你的碗里,然后热情地问你"好吃吗?""合不合你的胃口?"等等,如果你表现出很喜欢,他们会继续给你布菜,极可能吃撑。明智的做法是嘴里夸着好吃,但是始终保持饭碗中有几块大菜,等到饭局结束时再一鼓作气吃掉。
② 意思是要想办事顺利,第一是亲戚,第二是熟人。
③ 意为可拉伸、充满弹性的时间。

越南人的交际风格总体表现为含蓄、温情、重和睦、重细节等，越南人微妙的民族心理还使他们十分注重面子。

五、婚俗

越南现行婚姻法规定男子20岁，女子18岁可以登记结婚，实行一夫一妻制，结婚须到政府相关部门办理婚姻登记。由于各民族文化发展水平及风俗习惯的不同，民间的婚俗各具特色，在农村，这种特色体现得尤为明显。

在农村，提亲、订婚要通过媒人介绍，然后男女双方见面，最后由双方父母决定。一门亲事一般包括问名礼、红绸礼、订婚礼、送彩礼、缴费礼、婚礼、喜酒礼（由男女双方家庭分别主办）、回门礼等步骤。现在虽然提倡自由恋爱，但是一旦确定关系，还是要托媒人上门提亲，问名、订婚、送彩礼、婚礼四个主要环节不能少。

（1）问名礼[①]。男方家看中某个姑娘，就请媒人去女方家说亲，若姑娘本人和女方父母都同意，男方才带着槟榔、茶叶、糕点、布料或衣物等礼物去提亲，并询问女方的生辰八字，带回家找算命先生测算，看是否与男子八字冲克，如果不冲克[②]，即可订婚。

（2）订婚礼。男方送礼，女方受礼，传统的礼物包括一个红绸子包裹的圆盒子（象征幸福），若干布匹、首饰、两支红烛、两瓶酒和一头猪。现在有逐步简化和货币化的趋势，尤其是在城市，送一头猪越来越难操作。媒人在男女双方亲友的见证下，签字写婚约并把它放在男方家神龛上祖宗牌位前，既显示庄重，也有禀告祖先的

[①] 问名礼实际上不是问名字，主要是问岁数和生辰以便确定男女双方八字是否相合。另一方面，在旧社会，妇女没有地位，名字也不记入家谱，因此，家中生了女孩子，一般先随便起个小名便于称呼，到行问名礼时，家里长辈才正式起个名字，用于办理结婚手续。

[②] 在具体操作上，男方一般都先托媒人暗中打听到女方的八字，与男子八字勘合后再举行"问名礼"。

意思。

（3）送彩礼。订婚之后，男方要向女方家送彩礼，通常由女方家规定彩礼的品种和数量，包括衣服、鞋帽、大米、糖果、糕点、酒、茶、槟榔、鸡、猪、鱼露、首饰和现金等。同时，女方家还会提出婚礼宴席的规格、规模等。有时，女方还把嫁女应向村社缴纳的财务和礼金也转嫁给男方，完全由男方负担。彩礼的数量问题常常引起双方的矛盾。

（4）婚礼。订婚一年半载后，如果男女双方家里都没有发生不吉祥的事情，便根据男女双方的生辰八字选定吉日，举行婚礼。婚礼同时在男女双方家分别举行，双方家庭在家中摆下宴席，邀请亲朋好友出席。女方酒宴在先，男方家庭要先组织迎亲。婚礼正日，新郎身着新衣，与迎亲的队伍一起到新娘家。证婚人①手捧礼盒②走在迎亲队伍最前面，然后是拿彩礼的人，接着是新郎和伴郎，新郎的父母亲朋走最后。到达新娘家后，新郎新娘先拜祭女方家庭的祖先，请祖先认可，保佑一对新人幸福美满，接着新郎拜岳父岳母。迎亲队伍在女方家吃过婚宴后迎接新娘回新郎家，离开时，要行告别礼，女方父母坐在家正门一侧③，新郎新娘站在长辈面前，或跪拜或鞠躬，长辈拿出早已准备好的礼物给一对新人。新娘接到婆家后，同样按祭拜祖先、拜见公婆的程序进行一番，然后逐桌敬酒、敬烟或敬槟榔等。婚礼后第四天，新郎新娘带着礼物回新娘家祭拜祖先，称回门礼。

以上为传统婚俗，今天越南人的婚俗已经发生了较大的改变，特别是在城市，程序已经大大简化，但无论如何简化，婚礼是必不可少的。

---

① 证婚人一般由夫妇健在、子孙满堂的老者担任，是为"全福人"。
② 礼盒内一般有槟榔和男方为新娘置办的嫁妆。
③ 如果祖父祖母健在，也一并就座受礼，但是凳子比父母坐的略高一些。

越南少数民族的婚俗也颇有特点。芒族举行婚礼当天,新娘家会烧一锅污水,全家放声大哭,新娘被迎出门时,新娘家人就向参加婚礼的人群扔大米和盐,并把准备好的污水泼向人群。赫蒙族还遗留有抢亲的习俗,先把姑娘抢到手,第二天,"新郎"去敬告"岳父岳母",使其放心,第三天,"新郎"托媒人去提亲,最后把彩礼送到女方家及其村寨。傣族的婚俗是男方上门入赘,8至11年后方举行正式婚礼。

六、葬俗

越族人死后,按传统实行木棺土葬,也有遗骨改葬[①]的习俗。葬俗一般包括报丧、成服、入殓、守灵、吊丧[②]、出殡、下葬等过程。报丧一般采取放鞭炮、树丧杆、孝子登门磕头告知等方式;成服包括沐浴、穿衣、放置各种象征物等;出殡时,棺材在前,死者家属按亲疏远近,列队排在棺材后面,死者的长子排在最前面;棺材下穴后,所有送葬的人围着墓穴走一圈,每人向墓穴中撒一把土,填上起坟毕,所有人围坟站立,行终止礼,葬礼结束。传统葬礼还有"作七""卒哭(即百日祭)"、周年祭和三周年祭等。

如今,有社会地位的公职人员去世后,一般都要出示讣告,成立治丧委员会组织葬礼,开追悼会。国家领导人去世后,根据相关规定可享国葬。国葬仪式包括:以党中央、国会、国家主席和政府名义出示讣告;成立有党和国家领导人参加的治丧委员会;组织瞻仰遗容、开追悼会和送葬仪式;降半旗以示哀悼;暂停3~5天的喜

---

① 遗骨改葬即二次葬习俗。第一次进行木棺土葬,称"凶葬",3至10年后,待尸身腐化,挖开坟头,捡拾遗骨重新装殓,择地再葬,称"吉葬"。"吉葬"一般会尽其可能地把坟墓修得坚固奢华。从事这种职业的人一般都是子承父业或徒继师业,有一整套秘密行规,收入很高,日常生活中却被认为是"不吉祥"的人,社会地位不高。
② 逝世之人的亲朋好友前往凭吊是越南葬俗中非常重要的环节,既是告别,更体现关怀的温情。

庆活动。越南党和国家领导人都会亲自参加治丧活动，有时甚至亲自将棺材送上灵车，送往最后的安息地。

在城市和一些少数民族地区也实行火葬，傣族中的黑傣，部分占族、佬族、高棉族人死后用火葬。

七、禁忌

越南各民族都有自己的禁忌，有的民族禁忌[①]很多。越（京）族忌讳当众挖鼻子、掏耳朵；不愿别人拍自己的肩膀或用手指着人大声呼喊；不能用脚指物；席地而坐时不能用脚对着人；更不能从坐卧的人身上跨过去；不能睡在妇女的房门口和经常来往的过道上；不准进入主人的内室；不能三人一起照相；正月初一早上忌不吉之人冲家[②]等等。

大多数少数民族也有自己的禁忌，带有普遍性的禁忌有：不准进入坟山、鬼林，更不能在鬼林打柴，若打了柴，也不能带进村里；不能触动神树（龙树）、寨门、村边路旁的祭品；不能触动家里的供台和火塘三脚架；家里有人生病、生小孩或在祭鬼时，门口挂有绿树枝，外人不能进入；在祭寨时，村口挂有绿树枝等标志，外人不能进入；喝酒不能倒扣酒杯；不能靠着正房的中柱坐立；不能在中柱或门上钉钉子；不能把青叶子带进家；不能摸别人的头；不能到姑娘住的房间里；席地坐卧的人家进屋要脱鞋等等。

傣族禁忌最多，而且也最繁琐。比如，在屋内，有的傣族设两把楼梯，一是男人和客人用的，一是女人用的，不能混淆；进屋要脱鞋；可以将红纸、红布带入室内，但不能铺开，其他红色物品则

[①] 这些禁忌还可以细分为：语言禁忌、饮食禁忌、婚丧禁忌、居住禁忌、谋生禁忌以及其他日常生活禁忌。
[②] 正月初一早上开门看见的第一人被视为冲家之人，如果此人是"全福人"，则认为新年将会吉祥，反之则会遇灾变，"不吉"之人指在过去一年里遭遇不幸的人，如家里死人、遭祸等。

不能带入室内；不能在供家神的供台上及两侧挂东西；不准在中柱和墙上靠人和挂东西；各家祭鬼的地方不能动，也不准打扫卫生；不准挂白色蚊帐；不准跨火塘，也不准在火塘边烘烤鞋袜和裤子；家里生小孩，门口要挂青竹叶，不许外人进屋；在屋外，外人不准进入"龙山"、坟山，更不准去拾柴、动土；在村头或门前设置竹笆和绿树枝等时，表示村内或家里正在祭祀或有人生病，禁止外人进入；不准骑马由村寨通过；自己不挖厕所，也不准别人挖厕所；不准摸小孩的头；说话要和气，声音大了被认为是蛮横等等。

苗族忌讳说菜里盐不够；不准用脚踩炉灶或在炉火上烤衣物；人死后要停尸家中，让亲友吊唁，有时发了臭才下葬，不得掩鼻嫌臭。其他民族禁忌较少。如岱依族不准外人进入内室，在神座面前不能乱讲话。芒族不准站在家门口，不准从家里向外泼水，在家里不准脚朝厨房方向，侬族忌讳外人触动烧火用的铁三脚架，正月初一不准戴帽子，认为会遮住太阳以致遭灾。瑶族不准外人靠近供奉祖先的神台，家内不准挂白色蚊帐和带进黄色物品，不吃狗肉。占族中的白尼人忌吃猪肉，加非尔人忌吃牛肉。高棉族忌用左手行礼、进食、递物和接物。南方有些山区少数民族忌说主人的庄稼长得好，认为说了就会变坏。

第三节 传统节会

一、传统节日

越南很早就使用中国历法[①]，越族民间节日与中国基本相同，只

[①] 一般称阴历或夏历，阴历是相对于阳历（公元历）而言，据传该历法源自夏朝，故又称夏历。中国历是根据月亮的盈亏变化制定的，一年为12个月，共354天，每4年闰1月，以补足与阳历的时间差额。夏历还根据时令节气的变化制定出24节气用于指导农耕、预告年成等，是东方智慧的结晶。

是赋予一些节日新的内涵，或因地制宜增减一些庆祝方式。比较重要的传统节日有春节、上元节（元宵节）、寒食节、雄王节①、清明节、端午节、中元节、中秋节、重阳节、冬至节、祭灶王等。

（一）春节

春节是越族最重要的传统节日。与中国一样，春节是辞旧迎新、合家团圆的时候，有贴春联、采绿、开笔、冲喜、贺岁、送年礼以及各种娱乐活动。

从腊月二十三祭灶王②开始，家家打扫房间、清理旧物垃圾、整理供奉祖先牌位的供桌或供台、理发、置办新衣服等。到年三十，家家户户都贴上了春联，春联有直接用汉字③书写的，也有用越南国语字写的。城里有条件的人家还会到花市购买桃（树）花、金橘、鲜花以装点房间。到除夕夜，一般也要守岁，等待新年的来临，除夕时刻，燃放鞭炮④。大年初一开始互相拜年，人人见面都要说吉祥话。越族人还特别忌讳有不吉之人"冲家"——即开门看见的第一个人，因此，过去的一年家里发生不吉之事的人在大年初一

---

① 2001年，越南国会通过决议，决定每年农历三月初十为雄王公祭的日子，全国放假。但是因为雄王节源自礼会，所以在礼会部分介绍。
② 祭灶习俗源自中国道教。据说，这一天，灶王菩萨要上天向玉皇大帝报告一年来人间的情形，因此，每家每户都要打扫得干干净净，以便灶王能在玉皇那里美言美言，让玉皇大帝保佑全家来年行运。这一天又俗称"小年"。越南电视台有一档类似"周末喜相逢"（相声＋小品）的搞笑节目，每年的年终版称为"年末大相逢"，都是以灶王向玉皇报告一年来越南各方面的情况为主要内容，谐趣、幽默，深得老百姓喜爱。
③ 现在越南人多数已经不认识汉字了，但是在越南人的日常生活中还常常要用到汉字，春联是一例。每年临近春节，河内市还剑湖边的李太祖广场上就有人专门写汉字春联出卖。据笔者看，他们多采取了"画"汉字手法，不完全遵循汉字的笔顺，因为十分熟练的缘故，写成的春联也颇有气势。另一个必须使用汉字的是去庙观进香时用的"疏"（可以理解为写给菩萨或神仙的信，一般用专门的白纸，折叠成约四指宽的册页，用毛笔书写，内容为：某省某县某乡某村的谁谁谁，有什么事情，请菩萨或神仙保佑，供奉多少，事成之后，再来还愿等等）。河内市西湖府有一条街都是写"疏"的，笔者与他们交谈，他们多数已经不能听说汉语，但是写"疏"却十分熟练，且错别字很少，着实让人惊叹。
④ 越南政府规定，从1995年起，全国禁止燃放烟花爆竹，实际上只在河内、胡志明市等大城市比较严格地执行。客观上，大城市住房密集且自建房太多，不少城区几乎没有消防通道，火灾隐患多，消防能力无法保障。

上午都会自觉在家待着。同时，第一个来拜年的人非常重要，因为这预示着新的一年全家的运势，不少家庭会事先安排最亲近和尊敬的亲友，被邀请第一个来拜年是很大的面子。在一些农村地区，去拜年，要喝点酒、吃点儿菜，主人才高兴。孩子给长辈拜年，长辈会给压岁钱。此外，春节还有"采绿"的习俗，由于越南语"绿"与"禄"同音，"采绿"即有"进财进禄"的意义。一般在初一（也有在除夕夜的）早上，越早越好，到庭院或田野采一枝新绿的枝条回家，插在瓶中，预示来年财运好。

越南春节的传统食品最具特色的要数年粽[1]，年粽也是过年祭祖必备的祭物。年粽与一般粽子相比要大很多[2]，且是方形的，与之相配的是圆形糯米饼，象征"天圆地方"。此外，春节期间还举行不少文艺娱乐活动，比如传统的戏剧表演、杂耍、舞狮、舞龙、荡秋千、斗鸡、下人棋[3]等。整个春节期间，保持着热闹欢乐的气氛。

（二）上元节

农历正月十五这一天为上元节，与中国人一般认为这天是元宵节[4]不同，越南更把它作为一个礼佛的重要节日，从朝廷到民间都

---

[1] 在越南，关于年粽还有一个古老的传说：雄王六世时期，国王到年老时，打算从22个王子中选一个德才兼备的继承人，根据大臣的建议，国王让王子们制作一种祭祀祖先的食品，以此来考察王子们的才干和品德，王子们各显神通，到处搜寻奇珍献给国王。第18位王子廖郎（Lang Liêu）听从了一位女神的指点，用糯米、猪肉、绿豆沙做出了方方的粽子和圆圆的糯米饼献给国王。雄王品尝后，非常满意，因为它原料平常，制作容易，味道却非常好，又平易又珍贵，饱含了对田园的感情和对父母的孝敬之心，只有德才出众、心诚巧思的人才能做得出来这样美好的食品，当众宣布廖郎为王位继承人。从此后，形成习惯，每到春节，家家户户都用方形大粽子和糯米饼祭祖，同时也成为春节传统食品和赠品。

[2] 传统年粽（个）的标准是：200克糯米，200克猪臀尖肉，150克绿豆沙，外裹芭蕉叶，成品一般重2 000克左右。绿色的芭蕉叶象征着绿色的大地，糯米、猪肉、绿豆沙象征着大地上出产的万物，食用年粽意味着大地养育人类，人在天地中。

[3] 由人站在巨大的棋盘上充当象棋子，对弈人发出指令，相应的棋子执行命令，移动位置。由于其娱乐性强，参与性强，且有仿战效果而成为越南礼会上常见的表演节目。

[4] 中国的元宵节又称"过大年"，意味着春节的彻底结束，有吃元宵、闹花灯、猜灯谜、放焰火等习俗。

举行拜佛仪式，佛教徒更是相约到庙里进香拜佛。越南俗语云："终年拜佛，不如正月十五。"越南是传统的佛教国家，正月十五是新年的第一个月圆之夜①，拜佛最是灵验。

（三）清明节

清明节是24节气的第五个节气，一般在阳历4月4日或5日，农历一般为三月份。清明即气清光明，是一年之中的美好时光。②此时草长莺飞，杂花生树，正是踏青的好时节。与中国相同，越南人也在清明节期间③到祖宗坟茔祭奠扫墓，所谓扫墓，顾名思义就是打扫坟墓，一般会清除坟头杂草和败叶，如果需要也会培一些土。然后焚香烧纸④，献上鲜花等祭品，燃放鞭炮。有的地方还有插一支纸幡，或铺上新冥币等习俗。⑤人们在扫墓的过程中，也顺带欣赏乡村美景，呼吸乡野清甜的空气，进行野餐等活动。

（四）端午节

端午节为农历五月初五，在越南，端午节不仅有吃粽子纪念屈原、除虫等风俗，还兼具教师节的意味⑥。"端"者"始"也，意为开端、开始；"午"者"中午，午时"，端午即从中午开始，即表示这是一天阳气最盛之时。按惯例，端午节要在正午12点，即午时正刻祭拜祖先。此外，端午节又称端阳节，"阳"者"阴阳之阳"，意味着阴阳转换；"阳"又有"太阳之阳"之意，意味着太阳大盛，标志着一年中阳气最盛的季节开始了。

---

① 农历初一、十五为朔、望之日，正逢月亮极亏极盈，为阴阳转换之时，最易与神佛交流，向来为礼佛之日，每月在这两天都有沿街烧纸祭奠亡魂的习俗。
② 张加祥、俞培玲：《越南》，重庆.重庆出版社，2004年版，第273页。
③ 实际上，扫墓的时间是比较灵活的，清明前后几天、一周左右的时间都可以。
④ 越南还有烧"纸扎"(也称纸扎冥器或冥器)给死人的习俗，一般包括纸人、纸马，甚至纸制摩托车、汽车、房子、家具等等。
⑤ 各地风俗有差异，总之就是要有标记，宣告后人已经来扫过墓了。
⑥ 在古代，端午节这天，学生要携礼拜见老师。从1982年开始，越南政府规定每年阳历的11月20日为"教师节"，从此，端午节拜望老师的习俗逐渐被淡忘。

在越南，端午节一般被认为是为了祭祀和纪念屈原。传说屈原投汨罗江后，楚襄王十分悔恨，让人们到江边祭祀屈原，并把祭品投入江中，但这些食品都被鱼虾吃掉了。于是屈原托梦给楚襄王，说如果真的怀念他，投入江中的祭品必须用叶子包起来，用五彩线拴好，如此，则祭品不会被鱼虾吃掉。楚襄王下令照办，用绿叶包裹、五彩线拴缚的粽子出现了，端午节吃粽子的习俗也就沿袭下来。①

阳气上升，万物活跃，端午节有除虫的习俗。端午节清晨，要让孩子在床上就吃下柠檬、杨桃或李子等水果之一种，喝点儿糯米酒酿，吃煮鸡蛋，同时，把雄黄涂在小孩的头上、胸前、肚脐等处以除虫。成人则喝雄黄酒、糯米酒酿或化有"三神丹"的药酒。此外，各地区在辟邪方面的习俗也略有差异，如：有的地方人们在门口挂菖蒲；有的地方小孩用指甲草染手指甲和脚趾甲；有的地方佩戴特别的香囊；有的地方佩戴巫师用五彩线编制的符咒或者在衣服上别布制的杨桃、柠檬、辣椒图案以辟邪。

（五）中秋节

农历八月十五为中秋节。中秋即"秋之正中"之意，此时，秋收已毕，天气转凉，正是阳气和阴气的交接点。中秋节这一天，代表阳气的炎夏彻底退去，代表阴气的冬季开始来临，中秋夜之圆月即节气转换的标志。与其他民间传统节日一样，祭祖是必不可少的。

中秋节，越南各地吃月饼②的习俗比较普遍，不少地方还有赛月饼的习俗，不少妇女乘机展示自己制作月饼的手艺。此外，中秋夜还有点彩灯的习俗，比较典型的是鲤鱼形状的灯笼。相传，有鲤鱼修炼成精，专门在中秋之夜出来作怪害人，后来，菩萨教人们点

---

① 端午节故事参见张加祥、俞培玲：《越南》，重庆．重庆出版社，2004年版，第276页。
② 相较于中国的月饼，越南的月饼总体比较朴素，包装也简单。从制作工艺来看，大致分为烘烤月饼和软月饼。烘烤月饼与中国传统月饼接近，差异在于馅料；软月饼用糯米粉制作，类似于糍粑。

鲤鱼纸灯，吓跑了鲤鱼精[1]，从此有了中秋点鲤鱼灯的习俗。

中秋之夜，人们聚在一起，喝酒、赏月、吃月饼、玩游戏，有的地方还组织舞狮、舞麒麟等娱乐活动。在北方一些农村，青年男女和着"军鼓调"对歌，载歌载舞，同时也结识如意伴侣。

越南的中秋节除了上述习俗外，更重要的功能是"民间儿童节"，节前，国家领导人一般会接见优秀儿童代表，通过国家电台给孩子们写一封信等。这一天，14岁以下的孩子一般都会收到礼物。至于为什么中秋节变成了"儿童节"？从什么时候变成了"儿童节"？现在几乎没有人能给出比较信服的解答。据笔者揣测，大概因为越南家庭等级观念俨然，平时在家孩子们都比较拘谨，在中秋月夜，举家在露天吃喝玩乐，大人自顾说话聊天、饮酒赏月，孩子们便撒欢儿在月亮底下疯玩，放纵得如此难得，于是，逐渐演变成以孩子们为主的节日。

关于中秋节，越南也有嫦娥、玉兔、吴刚等传说，但是最具越南特色的还是阿桂的传说。阿桂原本是个撒谎精，以骗人为乐，而且确实骗到了很多人。后来，他骗了一位老翁，老翁给了他一棵榕树，说榕树的叶子有起死回生的功效，但是要常常浇水，才能枝繁叶茂，而且，榕树忌尿。榕树栽在东边，小便就要向西方，否则榕树会飞上天。榕树种下后，阿桂每天上山砍柴，嘱咐妻子小心照料。一天，妻子忙于家务，忘了浇水，待到阿桂快到家门口才想起浇水的事情，想去取水浇树，又怕阿桂看见责骂自己。她就匆忙跑到树根边，撩起裙子撒了一泡尿。于是榕树慢慢地连根拔起，向天上飞出，阿桂正好到家，他挥起斧子去勾榕树，想不到他自己也随着斧子一起被榕树带进了月宫。每年八月十五，人们赏月时就能看到大

---

[1] 也有说是包公想出的主意，让人们制作鲤鱼纸灯，在鲤鱼腹部插一根棍子，鲤鱼精看见人们拿棍子插着这么多鲤鱼玩儿，害怕地逃跑了。

榕树下阿桂的形象。

此外,越南还有一些传统节日,如农历三月初三的寒食节,缅怀介子推、祭祀祖先;七月十五的中元节祭祀亡魂;九月九的重阳节,登高踏秋;十月初十,俗称下元节①,人们祭天祭祖,避灾祈福;阳历12月21日、22日为冬至节,一般要杀鸡、割肉,进补御寒,祭祖。

二、民间礼会

礼会是越南常见的民间文化活动形式,一般以村寨、寺院或庙祠为中心展开,多集中在农闲时。越南各地的礼会非常多,没有人能说清楚越南究竟有多少个礼会。②越南民间礼会的功能和表现形式均相似,依据礼会举行的地点划分为寺院礼会、村亭礼会和庙祠礼会③。

(一)寺院礼会

永福省的菏寺、香更寺、蒲草寺,海防的茶方寺,河内的西方寺、金莲寺、香迹寺,北宁省的百间寺、笔塔寺,太平省的鹦鹉寺等都是经常举办礼会的地方。④越南儒学家范贵释(1760—1825年)在描述老百姓为建造寺院,打铸钟磬、筹办礼会而捐钱捐物时写到:"您看看村里的乡亲们,省吃俭用以致富,终日奔波以谋生,一个铜板都不会给人家,但一到布施生怕落于人后。连那些吃了上顿没

---

① 下元节源自道教,这一天天庭派遣三清神下凡,调查一年来人们所做的好事和坏事,记录在册,并返回天庭报告玉帝。在越南,过下元节并不普遍。
② 越南的李克恭先生曾著书介绍了100个较有影响力的礼会,包含时间、地点及活动内容等。
③ 礼会的特点是全民参与,有影响力的礼会往往吸引周边几十、上百个村社参加,必须有足够开阔的空间才能展开,而寺院、村亭、庙祠是越南村社传统的公共空间,在这些地方举办礼会是顺理成章的。
④ 越南的寺院礼会是一个庞大的体系,上文列出的寺庙只是寺院礼会的代表,从中也可看到,以河内为中心的红河平原核心区是寺院礼会集中、规模较大的地区。南方的寺院礼会总体不如北方有规模和传统。

下顿的穷小子们,听到募捐也非要翻箱倒柜,掏口袋摸出几个铜板或是捐出一斗米而没有丝毫犹豫。"

寺院礼会以祭祀佛祖的香迹寺礼会规模最大,参加者最多,最为典型。香迹寺又名香山寺,位于河内市美德县香山乡。香迹寺是越南北方名胜,黎朝圣宗皇帝称赞其为"南天第一洞"。香迹寺礼会是包含香迹寺在内的,燕溪沿岸群山①中的约70座寺庙②、道观、尼姑庵礼会的总称。香迹寺礼会开始于每年的正月初,结束于二月底,农历二月十五为正日。礼会期间,正逢春回大地,天气转暖,各地游客纷纷到香山进香朝拜,人们往往举家前往,准备吃食、香火,席地进餐,见庙烧香,十分热闹。香山属于喀斯特地貌,山不高,但形状丰富,多溶洞,神秘幽微,加之草木葱茏、繁花竞放,确乎是春游佳处。香迹寺③位于最大的溶洞之中,香客历经艰辛,好不容易登上山顶,极目四望,心旷神怡,突然路随山转,豁然见一拱门,穿过拱门,石砌的台阶陡然下行,向左直拐,再下行约百级台阶即进入香迹寺。溶洞阔约三四百平米,因势在溶洞较高敞各处供奉着各种菩萨,香火终年不断。

参加礼会的人,如果要到香迹寺进香,都必须乘坐小船进入。从香山乡游船码头到登山码头,船行约40分钟,燕溪两岸的姑娘们是主要的船工,她们都能非常熟练地用双手或双脚摇橹。燕溪两岸山川如画,摇橹船娘身姿婀娜,香客互相致意问候,歌声塞川,实乃难得之意趣。

---

① 这一带统称香山或香迹山。
② 规模比较大的有郑氏庙、天筹寺等。
③ 香迹寺所以闻名,除了上述诸原因外,更主要的还是相信这里的菩萨灵验。尤其是想生孩子的妇女,都相信去拜了香迹寺的送子观音就会如愿。其实求子香客也不特意拜佛堂上供着的观音,凡佛都是全拜的,她们更主要的是要去摸一下香迹寺溶洞中的母乳状石笋——溶洞中央有一石笋,约160厘米高,石笋顶部酷似女子乳房,恰溶洞顶部有一处滴水从其上方滴下,正好滴在乳房上,终年不竭,充满了象征意味,可谓造化神奇。

(二)村亭礼会

村亭是越南村社传统的政治中心,是村民祭祀城隍的地方。16世纪越南的村亭代表主要有北江省的鲁幸亭、土霞亭,北宁省的扶流亭,河内的西腾亭等。到17世纪,特别是17世纪后半叶,建亭运动达到顶峰。阮郑战争结束后,各村社争先恐后地建立新亭。在越南北方的北宁、北江、河西、河南、宁平、永福、海防等地建立许多名亭:北江有高尚亭、胜亭,河内有黄舍亭、联协亭、吹舍亭,宁平有重上亭和重下亭,永福有土桑亭、桃舍亭、玉更亭和仙香亭,富寿省有楼上亭,海防有乾沛亭等。18世纪,随着经济社会的发展,一批新亭建成并获得全国性声誉,如:北宁省的庭榜亭,永福省的富美亭,海洋省的石磊亭、仁里亭,海防的航庚亭等等。

北方村亭礼会比较有代表性的是北宁省的村亭礼会[①],京北民歌有云:"说道礼会,第一要数东康,第二属庭榜,光荣属于恬亭。"东康、庭榜、恬亭礼会都是具有广泛影响力的村亭礼会。庭榜礼会主要祭祀本村城隍——百丽大王(Bách Lệ),也称丽神。据传,远古时期,庭榜人不懂稼穑、饲养,兼之猛兽、水怪祸害,人民生活极其困苦。一天,一位老农出现在村里,教给村民开荒种植之术,在低地种植水稻,高地种植玉米、南瓜等,村民们逐渐过上了衣食丰足的生活。又一年,丰收之后的一天,老农突然拿出丽神画像,让全村修庙祭祀以保佑全村幸福安康。第二天老农就消失了,村民才明白老农原是神仙。从此,丽神被奉为庭榜村的城隍,每年农历的二月十二至十五日举行祭祀、娱乐活动以感谢丽神的保佑。庭榜

---

① 北宁省位于河内北面,俗称"京北地区",省会北宁市距河内约30千米,处于红河文化核心区。北宁省紧邻河内,经济比较发达,同时与城市又有一定距离,因此受到城市消费文化冲击较小,传统文化仍有较大的生存和发展空间,保留了大量具有典型越南特色的文化遗存,如非物质文化遗产东湖年画、同忌红木家具、官贺民歌等。

礼会的祭祀仪式[①]十分隆重，而更让人念念不忘的还是礼会期间娱乐活动，如斗鸡、放鸽子、嘲剧表演、丛剧表演、官贺民歌对唱、摔跤等。二月庭榜礼会的热闹劲刚过去，规模更加宏大的都祠（đền Đô）礼会[②]就开锣了。有人戏说，庭榜村的春天才是真正的春天。

（三）庙祠礼会

越南礼会不仅在寺、亭，而且还在庙祠[③]中举行，但与寺、亭相比，关于庙祠的文字记载要少些。据有的史书记载，兴安省金洞县有一座女王庙修建于17世纪；宁平省的华间县有两座庙祠，一座供奉丁先皇，一座供奉黎大行，这两座庙都始建于17世纪，后世得以修复。河内的白马庙、关圣庙、灵郎庙和高王庙组成一个庙祠建筑群，它们分别镇守东南西北四方。其中的关圣庙又叫镇武观或镇武庙，是河内举行庙祠礼会最重要的地方。这四座庙祠是按照李太祖的旨意建立的，意在用神权收复人心。如今，每年这里都举行礼会。

富寿省的雄王庙无论在建筑规模还是礼会规模上都较其他庙祠要大，它已于1962年被越南文化通讯部列为国家历史文化遗迹。

[①] 庭榜礼会的祭祀仪式除了一般的仪礼，十三日晚上举行的活猪祭祀很有特色。一般用两只活猪进行祭祀，祭祀结束即按礼制进行屠宰，然后全村分食这两头猪。庭榜人认为，吃了祭祀过丽神的猪肉，可以保佑一年的平安。

[②] 庭榜为李太祖的故乡，李朝各位皇帝的坟墓也在此，都祠礼会以庭榜为中心展开。都祠礼会的中心内容是：迎接李朝诸位皇帝的牌位、仪仗回庭榜文址庙进行祭祀，模拟表演李太祖登基大典，同时举行各种游艺、竞技活动，然后再把牌位送回常年奉祀的都祠。都祠礼会每年农历三月十二至十五日举行，其中三月十五日为正日。礼会首日，迎接牌位、仪仗的阵势最为壮观，迎接队伍绵延长达数千米，均着传统服装，扮演不同的角色，或抬仪仗、或表演节目、或捧祭礼……

[③] 此处"庙祠"的语义重心是"祠"，也即道教祭祀场所。越南有悠久的儒释道三教合一、三教同源的传统，因此在祭祀场所的名称上，越南人并不刻意区分。在越南的宗教场所，不管是寺、庙、祠、城隍庙还是母教的府，里面可能既有释迦牟尼，也有太上老君、四不死、历代君王、行业祖师、柳杏公主、山神、水神、星宿神、本地城隍等等。

雄王庙是供奉雄王①的信仰建筑群，包括上祠、中祠、下祠、井祠，如今又新增了妪姬祠和貉龙君祠。相传雄王建文郎国，传18世，世世皆号雄王。越南人将其奉为"国祖"。雄王庙的主要庙祠坐落于富寿省越池市羲岗乡古迹村的义岭山上。上祠、中祠和下祠最早分别是周边三村的村庙，在国家权力的不断渗透下，它们逐渐转变为象征民族—国家起源的神圣空间。阮朝时，越南封建国家直接参与雄王祭祀，20世纪初，雄王礼会已经具有相当的规模和影响。1917年，阮朝礼部依当地民俗定阴历三月初十为国祭日，并制定了祭祀的礼制，此后形成了三月初十祭雄王的传统。每年的这一天，越南人民都会怀着对民族祖先崇敬的心情争先恐后地前来朝觐。越南有民谣曰：不管你身在何方，请记住三月十日祭祖的这一天吧！从2001年起，越南国会通过决议，定农历三月初十为雄王节，举行公祭，全国放假。雄王礼会前后延续约一个月，各地都有文艺、杂耍队伍参加，每天都有助兴、比赛活动。

（四）民间礼会的特点

长期以来，越族和其他少数民族以种植水稻为生，每年农闲时节，他们就会祭拜神灵，感谢神灵赐给他们丰收，并祈求来年风调雨顺；同时，因地制宜组织游艺、竞技活动欢庆丰收。这种文化生活逐渐固化，形成礼会。礼会的意义和性质日益丰富和复杂，一个礼会常常具有多层意义、多个目的并反映不同的文化。

每个礼会都祭祀一个中心人物②，有关历史的礼会祭祀历史人物③；有关宗教和民间信仰的礼会祭祀宗教人物和神灵（如佛祖、柳

---

① 国内学者认为"雄"是"雒"的误写或改写，认为"越南古史所载文郎国、瓯雒国的传说，是不足凭信的"。见戴可来主编的《越南》，1998年版，第3页。
② 这个中心人物可能是历史上真正存在过的，也可能是想象出来的，所有的礼仪和仪式都是为了祭祀这个主要人物。
③ 常常是有功于祖国的英雄，如扶董天王、陈兴道、光中帝等。

杏公主);有关风俗的礼会祭祀与之相关的人物。大部分礼会还与村社相联系,不同的村社有不同的礼会。礼会在任何时候都与一定的社会群体相联系,其民族性也非常明显,不同的民族有不同的礼会。

礼会多由各地民间群众组织举办,礼会的规模也在不断扩大。这样一来,男女老少就有了一个参与公众活动的机会,特别是青年男女借助乡村礼会这样一种形式,渐渐打破了封建礼教的束缚(尽管在时间和程度上都是有限的),借赶礼会之机结伴同行、认识朋友、谈情说爱,享受人间的平等自由。

除礼会外,越南还有许多民间节庆活动和集会,如博览会、花会、联欢、斗牛赛等。

礼会是越南文化中有着浓厚民族特色的部分,它在培养越南人民爱祖国、爱家乡思想,增强民族凝聚力等方面都起到了重要作用。民俗学家吴德盛提出了礼会在越南当今社会的五条基本价值,即:增强村社共同体的凝聚力;归向自然和社会的本源;寻求精神生活的和谐;文化创造和文化享受;保存、丰富和发扬民族文化特色等。[①]但在越南礼会活动中也存在着大吃大喝、铺张浪费、封建迷信、赌博、诈骗等消极现象。

---

① [越]吴德盛:《传统信仰与礼会》,河内.文化院,文化通讯出版社,2007年版,第333-342页。

第四章 宗教信仰

第一节 概 述

越南是一个多种宗教信仰并存的国家。由于历史上越南与中国、西方的特殊关系以及地理条件的便利，东方的佛教、儒教[①]、道教、伊斯兰教以及西方的天主教、福音教等在不同时期传播至越南，成为越南宗教信仰体系的组成部分，此外，产生于本土的高台教、和好教以及民间宗教等在越南也有广泛的影响。

据统计，越南信教人数约占越南人口总数的80%。信众人数较多的六大宗教分别是佛教、天主教、高台教、和好教、福音教、伊斯兰教等，共计约2 000万人。具体为：

佛教信徒（皈依佛教"三宝"者）有近1 000万，分布于全国各省、市，较为集中在河内、北宁、南定、海防、海阳、顺化、岘港、广义、平定、庆和、胡志明市、同奈、林同、朔庄、茶荣、芹苴等地。

天主教有信徒约550万，分布于全国50个省市，人数较多的有南定、太平、海防、乂安、河静、岘港、崑嵩、多乐、庆和、同奈、胡志明市、前江、永隆、安江、芹苴等省市。

高台教有信徒240万，主要分布于越南南部，如西宁、隆安、槟榔、胡志明市、同塔、前江、芹苴、建江、金瓯、安江等省市。

和好教有信徒130万，主要集中在越南西南部，如安江、芹苴、后江、同塔、永隆等地。

福音教有信徒约100万，主要集中在岘港、广南、胡志明市、

[①] 由于儒学在极大程度上是东亚文化的一个有机成分，以至于常常被看作一种思想体系和区域现象，而非世界宗教。从伦理—宗教的意义出发，越南及东南亚的华人社会倾向称儒学为"儒教"。

槟榔、隆安、林同、嘉莱、多乐、多农、平福以及北方一些省份。

伊斯兰教在越南又称为回教,有信徒6万多人,几乎是占婆族和高棉族人,还有一小部分是马来西亚、印尼裔以及南印度裔的教民,集中分布在胡志明市、西宁、同奈、安江、平顺、宁顺等地。越南回教信徒诵读《古兰经》,供奉灵物,不吃猪肉,戴头巾,每年并不集体到麦加圣地朝圣,且每星期只有一天诵经。

儒教对越南社会和文化产生了巨大而深远的影响,是越南传统文化的重要组成部分和源头之一,但不像其他宗教那样有固定的宗教组织和教职人员。道教传入越南后很快与本土的巫术等传统信仰结合在一起,并对越南民间信仰的神灵起到系统化的作用。

除上述正式宗教外,还有一些地方宗教,以及新成立或新引进的教派,如净土居士、宝山奇香、四恩孝义、祖先正教、婆罗门教以及福音教的支系等。

越南的民间宗教信仰类型也非常丰富,包括祖先崇拜、生殖崇拜以及自然神崇拜、神灵信仰(包括城隍信仰、"四不死"神崇拜、母道教信仰)等,其中祖先崇拜和城隍信仰是越南最普遍、最重要的信仰之一。少数民族地区还保留有图腾崇拜、拜物教、萨满教等原始宗教形式。

越南以其宗教类型的多样性,被誉为"世界宗教博物馆"。它一方面极大丰富了越南文化,另一方面也给越南宗教政策的制定和实施带来了一定困难。

越南宗教有如下特点:(1)宗教信仰更多地表现在情感方面。越南有很多虔诚的宗教徒,但大部分对所信仰的宗教教义了解甚微,且不恪守某一宗教教规,可以同时信仰几个宗教或宗教与民间信仰杂糅。这体现了越南人宗教信仰的灵活性和综合性;(2)越南有影响力的宗教大都是外来宗教,但它们或多或少地被越南化。在传统信仰和原始宗教影响占据越南人精神世界的同时，外来的儒教、佛教和天主教等在越南产生了很大的影响；(3)各宗教基本上能"和平共处"。各宗教之间几乎未发生冲突，和平共处、共同发展。

越南党和政府将宗教信仰视为越南人民的精神需求，并允许其在建设国家的进程中长期存在。[①]政府的宗教主张是从物质、精神、法理和教育等层面支持宗教信仰和祭祀行为，鼓励宗教人士从事爱国政治活动；尊重和保证广大公民信仰宗教或不信仰宗教的自由；对信仰和不信仰宗教的群众、信仰不同宗教的群众，以及不同宗教的教徒和教职人员采取一视同仁的政策。

第二节 佛 教

佛教在越南历史上扮演过重要角色，曾被尊为国教；在越南现世宗教体系中，佛教也占有重要地位。它对越南文化和社会产生了深刻的影响。

一、越南佛教发展史

（一）郡县时期佛教的传入和发展

越南学界普遍认为，佛教于公元初年就已通过海路从印度传入越地。中国学界一般认为佛教传入越南的可信时间为2世纪。我们知道，东汉末年战乱频繁，"独交州差安，北方异人咸来在焉"。正是在避居交州的过程中，大批中原士民和僧侣给交趾地区带去了北传佛教。牟子就是其中最早且成就最显著的代表。他奉母流寓交州，潜心佛学，力图融儒、释、道三家观点于一炉，并于交州完成了著作《牟子理惑论》，在当时影响极大。

[①] 越南宗教律法和宪法从未肯定"无神论"为越南社会的统治思想。实际上，越南共产党对于党员信教也比较宽容。

3世纪,西亚僧人康僧会、支疆梁,印度僧人摩罗耆域、丘陀罗等先后从海路经扶南或从陆路经由缅甸、中国云南到达交州,奉译佛经,弘扬佛法;并在交州建有法云、法雨、法雷、法电四座寺院。中国高僧西行取经,也多取道交州。由于特殊的地理位置,交州郡的首府羸陵,成为当时重要的佛教中心。

如果说早期越南佛教曾受到南传佛教影响的话,那么自6世纪之后,越南佛教主要是北传佛教。由于其时越南北中部属中国郡县之地,其佛教受中国影响很大,而隋唐时期中国佛教的兴盛也给交州佛教带来了广泛的发展。中国的禅宗、净土宗和密宗传入越南,其影响力远远超过了南传佛教。

580年,在中国承袭了中国禅宗衣钵的印度僧人毗尼多流支从广州到达交州,在法云寺(北宁顺城)创立了"灭喜禅宗派",是为越南禅宗之始。820年,唐代广州籍僧人无言通到达安南北宁扶董村建初寺,在那里传授禅学,并创立了越南第二支禅宗派"无言通禅派"。无言通派是越南佛教的主要宗派。

除了来自中国以及南亚、西亚的僧侣外,唐代,交州当地也出现了不少名僧,如运期、解脱天、慧琰、智行等。一些交州僧人也应邀到长安讲经。①

总之,早在越南建立自主封建国家之前,佛教就已在今越南北方广为发展。968年,丁部领建立"大瞿越"国,越南从此脱离了中国的郡县统治。在此后长达4个世纪的时间里,越南统治者笃信佛教,优容僧侣,佛教迎来了其创新、发展和鼎盛时期。

(二)独立自主时期佛教的兴盛

建国之初,因缺乏治理国家的人才,越南丁、前黎朝各代帝王

---

① 梁志明:《略论越南佛教的源流、发展及其在李陈时期的历史作用》,载《东南亚历史文化与现代化》,香港社会科学出版社有限公司,2003年版,第202页。

均重用佛教僧侣。971年,丁先皇定文武品秩时,对僧道品阶也做了规定,定"僧统"为佛教官职之首,下设"僧录"管理僧侣事务。当时被丁先皇封为僧统、僧录的分别是匡越大师和张麻尼。匡越大师(933—1011年)是无言通禅派的第四代,"匡越"二字即丁先皇所赐,意即"辅助越国"。黎朝黎大行得帝业后,对匡越大师"尤加礼敬","凡朝廷军国之事,师皆与焉"。①除匡越大师外,前黎朝辅佐朝政的还有杜法顺(915—990年)和万行。杜法顺为毗尼多流支禅派第十代,博学多才。万行为毗尼多流支禅派第十二代传人,精于禅法,曾为黎大行的顾问,"黎大行皇帝军国之事必依万行言";李朝初年,万行因以符谶之言支持李公蕴夺得政权而被李太祖尊为国师。

李陈时期(11—14世纪初)是越南佛教发展的鼎盛期,佛教被尊为国教,以佛教为代表的神权与封建王朝所代表的政权更加紧密地结合起来。僧侣集团形成了强大的社会势力:经济上寺院拥有大量寺田、食邑和田奴,僧侣持度牒享有免除赋税徭役之特权;组织上形成了上有国师、僧统、僧录,各府有教门公事的严密的僧团制度;政治上则具有参与朝政、左右政局及改朝换代之势。当时辅佐朝政的高级僧侣除万行和尚外,还有满觉禅师、圆通国师、明空法师、玄光禅师等。

李朝各代国王也大力推崇佛教,亲身传播禅宗佛学。《大越史记全书》记载:李朝开国皇帝李公蕴在"宗庙未建,社稷未立之时",便"创立八寺,又重修诸路寺观,而度京师千余人为僧"。李太宗在位时(1028—1054年)大力修建寺院,1049年因梦见观音佛坐莲花台而命造延佑寺,也就是如今著名的独柱寺。李圣宗(1054—1072年)在攻获占城时发现了客居占城的中国禅师草堂,备加赏识,赐其居于升龙开国寺,封其为国师。草堂禅师创立了越南禅宗第三

---

① [越]《禅苑集英》,《越南文学总集》第二集,社会科学出版社,1997年版,第190-191页。

第四章 宗教信仰

派系——"草堂禅派",主张"禅净一致",把禅宗和净土宗结合起来。草堂禅派传五代十八祖,李圣宗、李英宗(1138—1175年)、李高宗(1176—1210年)分别是草堂禅派首传、第三代和第五代弟子。随着李朝的衰亡,草堂禅派也走向衰落。

陈朝建立后,各代帝王继续推崇佛教。陈太宗(1225—1258年)下诏"国中凡有驿亭,皆塑佛像事之",其著有《课虚录》和《禅宗指南歌》,前者是越南竹林禅派的基本著作之一。第三代国王陈仁宗(1279—1293年)更是笃志禅学,以至弃位出家,在海阳东潮县安子山花烟寺出家修行,并正式创立了竹林禅派,是为越南竹林禅派的初祖。竹林禅派是由越南人创立的第一支禅宗,被认为是真正越南化的佛教宗派,受到陈朝皇室的大力提倡,并成为以后若干世纪越南佛教的主要流派。它继承无言通派,将儒、释、道学说综合到禅宗完整的经验中,借鉴了中国禅宗"见自性""无杂""无念"的思想,不尚礼仪,宣扬"佛在心,心即涅槃,即佛",这实际上是中国禅宗的翻版。

在民间,佛教影响至深。陈朝儒臣黎括欲明儒道而排佛,"卒不能行",不解于"佛氏之福祸动人,何其得人之深且固矣",并对当时的崇佛景象概括道:"上至王公,以至庶人,凡施于佛事,虽竭所有,顾无靳啬。苟今日托付于寺塔,则欣欣然如持左券,以取明日之报。故自内京城,及外州府,穷村僻巷,不令而从,不盟而信。有人家处,必有佛寺,废而复兴,坏而修复。钟鼓楼台,与民居怠半,其兴甚易,而尊崇甚大也。"[①]越南很多大型的著名佛寺如佛迹寺(北宁)、普宁寺(南定)、广严寺(原河西,今河内)、安子寺(广宁),以及上文提到的延佑寺等均始建于这一时期。

---

① 吴士连等纂修:《大越史记全书》卷七,陈荆和校合本.日本东京大学东洋文化研究所,昭和五十九年,第441页。

（三）15世纪后宫廷佛教的式微和民间佛教的发展

佛教信徒数量的激增和佛教势力的恶性膨胀引起了越南统治阶级的忧虑和惶恐：寺庙成了藏污纳垢之所，淫荡奸邪之地；一些高级僧侣甚至干涉朝政，决定皇帝的废立。统治阶级不得不采取一系列压制政策，通过勒令还俗、服兵役、没收土地、降低僧侣身份等方法打击佛教。事实上，到陈朝中后期，随着儒士阶层的日渐崛起，僧侣便逐渐失去了其在国家政治生活中的重要地位，僧侣人数锐减。15世纪黎朝建立后，越南的政治体制从之前的贵族君主制转向了官僚君主制，封建统治制度高度发展；与之相应，儒家思想取代了李陈时期崇佛和三教并尊的思想，在越南社会中占据了正统性和支配性地位，越南封建社会从此进入了崇儒重道、独尊儒学的时期，宫廷佛教开始走向衰落。1500年以后，朝廷下令只许庶民信佛。

佛教虽告别宫廷，但在乡村中仍保持其原有地位。乡亭成为村社的行政中心，但是寺庙仍是善男信女们寄托信仰和希望的地方。佛教的因果、报应论越来越深入人心。吃斋、受戒、诵经、放生、赈济、建庙、修塔、塑像、印经等仍是大众信徒必行之事，以为自身及家庭积下功德。这一阶段，氏敬观音和南海观音作为佛在越南的本土化形象开始在大众信徒的精神生活中占据重要位置。

16世纪时，禅宗和净土宗融合为莲宗派。17世纪，以拙公和尚和元韶禅师为代表的中国禅师到越南北方和南方弘扬佛法。拙公和尚以河内、北宁为中心，广泛传播中国临济禅宗思想，并创立了竹林新派——拙公派。在中国侨僧的影响下，17—18世纪的越南"南方佛教带有浓厚的广东特色"，"越南中部寺院建筑则深受中国寺院建筑的影响，屋顶普遍以筒瓦覆盖"。[①]

---

① 谭志词：《侨僧与中国文化在越南的传播及其启示》，载《八桂侨刊》，2009年第4期，第62–63页。

南北纷争时期，郑氏、阮氏两大封建集团为了笼络人民，开始扶持佛教，传教活动逐步开始恢复。禅宗和净土宗进一步结合，并于17世纪起陆续形成了拙公派、水月派、莲宗派、元绍禅派、了观禅派、宝山奇香派等六个新教派。18世纪，越南国内阶级矛盾日益尖锐，政权腐败，灾荒连年，农民起义不断，国家危机重重。儒家思想已不足以成为百姓安身立命的思想基础，儒学虽然仍为官学，但其实际地位已经下降；民间和上层社会又刮起了崇佛、崇道之风。

（四）20世纪初佛教的振兴及当代越南佛教的发展

在各位禅师的努力下，1928—1935年，各佛教教会，如南圻佛学研究会、安南佛学会、北圻佛教总会等先后在西贡、顺化和河内成立，佛教徒和国家知识分子共同致力于收集经书、讲经说法、修复寺院、出版各种越文译本的佛教经典和杂志等活动，拉开了越南佛教振兴运动的序幕。1935年，北圻佛教总会的僧尼数量达到2 000人，有1万名佛教徒会员；1937年，中圻佛教协会会员也达3 000人之多。1948年，统一越南佛教徒协会成立；1950年，中越、北越成立了联合性的新佛教协会；1951年，国家佛教会议在顺化召开，大会成立了"越南佛教总会"，以统一所有的佛教协会，重组佛教教会活动；但随着1954年《日内瓦协议》将越南一分为二，越南佛教的统一之路也因此受阻，南越佛教界也因总统吴庭艳信奉天主教而遭受歧视，南越佛教徒掀起了非暴力佛教反抗运动，在军警的镇压下，牺牲、自焚者众多。

1963年12月31日，统一越南佛教大会在舍利寺（由南越佛学会所建）开幕，大会决定以"统一越南佛教教会"的名义统一越南佛教，总部设在印光寺。统一越南佛教教会成立后，大力弘扬佛法，并对政府进行了长期的批判。

这一阶段越南佛教徒剧增。1975年南越解放后，越南的佛教宗派和组织再次得到统一,次年,成立了全国统一的"越南佛教联合会"。1981年越南佛教教会作为越南佛教界唯一的官方机构得以成立,分设两个办事处于河内馆使寺和胡志明市舍利寺,由三个宗派即北宗、南宗及乞士宗组成。

2007年12月,在河内友谊文化宫举行了越南佛教第六次全国代表大会,制定了2007—2012年的行动纲领和主要活动计划,大会肯定了越南佛教团结、和谐和与民族同行的精神和传统,主张遵循"道法、民族、社会主义"的方针,弘扬佛法、传播佛教道德,为建设贤善、幸福、安乐的社会,消除各种消极腐败、抢劫暴力等而努力奋斗。大会还选举了越南佛教新一届领导机构和领导成员。

如今,佛教是越南的第一大宗教。主要修行法门以净土为主,禅宗次之。全国有75%的人受过佛教教育或影响,农历初一、十五,民众去寺庙烧香拜佛者甚多。

二、越南佛教的特点

(一)综合性

首先,佛教被越南人接受后,很快便与越南传统的民间信仰结合在一起。比如,越南的四法寺实际上是供奉云、雨、雷、电等自然神的寺庙体系;并且,越南寺庙普遍的建筑风格是"前佛后神",寺庙同时也是供奉神灵、圣人、土地城隍和民族英雄的场所。而在越南人民眼中,佛祖同时也是一位无所不能的神,它能通晓宇宙中的一切事物,并能在任何需要的时候出来惩奸除恶,救助心地善良的人。

其次,佛教的各教派也互相结合,使得在越南没有一个纯粹的佛教派别:毗尼多流支派中掺杂密宗派,这一派别中的万行大师、阮明空法师、徐道行法师等均精通法术;李朝的草堂派将禅宗和净土宗合二为一，即把自身修行和借助外力结合起来；禅宗本主张不立文字，但越南的禅师们却留下了许多颇具价值的著作。

（二）灵活性

农业文明赋予了越南人明显的实用主义心理，他们更多关注的是一种实际的生活态度及生活方式，民间俗语有云："在家修行为第一，集市修行排第二，寺庙第三。"又说："建九级浮屠，不如救一人性命。"与拜佛相比，他们更愿意孝敬父母，有歌谣云："修行不如在家，孝敬父母乃真修行。"

这种实用主义心理也使得佛教徒不重视形式。比如，越南北方寺庙往往将不同宗派的佛祖、菩萨、罗汉等塑像供在一起；在南方，大乘和小乘佛教关系密切，很多寺庙形式上是小乘，即供奉释迦牟尼，僧侣穿黄色袈裟，但却信奉大乘教义，许多清规戒律也都根据实际需要来删减或保持。为了留住村社的寺庙，有些地方的村民甚至给住持组织婚娶仪式，使得寺庙几乎变成村社的家户。①

越南佛教的灵活性还体现在其本土化方面。首先，在形式上，越南人供奉的佛祖受到东南亚地区妇女地位较高等文化特性的影响——不仅来源于印度的释迦牟尼等佛祖被女性化，而且还诞生了南海观音、氏敬观音、妙善观音等本土化的女性佛祖。其次，在越南人的观念中，佛祖无异于传统民间信仰中的神灵，其职能是救苦救难于人间、赐一方福祉于百姓、赐风调雨顺于农业、救度超脱亡灵等等。

（三）明显的"入世"色彩

由于特殊的历史环境和社会发展状况，越南佛教在追求"出世"的同时，表现出了极其明显的"入世"特征，佛教与政治、国家结成了密切关系。封建时期，僧侣们积极参与朝政、外交和文化教育

---

① ［越］陈玉添：《越南文化本色探寻》，胡志明市．胡志明市出版社，2001年版，第470页。

事业，对越南封建社会制度的建立和完善作出了巨大贡献。近现代，寺庙和僧侣成为抗法救国运动的基地和主要力量之一。如1898年武著领导的抗法起义，得到了富安、平定两省广大佛教徒的支持。1945年"八月革命"期间，僧侣和佛教团体通过《慧火报》提出了"拥护人民政权""反对一切侵略""越南完全独立"等口号并投身于民族解放事业。吴庭艳、阮文绍南方执政期间，南越佛教徒遭到歧视和迫害，他们中的释广德、释善美、妙光等人通过自焚的方式反抗南越政府的统治和宗教不平等政策。

当代，越南佛教协会奉行"团结、和谐、服务祖国、保卫和平"的理念，积极从事爱国和慈善活动，在宣传越南共产党的方针路线、国家的法律政策和革新开放事业方面，在消除饥饿、减少贫困、维护社会安定、预防社会灾难、建设文化生活等经济—社会方面发挥着重要作用。

此外，越南佛学教育与越南国民教育体系并行，对提高国民素质，推动越南社会、文化事业的发展起到了很好的促进作用。

第三节　天主教、福音教

一、天主教

天主教由基督教西部教会发展而来，是基督教三大主要派别之一。16世纪越南后黎时期，随着欧洲殖民主义势力向海外扩张，天主教开始在越南传播，由此开启了越南与西方的文化交流。在天主教传播的初期阶段（16—17世纪），宗教和贸易是主要目的。是时越南正处于北莫、南黎的"南北朝"对峙以及"郑阮纷争"的长期割据时期，为了争取国外势力，发展本国经济，增强各自的军事实力，越南各封建集团十分欢迎西方传教士的活动。1615年，法国在越南成立"法国耶稣会"。1624年，在越南传教多年的法国传教士亚历山大·德·罗德（Alexandre de Rhodes）返回欧洲向罗马教皇争取法国在远东地区传教的权利。1658年，教皇封两位法国传教士帕吕（Pallu）、朗贝尔·德·拉莫特（Lambert de la Motte）为越南南北方主教。1664年，法国国外传教会成立。法国逐渐垄断了天主教在越南的传教权。传教士活动从宗教、贸易领域逐渐转向政治领域，传教士以扩大传教区域为名对越南进行殖民侵略。

18世纪末，阮主和西山王朝之间的内战给国外传教会的扩张以及法国殖民主义的入侵创造了机会。越南南部教廷代表、法国传教士百多禄积极为阮福映集结武装力量，助其扑灭西山农民起义。这进一步扩大了法国在越南的宗教和政治影响：宗教方面，至1802年，越南北方教民人数已达30万，南方有教民6万，共由6个主教统管；政治方面，在法国传教士支持下而称帝建元的阮福映，即位后即使用一些法国人作为朝廷顾问，帮助法国殖民势力迈出了其侵占印支半岛的第一步。

尽管受恩于法国传教士，但是在封建制度危机下依靠外国侵略势力而起家的阮朝，也十分担心基督教的发展将会给民族的传统道德习俗以及国内的政治稳定带来负面影响。加之巴黎传教会中一些传教士的活动不够光明磊落，且天主教的教义与越南传统的风俗习惯相冲突，导致阮朝实行了闭关锁国和维持现状的外交和宗教政策，规定修缮教堂须经呈批，并禁止修建新教堂。1847年，绍治皇帝在一封治罪谕旨中称天主教为邪教，嗣德年间实施了更加严格的禁教政策，如在教民脸上刺字等。

上述举措不仅未能阻碍法国殖民者的步伐，还为他们进一步武装侵略提供了借口。在传教士的积极运作下，1858年，法国殖民者炮轰岘港，侵占嘉定。迫于压力，1862年，阮朝与法国签订了《壬戌条约》，条约规定越南割让东南部三省，并取消禁教政策。这一事件引发了中部的"平西杀邪"（平西敌，杀邪教）运动。获得了传教权的法国传教士与殖民者亦步亦趋，利用传教来实现政治企图，巩固殖民统治。天主教势力进一步扩大，在越南建立了广泛的社会基础。但直至1933年，梵蒂冈教廷才赋予越南教会以自管权，并第一次封越南人阮伯从为主教。20世纪50年代初期，越南抗法战争接二连三取得胜利后，一大批越南主教才开始代替法国人主持活动。

1954年越南赢得了奠边府大捷，法军撤出越南，越南暂时分裂为南越和北越。在殖民者散布的"主已南下"的谣言影响以及南方吴庭艳政权的大力支持下，北方约65万天主教徒逃亡南方，越南南方成为天主教的活动中心。越南天主教分别在河内、顺化、西贡成立了由3位越南主教负责的三个省级教区，越南的教堂也升级为正座。到了1966年，越南南北两地已有教区11处，天主教信徒300万人。

1975年越南南北统一后，政府采取了一系列强制措施，下令外国传教士限期离境，加强对各地教会组织的管理，严格教堂法规和传教活动等。1976年，河内总教主陈如奎接受了红衣主教头衔。1980年，越南天主教教主理事会成立，确立了"在越南民族中传播福音，为越南同胞谋幸福"的布道方针，争取天主教为爱国主义和社会主义建设服务。1983年，河内召开越南天主教徒国民大会，成立了天主教团结委员会。革新开放时期，天主教在改善越南同西方国家的关系过程中表现十分活跃。天主教徒提出"在民族怀抱中福音地生活"的口号，努力建设"敬主爱国"的传统，积极融入越南社会。

如今，天主教成为越南第二大宗教。但相比于天主教在亚洲和世界其他国家的影响而言，其在越南的影响仍然有限。究其原因，首先，天主教在越南的传播和发展史就是一部法国入侵越南的殖民史。胡志明称其为"教会主义",它使越南历史上第一次出现了"教民"和"良民"的对立。天主教知识分子李政忠分析道:"教会肩上有一笔沉重的遗产:成立之初含糊暧昧的性格,一个世纪公开与侵略者的妥协,一个故意或无意的愚民政策。(这使得)教会的在场对于越南人而言如鲠在喉。"①其次,与其他外来宗教(如佛教、道教)不同,天主教带有强硬的西方文化传统,在相当长的时期内无法与越南文化相融合。从形式到内容,从仪式到信仰,从拉丁经文到崇拜对象,从教堂建筑风格到宇宙观,天主教都与越南已有的宗教形式相对立。其中最为突出的矛盾是,天主教相信上帝是唯一的真神,而祖先崇拜则是越南人不可动摇的信仰。

当然,为了融入越南社会,天主教也不得不进行本土化。受越南重女性传统的影响,圣母玛利亚的形象多次出现在越南天主教中,越南天主教徒甚至还创造了自己的圣母——罗旺圣母(Duc me La Vang);在教堂建筑、装饰风格方面有的也根据民族传统风格加以改造,这类被越化的教堂风格被越南民间称为"南教堂"。

天主教作为西方文化的代表,在越西文化交流过程中对越南建筑、文学艺术、语言文字、报刊、教育以及生活方式等领域都产生了重要影响。文字是天主教对越南文化最大的贡献。为了使传教活动更有效率,传教士将越语拉丁化,并添加若干符号,创造出国语字;同时,大量借词进入越语,极大丰富了越语词汇,越语语法也在一定程度上受到印欧语系的影响。在生活方式上,天主教徒的家庭观、婚姻观、集体观形成了对越南传统文化的有益补充。

二、福音教

福音教即基督新教,是从天主教(罗马公教)中分离出来的教

---

① [越]陈玉添:《越南文化本色探寻》,胡志明市.胡志明市出版社,2001年版,第531页。

派。福音教深受资产民主思想和个人自由主义倾向的影响，不接受教皇的领导权，没有自己的权力中心，废除了天主教的教阶制。福音教视耶稣为救世主，信奉上帝，崇拜圣经。福音教的节日如圣诞节、复活节等都与天主教相似，但在观念和组织方法上两者有些差异。福音教的教职人员有主教、牧师、长老、传道员，可以是男性，也可以是女性。

福音教于19世纪末由联合福音教传教会传入越南。1911年，第一个福音教圣会分会在岘港成立，开启了越南福音教的历史。1916年，联合福音教传教会在越南设立了16个分会，其中北圻5个，中圻6个，南圻5个，皆隶属于东法福音圣会。1920年，河内建成了第一个福音教印刷厂，越语版的圣经、圣歌以及传教印刷品得以大量印制。1921年，岘港成立了第一所圣经学校。1928年，牧师大会决定在越南成立北中教区和南部教区；1931年又拆分为北、中、南三个教区。1940年，越南福音教已成立了189家分会，拥有信徒1.5万人。日本入侵印支半岛时期，大部分传教士被召回，许多圣会停止了宗教活动。1945年日本法西斯投降后，圣会更名为越南福音圣会，直到1948年北、中、南三区的宗教活动才恢复。

1954年，随着《日内瓦协议》的签订以及越南暂时被分为南越和北越，越南福音圣会也一分为二——南方福音圣会和北方福音圣会。大部分牧师和信徒移居南方，南方福音圣会也因此被视为对越南福音圣会的继承。北方只留下了约2000名信徒、20名牧师和传道员。1954—1975年间，南方相继成立了许多不同教派的教会，如越南传教基督圣会、越南福临基督圣会、基督联友圣会等等；而北方福音圣会则于1958年被国家正式承认为教会组织，并作为越南祖国阵线的成员，按照"敬主和爱国"的进步方向和"热爱祖国、保卫和平，实现公平、博爱、自由、平等、劳动"的宗旨组织活动。

抗美救国期间，福音圣会作出了突出贡献，许多牧师投身到抗美救国运动中，献出了自己的生命。革新开放时期，福音圣会又投身到"报恩答义""发展生产""消饥减贫"，尤其是越南祖国阵线发起的"全民团结建设居民区文化生活"以及"为穷人日"等社会运动中。

由于历史等因素的影响，如今，越南福音教的组织机构、牧师及信徒大部分隶属南方福音圣会。南方福音圣会的组织机构分为总联会和分会两级，牧师和信徒数量分别为115名和35万名；其次是联友基督圣会，拥有信徒4.5万名；福临基督圣会、传教基督圣会的信徒数量分别为2.2万名和1.5万名，北方福音圣会有信徒约1万名。

第四节 儒教、道教

一、儒教

儒教以孔子为先师，圣人神道设教，"祖述尧舜，宪章文武"，倡导王道德治、尊王攘夷和上下秩序。儒家思想早在秦汉之际就传入越南，至今已有两千多年。

（一）儒教发展史

1. 传入时期

儒教是在越南成为中国郡县时代传入越南的。秦始皇统一中原后，在今越南北中部设置象郡，大批中原人向南移民，"与越杂处"，拉开了儒学传入今越南地区的序幕。公元前207年，南海郡尉赵佗乘秦末之乱，击并桂林、象郡，建立了以番禺为中心的南越国。身为中原人的赵佗，在南越国大力推广中原先进的生产技术和文化。越南古史学家黎嵩也指出：赵佗"武功慑乎蚕丛，文教振乎象郡，以诗书而化训国俗，以仁义而固结人心，教民耕种，国富兵强"①。这说明公元前2世纪，中国儒学已经开始传入越南。

公元前111年，汉武帝平南越，在今越南北中部建交趾、九真、日南三郡，从此越南直属中国中央王朝管辖。其时汉朝已"罢黜百家，独尊儒术"，以儒学为中心的汉文化，在马援、锡光、任延、士燮等汉朝官吏的推行下，随着中原与交趾地区交流的增加和汉字的输入而进一步传播。其中，汉朝官吏对于儒教南传功不可没。《安南志略》记载："西汉末，锡光治交趾，任延治九真，建立学校，遵仁依义。"《后汉书》说："光武中兴，锡光为交趾，任延守九真。于是教其耕稼，制为冠履；初设媒聘，始知姻娶；建立学校，导之礼义。"②对于士燮，越南史学家吴士连评价道："我国通诗书，习礼乐，为文献之邦，自士王始，其功德岂特施于当时，而有以远及于后代，岂不盛矣哉！"③

2. 发展时期

越南封建国家建立之初大力推崇佛教，佛教僧侣受到朝廷重用，儒教的地位受到抑制，李陈时期佛教更被尊为国教。但是佛教并非一枝独秀，11世纪后，儒教的地位也日益提高。出于巩固中央集权的需要，越南封建统治者采取一系列举措发展儒教，推行"儒、释、道并尊"的政策。主要表现在：（1）建文庙、国子监，塑孔子及周公像以祭祀；（2）诏天下儒士诣国子院，讲四书六经；并在各州、县建立学校，实行科举制；（3）儒士开始在朝廷中任要职，如被公认为"越儒第一人"的朱文安就曾于陈明宗至陈裕宗时期任国子监司业、祭酒，儒士阶层日渐崛起。这些都表明，李陈时期儒教已显

---

① 转引自何成轩：《儒学南传史》，北京．北京大学出版社，2000年版，第77页。
② 转引自何成轩：《儒学南传史》，北京．北京大学出版社，2000年版，第91—93页。
③ 《大越史记全书·外纪》卷三，《士纪》。

现出其蓬勃发展的趋势，尤其是到了陈朝后期，儒教的优势地位已逐渐显露。

胡朝实行了限佛尊儒的政策，胡季犛是越南历史上第一个完全按照儒家思想治国的封建君主。他征召僧人当兵，勒令不合格的僧人还俗；同时扩大儒学教育，重新制定科举规范。他以自己的观点解释儒家经典，体现了其试图批判地吸收和发展儒教的倾向。他还将儒家经典译成喃字，对儒教的民族化和传播作出了贡献。

3. 兴盛时期

后黎朝初期，政治体制从之前的贵族君主制转向了官僚君主制，封建统治制度高度发展。与之相应，儒家思想取代了李陈时期崇佛和三教并尊的思想，在越南社会中占据了正统性和支配性地位，越南从此进入了崇儒重道、独尊儒学的时期。为了建立集中、高效、统一的中央集权制度，维持稳定、太平的社会秩序，黎初的各代皇帝借鉴了中国封建统治者的治国经验，以儒家学说作为立国治民的指导思想和制定各种典章制度的理论依据，宋明理学受到黎朝统治者的欢迎，并被提升为国家正统的意识形态，儒教被尊为国教。

黎初儒教兴盛表现为：(1) 大力发展儒学教育和考试制度，形成了官学、私学并重的封建教育体系和规范完善的科举制度，以此培养、选拔人才，培养官吏。官学有国家直接管理的国子监，以及地方政府（府、县）管理的学校；乡、村则私学普及，由儒生办学并教授。在科举方面，明确规定了考试的目的、方法、内容和要求。1434年黎太宗定取士科，1462年黎圣宗定保结乡试例。为了提高儒士阶层的名望和地位，黎圣宗于1442年命制文题名竖碑，1472年定进士资格例。据统计，黎圣宗在位38年，开科12次，取士511

人，两项超过了李朝陈朝开科取士数目的总和。①（2）经济、政治、文化等皆以儒教为中心。经济上大力发扬儒教重农传统，如黎圣宗于1437年"亲耕籍田"，并"率群臣耕"，黎嘉宗令"亲民之官，当存心抚字，劝课农桑"。政治上以三纲五常等儒教伦理规范社会等级秩序，黎圣宗参照隋唐律例颁布《洪德法典》，制定《二十四训条》，黎玄宗颁布教化四十七条，通过对君臣、父子、兄弟、夫妻、朋友、师徒、乡党、男女等各方面关系的规定以厚风俗，进而达到治国平天下的目的。文化上经学、史学繁荣，黎朝大量输入、翻刻儒教经典如"四书""五经"等；出现了不少贯彻儒家思想的史书如《舆地志》以及吴士连撰修的《大越史记全书》等；儒士还大量参与文学创作及儒学研究，著书立说者众，出现了大批名儒如阮秉谦、潘孚先、吴士连、黎贵惇等。（3）孔子作为儒学祖师被推到了极高的位置，国家尊孔、祭孔之风盛行。黎朝开国之初黎太宗便以太牢之礼祭祀孔子；黎太宗"率百官谒太庙"；黎圣宗时期则大修文庙；黎显宗时，文庙改用王者之服，以示崇重，越南自此开始以王者尊孔子；除京都外，地方也普遍建有文庙。史载越南"崇儒教，交州有国学、文庙，各郡县皆建学，祭祀、配享俱如中国"。

由此可见，后黎朝初期，儒教的发展在越南已达到极盛。此后，后黎朝后期、西山王朝以及阮朝各代统治者均以儒家思想立国，继续崇儒重道，独尊儒学。特别是阮朝建立后，为了恢复官僚集权制，巩固王朝的统治和国家大一统局面，统治者对儒教的推崇较后黎朝有过之而无不及：儒学教育渗透到府、县一级，府级学校设教授、县级学校设训导②；除京都外，各省立文庙，各府、县（乃至乡）立

---

① 梁志明：《论越南儒教的源流、特征和影响》，载《北京大学学报》（哲学社会科学版），1995年第1期。
② 府、县所设教授和训导主要负责教学工作；省或道设督学，负责省或道的儒学教化和考试工作，具有行政职能。

祭孔祠和祭孔坛，祭孔之风盛行，祭孔仪式隆重；各村社成立由儒士组成的咨文会，负责劝学、科举、卫道以及祭祀圣贤之事。这样，儒家思想不仅随着阮朝疆域的扩张而遍布越南全境，而且进一步渗透到民间村社，成为越南民间文化的重要内容。

4. 式微期

儒教作为越南封建社会的思想支柱，是伴随着封建制度的发展而发展的。随着法国殖民者的入侵和阮朝的灭亡，它也不可避免地走向衰落。1918年，越南废除汉字教学和科举制度，汉语被国语和法语取代，儒教也结束了其在越南的历史使命。但是儒家的思想体系不会消亡，它已经成为越南传统文化的重要组成部分，并通过各种形式，存在并影响着越南人的现世生活。

如今，越南仍然供奉孔子，位于河内的文庙就是越南尊孔崇儒的象征。每年高考前，前来祭拜孔子的考生和考生家长络绎不绝。[1] 此外，越南新晋教授[2]的晋升仪式也在文庙举行，由教育部颁发证书、送花，与教育部官员合影留念。越南北、中、南部各地如谅山、顺化、胡志明市等都建有文庙，很多民间信仰庙祠如关帝庙、海神娘娘庙也供奉孔子。另外，很多地方还建有专门供奉越南历代大儒的祠庙，如阮秉谦祠等。

(二)越南儒教的特征

尽管在学术层面上，作为一种学说体系，越南人的儒学著述多局限于理解、解释汉儒，尤其是宋儒的范围，与中国儒学没有大的出入；但是在实际操作层面，越南儒教与中国的儒家思想还存在一

---

[1] 考生和考生家长到文庙祭拜孔子和魁星。据道教神谱，魁星乃天上掌管进学的神仙，文庙的入口处即是魁星阁，也叫魁文阁。
[2] 越南实行学科带头人制，每个学科一般只有领军人物是教授，老教授退休后再评审出继任的教授。在越南，职称评审极其苛刻，能够升任副教授已足可光耀门庭了，晋升教授不仅被视为对学术水平的肯定，还是巨大的荣誉。现在，越南全国每年晋升40~50名教授。

些较为明显的差异，主要表现在：

（1）越南封建时期基本上实行"三教并尊"政策，即便是在15世纪后独尊儒教时期，也不排斥佛、道，强调"三教同源"。儒、释、道三者互相渗透、互为补充并相互融合。越南封建统治者为治国安民推崇儒教，在出世学问上则崇奉释、道；越南儒学家如阮秉谦、黎贵惇等既受儒学的深刻影响，又兼具释、道思想；而民间也常常将儒、释、道三教杂糅，20世纪20年代越南南方出现的高台教就是三教归源的典型例证。①

（2）与中国儒家思想的"忠孝"观不同，越南儒教的"忠孝"加入了"国家"因素。②忠孝是儒家思想的两个重要概念，儒家学说中的"忠"讲的是"君为臣纲"，即忠君；而越南人理解的"忠"则是忠于国家。胡志明提出的"忠于国，孝于民"的口号就是对越南人"忠孝"观的最好诠释。

（3）"男尊女卑"是儒家的重要思想，受这一思想的影响，越南封建社会中妇女的地位也较为低下；但另一方面，东南亚文化的重阴性特征以及妇女在农业社会中的重要作用也使得越南妇女地位较中国高，这一点在婚嫁、继承、祭祀等方面皆有所体现。

（三）影响

诚如越南著名学者潘玉所言："越南文化，不管是文学、政治、风俗、礼仪、艺术、信仰，没有哪一点是不带儒教印记的；也没有哪一个越南人，不管其怎样反对儒教，都不可能不受到儒教的影响。"③可见儒教在越南影响之深、之广。

首先，在政治方面，儒教作为一种治国学说，适应了越南封建

---

① 梁志明：《论越南儒教的源流、特征和影响》，载《北京大学学报》（哲学社会科学版），1995年第1期。
② ［越］潘玉：《越南文化本色》，河内．文化通讯出版社，2004年版，第207–213页。
③ ［越］潘玉：《越南文化本色》，河内．文化通讯出版社，2004年版，第193页。

第四章 宗教信仰

时期国家组织和管理的需要,因此在摆脱中国的统治后,越南封建统治者有意识地选择了儒教。尤其是后黎朝和阮朝,皆效仿中国建立了以儒家思想为指导的政治制度和法律体系。这种封建政治体制有助于增强一个以村社为基础的农业国家的凝聚力,对于越南封建社会的发展与稳定起到了重要作用。[1]

其次,儒教构成了越南传统文化的重要部分。儒教在巩固社会秩序、增加人与人之间的情义方面起到了重要作用。儒家的仁义道德思想与爱祖国、爱家乡是融合在一起的。不仅如此,儒教还深刻影响了越南民间文化,其中包括越南人最重要的信仰——祖先崇拜。儒家思想将原始形式的祖先崇拜系统化、礼仪化和体制化,为越南祖先崇拜的保存和延续提供了深刻的思想、道德、哲学及法理基础,并使祖先崇拜受到了历代封建王朝的保护。越南人另一个重要信仰——城隍信仰以及供奉城隍的村亭的产生也与儒家思想在越南社会主导地位的确立息息相关。这些都反映了儒教在民间的广泛影响。

最后,儒教推动了越南教育以及文学、史学、哲学等学科的发展。儒教历来重视教育,越南很早就形成了从中央到地方的教育体系以及科举取士制度,培养了大批人才和以儒生为主体的知识分子队伍,儒士在民间特别受到尊敬,尊重知识、尊师重道的传统一直保存至今。儒教的载体是汉字,因此,越南大量以汉字撰写的历史、哲学和文学著作无不带上儒学的印记;而儒教的宗经重史传统则为越南成为"文献之邦"作出了重要贡献,这在东南亚其他国家也是鲜有的。

---

[1] 梁志明:《论越南儒教的源流、特征和影响》,载《北京大学学报》(哲学社会科学版),1995年第1期。

二、道教

(一)道教在越南的传播

道教产生于东汉时期,是中国的传统宗教,其对中国文化的深远影响不在儒、佛之下。道教早在创立初期就传入作为中国郡县的越南,传入时间与佛教大致相同。牟子《理惑论》序云:"是时灵帝崩后,天下扰乱,独交州差安。北方异人咸来在焉,多为神仙辟谷长生之术。时人多有学者。牟子常以五经难之,道家术士莫敢对焉。"这说明,东汉末年,避难交州的道教术士将道教带入交趾地区。

道教传入越南后得到迅速传播和发展,尤其是符箓派道教,其起源于民间巫术的祈禳、禁咒等信仰仪式与越南人的原始巫术有诸多契合之处[①],因此很容易被越南人接受。

除了得益于当地的原始宗教外,这一时期道教在越南传播和发展主要依靠到交趾郡避难的道士和官吏。《大越史记全书》记载了仙人董奉以药丸医治士燮的故事,由此可管窥三国时期道士在越南的活动。隋唐时期,道教受到中原统治阶级的推崇,越来越多的道士来到越南传播教义和法术;是时在交州任职、深受当地百姓爱戴的官员高骈也信奉道教,《旧唐书·高骈传》记载其开凿交州至广州的海道时,遇巨石则"作法去之"。统治者对道教的推崇极大刺激了道教在越南的发展,信奉道教的人逐渐增多,据《交州八县记》载,当时越南北部有名的道观就有21座之多。

越南自主封建国家建立后,道教仍然盛行。李、陈时期实行三教并举的政策,道教被作为选拔人才的考试内容之一。朝廷还专门

---

① 《安南志原》记载:"交趾旧俗,信尚鬼神,淫祠最多。人有灾患,跳巫走觋,无所不至,信其所说,并皆允从。"最早记载雄王的越南史书《越史略》则称交趾嘉宁部"有异人焉,能以幻术服诸部落,自称雄王,都于文郎,号文郎国"。可见越南人自古就好鬼神、方术、巫术之事。

第四章 宗教信仰

设立管理道务的道官,如"道録""威仪""都官"等。统治者大都崇信道教,优礼道士,修建道观。史书对李太祖、李圣宗、李仁宗、李神宗、陈太宗、陈仁宗、陈英宗、陈裕宗等皇帝虔信道教之事皆有所记载。① 民间对道教醮仪方术亦十分崇信。

后黎朝初期,由于统治者独尊儒教,佛、道受到排挤和压制,道士地位下降。但统治者如黎太宗、黎圣宗等遇灾年仍偶尔借助道教醮仪禳之。16—18世纪越南处于剧烈的动荡时期,上层社会又刮起了崇道之风。如1514年黎襄翼统治期间,曾在河内西湖兴建真武庙,供奉真武师铜像;1567年,莫氏谦太王等亲王公侯在海阳省修建道观;1680年,郑柞重修河内镇武观;等等。

17世纪黎神宗时,越南出现了一个规模较大的道教支派——内道,创立者为清化人陈全。他原是黎朝官吏,因不愿跟随莫朝,遂辞官回乡修行。自称得药师佛传道,领命在欢州、爱州地区驱魔除鬼,有信徒十万,被尊为"上师"。相传他曾医好黎神宗及公主之子的病,为答谢他,黎神宗在其家乡为他建房,并亲笔题下"内道场"三字。他的三个儿子都精通道法,被尊为"三圣"。②

随着越南版图向南扩展,道教也逐渐向南传播。阮氏政权的太祖阮潢对道教非常重视,每"有醮禳忏谢请福之事,常爱用道士"③,也正是得到精于术数的阮秉谦④的暗示,他才移军顺化开阮氏基业的。此外,阮氏政权还专门设有"道士道录司""道士良医司"等机构,管理有关道教事务。

道教在民间也有广泛影响。史料记载广义、广治、平顺等地"尚巫觋","春首延符水以祀土神","以术咒人或致病死者"。抗法

---

① 王彦:《越南历史上的道教初探》,载《北大亚太研究》,1993年第2期,第231—239页。
② [越]陈玉添:《越南文化本色探寻》,胡志明市.胡志明市出版社,2001年版,第516页。
③ 转引自许永璋:《论道教在越南的传播和影响》,载《史学月刊》,2002年第2期,第102页。
④ 越南著名谶纬大师,写了许多带预言性质的歌谣,类似于刘伯温的《推背图》。

时期，起义者以道教的斋醮、科仪作为战胜敌人的精神武器[1]。一战后，在河内的讲武乡每年都有三五万信徒前来祭拜内道法师或治病。道教之所以能在民间流行，与农民希望实现天下太平的理想社会以及消灾祛邪、保佑平安的朴素愿望有关，道教正包含了能实现这些愿望的因素。尽管道教影响了高台教以及越南民间信仰的诸多方面，但作为一种独立的宗教，其在近代已逐渐走向衰落。

（二）越南道教的特征

中国道教传入越南后，与当地信仰融合，形成了自身的特色。主要表现在：

越南道教深受符箓派道教的影响，但在崇奉的神灵方面，除供奉中国道教常见的神灵，如玉皇大帝、太上老君、玄武大帝、关圣帝、南曹、北斗等外，越南道教还供奉越南本土神灵，如三头神、独脚神、玄檀神、五虎神、巡争大官（青蛇白蛇）等，其中最重要的要数陈兴道大王[2]和柳杏公主[3]。越语俗语有云，"八月祭父，三月祭母"，即指兴道大王和柳杏公主。

丹鼎派道教在越南也有其表现形式，它被称作神仙道教，分为外养和内修。外养注重炼丹，但在越南并不多见；内修更为普遍。越南历史和传说记载了很多道士或真人修炼成仙、身怀法术的故事，褚童子[4]就是其中的代表。褚童子被奉为越南道教的祖师（因此又被称为"褚道祖"）。神仙道教的占卜方法为求仙（扶乩），即神

---

[1] 如宣传掌握了使法国枪支转向的法术，或在弓箭、刀上贴符咒等。
[2] 陈兴道是越南的民族英雄，曾两次大败元军，被认为能驱邪除魔、救难于民，被尊为陈圣王。
[3] 柳杏是一位真人，生活在16世纪，南定省务本县云吉人氏。相传她是玉皇大帝的女儿，投胎下凡到人间，因此身怀许多神奇的法术。她时而与名人吟诗论道，时而在民间掀起疫病，时而劝善惩恶，时而帮助帝王杀敌抵御外侵，等等。柳杏公主往往作为越南人的"三府"（上天母、地母、水母）或"四府"（天母、地母、水母、山岳母）之一被供奉，在这里，道教与越南人固有的母神信仰融合在了一起。
[4] 褚童子本家境贫寒，与仙容公主结为夫妻，勤劳致富，得传法术并最终得道升天。

明附身于乩人身上，写出一些字迹，以传达神明的想法，信徒通过这种方式，与神灵沟通，了解神灵的旨意。

(三) **影响**

道教虽然在越南建立自主封建国家之前就已传入，并且遍及越南，成为一种全国性的宗教，但其在三教中从未占据主导地位。历史上道教对统治阶级影响不大，在下层群众中也未得到广泛传播。但无论从历史还是现实来看，道教在越南的影响都是存在的。主要表现在：

首先，在信仰生活方面，道教与母神信仰、城隍信仰以及高台教等越南本土宗教信仰相融合，使得这些宗教信仰带有或多或少的道教色彩。比如母神崇拜吸收了道教的形式，具备了系统化的母神体系，也因此被称为母道教；高台教主张三教同源，五支合一（其中包括姜太公的神道、老子的仙道），其布道者也以"乩笔"为占卜手段；城隍本是道教中守护城池的神，越南人借城隍之名奉祀那些对国家或村社有功之人；等等。在祭祀习俗方面，礼会期间的迎神、送神仪式、母道教等中的跳神仪式、祭土神、送灶神仪式、祭星（解星）仪式等都与道教仪式有关。此外，越南道教虽对中国道教思想、理论吸收不多，但道教的阴阳占卜之术、风水堪舆之说在越南却十分盛行，对民间信仰生活影响很大。

其次，在文学艺术方面，道教、道家思想为越南文人、士大夫的文学艺术创作提供了丰富的素材。杜法顺高僧在答黎帝问国运时说道："无为居殿阁，处处息刀兵。"体现了道家无为而治的思想。陈朝名儒朱文安隐居凤凰山，作诗云："功名已落荒唐梦，湖海聊为汗漫游。自去自来浑不管，沧波万顷羡飞鸥。"陈朝宗胄陈元旦隐居昆山清虚洞后作诗《题月涧道篆太极之观妙堂》，最后四句写道："一点凡诚生若死，几回鹤化白为玄。瀛洲蓬岛知何在，无欲无贪我是仙。"道家的意境跃然纸上。

除诗歌外，道教还对许多越南传说故事的内容和叙事产生影响。例如成书于十四五世纪的传说故事集《粤甸幽灵集》和《岭南摭怪》，其中就有许多故事受到道教影响。比如《鸿庞氏传》源于《柳毅传》；《金龟传》源于干宝的《搜神记》；《何乌雷传》载吕洞宾施法术，使乌雷"虽不识字，而敏捷辨给，多有过人"；在《苏沥江传》和《伞圆山传》中，描述了苏沥江神、伞圆山神同高骈斗法，使高骈感到南方有"灵异之神"；等等。这些显然是按照道教的说法杜撰的。

越南历史上的音乐、戏剧也受到道教影响。陈朝表演的歌舞中，就有《庄周梦蝶》《白乐天》《韦生玉箫》等曲；举行宴会时，演奏的乐曲有降黄龙、入黄都、宴瑶池、一清风等。这些曲名和内容似乎都与道教有直接或间接的关系。①

第五节　本土宗教

一、和好教

和好教全称为和好佛教，它是在佛教教义理论基础上，融合越南民族祖先崇拜和爱国主义传统而发展出来的佛教革新教派，是一种新兴宗教。

（一）历史发展

和好教的创立者黄富数（1919—1947年），出生于朱笃省和好乡（今属安江省富新县）的一个地主家庭，幼年时多病，常到寺庙中修行。1939年，越南佛教界掀起"佛教复兴运动"，黄富数在继承了南部宝山奇香派佛教的基础上，以家乡地名"和好"为名创立

---

① 转引自许永璋：《论道教在越南的传播和影响》，载《史学月刊》，2002年第2期，第106页。

了和好教，同时也取"孝和""交好"之义。和好教创立后，在越南南方引起了强烈反响。在反法抗日的背景下，和好教成立了民兵组织——保安队，更于八月革命胜利后组建了自己的宗教政党——越南民主社会党。1946年，和好教信徒人数已达100万。1947年，黄富数不明失踪，法国殖民者趁机制造越南共产党杀害黄富数的言论，以挑起矛盾，和好教走上了亲法反共的道路。吴庭艳执政后，各教派势力遭到镇压，和好教的军事势力被剿灭，教会和民社党也停止了活动，和好教陷入低谷。吴庭艳政府倒台后，和好教在美伪政权的拉拢下又东山再起，20世纪70年代信徒多达200多万。但由于之前的反共行为，1975年越南共产党统一全国后曾禁止和好教公开活动，直到1999年，和好教的合法性地位才得到越南政府的承认，但它并未发展成为广泛的宗教。目前有信徒100多万，主要集中在越南南方西部的农村地区。

(二)教义、礼仪和组织

在教义上，和好教以净土宗为法门，以"学佛修人"为宗旨，以"四恩"为教义。"学佛修人"即按照佛教基本教义修行自身（包括恶法、真法、善法等三个主要法门）；"四恩"即报答父母祖先恩、祖国恩、三宝恩和人类同胞恩。其中父母祖先恩位于"四恩"之首，体现了越南人传统的伦理道德观；报答三宝（佛—法—僧）则是佛教徒遵循的原则。教义第二条要求信徒报答祖国恩，为民族独立和民族解放事业而斗争，体现了和好教浓厚的爱国主义、民族主义色彩；相反，人类同胞恩强调民族间的相互依赖性，体现了和好教的包容精神和国际视野。

在修行方式上，和好教主张在家修行，不建寺修塔塑像，避免一切繁文缛节，反对迷信活动和铺张浪费。家庭堂屋正中设佛台，佛台下设九玄七祖供桌，屋外设通天台，分别祭佛祖、祖先和天。

佛台上挂一块深棕色布条——象征和谐及禅宗，供品为一盅清水、一束鲜花、一炉清香，象征纯净、高洁。每月的阴历十四、十五、二十九、三十这四天为和好教的斋日（如遇小月则以下个月的初一来代替上月的三十）。

在组织形式上，和好教不分宗教等级，不设神职人员，信徒在原则上是平等的。建有省—县—乡—村各级管理委员会，负责处理教内外日常事务。管理委员会没有圣职，会长由信徒代表大会选举产生，任期2～3年。

和好教将佛教教义与越南儒学的忠孝观（忠于国家，孝顺父母和人民）相结合，积极入世，迎合了越南民族意识发展的需要和越南人的文化心理需求。和好教与其他宗教最大的不同在于它有明确的政治主张，它有自己的武装力量，动员教民反抗外侵。尤其是在越南民族饱受殖民侵略的特殊历史时期，高举爱国主义和抵御外侵大旗的和好教吸引了大批信众。同时，和好教还搁置抽象难懂的佛教经典，主张简单易行的修行方式等。其民族性、入世性和灵活性等特点使其显示出强大的生命力。

二、高台教

高台教全称为"三期普渡大道"，是20世纪20年代出现于越南南方的一种新兴宗教。

（一）历史发展

高台教产生于越南抗法爱国运动不断遭到镇压、封建统治江河日下的社会背景中，传统的儒、释、道宗教思想不能帮助广大南圻人民摆脱苦难，各种求乩降笔道术盛行，人们渴望新的更强大的超自然力量出现。曾担任过殖民地官员的吴文昭利用民间泛神主义思想，假托高台下凡，宣传教义。1926年，高台教在南方西宁省慈林

第四章 宗教信仰

寺正式宣布成立。

成立之初，高台教就分裂为无为派和普渡派两大派系，虽然遭到统治者的封杀，但各支派积极传教，刚成立就有教徒1万多人，影响遍及南、中、北三圻；1930年信徒猛增至50万，1935年上升至100万；到1946年，高台教已发展成为拥有200万教徒、21个支派的大教。高台教一创建就带有浓厚的军事和政治色彩。它的每一个宗教村社、区、县、省都建有武装义勇队，20世纪40年代时已形成一个巨大的军事联盟。法国殖民者担心其对自身统治构成威胁，于是查封了西宁教廷。在法国的压力下，高台教各派形成了反越盟的西宁教派，反法反共的黑婆山教区，力主抗法的明真教派等各种力量。

《日内瓦协议》签署后，高台教西宁教派继续反共亲美，吴庭艳对其采取了分化、收买的策略，致使西宁教派势力大为削弱；其进步支派明真教派则号召高台教联合抗美，为抗美救国事业作出了积极贡献。吴庭艳去世后，高台教得到恢复，不仅组建了自己的政党，还在南方政府内阁中安插了自己的代表，并于1972年创建了高台大学。

越南南北统一后，越南政府曾一度将高台教视为反动势力，禁止其宗教活动；直到1992年才正式承认其合法地位。目前高台教各派仍处于分裂状态，但基本教义、信奉的教主和供奉的对象都是统一的。

（二）教义、礼仪和组织

"高台"是上帝的化名，表示"最高的存在"。高台教教义的核心内容是"三期普渡说"。它认为：自从有人类以来，上帝两次创立各种宗教以普度众生（第一次为各种宗教的前身，第二次为儒、释、道及基督教、伊斯兰教等），这些宗教虽然同源同归，但由于较为分散，时常产生矛盾和冲突，未能带领人类脱离苦海；如今，条件皆已具备，上帝决定进行"第三期普渡"，即在统一所有宗教的基础上创立一种新的宗教，并亲自担任教主，自称"高台仙翁大菩萨嘛哈萨"，简称"高台"。

高台教的宗旨是"天人合一""万教一理"，主张三教（儒、释、道）同源，五支（孔子的仁道、姜太公的神道、耶稣的圣道、老子的仙道以及释迦牟尼的佛道）合一。它把儒家的道德、道家的法术、佛教的思想以及天主教的形式融合在一起，试图建立一种跨民族、跨国界的超宗教。高台教有两个法门，即普渡和无为，前者主持肉身，后者主持灵魂。

在祭祀对象方面，高台教崇拜所有的三教五支神灵，是地道的多神教。在高台教的祭台上，最上层是三教始祖：释迦牟尼位于正中，老子位左，孔子位右；下一层是辅佐高台普度众生的"三镇威严"：观音代表佛教居中，李太白代表道教位左，关圣代表儒教位右；再下一层是天主教的耶稣，最下层是代表神教的姜太公。此外还有印度教湿婆、梵天和毗湿奴神以及东西方诸神。这一切之上是描绘或悬挂在殿堂最高处的一只"左眼"，眼睛是心灵的象征，左为阳，象征天，左眼即天眼，是高台教的标志，象征无形的心灵世界。它洞察一切，知晓一切，信徒看到天眼就仿佛看到自己的内心。在高台教圣殿内还悬挂"三圣"像，分别是越南先知阮秉谦以及他的弟子维克多·雨果及孙中山，在三圣像中，三位弟子分别用汉文和法文写下了人类的共同愿望，即仁爱、爱情和真理。①

高台教信徒可以供奉祖宗，但不能供荤，不能使用纸马，要忌杀生、忌贪欲、忌荤、忌色、忌粗口，每日6点、12点、18点、24点要焚香诵经。

---

① ［越］陈玉添：《越南文化本色探寻》，胡志明市．胡志明市出版社，2001年版，第564–565页。

高台教的主要宗教活动是"求乩降笔"，它是高台以及为其服务的先圣与高台教的弟子们联络的方式。"高台"常常以越南国内外的历史名人如潘清简、段氏点、姜太公、李白、雨果等的面貌出现，通过乩笔降旨传教。高台及先圣的降笔之文合成一部《圣言合选》集，是高台教的主要经书。

高台教有一套复杂的组织机构和类似天主教的等级制度。其组织系统与其建筑结构类似，包括八卦台、协天台和九重台三部分。八卦台是供奉天眼和上帝的寓居之所，同时也是高台教的立法机构；协天台是"求乩降笔"的场所，是司法机构，其职能是提出本教的路线主张；九重台是行礼的场所，是指导实施行政事务的行法机构，拥有九个院。八卦台由李白代表高台掌管。位列协天台之首的是护法，护法之下设上品、上生两名高级职敕，他们负责法、教、世三个支系并各有四名职敕辅佐。九重台之首是教宗，教宗掌握着高台教的实权，其下设三位掌法代表佛、道、儒三教，分属太、上、玉三个支系，分别着黄、蓝、红色服饰。出家信徒也被分成佛、道、儒三个群体，进行宗教仪式时分别着黄、蓝、红色教服。[①]

（三）高台教的特点

综上所述，我们不难看出，高台教具有包容性、世俗性以及自治性等特点。其包容性表现在高台教建立在儒、释、道三教文化的深厚根基之上，并从天主教及其他宗教信仰中汲取营养。它不违背任何一种宗教教义，这种综合性、传统性使其获得了广泛的群众基础。高台教组织的政治性，以及它在特定历史阶段从事的社会、政治、军事活动反映了其世俗特征。而其完善的组织模式和职能分工也使其具有较强的自治性。此外，高台教还有尊重妇女的传统，提倡男女平等，男女弟子享有同等的权利；许多地方还同时供奉高台和佛母。

---

① 雷慧萃:《越南的高台教》，载《东南亚纵横》，2003年第11期。

另一方面，我们也看到，高台教虽然力图包容一切，但事实上它并没有建立起一个统一的、同质的、深刻的宗教思想体系，只是对各种宗教教义进行了简单的借用和杂糅。这决定了高台教的信众绝大多数是农民，并且始终只在其发源地越南南部发展，而未能成为全国性的宗教，其跨民族、跨国界的超宗教目标也难以实现。

和好教和高台教皆产生于越南南方，是越南土生土长的本土宗教，它们对越南尤其是越南南部社会文化的发展具有积极意义。我们知道，越南南方是17世纪后随着华人以及北部越南人的南迁而逐步被开发的。与北方主要通过村社公田公土来增强村社共同体的凝聚力不同，南方人在自发的垦荒、劳动生产、建村立邑的过程中，宗教作为一种强势的群体组织对于集体意识的形成起了至关重要的作用，人们通过宗教聚集、定居，进而形成稳定的村落共同体；同时，宗教在教化南方人的生活方式，丰富物质、精神文化生活等方面发挥了不可忽视的作用。

第六节 民间信仰

越南的民间信仰主要包括祖先崇拜、城隍信仰、母神（女神）崇拜、"四不死"神崇拜，此外还有自然神崇拜、生殖崇拜以及祖师爷信仰等。

一、祖先崇拜

祖先崇拜是越南最普遍、最重要的民间信仰。从根源上说，祖先崇拜是以血缘关系为纽带的社会体制在宗教上的表现。只要社会体制存在宗法关系，祖先崇拜就是必然出现和存在的宗教现象。[1]越

---

[1] 吕大吉：《宗教学通论新编》，北京．中国社会科学出版社，1998年版，第505页。

南人的祖先崇拜是在其血缘关系的家族体制基础之上，受中国儒家思想系统化而逐渐形成的，是越南人最为重要的传统信仰。

不论在农村还是城市，越南人几乎家家祭祀祖先。①根据越南宗教研究院的宗教社会学调查资料，对于天主教徒而言，89.4%的人在教堂实施祭祖仪式，27.7%的人在家中敬祖，经常性在家中设供桌祭祖的占34.6%，临时性的占6.1%，设宴祭祀的占13.5%；对于非天主教徒而言，祖先崇拜即是他们的"正统"信仰，信仰比例达100%，其中96.75%的家庭将供桌置于家中最庄重的位置，95.85%的夫妇都分别记得自己祖父祖母和祖先的忌日；农村中100%的家庭经常上坟扫墓，这个数字在河内为85%，在胡志明市为89%。②

越南传统观念认为，人死但灵魂不灭，为了接近亲人及子女，祖先的灵魂会经常回家，在工作生活中跟踪他们的子女，并在需要的时候保佑并帮助他们；人们还认为，阴间与阳间的生活一样，阳间的人怎样生活、需要什么，阴间也是如此，这就使祭祀祖先成为必要。在家庭界域内祭祀的祖先，从祭祀者算起不超过4代，在非长子家庭，主要祭祀父母和祖父母两代。凡阴历初一、十五、其他传统节日及家中大事之时都会举行祭祖仪式，它体现了越南人饮水思源的文化意识。

二、城隍信仰

"城隍"在中国本是城市的守护神，大约在唐初传入越南。唐代，在今越南地区已经有了祭祀城隍的习俗。该风俗在越南的农村

---

① 这也是越南"重男轻女"传统最根本的原因，没有儿子即意味着自己死后无法享有香火、祭祀，灵魂没有归依，只能作为孤魂野鬼在初一、十五享用路边的香火。在封建社会，没有儿子即为无后，是最大的不孝，所谓"不孝有三，无后为大"。
② 范明鹤、阮科恬：《关于在工业化现代化时期发展文化、培育新人》，河内．国家政治出版社，2003年版，第469页。

找到了合适的土壤，迅速发展。据史料记载，最迟于15世纪，越南的村社已经有了城隍信仰，城隍原本为村社的保护神，具有深厚的民间文化渊源，其向城隍的发展是民间和国家的双重需要，它有效解决了历史上村社自治性和国家集权统治之间的矛盾：地方神灵通过敕封而被纳入封建官僚的政治象征体系，国家则通过地方精英的管理而将城隍和城隍的奉祀地——村亭变成一个类似国家在地方的行政机构。

因为城隍神具有民间和国家双重属性，所以城隍的神迹和神谱无不经过封建儒士的精心修订。同时，朝廷根据神灵的神迹大小，把各地城隍敕封为上等神、中等神和下等神三等。城隍神中的人神大都与村社有着某种关联（如在本地出生、死亡或生活过），是越南历史上实有的人物，如古代帝王、民族英雄、忠臣义士、清官廉吏、科考名流、行业大师以及在当地垦荒建村过程中的有功者、在某重大事件中的贡献卓异者等等。[①]除朝廷敕封的神灵外，有的地方还供奉妖神、邪神和淫神，这些神或被认为具有无边法力，或死于吉时，民间因"畏"而"敬"。

一般而言，越南每个村社都供奉一位城隍。城隍是村社神界的管理者和庇佑者，保一村平安，定全村祸福，因此奉祀城隍历来是全村的大事。最隆重的祭祀城隍仪式是村社"礼会"，"礼"即祭祀城隍之礼，"会"则是娱神和娱人之会。礼会上的祭祀城隍仪式均按儒家祭祀仪式进行，十分复杂，献祭仪式主要分为行初献礼、行亚献礼和行终献礼三个阶段，行初献礼后恭读祭文，行终献礼结束后则化祭文，整个仪式过程缓慢而庄严。除礼会祭祀外，每月朔、望日及越南传统节日，村亭庙祝及村民都会专门祭祀，村民遇家中有事也都要到村亭祭拜城隍。

---

① 孙衍峰：《越南民间的城隍信仰》，载《解放军外国语学院学报》，2003年第5期。

三、母神崇拜、"四不死"神崇拜

母道教是越南最具特色的民间信仰之一,其信仰基础是越南重"阴"的文化特性和民间对女神的崇拜。母道教的形成过程受到中国道教的影响,因而有着相对完备的神灵体系,所供奉的60多位神灵自上而下依次为:观音、玉皇、圣母(3或4位)、官人(5~10位)、圣婆(4、6或12位)、皇子(5~10位)、侍女(12位)、侍童(10位)以及五虎神、蛇神等。

圣母是母道教神殿谱系的核心。越南人认为,宇宙(包括天界、地界、水界和山岳)是由各位女神掌管的,各界女神之首即为圣母。圣母的位数决定了母道教所供为"三府"(上天母、地母、水母)还是"四府"(天母、地母、水母、山岳母)。柳杏公主是母道教供奉的重要神灵,位列圣母之首。她常常扮演上天母的角色,有时也化身为山岳母或地母。

以供奉柳杏母为主的庙宇称作"府",在寺里的母神庙称"殿",此外许多家庭还设立祭台来奉祀母神。越南最大的府是柳杏母家乡南定市务本县的然府(Dầy)(含仙香府和云葛府),此外河内的西湖府也很有名。

跳神(越语称"候影""上童")是母道教中的主要仪式,它是三府、四府中的各位神灵附身于巫师、巫婆(越语称"童公""童婆"),以达到训导劝诫,驱邪治病,颁赐福禄于母道教信徒的一种宗教仪式。童公、童婆候影过程中不断更换的衣服具有类似萨满教"面具"的功能。除三位圣母外,经常显灵附身的神灵还有第一、第二、第三、第五大官,第二、第六侍女,皇七子、皇十子等等。[1]值得一提的是,在有些地方的"四府"母道教中,还存在一个"陈朝府",越

---

[1] [越]吴德盛:《母道(教)》,河内.社会科学出版社,2007年版,第69页。

南陈朝名将、民族英雄陈兴道作为与圣母相对应或高于圣母的"父皇"角色走进了母道教的神殿。在候影仪式中，陈兴道往往于圣母之后、各位官人之前显灵附身，其功能是驱邪、治病。

母道教因被视为本土民间信仰而受到越南人的偏爱和推崇。越南北部、中部、南部和西原高原等地都有母道教的祠府，这使得不同地域的女神走进了母道教神殿，如顺化地区的天雅那圣母，西宁地区的灵山圣母等。

"四不死"是越南民间文化中的四位神圣人物即伞圆山圣、柳杏公主、扶董天王和褚童子。他们在越南家喻户晓，在民间广为奉祀。伞圆山圣（山精）和褚童子相传分别是雄王女儿玉花公主和仙容公主的丈夫。山精[①]被越南人赋予了与恶劣自然条件（水灾）做斗争的象征内涵；而恪守孝道、开市立铺的褚童子则体现了越南人的精神要求和对美好物质生活的向往；扶董天王因其"破殷贼"的光辉神迹而被列为抗击外侵的英雄神灵之首；柳杏公主更因其法力和灵应而成为母道教的重要神灵。

四、自然神崇拜

自然崇拜是指人们对某一自然物和自然现象的崇拜，它是人类最初和最普遍的宗教形式。在越南人的多神信仰体系中，自然神占有相当的比重。

首先是天神。越南人供奉的天神有时间神、大母神和日月星辰等。民间传统观念认为，每年都有一位时间神下凡看管尘世的生活，这些神共有12位，对应12地支，名为"当年行遣"。[②]他们每年

[①] 人物原型源自《山精水精的传说》，因为山精"能排水族"，深受水患不断的越南民族尊崇。
[②] 按12地支即子、丑、寅、卯、辰、巳、午、未、申、酉、戌、亥的顺序对应的当年行遣神分别是周王、赵王、魏王、郑王、楚王、吴王、秦王、宋王、齐王、鲁王、越王和刘王。

第四章　宗教信仰

轮流下界，负责执行玉皇大帝的命令，并向玉皇大帝汇报人间发生的事情，主宰一年中人间（家庭、村社、国家）的祸福。每位当年行遣神都各有一位判官协助他们的工作，负责记录世人的功过。这些天神交接的时间与灶神上天和下凡的时间重合，即每年阴历腊月二十三和三十。因东南亚"重阴性"的文化特点，除时间神外，许多家庭常在院子的一角设露天供桌，祭祀天母神，即九重母神或九天玄女。越南人还认为，星辰会对人的命数产生影响，因而在特定的场合人们也祭祀不同的星辰，一般于年初或每月在寺庙或家中举行祭星（解星）仪式，祭祀的对象包括太阳星、太阴星、木德星、土秀星、太白星等等，通过"祭星"来化解星辰在新年里对自己的不利影响。

其次是地神。除供奉地母神外，越南人还供奉土公神。土公神是三位一体的人神体系[①]，其任务是看管家宅、定家庭之祸福、驱鬼辟邪，并向玉皇客观呈诉人世间所发生的事[②]。在越南人观念中，土公神仍是土地神之一种。[③] 在许多地方，人们还在家中专门供奉土地神，它是一位有着老者形象的神灵：圆圆的肚子，面目和蔼，笑口常开。在越南南方，人们将土地神的供桌置于地上，或将其等同于财神，或与财神供在一起。山神崇拜在越南十分普遍，越南的大部分山都有山神庙。住在山区的人们为了方便祭拜，也常常在家中祭祀山神。

再次是云、雨、雷、电等自然现象。这些自然现象对于农耕而言具有重要意义，因而也同天、地一样被拟人化为女神加以崇拜。佛教传入越南后，这些女神穿上了佛教的外衣，被塑造成"四法"，

---

① 范郎为"土公"，掌管一切厨房之事；重高为"土地"，掌管一切家庭之事；氏儿是"土祇"，掌管集市和菜园之事。
② 其功能相当于"灶神"。
③ 地有土公，河有河伯。

即云法、雨法、雷法、电法，自李朝时期就得到了上、下层文化的尊崇。

最后是动植物。越南人有"一鸟、二蛇、三鱼、四象"的说法。越南民族起源传说《鸿庞氏传》中的"鸿庞"即"大鸟"，体现了农耕文明对鸟的崇拜。越南人自称为"龙子仙孙"，"仙"即是"鸟"的化身，而越南龙的形象则来自东南亚较多的蛇和鳄鱼。此外，越南人还崇拜五虎神[①]，在越南家庭中常贴有五虎神（或白虎神）的民间画。民间认为虎是神圣的生灵，是万物之王，是力量的象征，能够驱赶妖魔鬼怪，保护人类的躯体和灵魂。越南沿海地区的居民还供奉鲸鱼、海龟等为海神。在植物崇拜方面，越南人认为大树、古树能成精，信奉稻神、树精（神）——"榕树神，木棉鬼"，体现了其朴素的万物有灵的思想。

五、生殖崇拜

生殖崇拜是农耕文化的特征之一，也是东南亚文化的普遍现象。从功能上看，生殖崇拜是以庄稼获得丰收，人类得到繁衍为目的的民间宗教行为，前者是维持生活的必需，后者则是生命延续的前提，两者将天地、男女等因素结合起来，体现了阴阳和谐的生命观。

生殖崇拜在越南有两种表现形式，即生殖器崇拜和生殖行为崇拜。生殖器崇拜是生殖崇拜的初级形式，往往通过石柱、石洞（缝）、木石像、木石刻、墓地装饰（西原地区）以及祭祀习俗等表现出来，其特点是往往同时供奉男、女生殖器具。如河北省慈山县同忌村供奉一男一女两位淫神为城隍，每年正月初六礼会有迎男女生殖器

---

① 即根据阴阳五行的颜色和方位绘出的五只虎：中间为黄色虎，四周分别为白虎、黑虎、赤虎和青虎。

(木刻)习俗,即将淫神从村庙迎到村亭时,走在迎神队伍前面的村老手里拿着两只木制生殖器,边唱边做交配的动作:"怎么做,这么做。这样的事,怎么做。"礼会结束后,须将其化成灰并分给村民,村民将木刻生殖器灰烬洒到自家田地里,这一行为被认为具有"给庄稼传递繁殖力"的巫术功能。按老一辈的说法,如果哪一年不举行这个仪式,那一年就会发生对村民不利的事情。越北其他地区也有类似迎、抢生殖器器具的传统习俗,人们认为它是吉祥、富足的象征。

  生殖行为崇拜一般通过人或动物交配的雕刻、图案或象征性的仪式、游戏来体现。越北出土的铜缸和铜鼓上的鳄鱼—龙图案以及太阳、鸟、舂米等象征交配的图形,甚至铜鼓本身都被认为是东山文化时期生殖崇拜的典型代表[①];用于舂米的传统器具杵—臼也被认为是生殖崇拜的遗留和象征。越南传统的"舂臼迎亲"习俗则将舂臼仪式的生殖象征性与对年轻夫妇早生贵子的美好祝愿联系起来。而礼会中的灭灯习俗、男女青年捉泥鳅比赛、男女青年撞挤、触摸、对唱、舞蹈等游艺活动都带有浓郁的生殖崇拜色彩。比如在永福省永祥县文征村的捉泥鳅比赛要求男女青年边拥抱边在大缸里捉泥鳅。参赛的每一对男女必须每人腾出一只手来拥抱对方,另一只手在水缸里捉泥鳅。评委是村里的长老,他们的任务是观察每一对男女的动作。泥鳅捉得多、嬉戏方式又新鲜的那一对为胜方。富寿某些地区还保留着古老的"咚咦"舞蹈:礼会中成对男女青年手持男女生殖器象征器具,每听到"咚"的鼓声,他们就要将器具碰撞一

---

① 关于铜鼓的生殖崇拜象征性,越南学者陈玉添总结道:"首先,铜鼓的形状从舂米的臼发展而来;第二,敲铜鼓的方式模仿的是舂米的动作;第三,铜鼓鼓面中心是光芒四射的太阳,其光芒象征男性生殖器,光芒之间带有裂缝的叶状突起象征女性生殖器;第四,铜鼓四周常装饰有蟾蜍雕刻,蟾蜍能带来雨和庄稼丰收,是生殖崇拜的象征;第五,铜鼓的声音类似雷声,也有上述象征意义。"([越]陈玉添:《越南文化本色探寻》,胡志明市.胡志明市出版社,2001年版,第239—240页。)

下，这一舞蹈的意义在于祈求全村人丁兴旺，庄稼获得丰收。

六、祖师爷崇拜

在越南，祖师[①]也受到后人的祭祀和尊崇。祖师即首先创立某种行业的人。有着共同职业或做同一生意的人往往聚合为"坊"，坊里专门建有祖师庙，供奉祖师神像或牌位。祖师的忌日也称为"坊祭"。除了在庙中集体祭祀自己的祖师外，"坊"里的每个成员还在家中供奉祖师。人们认为祖师既然创立了这一行，便会一直关注本行业的发展，并保佑后辈们，使其将行业继续发扬光大。

---

① 越南又称"先师""艺师"。

第五章 文学艺术

第一节 语言文学

一、语言文字

越南语(简称越语)是越族人以及400多万海外越南人的母语,是越南的官方语言。越南语主要有三大方言区,即以河内为中心的北部方言区,以顺化为中心的中部方言区和以西贡为中心的南部方言区。三类方言在声调及词汇等方面存在差异,但基本可以互通。

从语言谱系的发生学分类来看,越南语属南亚语系孟高棉语族越芒语支。其特点是:元音系统丰富(有11个单元音、3个双元音、2个半元音),长元音普遍(9个长元音,2个短元音);辅音系统比较整齐(22个辅音),塞音清浊的对立比较普遍,有独立的清音送气系列,词尾塞辅音不除阻;音节由声母和韵母组成,韵母是以元音为中心,以半元音、辅音为要素的一次或二次组合;一个音节具有音、字、义"三位一体"的特点;句子的一般语序为主语—动词—宾语,定语通常跟在它所修饰的中心语之后。值得注意的是,越南语是声调语言[1]。

由于地理、历史等方面的原因,越南语在其发展过程中受泰语、汉语影响较深,前者被认为在越语发展过程中发挥了机制化[2]的作用;后者的影响主要体现在词汇方面。唐朝时期,汉字通过书面途径全面、系统地进入越南,其读音受越南语语音内部规律的影响发

---

[1] 越南语有横、玄、锐、问、重、跌6个声调,南亚语系的其他语言多为非声调语言。
[2] 所谓机制化可以理解为较原始的"语法化"。参见[越]范德阳:《东南亚背景中的越南文化》,河内,社会科学出版社,2000年版,第182页。

生了越化，越化后的汉语词称汉越语（词），其读音称为汉越音。汉越音在音译汉语借词、创造新词、丰富越语词汇等方面发挥了重要作用，汉越语（词）也因此成为越南语不可或缺的有机组成部分。据统计，现代越南语词汇中汉越语（词）至少占了70%①。

历史上，越南曾使用汉字长达2 000年。汉字在越南又被称为"儒字"，它于两汉时期随儒学传入越南，13世纪之前一直是越南唯一使用的文字，其国家正式文字的地位直到20世纪初才被取缔。13世纪，喃字②出现并逐渐得到推广。13—18世纪，喃字一直和汉字并行使用，胡朝和西山王朝更是大力推广喃字③。但喃字书写繁复，往往是两个汉字拼成一个喃字，比汉字更难学难懂，因而很难在民众中普及。作为记录越语"国音"的"俗字"，喃字始终没能取代汉字成为国家的正式文字。

现代越南语使用拉丁化拼音文字④，被称为"国语字"。17世纪上半叶，法国传教士亚历山大·德罗（1591—1660年）编撰出了《越—葡—拉丁词典》，并撰写了《关于安南语（或东京语）的简要报告》⑤一书，该书从字、韵、声调、名词、代词、动词、话语中的变格、句法规则等方面对越语进行了描写。此后，其他传教士如佰多禄也编撰过类似的词典，国语的影响力逐渐扩大，但汉字仍被使用。

---

① 关于汉越语（词）占越语词汇多大比例长期是中越两国学界争论的问题，因为汉语词汇进入越语词汇系统大致有三个高潮时期，一是秦汉时期，二是唐宋时期，三是越南民主共和国时期。早期汉越语（词）的面目已经比较模糊，需要古汉语音韵学的功底方能辨识，引致的争论最大。笔者综合各家研究成果，提出折中的数据，约70%。
② 喃字以方块字来记录越语，它的产生在某种程度上解决了语言与文字不一致的矛盾，是越南民族精神和独立意识的体现。
③ 胡朝曾试图以喃字取代汉字，西山王朝则将喃字列入科举，并推尊喃字为国家正式文字，但两个王朝存在时间很短，因此未能达到目的。
④ 拉丁化拼音文字的出现最初是为了解决欧洲传教士（包括葡萄牙人、法国人、意大利人等）在越南传教的语言问题。一开始，这些传教士用各国家的文字来记录越南语语音，后来为了编撰传教书籍，他们不得不将各种文字加以统一和规范。
⑤ 这两部著作是用越南语拼音文字出版的第一批著作，也是最早研究越南语的著作之一。

1858年以后，越南逐步沦为法国殖民地，法国殖民者将拼音文字作为统治越南的有力工具，他们在学校开设拼音文字课，并于1917年宣布废除科举和汉字，以此来清除汉文化影响。由于拼音文字易学易懂，越南人开始主动接受拼音文字，一些爱国志士则利用拼音文字来宣传爱国和革命思想。1936年，越南政府明令废除汉字的使用。1938年在印支共产党的领导下，"国语字传播委员会"掀起了声势浩大的国语字教学运动。1945年"八月革命"胜利后，国语字获得正式地位，成为越南民族和越南民主共和国的唯一正式文字。

二、文学

越南文学起源于上古时期的神话、传说以及歌谣等口传文学。比如讲述宇宙起源的创世神话《天柱神》《开天辟地》，讲述人类及越南民族起源的洪水神话《洪水》《越南民族的起源》，讲述雒龙君、扶董天王故事的英雄神话《鸿庞氏传》《扶董天王》，反映人与自然界做斗争的神话《山精水精》，以及讲述稻谷、火等起源的若干文化起源神话等。此外还有一些以歌颂劳动、爱情和控诉战争灾难等为题材的歌谣。这些口传文学为后世成文文学的发展奠定了基础，同时其淳朴、浪漫和写实的风格也影响了后世文学。

（一）古代文学

从10世纪建立自主封建国家到19世纪中叶，越南历经丁、前黎、李、陈、胡、后黎、阮等封建朝代。这一时期的文学统称为越南古代文学，主要包括汉字文学和喃字文学。

汉字文学的产生与中越人文交流和佛教文化密不可分，文学创作者多为使节、僧侣和帝王朝臣等，作品内容或唱酬，或颂砭时政，或激励民族精神，或感悟人生，或反映佛教思想等，体裁则以诗、词、散文为主。代表作有杜法顺禅师的五绝《国祚》、满觉禅师的

《告疾示众》、段文钦的《挽广智禅师》、匡越禅师的《王郎归》、李常杰的《南国山河》、李太祖的《迁都诏》等。

13—14世纪,汉字文学走向兴盛,同时喃字文学也开始萌芽。这一时期的汉文作品或抒发军旅情怀,或描写山水田园的秀美风光,或讽喻时弊,或感叹人生际遇;题材则多以诗、赋、散文为主;创作队伍除僧侣[①]外,主要是皇帝和儒士,陈朝几乎每个皇帝都有自己的诗集如《太宗御集》《仁宗诗集》《明宗诗集》《艺宗诗集》《水云随笔》(陈英宗)等。文人儒士创作者则有陈光启、范五老、陈国俊、范师孟、阮忠彦(著有《介轩诗集》)、朱文安、阮飞卿(著有《蕊溪集》)、陈元旦、张汉超等,其中陈国俊的《檄将士文》,陈光启的《从驾还京师》,范五老的《述怀》,范师孟的《关北》《南园》,朱文安的《清凉江》,阮飞卿的《村家趣》《村居》,陈元旦的《题玄天关》《寄台中僚友》,张汉超的《白藤江赋》以及莫挺之的《玉井莲赋》等散文诗赋,无论在内容还是艺术成就方面都体现出较高水平。范师孟的边塞诗、阮飞卿的田园诗、陈元旦的讽喻诗在越南文学史上享有较高声誉。此外,这一时期还出现了一些历史散文作品和民间传说文集,如黎文休的《大越史记》,胡宗鷟的《越史纲目》《南越世志》,黎崱的《安南志略》等。

喃字文学作品也开始出现。韩诠[②]、阮士固、朱文安等都是喃字文学的早期创作者。阮士固的《国音诗赋》、朱文安的《国语诗集》是喃字文学的早期作品,但都已佚失。现存最早的喃字作品为陈仁宗的《居尘乐道赋》。

15—17世纪是汉文学的繁荣期与喃字文学的兴起期。这一时

[①] 代表人物如慧忠上士、玄光等,其作品多具禅味儿、哲理。
[②] 《大越史记全书》卷五记载,壬午,秋八月,"时有鳄鱼至泸江,帝命刑部尚书阮诠为文投之江中,鳄鱼自去。帝以其事类韩愈,赐姓韩。诠又能国语诗,我国赋诗多用国语,实自此始"。这里所说的"国语"即指喃字,也因为此,人们把喃字诗的韵律称为"韩律"。

期的汉文学取得了空前成就。代表性作家和作品有阮廌的诗歌作品《抑斋诗集》《抑斋遗集》，散文作品《军中词命集》《蓝山实录》[①]，黎圣宗的《琼苑九歌》《古心百咏》《春云诗集》，阮秉谦的《白云庵集》，冯克宽的《毅斋诗集》《言志诗集》和《冯公诗集》，邓明谦的《越鉴咏史诗集》；此外还有阮屿的《传奇漫录》，阮攸的长篇叙事诗《所见行》，武琼、乔富的民间故事集《岭南摭怪》以及吴士连的《大越史记全书》等。在内容上，这一时期的汉诗有田园山水诗、抒情言志诗、御制奉和诗、咏史诗、哲理诗、出使诗、叙事诗等；体裁方面，除诗外，赋、传奇文学（散文）、韵文歌曲、传说故事、编年史等也都相当普遍；创作艺术方面，在继承了此前清新飘逸、沉稳质朴的浪漫风格的基础上，这一时期的作品还因社会危机和战争连绵而具有浓厚的现实主义风格。阮秉谦、阮攸等人的作品反映了当时社会的混乱局面，抨击了社会的黑暗，饱含对社会状况的思考和忧天下的情怀。

喃字文学在这一阶段也得到了发展。阮廌撰写的《国音诗集》是越南现存最早的一部喃字诗集。这部诗集包括无题、时令门、花木门、禽兽门等四大门类共254首诗。继《国音诗集》之后，又出现了由黎圣宗等多人创作的《洪德国音诗集》，该集含天地门、人道门、风景门、品物门以及闲吟诸品等五大门类共328首诗歌。16世纪，阮秉谦作《白云国语诗集》，其内容或批判，或思辨，语言则多吸收民间文学的语言，显得生动、质朴，这部诗集的出现标志着越南喃字文学走向成熟。此外，黎圣宗的《十戒孤魂国语文》，阮沆的喃文赋《僻居宁体》，佚名作者的《王嫱传》《林泉奇遇》《苏公奉使传》[②]等叙事诗也是这一时期的重要作品。

[①] 其中的历史散文《平吴大诰》被越南人誉为"千古雄文"。
[②] 这三篇叙事诗无论是思想性，还是艺术性方面都超过了《国音诗集》和《洪德国音诗集》。

越南传统诗体——六八体出现于这一时期的喃字作品中。六八体是越南人根据中国诗歌的音韵格律、结合越南民歌特点创造的一种新诗体,后又与汉文七言诗结合组成双七六八体。最早使用这种诗体的是15世纪末16世纪初的诗人黎德毛,他用喃字创作的歌筹《三甲奖赏歌妓唱曲》中以两句七言诗开始,段中使用若干六八体或双七六八体的句子,结尾使用四句双七六八体。后来其他诗人逐渐运用这两种诗体创作,如冯克宽的《桃源行》,陶惟慈的《卧龙岗曲》,黄士启的《四时曲咏》,佚名的《鲇鱼与蛤蟆》《贞鼠》以及长篇历史叙事诗《天南语录》等。《天南语录》是一部长达8 136句的长篇历史演歌,其较为工整的韵律标志着越南民族诗歌体裁的定型;而黄士启《四时曲咏》的出现则标志着双七六八体的成熟。双七六八体适合长篇叙事诗体裁,它规避了韩律对字数、韵律的严格要求,利用了越语语音的特点,符合越南民族的语言习惯,具有浓郁的民族特色。

18世纪至19世纪中叶,喃字文学迎来繁荣期,汉文学逐渐衰落,但汉语长篇叙事诗却异军突起。这一时期的汉字叙事诗代表作有邓陈琨的《征妇吟曲》,它以古乐府杂言体写成,描述了征人征战沙场以及征妇牵挂丈夫的悲愁,控诉了战争的残酷及给人民带来的苦难。阮攸所作的汉诗也非常丰富,著有《清轩诗集》《南中杂吟》《北行杂录》等诗集。此外还有黎贵惇的《桂堂诗集》《桂堂文集》及其整理的《全越诗集》和《皇越诗海》,裴辉璧的《蜕轩诗文集》《乂安诗集》《碧钩诗集》,范贵适的《草堂诗原集》,吴时士的《午峰文集》《鹦言诗集》,范阮攸的《养轩咏史诗》《断肠录》等。除诗外,传奇、随笔和记事等汉字散文作品也不在少数,如段氏点的《传奇新谱》、范廷琥的《雨中随笔》等。越南南方华人作家郑天赐、郑怀德、吴任静也著有诗集、方志等,如郑天赐的诗集《鲈溪

第五章 文学艺术

闲钓》、郑怀德的《嘉定城通志》《艮斋诗集》《北使诗集》等。

喃字文学的繁荣与越南三部古典名著密不可分，它们是：邓陈琨的《征妇吟曲》、阮嘉韶的《宫怨吟曲》和阮攸的《金云翘传》。《征妇吟曲》本是一部汉文乐府诗，但经段氏点译为喃字，成为一部含411句的双七六八体长诗《征妇吟演歌》，这部喃字译本内容充实、流畅，不乏再创作之笔，其影响力甚至超过了原著。阮嘉韶的《宫怨吟曲》长356句，是一部讲述深宫女子经历、抒发宫女怨恨和忧愁的长篇叙事诗。阮攸是越南古代最著名的诗人，其六八体喃字长篇叙事诗《金云翘传》是越南古典文学的瑰宝，是越南古代文学的经典之作、巅峰之作，在越南文学史上占有重要地位。《金云翘传》原名《断肠新声》，其蓝本是中国明末清初作家青心才人的章回小说《金云翘传》。该作以王翠翘和金重的爱情为主线，讲述了翠翘经历重重磨难，与金重终成眷属的故事。在语言运用、人物刻画等方面，《金云翘传》更是达到炉火纯青的境界。越南人视其为国粹，以至于在越南形成了专门的金云翘文化，修辞学上也有专门的仿翘辞格。除上述三部古典名著外，南方诗人阮廷炤以自身经历为原型创作的长篇叙事诗《蓼云仙》在喃字文学中也占有重要地位。

这一时期，出现了一股以中国小说为蓝本进行文学创作的潮流。越南作家们常通过移植中国文学题材的方式针砭时弊，以此来躲避封建统治者的压制。这类作品有：《玉娇梨》《西厢传》《花笺传》《女秀才传》《潘陈》《二度梅》《佛婆观音传》等。

与汉字文学相比，喃字文学被视为不登大雅之堂的"俗文学"，属民间文学和市井文学范畴。对这一俗文学样式运用得炉火纯青的，还有一位女诗人胡春香。胡春香出身书香门第，精通喃字诗歌。她的诗歌大量运用民间通俗语言讽刺封建社会的伦理观和价值观，捍卫妇女的人权和尊严。她的文笔大胆犀利，辛辣活泼，脍炙人口，然而却不免流于粗俗。胡春香的作品大多已失散，其留存下来的诗歌收录在《春香诗集》《琉香记诗集》等作品集中。

（二）近代文学（19世纪中叶—20世纪中叶）

19世纪中叶，随着法国殖民者的入侵，越南步入了反殖民反封建的近代史时期，越南近代文学的序幕拉开。越南近代文学受到民族意识和西方文化的影响，表现出爱国主义、浪漫主义、批判现实主义三大取向。

爱国主义作品以反映民族意识的觉醒和斗争为主要内容，抨击法国殖民者的统治，抒发革命志士的英雄情怀，并表现坚强不屈的民族精神。文学创作者多为投身抗法斗争的将领和文绅，代表作家有阮春温、阮光碧、潘廷逢、潘佩珠、阮尚贤、阮绵审等，体裁则多为诗歌，也有少量词、赋等。诗歌如阮春温的《朔望拜》《感怀》，阮光碧的《渔峰诗集》，潘廷逢的《临终时作》，潘佩珠的《东游寄诸同志》《爱国歌》《自语》，阮尚贤的《南枝集》《梅山吟集》《南香集》等；词如阮绵审的《疏帘淡月·梅花》；赋如黄叔抗的《良玉名山赋》、潘佩珠的《湖上跨驴赋》等。此外，创作者还以史明鉴，留下了很多历史题材作品，如潘佩珠的《琉球血泪新书》《越南亡国史》《后陈逸史》《海外血书》《越南国史考》等。

在西方文艺思潮的影响下，越南浪漫主义文学在20世纪初也开始萌芽。诗坛发起了"艺术为艺术"倾向的"新诗运动"，这一时期的代表性诗人有伞沱、刘重庐、春妙等。作品如伞沱的《上天申诉》《春日诗酒》《送别》，刘重庐的《秋声》，春妙的《春天的微笑》等，诗歌或充满对理想、个性、爱情的追求，或反映知识分子内心的彷徨和忧郁；诗体则自由活泼，不受字句和格律的约束。最早的浪漫派小说是20世纪20年代黄玉珀发表的《素心》。20世纪30年代越南的浪漫主义小说家主要以"自力文坛"为阵地，发表了若干反对封建礼教、提倡婚姻自由和个性解放的作品，如一零的《断绝》、概兴的《半截青春》等。

批判现实主义文学的产生与革命运动的蓬勃发展密不可分。作家们积极投身革命斗争，创作了一大批揭露社会黑暗、反映民众疾苦的优秀作品。代表作家有阮公欢、吴必素、武重奉、元鸿、南高、秀肥等。阮公欢是越南批判现实主义的开创者，他著述丰厚，其作品以写实的手法和灵活的叙事方式，集中表现殖民主义统治下黑暗、冷漠和不公的社会。作品集主要有短篇小说集《红颜命》《两个混蛋》《男角四下》《花旦和小生》《报纸主编》，长篇小说《金枝玉叶》《女教师阿明》《女主人》《最后的道路》《猪头》《清淡》等。其中《男角四下》为现实主义"艺术为人生"派主张的开山作品；《最后的道路》则是其长篇小说的代表作，该部作品通过对阿坡和赖议员两个典型人物的塑造，反映了20世纪30年代越南农村广大农民的悲惨命运以及他们在印支共产党号召下的觉醒和奋起。

吴必素是继阮公欢之后又一位著名的批判现实主义作家，曾获第一届胡志明文学艺术奖。其代表作有长篇小说《熄灯》《草棚与竹榻》，短篇小说集《乡事》，随笔《中游的集市》《部队的节日礼物》。其中《熄灯》是又一部反映20世纪30年代越南农民悲惨生活的力作，作品通过对阿酉嫂悲惨经历的描写，控诉了殖民主义者对农民赤裸裸的剥削。此外，吴必素还以杂文见长，他的作品以犀利的笔锋向法国殖民者和封建势力发起了控诉，极具讽刺色彩。

武重奉、元鸿也是20世纪三四十年代越南著名的批判现实主义小说家。武重奉的代表作有长篇小说《红运》《暴风骤雨》，它们讽刺、揭露资产阶级上流社会腐化堕落、荒淫无度的生活。元鸿的代表作有长篇小说《女盗》，该作通过一位乡村女子的堕落过程，揭示了人性在重重压迫下的扭曲和变形，鞭笞了社会的极度黑暗。

南高是这一时期的最有影响力的批判现实主义作家之一。其中篇小说《志飘》奠定了南高在文坛的地位。通过对志飘人生悲剧的讲述，作品揭示了农民贫穷化、流氓化的过程及其中的原因。志飘这一表面大胆、内心懦弱的人物形象也成为越南文学中的经典形象，与鲁迅塑造的阿Q有异曲同工之妙。

爱国主义、浪漫主义和批判现实主义之后，无产阶级革命文学也发展起来。胡志明、陈辉燎、黎文献、志城、春水、黎德寿等无产阶级革命家纷纷投身创作，以文学为武器，唤醒被压迫的人民奋力抗敌，表现了革命的大无畏精神。代表作品有胡志明的汉语诗歌集《狱中日记》，陈辉燎的《陈辉燎诗集》，黎文献的《崑嵩监狱》，志城的《罪恶的监狱》，春水的《春水诗集》，黎德寿的诗集《在小路上》《去前线路上的日记》《万里路》等。在革命志士的带动和新文化运动文学艺术思想的引领下，南高、阮庭诗、元鸿、素友等作家、诗人也开始积极创作革命文学。其中素友的诗集《从那时起》是越南早期无产阶级革命文学的重要作品。

（三）现当代文学（20世纪中叶至今）

1946年至1975年，越南先后经历了抗法和抗美救国战争，反映抗战、服务抗战成为这一时期文学创作的主线。新老作家创作出了大量优秀的战争文学作品，如南高的短篇小说《一双眼睛》《林中日记》，阮遵的《抗战随笔》《沱江随笔》《我们的河内英勇抗美》，苏怀的短篇小说集《西北的故事》，长篇小说《十年》《西部》《黄文树的童年》，阮辉想的长篇小说《与首都共存亡》，元鸿的长篇小说《海口》，阮庭诗的长篇小说《冲击》《决堤》，中篇小说集《冲入战火》《高地》，短篇小说集《泸江之畔》，阮文俸的长篇小说《水牛》《乌明森林》，英德的长篇小说《土地》，元玉的长篇小说《祖国站起来了》，潘驷的长篇小说《边界那边》《开枪之前》《七妈的一家》，

第五章 文学艺术

短篇小说集《回乡》，友梅的长篇小说《领空》等等。除小说外，诗歌、报告文学也都得到发展，诗集如素友的《越北》、制兰园的《牢记此仇》、阮庭诗的《祖国》，报告文学如阮施的《扛枪的母亲》等等。

1976年至今是越南文学多元化和蓬勃发展的时期。这一时期的文学创作逐渐摆脱了其作为政治附属品的地位，文学的价值取向也从之前的阶级观转向人本主义观，形成了以现实主义为主流，其他流派多元并举的文学创作格局。题材则涉及军事、农业和农村、城市和工业化、历史、革新、家庭等方方面面。文学作品更关注普通人的命运和生活，对历史、战争的解读更加大胆、真实，对社会消极现象的批判更加深刻。作家通过文学作品和文学作品中的人物阐发自身对历史、对当下社会和对人性的思考。

这一阶段重要的作家和作品有：阮凯的小说《岁末的会晤》《圣父与圣子及……》，朱文的长篇小说《星移斗转》，阮孟俊的长篇小说《面对大海》《蛀蚀的劬劳》，阮明洲的短篇小说集《疾行船上的女人》《故乡的码头》，麻文抗的长篇小说《叶落园中的季节》《没有结婚证的婚礼》，黎榴的长篇小说《开发森林》《逝去的时代》，范诚的《后志飘》，阮德懋长篇小说的《志飘销声匿迹？》《将军与士兵》，阮辉涉的长篇小说《可爱的二十岁》，黎明的长篇小说《车工孙德胜》《孤岛》《时期》，阮氏玉秀的《下季的种子》《辞别冬天》《二人世界》，阮氏玉庄的长篇小说《波浪里的火光》《森林的太阳》《爬满紫花架的别墅》《孤儿》，阮克长的短篇小说《林中瀑布》《太阳照耀下的大地》、长篇小说《人多鬼杂之地》，杜朱的短篇小说集《远方荒芜的园地》，朱来的长篇小说《田野的阳光》《流向远方的河流》，剧本《河内夜晚起风》，李边疆的长篇小说《浮游命运》、短篇小说《秋感》，武辉英的长篇小说《外面的世界》，春德的长篇小说《凤门》，明江的历史小说《荔枝园悲剧》，黎成真的报告文学集《九层云霄上的英雄》，阮生和武麒麟的报告文学《烽火之地纪事》，友请的长篇诗歌《进入城市的道路》《海的赞歌》、诗集《冬季的信》，春琼的诗集《竹节草花》，武群芳的诗集《祝贺》，医方的诗集《祝贺》等等；此外还有何春长的文学评论《文艺问题》等。

第二节　音乐与舞蹈

一、音乐

越南语言的诗歌性[①]孕育了独具特色的音乐文化，其中以民歌、宫廷音乐和宗教音乐最具代表性。

（一）民歌

越南民歌有着丰富的体裁和曲调。最具代表性的有顺化号子、北宁官贺、富寿唱春（hát xoan）、兴安的男女对唱或群唱、义静的对唱及民歌调（hát dặm）、南部的"里调"（điệu Lý）以及越南各地都非常普遍的吟唱（乐器伴奏下的吟诗）等等。除号子是劳动时的助唱形式外，其余皆为人们在休闲时的娱乐表演方式。

号子的音乐节奏以及歌词内容会给人带来身心愉悦，进而让人感到劳动强度的减轻。根据劳动性质不同，号子有陆地号子和水上号子之分。陆地号子有拉木号子、织布号子、碾稻号子、舂米号子、汲水号子、插秧号子等；水上号子有离岸号子、靠岸号子、抛锚号子、撑杆号子、拉网号子、双桨号子、划船号子等。顺化号子属水上号子，是香江特有的，其曲风浓郁、动人心旌。

官贺又称北宁官贺、北江官贺或京北官贺，是越北地区的特色民歌，深受越南北方人喜爱。官贺民歌有传统官贺和新官贺之分：

[①] 越南语有6个声调，属于多声调语言，声音抑扬顿挫，适合吟诵和歌唱，是为"诗歌性"。

第五章　文学艺术

传统官贺要求对唱的男女成员严格遵守韵律，没有伴奏乐，主要在村社春秋两季礼会上演唱；新官贺不受村社空间的限制，演出场合可以是舞台、春节活动、礼会或旅游展示等，演出形式比传统官贺更为丰富，有独唱、对唱、合唱、歌伴舞等，其曲谱等多由传统官贺改编而来。官贺唱词多以爱情、离别、友情、生产等为内容；官贺曲调类型丰富，被记音的至少有300种。如今，北江省有23个官贺村，北宁省有44个，其中49个得到了国家正式承认。2009年，官贺被联合国教科文组织列入世界非物质文化遗产名录。

唱春，又称作"歌春"。唱春是一种与城隍祭祀、节庆礼会相联系的民歌仪式，它包括三部分：仪式唱、表演唱以及游戏唱（男女对唱）等。仪式唱即在礼会之前的"入会唱"，唱词是一些祝词、祷告词，先由唱春班"头人"与主祭共同在香案前祝唱，然后一名男角和四名女角先后登场，边唱边做动作，唱词内容是对神灵、皇帝、圣人的尊敬和歌颂。表演唱包括十四"格段"，如春、夏、秋、冬四季格，渔、樵、耕、牧格，划船格、四民格等等，其内容一般是描述民间生活，祝福村社人康物盛、农业丰收等。

中部义静地区的民歌调（hát dặm）也十分有特色。其曲调急促、歌词为五言诗，最后两句须在音韵和调高上进行重复。

此外，越南农村地区盛行军鼓调。军鼓调是青年男女通过对歌谈情交友的一种方式；其乐谱根据六八体诗创作，在断句处打拍子。少数民族地区的对歌也很有名，如岱依族的"伦"、侬族的"斯离"、山由族的"颂姑"、山泽族的"笙歌"等等。

(二)宫廷音乐(官乐)

宫廷音乐，或称上层音乐、雅乐，主要流传于皇室贵族或知识分子阶层。最有特色的越南宫廷音乐要属北部的筹歌、顺化宫廷雅乐和顺化歌。

筹歌又称歌伎唱。19世纪，说唱诗体被运用于筹歌中，因此也有人用"说唱"来指筹歌。据越南学者的研究，筹歌始于李朝，盛行于15世纪，它是文人骚客将原本在亭祠庙宇演奏的圣歌体世俗化、并运用于宫廷休闲娱乐的一种歌体形式。当出现说唱形式后，筹歌逐渐发展成为一种在室内或音乐厅演奏的高雅音乐。

一场筹歌演奏一般包括：一位女歌手（称作陶娘或歌娘）负责敲云板，坐在中间；一位男乐师（称作文武小生）负责弹奏三弦琴；一位玩赏者（称作官员，往往是歌曲的作者），负责敲鼓断句，通过鼓声来赞赏绝妙的歌词和琴声。如果是即兴创作则称"即席"。筹歌的唱词是双七六八体或其变体，如诗、赋、六八体、双七体、四字、说白等；筹歌的曲调丰富，最常用的有熔乐、吟望、三拍、北宫、寄信、读信、说唱等，其中说唱是最有趣，也是最具文学性的。筹歌的著名曲目有《琵琶行》《将进酒》《前赤壁赋》《咏前赤壁》《香山风景》等。2009年，筹歌被联合国教科文组织列入世界非物质文化遗产名录，其文化空间遍及北部15个省、市。

顺化宫廷雅乐源于中国，是越南官吏参照中国明王朝的宫廷音乐建立的越南宫廷音乐体制，到阮朝日臻成熟。16世纪以来雅乐成为阮主及阮朝宫廷仪式中不可或缺的组成部分，主要在皇帝登基、驾崩以及祭祀、礼会等严肃的典礼场合演奏，成为王权的重要象征。雅乐包括乐、舞和唱三个要素，乐章、歌词由朝廷礼部根据不同礼仪编撰。20世纪初，封建王朝的瓦解和连绵战争严重威胁了顺化宫廷雅乐的生存，直到20世纪90年代，随着顺化古都遗迹群列入世界文化遗产名录，宫廷雅乐乐谱被发掘整理出来，雅乐表演得以恢复。目前，顺化古都遗迹保护中心已经搜集、研究和保存了20首祭礼乐章和70首节庆演奏乐曲。因其在越南各类传统音乐体裁中的国家性，2003年，顺化宫廷雅乐被联合国教科文组织列入世界非物质文化遗产名录。

顺化歌是流传于中部顺化地区的一种传统音乐形式。它是越南政治中心从升龙（河内）转移至富春（顺化）这一历史进程中，中部对越北传统演唱方式接受和改造的结果。正因为如此，顺化歌既类似于越北的歌伎唱，同时又带有浓厚的顺化语音语调，并受到占婆和中国音乐文化的影响，具有鲜明的地方色彩。其兴盛时期还对整个中部以及越北和越南南方的音乐形式产生影响，如南方的"才子"音乐形式即源于顺化歌。顺化歌在音律上与民间音乐相差无几，但在音乐形式上更加精致、娇柔、婉转、高雅。较之北部和南部音乐，顺化歌较少受到西方音乐的影响，更多地保留了越南传统音乐的特色。根据曲调可将顺化歌分为两个子系统，即南调和北调。南调柔和、忧郁、深切，包括南伤、南平和望夫调等；北调则积极、欢快，包括古本、流水、行云、赋六、四大景等。[①]

顺化歌的演唱空间一般都在室内或是在香江的船上。艺人边唱边弹（或敲云板），乐师则以月琴、胡琴、筝琴、饭鼓等配乐。顺化歌的歌词和曲调传达的内容包括思念家乡、宣扬道理伦常以及歌颂爱情等方面。

（三）宗教音乐

母道教跳神（候影）仪式中须专门弹唱一种宗教性质的音乐，称唱文（hát chầu văn），其内容主要是歌颂母道教神灵。在祭祀其他神灵（如雄王、城隍等）的仪式过程中也须有"八音班"弹奏专门的祭祀乐曲。

（四）乐器

越南大约有50种民族乐器，分为弦乐器、打击乐器和吹奏乐器三类。弦乐器如京族的独弦琴，虽只有一根琴弦，但琴声悠扬；此

---

① ［越］黎文掌：《越南文化基础》，河内.年青出版社，2005年版，第259页。

外还有岱侬族的二弦琴，拉基族和哈尼族的三弦琴，侬族、岱侬族、芒族和越族的二胡，高棉族的木船形琴，赫耶族的布若克琴和布日昂琴等。上文提到的筝琴也是越南最重要的弦乐器，大量使用于宫廷演奏、戏剧、八音班以及吟诗和民歌配乐中。

打击乐器主要有铜鼓、铜锣以及铙钹等。铜鼓是越南最古老神圣的打击乐器，越南学界认为清化省东山遗址发现的铜鼓是世界上最早的铜鼓。[①]古代，铜鼓不仅是伴奏乐器，同时也是信仰的寄托。如今，铜鼓已成为越南文明的象征。此外，钲锣也是极具特色的打击乐器，2005年11月25日，被联合国教科文组织正式承认为人类非物质和口传文化遗产。

钲锣是西原特有的打击乐器，其文化空间覆盖崑嵩、嘉莱、多乐、多农、林同等五省，该特色文化类型的主人是巴拿、色当、莫侬、格贺、勒曼、埃地、嘉莱等少数民族。钲锣与西原人的生活密不可分，不论是人生礼仪如迎接婴儿出生的"吹耳礼"，婚嫁以及告别亡人的"弃墓礼"，还是日常生活仪式如迎新年、祭祀、庆新稻、贺新居、送征人、庆战功等，钲锣声都会响起。西原人认为每只钲锣背后都有一位神，钲锣越古老，神权就越大。钲锣还是贵重的财产，是权力和财富的标志，有时一只钲锣价值两只大象或20头水牛。钲锣艺术历经千年已发展到相当高的水平，种类繁多。民间艺人演奏钲锣时配合娴熟，节奏和声丰富，曲调多样，别具特色。

吹奏乐器中最为普遍的是竽，此外还有芦笙、唇琴、箫、笛子，甚至是树叶等。

二、舞蹈

舞蹈是一种舞台艺术，包括手"舞"和足"蹈"两部分。越南以

[①] 我国学者认为东山铜鼓晚于云南楚雄万家坝铜鼓。

及东南亚的一些民族,其舞蹈重"舞"轻"蹈",即多手上的动作,且平缓、柔软;腿部动作较少。这种舞蹈方式主要源于农耕文化中人们的生活方式——通过双手来耕种、收割、捕猎;这与游牧或者生活在山区的民族擅长脚上动作且强劲、激烈的舞蹈特征形成区别。

越南传统舞蹈不仅和生产实践有关,而且和宗教祭祀相联系,可分为仪式舞和劳动舞。仪式舞包括求雨舞、祈丰收舞、铜鼓舞、弓箭舞等,带有巫术和娱神的性质。比如求雨舞和祈丰舞反映了农耕文化中越南人的古老信仰,即通过祭天和神灵以祈求风调雨顺;弓箭舞是出猎前聚众跳的狩猎舞,人们认为这种舞蹈具有某种魔力,能够保证狩猎的成功。劳动舞主要是配合农业耕作等活动进行的表演,有划船舞、舂米舞、斗笠舞、扇子舞、狮舞等等。划船舞再现了越南人的水稻耕作生活;舂米舞则将人们舂米的动作加以艺术化,由2到4人手持杵做出舂米的动作,时而舒缓、时而紧急;斗笠舞包含摇摆、旋转、倾斜、盘旋等多种舞姿,舞蹈者通过队形的变化摆出各种造型,模仿含苞待放或盛开的花朵,抒发情感,极具越南特色。

少数民族如芒族在节会时喜欢跳竹榻舞,即4到8人两人一组轮流边跳边敲打竹榻。此外山泽族的燃灯舞、鼓舞、筑路舞、道别舞,侬族的勒恩舞,巴那族的龙编舞,拉祜族的芦笙舞,西原一些民族的盾牌舞等都别具特色。

除类型丰富多样的民间舞蹈外,宫廷舞在阮朝时的顺化也得到了发展。阮朝宫廷舞是越、占、高棉、汉等多民族文化交流的产物。代表性的舞蹈有八逸、四灵、双凤、献花、马舞、花灯舞等,其中花灯舞最为普及,并流传至今。宫廷舞多出现于宫廷礼仪、祭祀以及皇子公主成婚等场合。

第三节　电影与戏剧

一、电影

作为一门现代综合艺术，电影于19世纪末传入越南。早期的越南电影主要为法国人拍摄的关于越南风景、风俗、礼会等的纪录片，旨在向本国人宣传、介绍殖民地文化。1920年，法国人在河内建立了越南第一个电影院。1923年，越南人和法国人共同导演、拍摄了第一部以越南经典名著为题材、由越南人出演的故事片《金云翘》，但并未引起大的反响。同年，法国在越南建立了印度支那电影公司，越南开始与国外合作拍摄电影。1924年，一位照相馆老板阮兰香在法国人的指导下拍摄了一部时长仅6分钟的喜剧电影《锌制铜钱可以买马》，此后又陆续拍摄了《启定皇帝的葬礼》《保大即位》等历史题材的影片，在当时引起了轰动。

1945—1975年，越南先后经历了抗法和抗美救国战争。这一时期越南北方电影以宣传片、纪录片为主，被称作"革命电影"。1953年，越南成立了国家摄影和电影公司，拍摄了纪录片《奠边府》。1956年越南文化部成立了电影局。1959年，越南电影学校成立。同年，越北发行了第一部战争题材故事片《同在一条河上》，故事情节以《日内瓦协议》中将越南暂时一分为二的河流为线索展开。1959—1964年间，越北发行了18部影片，其中11部是关于越法战争的，如《阿甫夫妻》《中线之火》等，此外还有以建设越北新生活为题材的，如《白烟》《农场姑娘》《柑橘园》等。抗美救国战争时期，北方还发行了《17度纬线的日日夜夜》《河内孩子》《起风》等一系列革命电影，其中前两部由海宁执导，著名演员茶江、世英（出演《河内孩子》）担任主角。《17度纬线的日日夜夜》于1973年获得莫斯科国际电影节世界和平委员会颁发的奖项;《河内孩子》则被认为成功再现了美国空袭下的河内生活。1970年起,越南开始举办电影节,2~3年一届,设金荷花奖。

越南南方的电影事业较北方活跃,并深受欧美文化以及南方改良戏的影响。因市场相对自由,私营电影公司纷纷成立,并且以生产商业电影为主,题材则包括民间故事、动作、情感、家庭、心理甚至是惊悚片等。20世纪五六十年代越南南方电影迎来了发展的黄金期,仅1957年,南方私营电影公司便发行了37部影片,其中有越南第一部彩色影片《陆云仙》等。60年代,又分别拍摄了《黄昏冷雨》《旧人的双眼》《情丝》《行走的背影》《纪念的午后》《乱,爱》《告别黑暗》《乱世男儿》《从西贡到奠边府》(宽荧幕影片)等。女演员春蓉凭借在《旧人的双眼》中的演出荣获第13届亚洲电影节最出色女演员奖。70年代,南方电影人加强了与其他国家的合作交流,电影拍摄技术、演员水平都有较大提高。代表作品有越南第一部惊悚片《许姓家的孩子》,喜剧电影《五个小丑皇帝回乡》《西贡四怪》《怕老婆才英雄》,武打动作片《龙虎杀斗》《仇恨》《拳道怪女》。一些文学作品也被搬上了大荧幕,如《雌雄》《野马背上的仇恨印记》《眼泪催眠曲》《紫色地平线》等。此外还有一些反映江湖、舞女题材的影片如《戒严之后》《没有灯的路》等,反映年轻人生活的如《刚绽放的花朵》《我爱你》《夏72》以及歌颂军人形象的电影如《没有肖像的情人》《请把此地当做家乡》《从山顶回来的人》等。

1975年,越南南方解放,南北统一,南方、北方的电影技术力量也趋于合并。1975—1985年间,越南共发行了149部故事影片。除抗美救国战争题材外,都市、社会题材也成为这一时期的热点。代表作品有:《八月之星》《十月来临时》《初情》《东北风季节》《妈妈不在家》《荒野》《最后的罪恶》等。80年代,诸多文学作品走进影视题材,如《阿西》(改编自吴必素的《熄灯》)、《那些日子的武大村》(改编自南高的《残生》《志飘》)、《翻牌》(改编自阮张天理的同名谍战小说等。

革新开放后,电影行业从之前的包给制转为经济核算制(即国家只出资一部分),经费不足、技术设备落后导致越南电影陷入困境,电影及电影院数量急剧减少。这一时期,电影录像在某种程度上取代了电影,吸引了大批受众。为了迎合市场需求,一大批情节简单的"快餐电影"问世,如越南民间故事题材电影《石生》《丹与甘》,武侠影片《升龙第一剑》《火烧大罗城》《菩提壮士》《媚珠情事》,情感片《粉红色的睡梦之后》《你没有欺骗》《雨过天晴》《别说分离》等等。改编自朱来小说《乞讨过往》的影片《寻找过往的人》,改编自阮辉想小说的影片《龙池会之夜》,以及《爱情苦味》《情曲》等是这一时期屈指可数的成功作品。

20世纪90年代中期,越南电影逐渐走出困境,影片拍摄数量逐年增加。除一些继续挖掘战争题材的影片如《河内》《1946年的冬天》《同禄三岔口》《砂子的一生》等外,越南电影人将眼光更多投向当代题材,如王德的《锯木工人》、锐江的《荒芜的盆地》、杜明俊的《垃圾堆上的皇帝》等。其中《砂子的一生》荣获2000年亚洲—太平洋电影节最佳影片奖。尽管如此,这些影片还不足以把观众吸引到电影院,电影行业亏损的状况未得到完全改善,一些纪念性的影片如《奠边府记忆》《解放西贡》等仍需国家投资才能完成,其中《奠边府记忆》由国家投资130亿越盾拍摄,但2004年公映时票房却极差。

21世纪初,大量美国、韩国、中国电影进入越南市场,受到越南观众的喜爱。为了吸引观众,越南电影界掀起了拍摄商业片的热潮,其先锋之作是2003年黎黄执导的《舞女》,影片公映后虽招致媒体和同行的强烈批评，但在票房上却获得巨大成功。此后他又执导了几部叫座的影片《肮脏的便道》《强盗女将》《舞男》等。2004年，越南天鹅电影公司以较为成熟的商业运作推出了讲述模特生活的影片《长腿姑娘》，一举获得票房成功，并成为第一部获得越南电影节金荷花奖的私营影片。此后，越南电影市场的本土叫座电影越来越多，大部分是私营电影公司投资拍摄的影片，如《男人怀孕》《1735千米》《西贡情事》《右心脏的战役》《借腹生子》《一中之二》《张波之魂》《肉铺的皮》《英雄血统》《武林传奇》《钟响枪鸣》等等，其中《1735千米》《西贡情事》《英雄血统》等皆由年轻的越侨担任导演。

无论在内容还是艺术方面，越侨执导的电影都体现出较高水准，他们拍摄的电影也成为越南电影的重要组成部分。最早被国际电影界熟知的越侨导演是黎林，其代表作为《龙云庆会》和《帝制的残灰》。1985年，瑞士籍越南人胡光明回国先后执导了影片《残疾的野兽》《一张白纸》《粉红色的灰尘》。1993年，法籍越南人陈英雄在法国拍摄完成了其处女作《青木瓜滋味》，并一举获得了戛纳电影节金摄影机奖、法国青年电影奖、恺撒奖最佳处女作以及奥斯卡最佳外语片提名，也让陈英雄成为越南新电影的扛鼎人物。1995年，陈英雄回国，以20世纪90年代的胡志明市为背景拍摄了电影《三轮车夫》。与《青木瓜滋味》塑造的诗意、纯粹和充满东方美感的故乡记忆不同，《三轮车夫》将目光对准越南底层的生活现状，以真实得有些触目惊心的手法展现了当今越南的社会画卷。该片获得威尼斯金狮奖，2000年他又拍摄了影片《夏天的滋味》，展现了传统向现代转型过程中的越南问题以及当代越南人精神上的困惑，该片由越南著名演员黎卿、如琼、陈光海、黎俊英等出演。陈英雄的妻子陈刘燕荷出演了陈英雄的所有故事片。1999年底，美籍越侨裴托尼回到越南,先后拍摄了电影《恋恋三季》《青龙》等影片,引起了较大反响。2000年以后,海外越南导演陆续回国拍摄电影,并获得了越南电影节的诸多奖项。他们为越南当代电影事业作出了突出贡献。

美国、法国等国的导演也曾执导过若干有关越南的影片。1992年,两部法国影片《情人》和《印度支那》在越南拍摄,后者由法籍越南人范灵丹参与出演,该片还获得1992年奥斯卡最佳外语片奖。1993年,美国著名导演奥利弗斯通拍摄了讲述越战的影片《天与地》。2001年,由澳洲人执导的电影《沉默的美国人》(改编自同名小说)在越南拍摄,越南著名女演员海燕出演女主角。

二、戏剧

戏剧是通过演员表演故事来反映社会生活中各种冲突的艺术,是语言、文学、行为动作、舞蹈、音乐等艺术的综合。越南传统戏剧包括㗰剧、嘲剧、改良戏、水上木偶、话剧等。

(一)㗰剧

㗰剧是越南的传统剧种,也是越南最为古老的剧种之一。㗰剧兴起于陈朝时期,相传为中国元朝俘虏李元吉所授;17—18世纪因得到阮主的青睐而在越南南方获得极大发展,阮主名臣陶维慈曾起草㗰剧剧本《山后》,颂扬阮主自立江山。㗰剧剧目大多为帝王将相,才子佳人,其内容有不少也是取材于中国的,如古典名著《三国演义》《水浒传》《西游记》《红楼梦》《说唐》《东周列国志》中的故事等。㗰剧是综合唱、舞、音乐的综合性舞台艺术,其唱词多为诗赋或民间歌谣六八体或双七六八体;在音乐和舞蹈方面,㗰剧一方面依赖民间艺术,另一方面还吸收民族礼乐、禅乐及武术动作,形成了自身的独特风格。

呗剧的演出人物一般包括陶娘①、小生、老夫、老妇、皇帝、官员、大将、元帅等。陶娘又分为战陶（即女将）、伤陶（即命运悲苦的女子）、风流陶（轻佻风流的女子）、境陶（指小姐、公主等）。小生又分为红生（忠心勇猛、文武双全的英雄）、黑生（心直口快的好汉）、绿生（指绿林豪杰）、橙生（生活在江河流域的人）、歪生（有无穷力量的人）、花斑生（戍边的值得敬畏的人）、白生（好谄媚之人）等等。

呗剧是中国文化与越南文化交流的结晶。虽"出身"宫廷，但呗剧很快便得到了越南民众的喜爱。十八九世纪，从宫廷到村社，从北至南，越南到处可见呗剧的身影。自20世纪初，呗剧逐渐式微，改良戏和话剧地位上升。

（二）嘲剧

嘲剧是源于越南北部平原的一种自发的民间艺术形式，产生于15世纪，到18世纪末嘲剧发展形成固定的文艺形式。在民间尤其是农村地区广泛流传，越北农村的节会中少不了嘲剧的身影。因其常常在村亭前表演，因此也被称作"亭院戏"。

传统的嘲剧班子一般由十几人组成，都是能歌善舞的农民，包括一名头人（负责总体事务）、一名诗伯（负责找故事、编剧、分配角色），七八名农民演员分饰陶娘（头上有头盖，手拿折扇）、小生、老夫、老妇、小丑等不同角色，此外还有三四名乐师组成的乐工班，以打击乐为主。农闲时，嘲剧艺人在头人、诗伯的召集下进行排练和演出。

嘲剧唱腔格律固定、生动活泼。其内容多取材于越南神话传说或民间故事，代表性的剧目有《帅云》《观音氏敬》等。虽然有剧本，但演出也有相当大的自由度，即演出者可以根据观众的喜好进行情

---

① 陶娘即戏剧的女主角，也有译作"桃娘"的，类似中国京剧的旦角。

节的增减,并穿插打诨,这也使得各地的嘲剧形成不同风格。

(三)改良戏

改良戏是年轻、新型的剧种,它兴起于20世纪初的越南南部,是在呗剧等传统艺术形式基础上,结合西方舞台元素发展起来的。

改良戏曲调丰富,唱腔通俗易懂,道白较呗剧、嘲剧多,并带有诗歌的韵律,演出的舞台效果好。改良戏题材广泛,多取自国内外的神话、民间故事、小说或剧本。越南传统题材如《陆云仙》《金云翘传》《丹与甘》等,移植中国传统剧目如《凤仪亭》等。

改良戏的音乐也十分多元,民歌、传统音乐和新乐在改良戏中都有使用,其中望古调起主导作用,是改良戏的灵魂。乐器方面,改良戏主要使用民族传统乐器如二胡、月琴、筝琴、饭鼓等,后来也渐渐使用一些西方乐器。改良戏还借鉴了中国戏曲中许多传统唱腔和舞蹈动作。

改良戏深受越南社会各阶层人民的喜爱,尤其是在南部。究其原因,一方面它是在民族传统艺术形式上发展起来的,同时又接受了国外尤其是西方的舞台元素;另一方面,以《阿榴的生活》为代表的一批改良戏生动、深刻地反映了越南社会现实,将舞台变成了社会的缩影,加之其语言接近人们日常生活,因而其影响越来越大。

(四)水上木偶

木偶戏很早就从中国传入越南,成为越南传统民间表演艺术。前黎朝时期,木偶戏曾出现在黎大行皇帝的庆生典礼上,当时称"竹山",即以竹子搭建起一座万寿南山,并造出千奇百怪的动物,再让人模仿这些动物的叫声以取乐。李朝时期木偶戏就已较为普遍,而把木偶戏放到水上表演大概出现在李朝中期,1121年的一篇碑文记载了每年8月在洱河(即红河)上演出木偶戏的场景。经此后各个朝代的不断发展,到阮朝时,水上木偶表演艺术已趋于稳定,并有专门的戏班从事表演。

水上木偶戏是以稻作为生的越南人利用自然环境进行休闲娱乐的方式,是一种反映农民生活的民间艺术,所以水上木偶戏的舞台常常是池塘、湖或稻田。在水面上搭起一座两层小楼,称作"水亭"。水亭上层用于祭祖,下层做后场,是木偶操纵者操纵木偶的场所,后场前面用一块帘子遮住。木偶操纵者和操纵木偶的技术(在水下)都是隐蔽的,于是水面就变成了木偶们的舞台,岸边就是观众席。以前,水上木偶戏是在白天的露天场地表演的,如今它逐渐演变成了一种舞台艺术,演出时配以音乐、灯光、烟花、火炬等舞台效果,引人入胜。①

水上木偶戏的内容丰富多彩,小到农民、渔民、樵夫的日常生活如耕地、放牛、灌溉、收割、撒网、捕鱼、砍树、挑柴,大到民间竞技活动如击剑、赛马等。越南研究人员从30多个专业的木偶剧团中搜集到了200多个水上木偶节目。越南水上木偶戏不仅在国内有广泛的影响和众多观众,而且它已走出国门,吸引了不少国外的艺术爱好者。

(五)话剧

话剧是通过人物对话和行动来展开故事的舞台艺术。越南话剧源自西方,最初出现在北部,出现时间与改良戏同步。从20世纪40年代起,尤其是抗法时期,话剧很快在各地流行开来,并出现了很多话剧团、艺术学校和话剧学校。

话剧的要素包括剧本、演员、音乐以及道具、服装、灯光等。较之嘲剧、㗰剧和改良戏,话剧的题材更侧重反映当下社会的矛盾

---

① 相对于普通的木偶表演,水上木偶以水面为舞台,水波荡漾、倒影迷离,再结合声、光、电、火等多种元素,可以制造出如梦如幻的效果。现在,河内还剑湖边的水木偶剧院每天都有表演,非常值得一看。

冲突；演员多为专业艺人；音乐则较多使用西方乐器演奏的现代音乐，较少使用传统古乐。20世纪初，越南的经典话剧有《一杯毒药》《金钱》等。

越南话剧是西方舞台艺术越南化的结果，它与越南人的日常生活和民族心理息息相关，反映了越南的历史和文化。此外话剧生动、现实、抒情的元素也使其深受越南人喜爱。

音乐、舞蹈、戏剧在越南被统称为"声色艺术"。它具有以下特征：首先，较之西方舞台艺术的写实性，越南的声色艺术更具象征性，重在"神"而非"形"。这种象征性体现在三方面：第一，讲究对称与和谐，表现在音乐节奏和舞蹈动作等方面；第二，通过约定俗成的象征符号或事物的某一部分或某个细节来表达内容，激发观众的联想，表现在音乐班的构成，舞台剧的动作设计、化妆等方面；第三，运用模式化的表现手法，如嘲剧、呐剧中将演员分为固定角色等。其次，越南声色艺术具有高度的传情性。民间音乐通过其缓慢的节奏及对音律的讲究来表达内心情感，比如低沉的音色饱含的是无尽的乡愁等等；越南舞蹈动作的含蓄和隽永也有利于表达深沉的情感；嘲剧中的传情性则体现在妇女的角色作用方面，如氏敬的慈悲、氏牟的轻佻、帅云的痴情等等。最后，越南声色艺术具有综合性和灵活性。与西方舞台艺术的区分性不同，越南舞台艺术往往是歌、舞、乐、剧的综合；没有严格的悲剧和喜剧之分，而是有悲有喜。灵活性则体现在乐工班的相对随意性、戏剧演员的台词和动作的可变通性、演员与观众的互动性、剧本版本的多样性等方面。

第四节 绘画艺术

越南绘画艺术大概起源于新石器时期。迄今为止越南发现的最早的绘画作品是位于同内洞（和平文化时期）石壁上三个笔画简单的人头像，沙巴地区的石林中也发现了一些人形、兽形图案。

李朝时，出现了大量反映佛教内容的画作。陈朝时，陈仁宗曾派画师将抗元有功的将领像画入《忠良实录》一书中，这是有关绘画的最早记载。胡朝印刷的纸币上画有四灵、云水图案。后黎朝，越南绘画艺术有较大发展，这一时期的绘画主题主要以肖像、生活和信仰为主，尚存的代表作品有历史博物馆收藏的阮廌肖像，冯氏家族收藏的冯克宽肖像，河内冬玉村村亭中的渔、樵、耕、读组画等。民间画在这一时期也得到发展，主要包括祈福、生活、信仰、历史和讽刺等主题，其中祈福画最为普遍，如通过家神土公或吉祥的动物或家畜如鸡、猪等来求财、求禄等。但总的来看，这一时期的民间绘画艺术在线条、布局、颜色等方面还比较粗糙。

阮朝时，随着与西方交流日益深入，越南民间画进入了蓬勃发展时期。这一时期的主题大部分集中在国家家乡、历史文化、宗教信仰等方面；表现方式以现实主义为主，象征主义和立体手法为辅；绘画技术也逐渐多样化，不仅有纸画，还有木版画、丝绸画、磨漆画、油画等。

最有名的纸画要数北宁东湖村和河内还剑湖鼓行街的民间画。东湖村的民间画以反映农民质朴淳厚的生活为主，代表画作有：《鲤鱼望月》《鸡群》《猪群》《摔跤》《蛤蟆教书先生》《老鼠的婚礼》《接椰子》《争风吃醋》等。鼓行街的民间画主要反映市民和上层社会的喜好和愿望，较东湖村的民间画更加精致，但因受到中国画的影响所以在民族性和传统性方面不如东湖村画，代表画作有：《鲤鱼望月》《七童》《三多》《四贵》《素女》等。在绘画技术上，皆采用彩色木刻技术，区别在于东湖村画全部色彩都由木版完成，而鼓行街画只有黑白色由木版完成，其余颜色采用手绘。

丝绸画（绢画）也是越南传统绘画艺术。保存至今的越南古丝绸画只有上文提到的阮薦和冯克宽的肖像画。因丝绸薄、细、亮的特性，丝绸画的线条往往较为模糊，但却不失流畅洒脱、鲜艳柔和。丝绸画能较好表现越南文化的神韵，适合静物题材，尤其是风景和妇女，如农村景致、花草、少女、母亲等。

磨漆画是越南最具特色的工艺品之一。磨漆画的主要材料取自越南硬木和天然漆树树胶，绘画程序包括涂漆、晾干、磨光等，每一步都要进行8～10次。在磨石的摩擦下，各层涂漆逐渐变薄，绘画图案逐渐呈现，近景与远景重叠，极具层次感和立体感，风格古朴。磨漆画也适合表现静物，尤其是风景类题材，如山水、春园、竹丛、少女、农庄的清晨、夕阳等。

与声色艺术一样，越南绘画艺术也具有象征性、传情性、综合性和灵活性。象征性首先体现在绘画原理和目的方面，即注重启发性而非写实，引导欣赏者将目光投向作品的思想性而非形式的美丑与对错上；其次，善于运用强调、省略、"两个视角""透视"等手法，着重表现人物内心和情感，因而在形式方面多有减省，哪怕这样会与现实的合理性相悖。比如在《老鼠的婚礼》作品中，为突出统治阶级的地位，猫比老鼠骑的马还要大出几倍；《摔跤》画作中除了用鞭炮表现节日气氛外，省掉了其他景致，甚至连看客也没有。再次，运用类型化和符号化的表现方式以满足祈福求寿的文化心理，如四灵中龙象征权威，麒麟象征太平，龟象征长寿，凤象征幸福，虎象征力量，鹤象征神仙风格，蝙蝠象征福德等。

第五章 文学艺术

传情性也是越南绘画的重要功能。比如《接椰子》画作通过妻子撩起裙子接丈夫从椰子树上扔下来的椰子以及两个在椰子树下玩耍的孩童来表现妻子对丈夫的爱以及一个幸福的家庭；龙的形象也因传情性而从最初凶狠鳄鱼的原型演化为和善的形象。

越南绘画艺术既注重象征性，又注重传情性，即以象征的形式传达感情的内容。在表现风格方面，既有象征，又有写实；既有动，又有静；既体现时间概念，又体现空间概念；重视阴阳和谐等等。这些都是其综合性和灵活性的体现。

第五节 建筑艺术

对于以农业为生、习惯定居的民族而言，建筑是其擅长的方面。越南的建筑艺术有其独到之处，历史上也出现过一些有名的建筑师，如阮安[①]等。

越南的建筑非常注重风水，小到建房建屋，大到规划一座城池，越南人几乎都要看朝向和风水。越南历史上有名的城池，丁朝、前黎朝的华闾，李朝的大罗[②]（今河内），阮朝的富春（今顺化），无一不选五行齐全之地而建。[③]1010年，李公蕴下诏迁都大罗城时曾写道："况高王故都大罗城，宅天地区域之中，得龙盘虎踞之势，正南北东西之位，便江山向背之宜，其地广而平坦，厥土高而爽垲。"顺化则位于国之中心，远则前有海，后有山，近则前有御屏山做前案，周围有香江环绕，香江两头有凸起的两岛，左为青龙，右为白虎，中间的河流为明堂，等等。越南历史上最有名的风水师是后黎

---

① 阮安是令越南人感到自豪的古代建筑大师，15世纪初参加了明代故宫和各部公堂的设计和建设。
② 李太祖迁都大罗后，即更其名为升龙。
③ 风水学认为，地势有五行之分，即水形（蜿蜒如河流）、木形（长如树）、火形（尖如火苗）、金形（圆形）、土形（方形）。金形地是发武之地，木形地是发文之地，若五行齐全，则是发帝王之地。

朝的阮德轩（河静省宜春县左凹村人），后人称其为"左凹"，他给后世留下了大量风水方面的书。

在建筑风格方面，前黎朝华闾城的建筑受到占婆文化和佛教文化的影响，其一柱寺与后来河内的独柱寺建筑相似。宫殿建筑包括有百草殿、千岁殿、四华殿、蓬莱殿、极乐殿等。这一时期可以看作越南建筑艺术的发端，在技术与装饰方面有较大发展。

李陈时期，建筑样式趋于丰富，建筑规格也较之前更加宏伟，代表性建筑有城廓、宫殿、塔、寺等。大罗城（升龙）包括内城（即皇城，为王公贵族居住的宫殿）和外城，外城有著名的36街。塔寺建筑群则根据规模或建成"丁"字形、"工"字形或"三"字形。独柱寺、佛迹寺、光严寺、报天塔、章山塔、万福塔等代表了当时建筑艺术的最高水平，其建筑布局、线条也在某种程度体现了民族的审美取向。

后黎时期的宫廷建筑较此前没有大的改观，只在前朝基础上进行了集中修缮。但在信仰建筑，尤其是村亭建筑方面则有很大发展。15世纪以后越南社会逐渐步入了独尊儒教的时期，村亭作为儒家文化空间的象征受到朝廷和民间的重视。村亭规模一般从宽三间到七间不等，建筑方式则遵循了越南建筑的传统木架结构，柱、梁、椽、桁等等各部分通过榫头衔接。结构一般分为前殿和后宫，根据建筑规格不同建成倒"丁"字形、"工"字形或"二"字形，屋檐两头则模仿船形做成曲度大的弯檐，给人以意欲腾飞的洒脱和与天地融合的和谐之感。值得一提的是，与中国"龙"的形象只能用于皇宫建筑不同，越南村亭的屋檐及室内装饰中到处都有龙的形象，使得村亭建筑不失宫廷建筑的威仪。北宁的庭榜亭堪称这一时期越南建筑的杰作。

阮朝时期，除了各地的亭、祠、寺等信仰建筑外，大部分建筑

第五章 文学艺术

都集中在京都顺化，包括京城建筑和京城外建筑。京城坐落于香江河畔，面积500公顷，从外到内依次是外城（周长10千米）、皇城（周长2 456米）和紫禁城（周长1 229米）。皇城和紫禁城是顺化王朝的主体，皇城外有护城河，东西南北各有一座城门，其中午门为正门，象征权力。午门正面有三座大门，供皇帝和官吏出入，两侧各有一个掖门，供士兵和牲畜出入，城门之上修屋檐九重，使用极阳之数。皇城内的建筑主要有太和殿、太庙、赵庙、世庙、兴庙、奉先殿、延寿殿、长生殿等。太和殿是皇帝上朝、阅兵、庆生的地方，建筑华美、大气。紫禁城是阮朝皇室生活的地方，周围有城墙包围，正门大宫门供皇帝出入。紫禁城内的建筑也非常雄伟、讲究，体现了皇家风范。顺化皇城是越南保存至今的最大的古建筑群[①]，其建筑风格基本模仿北京故宫，但规模要小得多，与故宫的金碧辉煌、气宇磅礴相比，顺化故宫轩昂中带着些许婉约和柔美。京城外建筑主要为信仰建筑，包括南郊坛（用于郊祭）、文庙、保国寺、天姆寺等，此外香江岸边阮朝8位皇帝的陵寝建筑风格各异，如嘉隆陵威仪，明命陵气势，绍治陵洒脱，嗣德陵梦幻，启定陵壮丽等等，每一处都是与周边景观和谐相处的范例。顺化的皇城建筑群代表了越南古代建筑艺术的最高成就，同时它也是与中国文化交流的结果。

法国殖民时期，一方面由于法国人直接参与了越南建筑的修建，另一方面，很多越南建筑师受到法国的职业培训，因此，各大城市（河内、顺化、胡志明市、达叻）的建筑呈现出西方尤其是法国南部的建筑风格，代表性建筑如河内大剧院、统一饭店、九龙饭店、天主教堂等。

越南建筑具有各种文化融合的特点，中国文化、印度文化和西

[①] 抗战时期，顺化遭到轰炸，皇城和紫禁城也未能幸免。现在的顺化皇城建筑群只有午门建筑群、太和殿等几处保存相对完好，其他建筑多数只有石基、石柱等遗迹，荒草连天，颇有凄美之感。

方文化在这里交汇，不同风格的建筑共同造就了别具一格的越南建筑艺术。

第六节　传统工艺

越南手工业较为发达，民间有很多"行业村"，专门从事某种手工艺品的制造。据统计，越南现有近2000个行业村，多集中在红河三角洲地区，主要生产陶瓷、木雕、金银制品、贝雕、磨漆制品、铜器、刺绣、竹编、蒲草制品、纺织品、纸、民间画、绢画、石器、冥器、沉香等等。

行业村的形成与农闲时农民通过制造手工制品这一副业来改善自身生活和满足日常需要有关，后来这些产品用于交换，给家庭带来可观的收入。当最初的副业产生巨大的经济效益时，手工业的规模就开始从几家扩展到全村，甚至是邻近的几个村。此后，通过优胜劣汰，效益高的村越做越强，效益低的村则放弃该业，这样就形成了专门从事某种手工业的高水平的行业村。行业村具有传统延续性和稳定的经济基础，它创造了就业机会，增加了农民的收入，同时也促进了商品经济的发展。

越南久负盛名的行业村有钵场陶瓷器村、富荣纺织和竹编村、万福丝绸村、同忌家具村等。下面以钵场村为例来看越南的陶瓷工艺的生产。钵场村位于河内郊区红河河畔，属嘉林县钵场乡。钵场村的村民最早是从宁平省葡安乡移居此地的，迁入之初便成立了专业的陶瓷生产作坊，叫"白土坊"，之后又改称"百场坊"，后来才改名"钵场"，取"做钵之地"之义。后黎朝时期，越南陶瓷制造开始多样化，钵场村以其较高的生产工艺成为当时有名的陶瓷生产地和商品集散地之一；19世纪，钵场村成为河内乃至越南全国著名的陶瓷生产中心，尤其是这里生产的方砖备受越南人喜爱，以至于歌谣这样唱道："多希望哥哥能娶我啊，好买钵场砖回来建房。"除建筑用陶外，钵场村还生产家用陶瓷和装饰陶瓷等。钵场村制造的陶瓷器以光泽度高和细润而闻名，其花纹和装饰也别具一格。

越南的木雕工艺也久负盛名。其选料多以越南中部西原地区或邻国老挝、柬埔寨原始森林中出产的优质硬木为主，特别是檀香木、花梨木、红酸枝木、金丝楠木等；造型多样，规格不一，刀法或粗犷豪放，或细腻柔和。越南的金饰制品大多选用沙金，成色较低，工艺也略显粗糙；银器工艺品则有银碟、银碗、银筷、银制酒具等，带有浓郁的越南民族风格。贝雕制品往往用于镶嵌，选用上好硬木制成花瓶、首饰盒、筷子等成品，再以贝壳镶嵌出山水、花鸟、人物等各种图案，之后涂上生漆，进行打磨，一件精美的贝雕制品就诞生了。煤雕是下龙地区的特色工艺品。煤雕选用鸿基、锦普等地出产的优质无烟煤作原料，制作出各种雕塑作品。其造型多样，有人物、动物、器皿等。煤雕工艺品有表面打磨和未经打磨的两种：打磨的表面光滑细腻；未经打磨的则显得粗犷奔放，别具风格。

第六章 科技、教育和文化事业

第一节 科学技术

越南科学技术基础十分薄弱。革新开放以来,科学技术日益受到重视,1994年,越共中央明确指出"依靠科技为21世纪的工业化、现代化目标打下坚实基础",这为越南科技事业的发展指明了方向。越南从事和管理科技活动的部门主要是科学技术部,在各省和中央直辖市设有科技局,县、郡和县级市设科技处。此外,越南资源环境部、信息传媒部等其他国家部委的相关机构和事业单位也从事和管理相应的科技活动。

一、越南科技发展成就

(一)科技投入增加,科学技术力量得到加强;科研、科技体制改革富有成效

近几年来,越南政府逐年增加对科技的投入。从2000年起,对科技的投入达到国家财政总支出的2%,其中,用于发展科研机构的占30%,科技事业的占70%。2003年,越南科技财政支出达到了3.15万亿越盾①,占科技社会总投资的60%。②2012年,国家财政拨给科技事业的经费达到6万亿越盾③。

随着国家对科技投入的逐年增加,越南研究机构和院校的技术、基础设施不断更新,科学技术干部队伍日益壮大。在过去的几十年中,越南的科研技术组织机构发展到1 100多家,有近300个科

---

① 按2003年汇价,约合人民币1 575万元。
② 黄伟生:《近年来越南主要科技产业发展概述》,载《东南亚纵横》,2008年第10期,第35页。
③ 国会第14/2011/QH13号决议——《关于2012年国家财政预算的决议》。

研机构（院、中心）[①]，197所高等院校，其中30多所非公立院校；培养大专以上文化程度的科研干部180多万人，其中3万人获得本科以上学历（1.4万名博士和1.6万名硕士），2.2万人直接从事科研工作；此外还培养了200多万技术工人，其中有3.4万人直接服务于国家科技领域。自2000年始，越南政府每年拨出专项财政资金，输送数千名在校大学生及科研人员到发达国家进行培训。

在科研体制改革方面的特点和成效主要有：(1)把一部分研究机构从政府主管部门中分离出来并推向市场，按不同部门建立基础科学研究会和产业技术研究会，逐步实现科研民营化、市场化。(2)将科技活动从研究—发展延伸到生产—服务，科研组织和个人的自主性增强。(3)科研经费来源更加多元化，下拨科研经费的中间环节减少。(4)科研管理的分工、分层更加细化。(5)通过科研院公开招聘以及科研项目招标试点等办法，引入竞争机制。(6)按照民主、公开的原则逐步完善科技任务主持者的选拔机制。(7)以知识经济为导向，紧贴社会经济发展需求，重视尖端技术的开发与研究等。

（二）国家先后出台了多项规范科技、扶持科技活动的法律、政策，为科技的稳步发展提供了坚实的法制保障和法理基础

2003年，越南政府出台了成立国家科技发展基金的决定（122/2003/ND-CP号决定），并附带颁行国家科技发展基金活动的条例和组织。经过几年的筹备，该基金于2008年开始运作，成为越南科技管理体制改革的突破口之一。

2005年和2007年，政府相继出台了《公办科技组织自主运作和

[①] 其中越南科学技术院和越南社会科学院是越南政府的直属研究机构。越南科学技术院下设数学院、信息技术院、物理院、地球物理院、化学院、化学工艺院、海洋学院、生态和生物资源院、材料科学院、地质院、环境技术院、宇宙技术院等26家科研机构及若干分院；越南社会科学院下设民族研究院、语言研究院、文化研究院、宗教研究院、汉喃研究院、文学院、史学院、哲学院、社会学院、东南亚研究院、中国研究院等36家科研机构。

自负盈亏机制规定》(115/2005/ND-CP号决定)和《关于科技企业的决定》(80/2007/ND-CP号决定),对成立、扶持科技企业,成立科技企业的申办手续和审批程序以及科技部、财政部、内务部等相关部门的职责范围进行了明确规定。之后,越南科技部集中力量重点改革科技管理体制,最大限度地给予科技企业自主权,科技体制改革进一步深化。

2008年8月6日,越共十届七中全会通过了《关于在推动国家工业化、现代化时期建设知识分子队伍的决议》(中央第27-NQ/TW号决议),这是越南首次出台专门针对知识分子问题的决议。该决议肯定了知识分子队伍是科技革命的源泉力量,指出要"最大限度地发挥民族的一切智慧源泉和潜能,尤其是知识分子队伍的创造力",并提出"到2020年,建成强大、质量高、数量和结构合理,适应国家发展需求以及与地区、世界先进国家知识分子水平相当的知识分子队伍"的目标。

2008年和2011年,越南国会先后通过了《原子能法》《高新技术法》和《度量法》,这三部法律的出台标志着越南基本完成了科技活动法律的建立。它们与之前出台的5部相关法律即《科技法》《知识产权法》《技术转让法》《技术标准法》《产品质量法》共同构建了越南科技领域的法律基础体系。

(三)主要科技产业获得长足发展,高新科技领域的研究与应用取得新突破

越南主要科技产业有IT业、邮电通信业、生物和农业、电子电器业等。近年来越南IT业发展迅速,政府大力扶持IT产业,提供一系列的优惠政策鼓励其发展:凡IT公司或企业均可享受快速投资审批以及优惠的税收待遇,IT企业的进口设备可以免缴进口关税。2006年比尔·盖茨访问越南时曾感慨地说:越南很可能继印度、中国和菲律宾之后,成为新一代"顶尖的软件外包国家"。此行盖茨还同意在胡志明市建立微软创新中心(MIC),向越南合作伙伴提供最新的技术、培训和咨询。目前,越南正崛起成为全球最大的IT生产商和IT创新企业外包业务的替代目的地,富士通、英特尔等公司纷纷在越南建立了自己的工厂。越侨企业家们正纷纷从海外回国,在日益成为科技产业中心的胡志明市开设自己的小企业。①

电信产业政策不断开放。最初,越南国内所有电话、互联网以及移动通信业务被国有越南邮政通讯总公司(VNPT)垄断;2002年,西贡邮政与电信公司涉足电信服务并打破这一垄断局面;2006年,越南VNPT的全资子公司——两家最大的手机运营商Vinaphone和MobiFone部分向私人资本开放,越南电信业的开放步伐越迈越大。2007年2月,越南提前4年完成越共"十大"提出的每100人拥有35部电话的目标,实现乡乡通电话,成为电话普及最快的国家之一。越南统计总局的统计数字显示,2012年初,越南电话租用量达1.34亿部,其中移动电话租用量为1.185亿部;3G业务普及迅速,使用者达1 280万,占越南人口的14.71%。越南因特网服务由VNPT、FPT、VIETTEL、SAIGONTOURIST、NETNAM等多家公司提供,其中VNPT、FPT、VIETTEL三家公司所占市场份额最大,2011年分别为63.21%、22.29%和8.85%。根据2011年网络指数研究数据,互联网已超广播和报纸,成为越南最普遍的信息工具(使用比例达42%),全国约有2 680万人使用网络,占越南人口总数的31%,其中家庭上网用户比例达88%,移动电话上网用户比例上升至30%,越南已成为东南亚地区使用互联网人数增长最快的国家。

生物技术和农业则是越南优先发展的重点领域。2008年,越南政府总理批准了《越南至2020年生物技术发展和应用总体规划》。

---

① 黄伟生:《近年来越南主要科技产业发展概述》,载《东南亚纵横》,2008年第10期,第36页。

根据该规划，越南将在农林渔业、食品加工业、食品安全卫生、医药保健、环境保护等领域集中发展和应用生物技术，同时促进形成和发展一批生产、经营和服务生物技术的高效益企业，培育和发展生物技术市场，实现到2020年越南生物技术达到本地区先进水平的目标。[①]农业方面，越南重视农业科技的推广和应用，努力调整农业发展方向，加大对农业科技和农村基础设施建设的投入，积极推进农业科技政策。目前，越南在水稻种子和其他农作物种子培育方面已经取得显著效益。政府每年拨款6530亿越盾用于农业技术研究、先进生产技术的转让和应用等业务。科技研发重点为粮食、水利、养殖、兽医、林业、果蔬、经济作物等领域。[②]

越南的电子电器业是20世纪90年代末期以后逐渐发展起来的新兴产业，是政府鼓励投资的重要领域之一。目前该产业已有一定规模，产品种类也不断增多，但主要是组装。近年来，越南家电与电子产业的外商投资持续增长，一些世界知名品牌已在越南设立生产基地，出口额也随着大幅增长。总体上看，越南的电子电器业目前仍仅处于初步发展阶段，尚无独立的生产能力和技术，对外国的依赖较为严重，但其发展潜力仍被许多业界看好。[③]

在高新科技研究领域，最近几年，空间技术的一些成就得到开展应用，尤其是在通信、气象水文、遥测、卫星定位等方面。2008年越南首颗通信卫星VINASAT-1发射成功，标志着越南已将自己名字留在外层空间，提升了越南的国际地位和综合国力。2012年，越南将发射第二颗名为VNREDSat-1的小型卫星，主要用于地球观测，预计在轨道活动的时限为5年。VNREDSat-1将提供较高分辨

---

① 李碧华、詹冬：《越南科技的发展》，载《东南亚纵横》，2009年第5期，第8页。
② 黄伟生：《近年来越南主要科技产业发展概述》，载《东南亚纵横》，2008年第10期，第39页。
③ 黄伟生：《近年来越南主要科技产业发展概述》，载《东南亚纵横》，2008年第10期，第39页。

率的资源环境方面的卫星图片。越南还将建设航天技术中心。中心选址在和乐高技术园区内，占地9公顷，预计2017年建成，将耗资3.5亿美元，资金来源于日本的ODA贷款。该中心将包括14个功能区，有卫星制造、装配集成与测试区，磁场试验区，卫星调度和应用区，天文馆等。①

核能技术方面，《原子能法》的颁布为越南发展核能奠定了法理基础。越南计划于2015年分别在中部宁顺省的宁福县福荣乡和宁海县永海乡动工兴建两个核电厂，每个核电厂将拥有两个功率为1000兆瓦核电反应堆。核电厂计划于2020年前后投入运行，届时核电量约占全国总电量的20%。2008年，越南资源与环境部的铀矿勘探项目结果显示，越南的铀矿潜能处于世界中等水平，能满足国家的核电发展需求，主要分布在越南的西北和中部。其中最有前景的是中部结晶砂中的铀矿，这一带的矿区之间分布近，离居民区远，有利于保护环境。为了满足核电技术领域的人才需求，从2009年开始，越南开始培训核电专业的学生。

海洋科技方面，2006年，越南展开了11项国家级海洋科技课题，分别服务于海洋经济社会发展、环境保护、沿海管理模式、海洋开发、国家主权安全、医药、工程建设等领域。其中，服务于越南海洋战略②的海洋地质基础以及根据国际海洋法和越南实践进行共同海域开发等相关课题受到极大重视。另外，太阳能应用、风力发电、海水处理技术等方面也取得实质性突破。

生物技术领域取得多项新突破，比如：利用细胞培植生物技术实现大量种植，利用基因配对培育出发光鱼，在试管中成功培植被

---

① 李碧华、詹冬：《越南科技的发展》，载《东南亚纵横》，2009年第5期，第11页。
② 2007年2月9日，越共中央十届四中全会通过了《至2020海洋战略规划》，明确了越南深化海洋经济，开发海洋资源，发展海洋事业并成为海洋强国的总体规划和决心。

视为活化石的古生植物越南水松,利用生物技术成功培育保存珍稀野生兰花,利用照射的方法培育出Basmati香型稻种等。2011年起,越南开始大规模种植转基因作物如棉花、玉米和大豆等。农业技术方面,2008年,农业与农村发展部拨出经费2520亿越盾,用于国家级和部级的农业生产应用科技课题研究,课题主要集中在以下领域:将生物技术运用于农业生产,保存、储备、开发作物基因库,生产试验,制定度量、质量和种子等的国家标准,规划部门发展方向和转换农村农业经济结构等。

(四)对外科技交流与合作更为密切频繁,领域更为宽泛

越南与中国、德国、日本、美国等科技强国在不同领域都展开了科技交流与合作。中越双方的科技部门通过展销会、研讨会等多种形式展开合作,涉及的领域主要有农林水产品生产与加工、食品、矿产开采与加工、机械制造、材料、化工、药品、信息—电子—通信技术、环保技术等。

越南与德国科技合作的领域主要有:为越南培养科技干部[1]、河内百科大学和柏林技术大学的合作计划、越德大学的科技活动以及从德国引进高技术等四个方面。越南与日本的科技合作计划主要集中在技术转让和投资援助领域。日方承诺帮助越南加快实施3个重要的基础设施项目即建设南北铁路、南北高速公路与和乐高技术园区。越南与美国科技交流与合作的领域主要有医疗、信息传媒技术、气象水文、资源环境和生物多样性、农业和微生技术等。

此外,越南向老挝实施科技输出计划,根据两国科技部门签署的《2009—2011年越老科技合作协定》,两国的科技合作内容主要有:帮助老挝培养科技干部和科技管理干部,完善科技法理基础,

---

[1] 2000—2008年,德国为越南培养了15名生物学博士,通过项目培养了几十名科技领域的博士和硕士。

合作研究和转让农业、生物技术，转让科技设备，加强互访等。

二、越南科技发展存在的问题

尽管科技取得了很大成就，但从总体上看，越南科技水平距世界和地区先进水平还有很大差距，尚不能满足经济社会发展的需要。

（一）科技能力较差，不能满足科技革新实践以及经济社会发展的需求

科技人才缺乏，尤其是高水平的科技人才缺乏。人才队伍暴露出许多不足和差距，数量与质量不能满足国家发展的需求；在行业、年龄、性别结构等方面存在不合理之处；知识分子精英和贤才尚少，顶尖级专家严重缺乏，队伍出现断层；实力强、在地区和国际上享有威信的科学团队不多。

人力资源分布不均，科研机构80%在河内市，12%在胡志明市，高等院校59%位于河内市，25%在南部，16%在中部。教育培训系统不能满足高科技人才培养和科技发展的需求。

用于科技的社会投资还很低，尤其是企业投资。研究院所和院校的研究设备较为缺乏且相对落后。科技服务系统如科技信息、技术知识产权转让咨询等的物质基础以及服务能力较差。

科技研究、教育培训与生产经营之间缺乏有机连接，各研究机构、高等院校和企业之间也缺乏紧密的合作。与世界及地区其他各国相比，越南的科技潜力和科技活动成效不高，研究人员所占人口比例以及人均科研投资较低。

（二）生产行业和进出口贸易的技术、科技含量较低，工艺落后

除邮政通信、油气、电子产品、电力、水泥等大力投资的行业拥有先进工艺外，越南大部分生产行业的技术水平比地区其他国家要落后2~3代。这一点限制了越南经济和企业的竞争力。

在进口贸易中，仍以成套设备为主，"纯技术"的引进凤毛麟角，加之国内的技术消化能力有限，因而许多国外先进技术无法很快实现国产化，技术水平较高的行业多由合资企业控制。出口贸易则主要是初级加工品，技术密集型制成品所占份额较小。由于产品的科技含量低，其出口创汇潜力有限。

（三）科技管理体制改革缓慢，不符合市场经济需求

越南科技活动的管理主要集中在投入方面，对产品质量监管以及研究成果应用于实践的产出环节重视不够。科技任务与经济社会发展需求联系不紧密。对科技成果的验收与国际标准不相符。

科技机构在计划、财政、人力资源与国际合作等方面的自主性和创造性有待进一步增强。管理科技干部的公务员制度限制了干部的创造力和责任意识。没有有效的鼓励、吸引和重用人才政策。

科技市场发展缓慢，技术交易和科技成果流通因缺少中间环节以及必要的法律规定，尤其是知识产权的保护而受到影响。

有专家认为，在21世纪50年代以前，越南不可能跻身于世界科技中等发达国家之列。香港《远东经济评论》分析说，跨入21世纪以后越南将面临以下困难：一是经济全球化，国际合作越来越多，新的市场需要创新的高质量产品和服务，竞争的加剧有可能导致越南科技市场的进一步萎缩；二是由于世界科技的空前发展，将最大限度地降低产品的成本，从而使那些高成本投入的越南产品失去市场；三是由于越南的信息和通信技术落后，有可能失去借助国际社会力量发展民族科技的可能。[①]

[①] 郭品、诸昆雄：《世纪之交的越南科技战略》，载《云南科技管理》，2001年第2期，第58页。

第二节　教　育

一、教育事业发展历程

受儒教影响，越南历来重视教育。从内容、特征等方面看，越南教育史可分为三大阶段，即自主封建时期的儒学教育、法属时期的近代教育以及1945年后的现当代教育。

（一）自主封建时期的越南教育

丁朝和前黎朝，越南教育主要由私塾和寺院组织，此时教育并未受到统治阶层的重视。直到李、陈时期，越南封建教育才真正开始。1075年，李仁宗下旨"诏选明经博学及试儒学三场、黎文盛中选"，是为越南科举之始。1076年，李仁宗于升龙建国子监，并"选文职官员识字者入国子监"。陈朝，国子监易名为国学院、国子院，儒学教育获得进一步发展和普及。《大越史记全书》记载：1253年，"立国学院，塑孔子、周公、亚圣，画七十二贤像奉事。秋，八月，立讲武堂。九月，诏天下儒士诣国子院，讲四书六经"。1396年，"诏定试举人格，用四场文字体，能暗写古文法。第一场用本经义一篇，有破题接语，小讲原题，大讲缴结，五百字以上。第二场用诗一篇，用唐律赋一篇，用古体，或骚或选，亦五百字以上。第三场，诏一篇，用汉体，制一篇、表一篇，用唐体四六。第四场，策一篇，用经史时务中出题，一千字以上。以前年乡试、次年会试、中者御试策一篇，定其第"。1397年，陈顺宗颁诏下令州、县建学校："古者国有学、党有序、遂有庠，所以明教化、敦风俗也。朕意甚慕焉。今国都之制已备，而州、县尚缺，其何以广化民之道哉？应令山南、京北、海东诸路府各置一学官，赐官田有差，大府州十五亩，中府州十二亩，小府州十亩，以供本学之用。……路官督学官教训生徒，使成才艺，每岁季则选秀者供于朝，朕将亲试而择之焉。"

胡朝虽短，但胡季犛十分重视通过教育和科举选拔人才。《大越史记全书》记载1400年"季犛试太学生"，1404年"汉苍定试举人式"，"中者免徭役"等等。儒学逐渐取得主导地位。

后黎朝，尤其是黎圣宗时期，儒学教育达到鼎盛，形成了官学—私学并重的封建教育体系和科举考试制度。官学有国家直接管理的国子监，以及地方政府（府、县）管理的学校；乡、村则私学普及，由儒生办学并教授。科举考试方面，黎朝初年不定期举行乡试和会试，1434年黎太宗定取士科，规定"五年各道乡试、六年会试"；1442年，会试天下士人，并"命制文题名竖碑，进士碑自此始"；1463年，定"三年大比"，并规定"子、午、卯、酉乡试，辰、戌、丑、未会试"，永为定制；1466年，"会试天下举人，取七十二名……三年一科自此始"。除正科——进士科外，黎朝还开设了制科、东阁科、宏词科，以及士望科、书算科等常科和一些杂科考试，以选拔专门人才，充实官僚队伍。

17—18世纪，科举制的弊端和腐败性逐渐显露。《大越史记全书》记载，1750年，"冬十一月，始令天下纳钱入乡试，中与初，学生每人输钱五陌，谓之明经钱，以资县校官盘缠……致是，令人入钱参贯，停其考覆，并得入试，谓之通经钱"。

西山王朝时期，光中皇帝十分重视儒学教育，颁"立学诏"并批准修缮国子监。阮朝统治者也不遗余力发展儒学教育，采取的举措有：立国子监于京都，河内的文庙—国子监成为专门祭祀孔子的场所；府级学校设教授，县级设训导，省或道设督学，教育体系渗透到府、县一级，全国平均两个县就有一所国立学校；于各省立文庙，各府、县（乃至乡）立祭孔祠和祭孔坛，祭孔仪式隆重；为本地的科举考中者立碑；各村社成立由儒士组成的咨文会等。阮朝共组织了47次乡试，39次会试和殿试，中者558人，其中进士292人，副榜266人。

法属时期儒学教育逐渐式微，南圻1867年废除国家层面的儒学教育和科举考试，开设国语和法语学校。儒学教育只在农村以一种"不合作"的姿态零星存在。北圻、中圻的儒学教育则分别于1915年和1919年废除。

（二）法属时期的越南教育（1885—1945年）

法属时期的教育可分为三个阶段。第一阶段是19世纪末至20世纪初儒学教育与法式教育并存：法国殖民者一方面清除儒学教育的影响，一方面积极建立殖民学校和研究机构，如在西贡建法—越学校、殖民师范学校、印度支那大学堂和法国远东博古学院等。第二阶段是1918年以后法式教育体系逐渐形成，1917年颁布了第一部印支教育法律，规定1918年废除汉字教学和科举制度，汉语被越语国语和法语取代，越南教育推行法式教育体系，初级学校、小学、高小、高中、职业学校、大学等教育体系逐渐形成。第三阶段是1930年后，随着越南民族意识的增强，越南国民教育体系开始萌芽，越南人称之为"革命教育体系"，或法—越教育。这一阶段的重要教育事件有：胡志明、越南革命青年会、国语普及协会等对国民教育的推动以及1943年诞生的文化教育领域的重要纲领——《越南文化纲领》。

法—越教育体系包括学前教育、小学和中学。学前教育由幼学（由各村社设立乡学、初学）、童幼班（五年级）、预备班（四年级）、初等班（三年级）构成；小学包括二年级第一年、二年级第二年和一年级；中学包括高小和高中，其中高小四年，教学内容包括法语、数学、物理、化学、生物、史学、地理；除汉文、越文课以越语讲授外，其余皆以法语授课；高中班三年，教学内容根据法国中学最后三年的教学计划安排，以越文、中国哲学课代替了希腊语和意大利语；分三类班，即哲学班、数学班、科学班。

事实上，自20世纪初以来，大多数越南士人对儒学教育的状况已深感不满，在那些追求现代民族国家的越南知识分子看来，即使没有经过法国"改造"，封建传统儒学教育也已经走到末路。同时他们还意识到，要赢得民族独立和国家复兴，首要是抛弃封建儒学教育，全体民众开始接触、学习现代的科学知识、现代的教育思想和模式并运用于现实的生产劳动中——这也是20世纪初越南新学运动的主要内容，同时也为法越教育体系的形成奠定了基础。

（三）1945年后越南现当代教育

1945年，日本发动"三九政变"并取代法国在越南建立了亲日傀儡政权，对越南实行殖民统治。越南法—越教育体系逐渐向本土教育转变，最终建立了国民教育体系。其发展历程可分为以下三个阶段：

（1）1945—1954年间，越南民族、民主教育体系和服务于抗战、建国教育体系的建立。这一时期的教育以民族、科学、大众为原则，目标是重视人格、磨炼意志、发展才能。1945年9月3日，胡志明主持越南临时政府首次会议时指出，政府的当务之急是消灭饥贫和扫盲。9月8日，政府颁布成立平民学务署法令。一年后平民学习班发展到7.5万个，教师9.5万名，250万人脱盲。1950年越南进行了第一次教育改革，提出了"学行并举，理论联系实际"的教育方针。

（2）1954—1975年间，服务于北越社会主义建设和统一事业的教育体系的建立。这一阶段北越进行了第二次教育改革，旨在建立包括大学和职业学校的社会主义教育体系，教育内容包括德、智、体、美四方面，教育方针是"理论联系实际，学校与社会生活接轨"。

（3）1975年以后，当代统一国民教育体系的建立与教育革新。这一时期越南开展了第三次教育改革，其成效有：12年制教育体系得以建立；教科书逐步更新；中央、地方的本科、专科、职业中学等学校体系在培养目标、教学内容和教学方法等方面逐步改善。

1987—1990年，越南实行了教育发展三年计划；1991年第八届国会第9次会议通过了普及小学教育法；1991年越共七大第4次会议提出把教育—培训与科学技术看作头等国策；1996年12月，第八届中央执行委员会第2次会议通过教育—培训专题决议。1998年越南国会通过越南教育法①。

二、越南现行教育制度和教育体系

（一）教育定位、理念、管理机构和经费

越南教育的定位是"以马列主义和胡志明思想为基础的，具有人民性、民族性、科学性和现代性的社会主义教育"。

越南教育的理念为：学行并举，学习与生产劳动相结合，理论联系实践，学校、家庭与社会教育相结合。

负责管理教育事业的国家机构是教育培训部，各省和中央直辖市设教育培训局，县、郡和县级市则设教育培训处。教育培训部下设幼儿教育司、小学教育司、中学教育司、职业教育司、大学教育司、终身教育司、国防教育司、民族教育司、学生工作司等管理部门。

教育经费来源有国家财政、学费和招生费用、教育单位的活动收入、国内外个人和组织的教育投资和其他援助款等。

（二）教育体系

越南教育体系可分为正规教育（国民教育体系）和终身教育（经常性教育）。正规教育包括幼儿教育、基本教育、职业教育和大学教育。

幼儿教育，包括托儿所和幼儿园，接收3个月至6岁的婴幼童。

---

① 越南现行教育法为2005年教育法。

教育单位类型有托儿所(3个月到3岁)、幼儿园(3岁到6岁)和幼儿教育学校(3个月到6岁)。

基本教育,学制12年,分三级,即小学(一级)、基础中学(二级,即初中)和普通中学(三级,即高中)。小学学制5年,基础中学学制4年,普通中学学制3年。基本教育的目标是帮助学生在道德、智力、体质、审美和基本技能方面获得全面发展,发展学生的个人能力、能动性和创造性,形成社会主义的越南人人格,确立公民的资格和责任;为学生继续学习或走向劳动生活、建设和保卫祖国做准备。

小学开设的课程有:1~3年级开设数学、越语、自然和社会等课程,4~5年级增设科学、历史、地理等必修课,选修音乐、美术、道德、体育、信息学等课程,3~5年级还开设英语课(有的学校从1年级或2年级就开设英语)。

基础中学开设的课程有:数学、物理、化学、生物、技术、语文、历史、地理、公民教育、外语(英语、法语、俄语、汉语、日语等)、体育、音乐、美术、信息学等。此外还必须修满课外教育、就业教育以及史歌学堂等学时。普通中学也开设相应课程,但取消了音乐、美术等才艺课。

基本教育单位的类型有小学、基础中学、普通中学和综合技术—就业指导中心。完成相应学业者可获毕业证书[①],初中毕业证由县教育处颁发,高中毕业证由省教育局颁发。初中考高中(公立学校)者须参加由地方教育培训局主持的选拔考试。

职业教育包括中等专业教育和职业培训。中等专业教育的学制为:初中毕业生接受中等专业教育需3~4年,高中毕业生为1~2

---

① 小学、初中毕业考试已取消,毕业成绩为平时学习成绩的累积;高中毕业时学生须参加由教育培训部统一组织的普通中学毕业考试。

年。职业培训学制为：接受初级程度的职业培训在1年内完成，中、高级程度需1~3年。

职业教育的目标是培养有知识、有职业技能，有职业道德和良心，有纪律、作风优良的健康的劳动者，为劳动者就业、创业或继续提高专业、业务水平创造条件，以满足经济社会发展和巩固国防安全的需要。教育单位类型有中等专业学校和职业培训单位，后者包括高等职业（专科）学校、中级职业学校（职业中专）、职业教育中心、职业培训班等。接受职业教育并完成相应学业者可获职业文凭（初级职业培训）、中专毕业文凭、中级职业毕业文凭和高等职业毕业文凭等。

大学教育分为高等（即大专）、大学（本科）、硕士和博士教育。大专学制为：高中或中专毕业者2~3年；学同专业的中专毕业者1.5~2年。大学学制为：高中或中专毕业者4~6年，学同专业的中专毕业者2.5~4年，同专业的大专毕业者1.5~2年。硕士学制为大学毕业者1~2年。博士学制为：大学毕业者4年，硕士毕业者2~3年。

大学教育的目标是：培养学习者，使他们具有政治、道德品质，有服务人民的意识，有与受教育程度相称的知识和职业实践能力，身体健康，满足建设和保卫祖国的需要。大学教育在内容和方法上的教学要求是：教学内容要有现代性和前瞻性，保证在基础科学知识、外语、信息技术与专业知识和马列主义、胡志明思想学科之间的结构合理性；继承和发扬优良的传统和民族文化本色；与区域和世界的总体水平保持一致。重视培养学习中的自觉意识、自学能力、自我研究能力，培养创造性思维，锻炼实践技能，为学习者参加研究、实验和应用创造条件。

越南全国现有409所大专、本科院校。大学教育单位的类型有：专科学校（专科）、本科学校（专科、本科、硕士、博士）、科学研究院(硕士、博士)等。完成相应学业者可获高等专科毕业文凭、大学毕业文凭①、硕士文凭和博士文凭。

终身教育是20世纪60年代在国际上出现的一种教育思潮,它对国际教育改革产生了重要的影响。越南制定了发展终身教育的政策,以实现人人受教育,建设学习型社会的目标。越南终身教育的单位类型有县级、省级终身教育中心,乡级集体学习中心,普通教育、职业教育及大学教育单位(通过远程教育等方式)。

(三)高考制度

高考在越南称大学选生考试。招生指标由国家规定,教育培训部组织编写试题,试卷的印刷、复印、密封、保管、分配和使用以及考试的组织、评卷、查卷、录取等由各大学校长负责。每年由教育培训部公布单独命题和组织考试的学校以及只录取而不组织招生考试的学校。

参加考试条件为:高中或程度相当(中专、进修高中、职业中学)的毕业生;健康状况适宜学习和劳动的;符合某些专业(如国防、公安、检察及艺术类专业)对年龄的要求;如果参加有初选要求学校的考试,达到初选要求。参加有区域规定的学校的考试,考试之前要有该区域的常住户口;按规定期限和程序办理各项考试登记手续、缴纳考试登记手续费。按照准考证上指定的时间、地点参加考试;现役军人、公安在获准后只能报考由国防部和公安部规定的学校,即将退役的军人若获团以上首长批准则可按个人志愿报考,录取后须当年入学。

招生中的优先政策有:(1)针对对象的优先政策,分为两组,第一组优先对象包括:少数民族;连续5年直接参与生产的优秀工

---

① 技术专业、理工科获工程师文凭,建筑专业获建筑师文凭,医药专业获医生文凭,药师文凭或学士文凭,基础科学、师范、律师、经济学专业获学士文凭。

人(其中两年获省部级"竞赛能手"称号);伤兵、病员及享受伤兵政策的人,选派学习的现役军人、公安,在区域1服役12个月以上的退伍军人、公安;烈士、伤兵、病员、英雄母亲、武装力量英雄、劳动英雄等的子女。第二组优先对象包括:选派学习的军人、人民公安、青年志愿者;服役24个月以上的已退伍的军人、公安;伤病兵及享受伤兵政策人的子女;优秀劳动者(获省部级优秀工匠、艺人称号,获越南劳动总工会或胡志明共青团中央颁发的劳动创造奖章);有3年教学经验的报考师范院校的教师;工作3年以上的医务工作者报考相关专业的。第一组优先对象的录取分数线低于第二组优先对象。(2)保送对象包括:有高中或同级学历的劳动英雄、人民武装力量英雄、竞赛能手等;已考上大学或大专但当年因调动等原因未入学者,3年以内可免试入学,3年以上须先上预备班;高中毕业,为国家队选手,并参加了国际奥赛(数、理、化、信息学、俄语)的;有高中或同级学历的运动员报考体育类专业的;获国家级、国际级歌舞、声乐大奖的艺术特长类考生,有高中或同等中级学历的,保送相应的专业;在选拔优秀高中生国家考试中获一、二、三等奖以及鼓励奖的学生,择优保送大本或大专。(3)针对区域的优先政策。考生所在区域被分为三类:区域1——山区、高原、偏远地区、海岛的各乡镇,其中有按政府规定的经济社会条件特别困难的地区;区域2(农村)——1、2、3区域以外的乡镇;区域2——省辖市、直辖市郊区的各县;区域3——直辖市市区各郡。其录取分数依次增高,区域3不享受优先政策。

考试类别分为非艺术类考试和艺术特长类考试。非艺术类考试的具体门类有:A类考试——数学、物理、化学;B类考试——数学、生物、化学;C类考试——语文、历史、地理;D类考试——语文、数学、外语。艺术特长类考试的门类有:N类考试——语文、声乐知识、艺术专业；H类考试——语文、绘画、设计（布局）；M类考试——语文、数学、阅读、表演、唱歌；T类考试——数学、生物、体育；V类考试——数学、物理、美术；S类（电影）考试——语文、两门专业；大众传媒类——语文、历史、传媒专业。

考分公布之日起15日内接受复查申请，从接受申请的最后一日起最迟15天给当事人答复。申请考生须缴纳手续费，如果复查后分数更改则考生委员会将手续费退还。

三、21世纪初越南教育事业的发展

21世纪初，越南的教育事业逐渐摆脱了落后状况，其成就主要体现在以下几方面：发展幼儿教育，集中力量普及初中教育；调整教育结构；编写大纲及普通教育教科书，并在全国范围内使用；革新教学方法，发挥学习者创新的思维及自学的能力；建设教师队伍，注重教育质量和师范道德；加强物质基础建设，建设现代化学校；加强国家财政对教育的投资，推进教育培训社会化。

从教育普及率和就学率来看，到2010年，3岁以下幼儿的就学比例从2000年的12%上升到2010年的18%；3～5岁的儿童的就学比例从2000年的50%上升到2010年的67%。小学就学率2005年为97%，2010年达到99%；初中教育已实现全国普及，初中生就学率2005年为80%，2010年达到90%；适龄高中生的就学率2005年为45%，2010年为50%。职业教育方面，初中毕业生就读职业学校的比例2005年达到10%，2010年达到15%；高中、职业高中毕业生就读职业学校的比例从2005年的5%上升到2010年的10%。在校就读大学生人数2010年达到200万人；博士研究生招生人数2010年达1 500人。

当前越南教育事业面临的主要任务有：(1)发展全面教育，培养有理想、有道德、有文化、健康守纪律的劳动人才，加强政治、思想、道德、生活方式教育。(2)建设"标准化、现代化、社会化"的教育，标准化指教学内容、大纲、教科书、教程以及检查、评价教育质量规程等各个方面的标准化；现代化，即跟紧时代步伐，使教育的内容、方法和规程现代化；社会化，即动员全社会共同发展教育事业，同时创造条件让所有人都能够享受教育活动带来的成果。(3)在教育中实现社会公平，为学生参加教育活动提供平等机会，公平对待各类学校和学生，动员地方政府、家庭共同实现社会公平。(4)努力使教育与经济社会发展要求相适应。(5)重视以人力资源培训为目标的就业指导和就业培训。

存在的问题主要有：教育质量总的说来还不高，落后于世界和本地区先进水平，尚不能完全满足社会需求；学生知识结构、专业结构以及教育资源分布的失衡状况仍然存在；师资队伍不足，质量不高；教学手段的变革及现代化进程缓慢；教育管理工作的效率有待提高。

针对上述教育任务和存在的问题，越南采取了以下举措：(1)对于基本教育：巩固和发展教师队伍，改革基本教育大纲；教育内容着眼基础，精简内容；保证人文、科学、技术之间的平衡，为个人能够快速适应职业创造条件；增强实践能力，运用知识和技术解决实践中遇到的问题，特别注重获取信息能力和将信息转化为知识的能力；贯彻"学为知，学为用，学习和生活统一，学做人"四大理念；为终身学习创造条件；为自学和自我评价创造条件；为个人发挥潜能、发展天赋创造条件。(2)对于大学教育：管理各个大学的教育网络；管理国家的科学和工艺活动；管理招生和毕业分配；管理教师干部队伍；管理、筹备并有效使用大学教育中的财政；调整大学教育政策。(3)对于困难地区和少数民族地区：优先发展特困地区的教育事业；在少数民族地区教授越语和本民族语言，开设本民族语言的相应课程；大力培养师资力量，裁减不符合标准的教师；调整师资分布结构，鼓励教师去偏远地区任教；加强硬、软件设施的建设，如图书馆、教科书等；提高少数民族地区的教育质量；对生活困难的少数民族地区采取入学优惠政策。

第三节 文化事业

一、越南共产党关于建设和发展文化事业的政策主张

1998年7月，越共八届五中全会提出了"关于建设和发展先进的、具有浓郁民族特色的文化"的决议，为越南文化事业的发展指明了方向。该决议将文化定位为社会的精神基础和促进经济社会发展的目标及动力，并将其与工业化、现代化以及应对全球化和市场经济出现的若干问题联系起来。2001年，越共九大进一步阐发了八届五中全会决议精神，提出建设先进的、具有浓厚民族特色的社会主义文化，突出了"民族特色"和"社会主义"两大因素。2006年，越共十大确立了"继续深入发展先进的、具有浓厚民族特色的文化，提高文化质量"的方针，并提出了一系列文化举措。

2011年，越共十一大政治报告继续肯定了党在建设和发展文化方面的观点，并提出了发展文化事业的四项具体内容：（1）巩固并继续营造健康、丰富、多样的文化氛围；继续推进婚、丧、礼会等活动中的文明建设；展开家庭建设运动，保持和发扬传统文化价值，教育年轻一代。（2）发展文学、艺术事业，保护和发扬传统和革命文化遗产价值，据此继续发展先进的、具有浓郁民族特色和人文、民主性质的，并能真实、深刻反映民族生活、历史和国家革新的文学和艺术形式；肯定、发扬真善美，同时否定、批判假恶丑；完善

并严格执行关于知识产权以及民族物质和非物质文化遗产保护的相关规定；建立并实施关于培养、管理物质、精神生活的政策和制度，创造条件使从事文化、文学艺术创作的工作者多创作出思想和艺术性高的作品。(3)大力发挥大众传媒的传播、教育、组织和社会答辩职能；集中培养、建立一支政治思想过硬、业务水平高的报刊、出版从业人员队伍。(4)加强向世界介绍和宣传越南文化、文学、艺术及人文地理，在国外建立若干越南文化中心以及翻译、传播越南文化中心；吸收借鉴其他国家关于文化发展的经验，将国外特色的文学艺术作品介绍给越南民众，阻止国外堕落、反动文化产品的进入；培养并提高越南民众尤其是年轻一代的文化抵抗力。

二、越南文化事业机构

文化事业是指在文化领域从事研究创作、精神产品生产和文化公共服务的事业。越南文化事业的主要类别包括演出、艺术创作、图书文献、文物、群众文化、旅游、体育、广播电视、报刊、新闻出版等，其中前7项主要由越南文化、体育和旅游部负责，后3项由越南信息传媒部承担。此外，越南文学艺术作家协会联合会（简称越南文联）及其下属协会如美术家协会、作家协会、舞台艺术家协会、音乐家协会、摄影家协会、民间文艺协会、舞蹈家协会、少数民族艺术协会等专门协会对于越南文化事业的发展也发挥了积极作用。

越南文化、体育和旅游部成立于2007年，其前身是越南文化通讯部。该部的职能是按照法律规定在全国范围内实现文化、家庭、体育和旅游的国家管理，以及上述领域公共服务的国家管理。各省和中央直辖市设有文化、体育和旅游局，县、郡和县级市则设有文化、体育和旅游处。

越南文化、体育和旅游部实施国家管理的职能机构包括：旅游总局、越南各民族文化村—旅游管理委员会、体育总局、美术摄影和展览局、国际合作局、基础文化局、版权局、电影局、表演艺术局、文化遗产局、驻胡志明市办事处、部办公厅、监察局、法制司、培训司、竞赛奖励司、组织干部司、计划财政司、科学技术和环境司、家庭司、民族文化司和图书馆司等22个部门。部直属事业单位包括文化报、文化艺术杂志、文化体育和旅游干部培养学校、信息技术中心和越南文化技术院等。部下辖的其他事业单位包括：体育科学院、旅游发展研究院、电影院、遗迹保管院、创作扶持中心、越南文化艺术展览中心、老挝越南文化中心、越南文化—体育—旅游和传媒中心、电影技术中心、国家电影放映中心、体育信息中心、巴亭体育中心、越南电影—体育和旅游中心、旅游信息中心以及河内、胡志明市、岘港、芹苴的体育训练中心等18家科研院所和中心；越南国家音乐学院、胡志明市音乐学院、顺化音乐学院、河内文化大学、胡志明市文化大学、越南美术大学、胡志明市美术大学、河内舞台—电影大学、胡志明市舞台—电影大学、北宁体育大学、胡志明市体育大学、岘港体育大学、胡志明市舞蹈中学、越南杂技中学、芽庄旅游中专、多叻旅游中专、芹苴旅游中专、头顿旅游业务中学等18所艺术院校；胡志明博物馆、越南历史博物馆、越南革命博物馆、越南美术博物馆、越南各民族文化博物馆、主席府的胡志明主席遗迹区、越南国家图书馆等7座博物馆、图书馆；越南歌舞音乐剧院、越南改良剧院、越南嘲剧院、越南㕭剧院、越南歌舞杂技剧院、越南木偶剧院、越南交响乐团、越南戏剧院、越南音乐—舞蹈—戏剧院、越南歌舞—轻音乐剧院、越北歌舞—民间音乐剧院、青少年剧院、越南杂技联合会、河内大剧院管理委员会等14家文艺演出单位及管理机构；电影—剧场杂志、体育杂志、旅游杂志、旅游报等4家报刊；古螺影视城、国家体育联合区、越南体育医院等3家服务性机构。

越南信息传媒部成立于2007年，它是在原越南邮政电信部的基础上，与隶属前文化通讯部的报刊杂志局以及出版局合并而形成的。其与文化事业相关的职能仍由报刊局、出版局以及广播、电视和电子通讯管理局承担，主要实现报纸杂志、出版、广播电视等的国家管理，以及上述领域公共服务的国家管理。各省和中央直辖市设有信息传媒局，县、郡和县级市则设有信息传媒处。

越南信息传媒部下辖的相关事业单位有：信息与传媒出版社、信息与传媒战略院、报纸杂志与国际传媒合作中心、信息与传媒管理干部培养学校等；其直属企业是越南传媒总公司（VTC）。

三、越南报刊业、出版业、广播电视业等

越南报刊业较为发达。全国发行的报刊按级别大致可分为两类：第一类是中央各部门及其下属机构，包括祖国战线、各群众团体、宗教团体和专业协会的机关报刊，以及教育培训部下属各大学的学刊等；第二类是地方省市委及各部门，包括各省市群众团体、宗教团体和专业协会的机关报刊，以及隶属省市各大学的学刊等。属于第一类的有包括《人民报》《共产杂志》《前锋报》《青年报》《劳动报》《妇女报》《大团结报》《战线杂志》《人民军队报》《全民国防杂志》等在内的报刊共计500多种，分属77个部门或团体。其中《人民报》是越南共产党的机关报，创刊于1951年3月11日，目前出版日报、周报和月报三种，日报8版，发行量20万~22万份；《人民军队报》是越共中央军事党委和越南国防部的机关报，出版有日报、周报和月刊《人证与事件》，日报4版，发行量超过7万份。属于第二类的有越南63个省市发行的报刊共计200多

种，其中河内和胡志明市发行的报刊数量最多，分别有19份和40份；各省市的省市委与绝大部分省市文联均有固定报刊，如《新河内报》《（河内）经济&都市报》《西贡解放报》《海防报》《岘港报》《同塔文艺报》《芹苴文艺杂志》《海口杂志》(海防)、《胡志明市文艺报》《文人杂志》(南定)、《越口杂志》(广治)等等；部分省市的文化、通讯和旅游局，科学技术局、教育培训局等也发行相应的报刊，如《今日体育报》(河内)、《胡志明市体育报》《科学与发展杂志》(岘港)、《嘉莱科学和技术杂志》《庆和科学技术和环境杂志》《首都教育杂志》《胡志明市教育报》等等。

革新开放以来，越南的出版、印刷行业获得迅速发展，出版物的数量、质量以及印刷技术都有显著提升，出版产品的内容、形式和题材也更加丰富新颖。2002年，越南出版业出版图书达1.1万种2亿册，并提出至2010年达到图书出版人均6本/年、年均涨幅15%～20%，以及印刷7850亿页标准纸张的行业目标。

近十年来越南出版、印刷、发行事业取得的成就主要有：出版社从1999年的42家增加到55家，其中中央一级出版社43家，地方出版社12家[①]；马列主义经典、胡志明著作等政治类图书，科技、文学艺术等专业类图书的出版进一步完善，中学及高等教育教科书以及教育类图书的出版需求得到保障；印刷公司数量激增了6倍，

[①] 中央一级出版社包括：国家政治出版社、司法出版社、洪德出版社、军队出版社、人民公安出版社、金童出版社、青年出版社、劳动出版社、妇女出版社、美术出版社、舞台出版社、作家协会出版社、社会劳动出版社、社会科学出版社、宗教出版社、通讯出版社、地图出版社、邮电出版社、交通出版社、科学技术出版社、自然科学和技术出版社、农业出版社、财政出版社、统计出版社、体育出版社、医学出版社、建筑出版社、百科辞典出版社、知识出版社、世界出版社、音乐出版社、文学出版社、民族文化出版社、文化通讯出版社、政治理论出版社、国民经济大学出版社、河内百科大学出版社、顺化大学出版社、河内国家大学出版社、师范大学出版社、胡志明市国家大学出版社、太原大学出版社、教育出版社。地方出版社包括：河内出版社、海防出版社、清化出版社、乂安出版社、顺化出版社、岘港出版社、西贡文化出版社、胡志明市综合出版社、年青出版社、文艺出版社、同奈出版社、东方出版社等。

达到了3 000多家，行业收入每年增长约15%；图书发行和进出口行业已基本形成了全国发行网络，地区差距逐步缩小，并扩大了海外市场。

存在的主要问题是：出版、印刷经营活动还存在单纯追求经济利益的现象，一些书刊的内容不健康，带有暴力、色情色彩，有的书刊宣传封建迷信；书刊发行组织不够完善，发行工作仍主要集中在城市、大城镇等，未完全覆盖边远地区；印刷行业的发展缺乏规划，国家对出版行业也缺乏严格管控。

另外，受在线媒体及盗版的影响，近年来越南出版物的印制、发行和销售数量有较大下滑，其中图书受冲击最大，小说和科学类图书的销量较差，只有教科书保持了稳定销量。据调查，如今越南人每年的人均读书量少于3本，并且其中2本是教科书。[①]

越南广播电视业也有较大发展。国家设有越南之声广播电台、胡志明市人民之声广播电台、越南电视台以及VTC数码技术电视台。越南之声广播电台（VOV）是直属政府的国家广播电台，其职能是宣传越南共产党的路线、政策以及国家法律，教育、提高民智，丰富人民的精神生活。除了以越南语和6种少数民族语对内广播外，还以越南语、华语（北京普通话和广东话）、英语、法语、俄语、德语、西班牙语、日语、泰语、印尼语、老挝语、柬埔寨语等对外广播。该台共设有8个频道，其中VOV1为时事政治频道，VOV2为文化和社会生活频道，VOV3为音乐、通讯和娱乐频道，VOV4为少数民族频道，VOV5是为生活在越南的外国人开设的，VOV6是海外越侨和世界频道（覆盖区域包括东南亚、非洲、中东、欧洲、美洲等），此外还有交通台和声像广播台。

越南电视台（VTV）是越南国家中央电视台。下设九个频道，

---

① 王以俊编译：《越南印刷业面临在线媒体的竞争》，载《东南亚之窗》，2012年12月。

VTV1为政治、经济、文化、社会等综合频道，VTV2为科教频道，VTV3为体育、娱乐和经济频道，VTV4为国际频道（主要服务对象为越侨），VTV5为少数民族频道，VTV6为青少年频道，VTV7为青年和教育频道、VTV8为英语频道，VTV9则主要服务于胡志明市、东南部等地区。此外，越南电视台越南电视中心还在顺化、岘港、富安、芹苴等地区设有专门频道，其logo分别为HVTV、DVTV、PVTV、CVTV等。VTV还设有两个收费频道，分别是数码技术电视（DHT）以及光缆电视（VCTV）。自2010年起，越南电视台又增设了包租频道K+。

除越南之声广播电台、越南电视台等国家中央广播电视台外，越南全国63个省级行政单位均有各自的广播电视台。少数民族聚居的省份，除越南语节目外，还播出少数民族语言的节目。

第七章 政治制度

第一节 宪 法

宪法是国家的根本大法，规定国体、政体，划分国家和公民的权力界限。越南自1945年独立至今一共颁布了四部宪法，每部宪法都与当时的国际、国内形势以及国家面临的重大任务相关。第一部宪法诞生于1946年，此后，越南国会大会于1959年、1980年、1992年三次修改，通过和颁布了新宪法。

一、1946年宪法

越南民主共和国第一部宪法于1946年诞生。"八月革命"胜利后，越南于1946年1月6日举行了普选。1946年3月2日，第一届国会第一次会议选举出以胡志明主席为首的宪法起草委员会并提出了宪法草案。同年10月28日至11月8日，第一届国会第二次会议通过越南民主共和国第一部宪法。11月9日，胡志明主席签署政令，正式颁布了这部宪法。

1946年宪法共7章70条，它规定：(1)政权属于人民，没有种族、性别、阶级、信仰和财产的区分。(2)领土、主权完整统一，不容分割。(3)保障公民享有言论、出版、集会、信仰等自由。(4)各少数民族除享有充分和平等的权利外，还可获得多方面的帮助，以尽快达到和全国人民相同的发展水平。(5)公民有保卫祖国、服从宪法、遵守法律的基本义务。为适应当时形势的需要，扩大和巩固统一战线，该部宪法涉及保障生产资料私有制的内容。

二、1959年宪法

为了更好地适应抗战的需要和形势的发展，越南国会常务委员会于1951年2月2日召开会议，决定修改1946年宪法，并在此基础上重新起草一部新宪法。1956年12月，越南第一届国会第六次会议决定成立以胡志明主席为首的宪法修改委员会。该委员会先后举行了18次会议，通过了包括宪法性质和内容、越南民主共和国的性质和任务、社会主义经济制度和选举制度方面的9个重要报告，肯定了越南的政治制度是走向社会主义的人民民主制度。

1958年7月1日至9月30日，宪法修改委员会广泛征求国会代表、各政党社团、人民代表等各方面的意见，经过多次修改后拟定了修订的宪法草案，并提交国会讨论。1959年4月1日，该草案向全国公布，广泛听取民意。1959年12月31日，第一届国会第十一次会议一致通过了该部宪法。1960年1月1日，胡志明主席签署命令正式颁行该宪法。

1959年宪法共9章112条。与1946年宪法相比，1959年宪法增加了有关经济、社会制度、国家主席等内容。主要内容有：(1)越南是工人阶级领导的、以工农联盟为基础的人民民主国家。(2)越南民主共和国通过发展国民经济并对它实行社会主义改造，从人民民主制度逐步过渡到社会主义，把落后的经济变为拥有现代化工业、农业和先进科学技术的社会主义经济。为此，国家按照统一的计划领导经济活动，保证优先发展国营经济。(3)国家依照法律保护民族资本家的生产资料所有权和其他财产所有权，指导他们从事于有利于国计民生的活动，鼓励和指导民族资本家通过公私合营和其他改造形式，接受社会主义改造。

1959年宪法还规定了公民的权利和义务，以及关于国家、政府会议、人民法院和人民检察院的组织等；把国家主席与政府会议区分开来，国家主席在认为有必要时，可以参加政府会议。此外，还规定了宪法的修改程序：只有国会才有权修改宪法，并最少要得到全体国会代表中三分之二通过才有效。

三、1980年宪法

1975年4月30日，越南人民军攻克西贡，标志着南方解放，全国统一。1975年11月21日，在西贡召开了南北统一的政治协商会议，决定举行全国大选。1976年6月24日至7月3日，越南统一国会第一次会议决定成立以长征为主席的越南社会主义共和国宪法起草委员会。同年8月15日，统一国会公布了越南社会主义共和国宪法（草案）。1980年12月18日，第六届国会第七次会议通过了该宪法。同年12月19日，越南社会主义共和国主席孙德胜颁布了该宪法，从颁布之日起即行生效。

1980年宪法共21章147条。该宪法取消了国家主席一职，同时明确规定：(1)越南社会主义共和国是无产阶级专政的国家。(2)越南共产党是领导国家、领导社会的唯一力量。(3)一切权力属于人民。(4)越南祖国阵线是国家的坚强柱石。(5)越南的经济主要由全民所有的国营和劳动人民集体所有的合作社经济组成。(6)设立国务委员会，作为国会的最高常设机构。(7)国务委员会通过委员会主席，在对内对外方面代表越南社会主义共和国。(8)国务委员会主席统帅全国人民武装力量，并担任国防安全委员会主席。

1986年以后，越南共产党第六次全国代表大会确立了革新、开放的路线，国际国内形势发生较大变化。1988年12月22日，越南第八届国会第四次会议通过了修改宪法序言的决议，删掉了1980年宪法序言中攻击中国等方面的内容，并决定成立修改、补充宪法部分条款委员会。1989年6月，第八届国会第五次会议批准了对宪法7个条款的修改和补充。

四、1992年宪法

1992年宪法是在对1980年宪法进行多次修改，内容有较多变动的基础上产生并实施的。越南第八届国会第五次会议除对宪法部分条款修改补充外，还通过决议成立由国务委员会主席武志公任主席的宪法修改委员会。该委员会起草了《1980年宪法第二次修改草案》。该草案由武志公于1991年7月27日召开的第八届国会第九次会议上宣读，向与会代表征求意见。经过意见收集、整理并多次修改，这部宪法修正案在1991年12月举行的第十次会议上正式获得通过，12月30日颁布，1992年4月1日开始生效。1992年宪法对1980年宪法前言和约三分之二的条款进行了修改。宪法规定：（1）越南是民有、民治、民享的国家。（2）越南共产党坚持马列主义和胡志明思想，是国家和社会的领导力量，是工人阶级的先锋队和全民族利益的忠实代表。（3）越南按照社会主义方向，根据国家管理下的市场机制发展多种成分的商品经济，多种经济成分包括全民所有制、集体所有制和私人所有制等，其中全民所有制和集体所有制是基础。（4）取消国务委员会和部长会议，设立国家主席和政府总理。（5）国家主席由国会代表选出，为国家元首，并统帅武装力量。（6）总理由国家主席提名，国会选举产生等。

越南现行的宪法是以1992年宪法为基础，在2002年8月举行的第十一届国会第一次大会上对其中20条另9款文字进行修改后通过的。新宪法有以下值得注意的几点：（1）新宪法明确规定，越南共产党是越南工人阶级的先锋队，是越南工人阶级、劳动人民和全民族利益的忠诚代表。在马列主义和胡志明思想的指引下，实现社会主义过渡时期建设国家的纲领。(2)越南社会主义共和国是民有、民治、民享的法治国家，国家的一切权力属于以工人阶级、农民阶级和知识阶层的联盟为基础的人民。国家权力是统一的，各国家权力机关在立法、执法、司法方面既有分工又相互配合。(3)国家实行"坚持社会主义方向的市场经济政策"，经济结构以全民所有制、集体所有制、私人所有制为基础，其中以全民所有制、集体所有制为核心。多种经济成分包括：国家经济、集体经济、个体经济、小业主经济、私人资本经济、国家资本经济、外国投资经济等。各种经济成分都是坚持社会主义方向的市场经济的重要组成部分。(4)国家把发展教育视为头等国策。国家和社会大力发展教育以提高民智、培训人力、造就人才。(5)国家把发展科学技术视为国策。科学技术在国家社会经济发展中起关键作用。(6)国家体制上，设国家主席和国会常务委员会。国家主席对内对外都代表国家元首。国会常务委员会包括国会主席、副主席、秘书长和常务委员，国会常务委员会主席即国会主席，国会常务委员会为国会常设机构。

新宪法就国会、国家主席、政府总理的职责、权限做出了符合越南国家现实生活的规定。

第二节 国旗、国徽、国歌

一、国旗

图7-1 越南国旗

越南国旗为金星红旗，红底，长方形，长宽比为3:2，居中为一颗五角金星，一般称为"金星红旗"。红色象征鲜血、革命；金星的黄色象征越南人人种的肤色；金星的五角代表士、农、工、商、兵的紧密团结。国旗设计者为阮友进。1940年底，越南南方的部分士兵决定起义以反击法国殖民者，越南共产党南圻支部参与了这次起义的筹划，除了鼓动更多民众参与起义，还提出应设计一面旗帜以便于指挥和鼓舞士气。任务交给了阮友进，他经过精心构思，设计出"金星红旗"。1940年11月23日，起义爆发，金星红旗极大地鼓舞了士气。[①]1945年9月2日，胡志明主席在巴亭广场庄严宣告越南民主共和国成立，金星红旗在巴亭广场高高飘扬。1945年9月5日，临时政府主席胡志明签署第5号主席令，确定"金星红旗"为越南国旗。[②]1946年11月，越南第一届国会第二次会议决定"金星红旗"为越南民主共和国国旗。1955年9月20日，第一届国会第五次会议接受政府建议，对金星进行修改并正式确定了国旗的规格。

二、国徽

图7-2　越南国徽

越南国徽为圆形，红色，环绕两边的是金黄色稻穗，代表农业，表明农业是越南的基石；国徽的下部稻穗簇拥着一个金黄色的齿轮，代表工业，预示着国家工业化、现代化的发展趋势；国徽的上半部中央镶嵌着一颗五角金星，象征着越南民族革命的光辉历史、团结的精神和光明的未来；齿轮下端的红色饰带上为越文的"越南社会主义共和国"。

国徽是国家的象征性符号，代表着主权、独立、自尊、自强等

---

① 金星红旗最先在美萩省隆兴升起来，很快在从边和到金瓯的所有18个起义省份各地升起，极大地振奋了民心士气。隆兴乡最早升起的那面金星红旗被一位老人保存到"八月革命"，这位老人被光荣地命名为"独立老人"。

② 实际上，早在1945年8月16日，在宣光省新潮举行的国民代表大会上就决定以金星红旗为越南国旗。

多种要素,同时也反映了该国的民族特色,有着特殊、神圣的意义。因此,国徽设计事关国体,是非常神圣和严肃的事情。越南国徽的设计是由著名画家裴庄灼和陈文谨共同完成的,初稿由裴庄灼设计,提交讨论,收集各方意见后,再由陈文谨修改完成,定稿后呈国会通过。1955年9月15~20日召开的第一届国会第五次会议上审议通过了越南国徽的设计方案。

三、国歌

越南国歌为《进军歌》,由音乐家文高(1923—1995年)作词作曲,创作于1944年底。歌曲一面世,立即得到广大战士的喜爱,很快在革命队伍中流行开来,并成为越盟的会歌。1945年9月2日,河内巴亭广场庄严地奏响了《进军歌》,激昂的乐曲见证了越南民主共和国的诞生。1946年召开的越南第一届国会第二次会议正式确定《进军歌》为越南民主共和国国歌。越南1946年宪法第三条明确规定:国歌是《进军歌》。国会一届五次会议(1955年)决定对《进军歌》的歌词做一些小的修改,作者文高也参加了修改。《进军歌》歌词如下:

越南军团,	Đoàn quân Việt Nam,
同心救国,	Chung lòng cứu quốc,
崎岖路上奋勇前进。	Bước chân dồn vang trên đường gập ghềnh xa.
鲜血染红胜利旗,	Cờ in máu chiến thắng mang hồn nước,
枪声伴着进军歌。	Súng ngoài xa chen chúc quân hành ca.
敌尸铺平光荣路,	Đường vinh quang xây xác quân thù,
披荆建立根据地。	Thắng gian lao cùng nhau lập chiến khu.
永远战斗为人民,	Vì nhân dân chiến đấu không ngừng,
飞速上前方。	Tiến mau ra sa trường.

向前！	Tiến lên,
齐向前！	Cùng tiến lên.
保卫祖国固若金汤。	Nước non Việt Nam ta vững bền.

越南军团，	Đoàn quân Việt Nam,
旗标金星，	Sao vàng pháp phới,
指引民族脱离火坑。	Dắt giống nòi quê hương qua nơi lầm than.
奋起建设新生活，	Cùng chung sức phấn đấu xây đời mới,
打破枷锁一条心。	Đứng đều lên gông xích ta đập tan.
多年仇恨积在胸，	Từ bao lâu ta nuốt căm hờn,
为幸福不怕牺牲。	Quyết hy sinh đời ta tươi thắm hơn.
永远战斗为人民，	Vì nhân dân chiến đấu không ngừng,
飞速上前方。	Tiến mau ra sa trường.
向前！	Tiến lên,
齐向前！	Cùng tiến lên.
保卫祖国固若金汤。	Nước non Việt Nam ta vững bền.

第三节 国体与政体

　　越南宪法规定，越南社会主义共和国是一个独立的、拥有主权、统一和领土完整，包括陆地、海岛和天空的民有、民治、民享的法治国家。国家的一切权力属于以工人阶级、农民阶级和知识阶层的联盟为基础的人民。国家权力是统一的，各国家权力机关在立法、执法、司法方面既有分工又相互配合。越南共产党是越南工人阶级的先锋队，是越南工人阶级、劳动人民和全民族利益的忠诚代表，在马列主义和胡志明思想的指引下，领导人民把越南建设为社会主

第七章 政治制度

义定向的现代化国家。

越南宪法规定，国会是国家最高权力机关，国家主席是国家元首，政府是最高国家行政机关。

国会是越南社会主义共和国最高的国家权力机关。国会是具有立宪权和立法权的唯一机关。国会制定对内对外基本国策，决定经济、社会与国防安全的任务，决定国家机构的组织、活动及公民的社会关系与活动的主要规则。国会实施对国家全部活动的最高监督权。国会制定宪法和修改宪法，制定法律和修改法律，任免国家主席和副主席、政府总理、最高人民法院院长和最高人民检察院院长，批准政府总理关于任免副总理、部长及其他政府成员的建议。每届国会任期5年。

国家主席是国家元首，对内、对外代表越南社会主义共和国。国家主席由国会从国会代表中选出，国家主席对国会负责，并向国会报告工作。国家主席统帅人民武装力量，并担任国防安全委员会主席。

政府是国会的执行机构，是越南社会主义共和国最高国家行政机构。政府统一执行国家的政治、经济、文化、社会、国防安全和外交事务。政府向国会负责，向国会、国会常务委员会和国家主席报告工作。政府包括政府总理、副总理、各部部长和其他成员。越南祖国阵线中央委员会主席、越南劳动者总联合会主席和各人民团体的负责人在讨论有关问题时，可应邀出席政府会议。

第四节 国 会

国会是越南社会主义共和国最高国家权力机关，是全国人民的最高代表机关。国会是组织选举的唯一合法机构。国会代表由各选举单位选民投票选举产生，对选区选民和全国选民负责。国会具有立法、决定国家重大问题、监督政府活动三大职能。例如：决定国家对内对外基本政策；决定国家经济、社会、国防及安全发展的目标；决定国家机器的组织及活动；决定公民的活动及社会关系的主要原则。

每届国会任期5年。在国会期满之前两个月，必须选出新的国会。选举方式及国会代表人数由法律规定。在特殊情况下，至少经过三分之二的国会代表表决赞成，国会可决定缩短或延长自己的任期。国会每年举行两次例会，由国会常务委员会召集。在国家主席、政府总理要求或至少三分之一国会代表的要求下，国会常务委员会可召开国会特别会议。新一届国会最迟要在国会代表选举两个月后召开第一次会议，由国会主席主持，直至选出新一届国会主席。国家主席、国会常务委员会、民族委员、国会各代表、最高人民法院、最高人民检察院、越南祖国阵线及其成员组织有权向国会呈递法律草案。国会的法律、决议必须有半数以上国会代表表决赞成，国家的法律、决议最迟必须在通过15天内公布。

一、国会职责权限

国会有如下职责及权限：(1)制定和修改宪法、法律，制定法制建设计划。(2)根据宪法、法律和国会决议实施最高监督权，审议国家主席、国会、常务委员会、政府、最高人民法院和最高人民检察院的工作报告。(3)制定国家经济、社会发展计划。(4)制定国家财政、货币政策，制定国家财政预算，批准国家财政决算，规定、修改和取消各种税务。(5)制定民族政策。(6)规定国会、国家主席、政府、人民法院、人民检察院和地方政府的组织和活动。(7)选举、任免国家主席、副主席、国会主席、副主席及国会常务委员会、政府总理、最高人民法院院长、最高人民检察院检察长；根据国家主席提议，批准成立国防—安全委员会；根据政府总理提名，任免副总理、部长和政府其他成员。(8)成立和撤销政府机关各部和各委员会的机关，调整划分各省、直辖市的地界，成立或解散特别的行政经济单位。(9)取消国家主席、国会常务委员会、政府、政府总理、最高人民法院和人民检察院同宪法、法律及国会决议相抵触的决议。(10)决定大赦。(11)规定人民武装力量的军衔级别制度，规定外交部门和国家其他专门的衔级制度，规定勋章、徽章和国家荣誉称号。(12)决定战争与和平问题，规定遇到紧急状况，保证国防和国家安全的其他特别办法。(13)制定对外基本政策，根据国家主席提议，批准或取消已缔结的国际条约和协定。

二、国会代表和国会代表选举

根据法律规定，凡年满18周岁的越南社会主义共和国公民，除根据法院的裁决被取消选举权的、正在服刑、拘留或丧失智力者外，不分民族、男女、社会成分、宗教信仰、文化程度、职业、居住时间均享有选举权。

国会代表必须是21周岁以上的越南公民，有道德、有能力，得到选民的信任和支持，经过选区选民投票选举产生。越南选举法规定国会代表最多不超过500人。2002年6月选出的第十一届国会共有代表498人，而在全国各地参选、竞选的候选人超过750人，其中有以个人名义参加竞选的。2007年5月选出的第十二届国会代表为493人，包括由中央介绍参选的当选代表153人、由地方介绍参选的当选代表339人、以个人名义参选的当选代表1人。国会代表应当参加国会的各次会议，有权向国会及国会常务委员会提交法律、法规的预案；有权对国家主席、国会主席、总理及政府成员、最高人民法院院长、最高人民检察院检察长提出质询。国会代表应当紧密联系选民，并接受选民的监督。

国会主席和副主席由国会代表在每届国会的第一次会议上选出。各位副主席根据主席的提议，各自分工协助主席工作。国会代表中有1/4以上的代表为专职国会代表。

三、国会主席

国会主席[①]、副主席的职责和权限包括：(1)主持各次国会会议，保证会议规定的实行，签署国会决议。(2)领导国会常务委员会的工作，指导国会常务委员会各次会议的筹备、召开，并主持会议。(3)召集民族委员会主席、各委员会主任研究国会、民族委员会和各委员会的活动程序，在认为必要时出席民族委员会和国会各委员会会议。(4)保持与国会代表的沟通。(5)指导和管理国会财政预算。(6)指导国会开展外事工作，在国会对外关系中为国会的代表，在世界议会联盟中领导越南国会代表团的各项活动。各位国会副主席按照主席的分工协助主席工作。

越南历任国会主席：阮文素（1946.3—1946.11）、裴朋团（1946—1955）、孙德胜（1955—1960）、长征（1960—1980）、阮友寿（1981—1987）、黎光道（1987—1992）、农德孟（1992—2001）、阮文安（2001—2006）、阮富仲（2006—2011）、阮生雄（2011至今）。

四、国会常务委员会

国会常务委员会是国会全体大会的常设机构，其成员由国会主

---

① 越南的国会主席一定是越共中央政治局委员，一般排名在总书记、国家主席、政府总理之后，大致在第4到第6名左右。虽然越共中央政治局不设常务委员，但是政治局排名前五位的一般被视作核心成员。越南国会是各种矛盾和问题公开交锋的地方，每次国会的质询都能引起全国性关注，国会主席需要高超的协调能力和技巧，前任总书记农德孟和现任总书记阮富仲都曾任国会主席。

席、国会副主席和国会常务委员组成，人数由国会全体大会决定。国会常务委员会的任期与国会相同，当同届国会期满时，常务委员会继续行使职责，直至选出新一届国会常务委员会。国会常务委员会成员不能同时是政府成员。国会常务委员会负责国会全体大会闭会期间的常务工作，其基本任务和权限包括：(1) 公布和主持国会代表选举的有关事宜。(2) 负责国会各次会议的准备、召集和主持工作。(3) 监督宪法、法律以及国会决议、国会常务委员会颁行的法令、决议的施行。(4) 监督政府、最高人民法院、最高人民检察院的工作和活动。(5) 负责颁布法规，解释宪法、法律和法规。(6) 制定国会交与的有关问题的法令。(7) 废除政府、最高人民法院、最高人民检察院与法律、国会常务委员会决议相抵触的文件。(8) 监督和指导人民议会的工作等。(9) 指导、协调和配合国会民族委员会和国会各委员会开展活动。

当今越南国会常务委员会由18名成员组成，包括1名国会主席、4名国会副主席和13名国会常务委员。13名国会常务委员分别由民族委员会主席、法律委员会主任、司法委员会主任、经济委员会主任、财政预算委员会主任、国防—安全委员会主任、文教与青少年儿童委员会主任、社会问题工作委员会主任、科技与环保委员会主任、外事委员会主任、代表工作委员会主任、民意调查测评委员会主任、办公厅主任担任。

五、国会各委员会及国会办公厅

（一）民族委员会

民族委员会由主席、副主席和委员组成，人数由国会全体大会决定。民族委员会的职责和任务是：(1) 审查有关民族问题的国家法律、法令和法规草案。(2) 监督国会及其常务委员会通过的有关民族问题的各项决议、法律的落实。(3)监督政府及其各部落实山区少数民族地区社会经济发展计划。(4)参与政府及其各部、最高人民法院、最高人民检察院关于民族问题文件的起草。(5)向国会及其常务委员会提出国家民族政策的建议。(6)向政府及其各部、中央和地方国家机关提出有关少数民族政策的建议等。

(二)国防—安全委员会

国防—安全委员会由国家主席任委员会主席,总理任副主席,下设4名委员,通常由党中央总书记[①]、国会主席、国防部长、公安部长担任。国防—安全委员会的职责和任务是:(1)审查属于国防—安全领域的法律、法律议案、法令草案和其他草案。(2)监督国会、国会常务委员会发布的与国防及安全相关的法律、法令、决议的落实情况。(3)监督国防、安全任务的落实情况和这一领域中财政预算的落实情况。(4)就国防、安全政策问题向国会提出建议。(5)监督国会、国会常务委员会在国防、安全领域内制定任务的落实情况。

(三)国会办公厅

国会办公厅是国会的助理机构,是国会、国会常务委员会和国会主席、副主席及各委员会的综合研究参谋机关和为其活动提供组织服务的机关。国会办公厅的机构、编制、任务和权限由国会常务委员会决定。

此外,国会还设有法律委员会、司法委员会、经济委员会、财政预算委员会、文教青少年儿童委员会、社会问题工作委员会、科技与环保委员会、外事委员会、代表工作委员会、民意工作委员会等,各自负责本领域的立法、监督和建议工作。

---

① 国防—安全委员会主席由国家主席担任,是国家行政层面的制度安排。从越南共产党的权力分配来看,党中央总书记兼任中央军事党委书记,是人民军实际的最高领导人,是国防—安全体系的最高领导人。

第五节 政　府

政府是越南社会主义共和国最高行政机关。总理、副总理、各部部长和各部级机关首长组成越南政府。政府会议由总理、副总理、各部部长和各部级机关首长组成，由总理主持会议。政府会议每季度至少召开一次，根据国家事务和工作需要可随时召开。政府向国会、国会常务委员会、国家主席做工作报告并接受国会、国会常务委员会、国家主席的监督。

政府统一管理国家的政治、经济、文化、社会、国防、安全和外交事务。保障从中央到基层的国家机器有效运行，保证尊重和执行宪法和法律，在建设事业和保卫祖国中，发挥人民当家作主的权利，提高人民的物质和文化生活。除总理外，政府其他成员不一定是国会代表。地方各级政府[①]根据地方各级人民议会[②]的授权组织运行，设置与中央政府各部、委、总局职能相应的厅、局、处、科。

一、政府的职责和权限

政府的职责和权限包括：(1)领导各部、各委员会和政府所属机关、地方各级人民委员会的工作，建立健全从中央到基层的行政机构。引导和检查人民议会实现上级国家机关的决议；为人民议会根据法律规定实施任务及权力创造条件。造就、培养、管理、使用国家干部。(2)保障国家机关、经济组织、社会组织、武装单位和公民执行宪法、法律；组织和领导宪法和法律的宣传、教育工作。(3)向国会和国会常务委员会呈递法律、法令和其他议案。(4)统一管理国民经济的建设和发展工作，执行国家财政、货币政策，管理及

---

① 地方各级政府称"人民委员会"。
② 相当于地方人民代表大会。

保证有效使用全民所有制的财产，发展文化、教育、医疗卫生、科学、技术，实施经济社会发展计划和国家财政预算。(5)采取保障公民权利和合法利益的措施，为公民行使权利、圆满完成自己的义务、保卫国家和社会的财产、保护生态环境创造条件。(6)巩固和加强全民国防、人民安全，保证国家安全、社会安全，建设人民武装力量，下达旨在保卫祖国的总动员令、戒严令并采取一切必要的措施。(7)组织和领导国家的结算、统计工作，组织和领导国家的清查和检查工作，组织和领导国家机关内部反对官僚主义、贪污行为，解决公民的申诉、上告问题。(8)统一管理对外事务，以政府名义同外国缔结国际条约和协定，指导越南社会主义共和国已签订的条约及协定的实施，保卫国家、组织和越南公民在国外的正当利益。(9)施行社会政策、民族政策、宗教政策。(10)决定和划分各省、直辖市以下的行政单位的地界。(11)配合祖国阵线和各人民团体在自己权限内执行任务，为这些单位开展工作创造条件。

政府任期与国会任期相同。当国会任期满时，政府继续工作，直至新的国会选举组成新的政府为止。

二、政府总理

政府总理的职责和权限包括：(1)领导政府、政府成员和各级人民委员会的工作，主持政府各次会议。(2)任免副部长和相当副部长职务的干部，批准选举、罢免、调动各省、直辖市人民委员会主席、副主席的职务。(3)向国会提呈成立或取消各部和各委员会的议案，向国会或国会常务委员会提名，任免副总理、部长及各委员会主任的职务。(4)停止实行或撤销同宪法、法律和上级国家机关决议相抵触的各部长、政府其他成员和各省人民委员会及人民委员会主席的决定、指示、通知。(5)停止实行各省、直辖市人民议会同宪法、法律和上级国家机关相抵触的决议，建议国会常务委员会撤销这些决议。

总理即政府首脑，兼任政府党组书记，负责领导管理政府的一切活动，领导各位政府成员、各部部长、各委员会主任、各省市人民委员会主席。同时主管政府办公室、计划投资部、财政部、国防部、公安部、文化体育旅游部、教育培训部、科学技术部、民族委员会、宗教委员会、越南自然科学技术院、越南社会科学院、越南国家电视台、越南之声广播电台、越南通讯社、胡志明国家政治学院。

越南政府现有5名副总理，其中1名为常务副总理。常务副总理协助总理工作并主管全国综合经济、工业和企业管理等；1名副总理负责全国各行业经济工作；1名副总理负责全国社会文教卫生工作；1名副总理负责外事工作；1名副总理[①]主管司法部、政府总监察部及有关部门，负责内政反贪、司法监察，治理社会弊端等。

越南政府历任总理（或部长会议主席）：胡志明主席兼任政府总理（1946—1955年）、范文同（1955—1987年）、范雄（1987—1988年）、杜梅（1988—1991年）、武文杰（1992—1997年）、潘文凯（1997—2006年）、阮晋勇（2006至今）。

三、政府各部及部级机关

越南政府机构设置根据国家社会经济发展需要时有调整，2007年8月以前政府设有26个部和部级机关；2007年8月，国会批准撤销、合并了一些部级机构，政府现有22个部级机构。[②]

---

① 专司内部控制的副总理。
② 根据《越南政府2003—2008年批准的关于各部职能权限、组织编制、机构设置的决定》编写，包括18个部、4个部级机关。

（一）国防部

国防部是负责领导、指挥军队和国防建设的部门。国防部长一般由越共中央政治局分工负责军队工作的1名委员[①]担任，另有3~5名副部长。国防部直属机构有：总参谋部、政治总局、后勤总局、技术总局、国防工业总局、中央军事检察院、中央军事法庭、监察委员会[②]、办公厅、优抚政策局、外事局等。

（二）公安部

公安部是负责领导指挥全国公安力量和公安系统全面建设的部门。公安部长一般由越共中央政治局分工负责公安工作的一名委员担任，另有3~5名副部长。公安部直属机构有：安全总局、警察总局、情报总局、人民公安力量建设总局、人民公安后勤总局、科学技术总局、监察委员会、办公厅等。

（三）外交部

外交部是管理和实施对外事务的职能部门。外交部的工作包括：外交工作、边界领土、侨民、国际条约、驻外机构管理等。外交部设1名部长、4名副部长、2名部长助理。除了下辖各司、局、委，外交部的直属单位外，还有驻外各使领馆和代表机关、外交学院、外国新闻中心、国家编译中心、信息中心、越南与世界报。

（四）司法部

司法部负责全国的法制建设、法制教育、法律规范、民事案件执行、行政司法、法律援助以及其他司法工作。司法部负责制订全国法制建设文件，检查指导法律文本的实施，统一管理全国范围内的公证、鉴定、户籍、国籍、收养子女、律师事务、基层调解等。

[①] 军衔一般为大将或上将。现任国防部长为政治局排名第三的冯光清大将，其党内地位在近几届国防部长中是最高的。

[②] 监察委员会的职能类似于中国军队的纪委。

第七章　政治制度

（五）财政部

财政部①负责财政预算、财政收支、税费收入、国家储备、政府基金、企事业财务、海关、财会审计、价格、证券等工作。财政部下属：国家财政预算司、投资司、第一司②、行政事业财政司、税务政策司、银行与财政机构财务司、保险司、财会审计制度司、对外财政司、国际合作司、法制司、组织干部司、财务管理司、监察委员会、办公厅、金库、国家储备库、物价管理局、国有资产管理局、企业财政局、财政统计与信息局、证券委员会、税务总局、海关总局③。

（六）工商部

工商部由原工业部和商贸部合并而成，管理工业系统与贸易。负责制订本系统的法令、法规，发展战略、规划、计划，颁布和实施本系统的法规、指示、通知等。工商部统一管理全国的工业生产、货物流通、进出口贸易、电子商业、市场营销、贸易促进等。工商部通常有1名部长和5名以上副部长。除了下辖各司、局、委，工商部还有下属事业单位④和直属企业⑤。

（七）劳动、伤兵与社会福利部

劳动、伤兵与社会福利部负责管理劳动就业、职业培训、工资、伤兵烈士及有功人员优抚政策、社会保险、安全生产、扶贫救灾、

---

① 由于越南的财政部管辖范围很广，故列出下辖各司、局、委。
② 负责越南共产党、公安、军队的财政预算工作。
③ 海关总局的职责是管理出入口岸的人员、物资，征收关税，打击走私。管辖范围包括各陆地口岸、国际联运列车车站、国际海港、国际内河港口、国际民用航空港以及口岸外的税收减免检查，越南主权范围内的陆地海上进出口货物检查。
④ 竞争委员会秘书处、商贸杂志、信息中心、中央工商干部培训学校等。
⑤ 越南电力总公司、越南矿产—煤炭总公司、越南石油天然气（集团）总公司、越南化工总公司、越南纺织服装总公司、越南制鞋总公司、越南香烟总公司7家行业总公司及一些工业品出口公司；各对外贸易公司。

防治社会弊端、关心保护少年儿童等。①

（八）**交通运输部**

交通运输部②负责管理公路、铁路、内河航运、航海、航空交通运输。交通运输部对与交通运输相关的公益劳务活动实施国家管理，并在相关国有企业中履行法人代表职责。该部设有1名部长和3～6名副部长，具体任务是制定交通运输领域的法令、法规；制定交通运输发展战略、规划、计划、国家工程项目；颁布和实施交通运输管理法规、指示、通知；交通运输基础设施建设管理；交通运输行业人员培训、考核及驾驶执照发放管理；交通运输安全管理；交通运输科技开发应用；国际合作；交通运输行业管理。

交通运输部设有7个行业管理部门：越南公路局、越南铁路局、越南内河航运局、越南航海局、越南民用航空局、越南交通安全标准认定管理与监督检查局、交通工程质量管理与鉴定局。

（九）**建设部**

建设部负责管理房屋修建、建筑材料、住房公署、都市规划、农村建设、城市基础设施等工作。该部负责制订建设领域的法令、法规；制订建设事业的发展战略、规划、计划；颁布和实施建设行业的法规、指示、通知等。建设部直属的事业单位有：城市与农村规划研究院、建筑经济研究院、建筑技术科学院、建筑材料研究院、建筑大学等。

---

① 劳动、伤兵与社会福利部直属的事业单位：劳动与社会问题科学研究院、智能康复与整形科学研究院、信息中心、劳动与社会杂志、劳动报、越南少年儿童基金会等。
② 交通运输部下属事业单位有：交通运输科学技术研究院、交通运输发展与战略研究院、航海大学、交通运输大学、信息中心、交通运输报、交通运输杂志等。另外，交通运输部还设有若干个交通工程项目管理委员会。

第七章 政治制度

（十）通讯传媒部

通讯传媒部①是合并原邮政电讯部和原文化通讯部的部分职能而组建的，负责邮政传递、电讯网络、信息技术、新闻报刊、出版五大领域的行政管理工作。其职责包括：对全国的新闻报刊、出版、宣传、邮政、通讯、信息技术、电子技术、因特网、信号发送传递、无线电频率、国家通讯基础设施等行使行政管理；制订本领域法令、法规、条例和发展战略、规划、计划；颁布本领域的管理决定、指示、通知；组织指导本领域的科研与应用；开展本领域的国际合作。

（十一）教育培训部

教育培训部②负责管理全国教育事业，其职责包括：制定教育系统的法令、法规、条例；制订全国教育发展总体战略、规划、计划；颁布教育系统的管理决定、指示、通知；管理全国幼儿教育、普通教育、中等专业教育、大学教育、大学后教育、各类非正规教育等。

（十二）农业与农村发展部

农业与农村发展部③由原农业与农村发展部和原水产部合并而成，仍称为农业与农村发展部。农业与农村发展部管理农业、林

---

① 通讯传媒部直属的事业单位有：通讯与传媒战略研究院、越南因特网中心、信息中心、通讯与传媒技术杂志、越南邮电报、国际传媒合作与新闻中心、邮政电讯总公司等。此外，根据越南新闻出版法规定新闻出版机构由党和政府管理，由通讯传媒部负责具体工作。中央及地方新闻出版单位约450家均受该部指导，包括主要的报纸、杂志：越共中央机关报《人民报》、越南人民军总政治局机关报《人民军报》、祖国阵线中央机关报《大团结报》、越共胡志明市委机关报《西贡解放报》、越共河内市委机关报《新河内报》、越共中央政治理论刊物《共产主义》、越南人民军政治军事理论刊物《全民国防》，以及《经济时报》《投资报》等。主要出版社：政治出版社、文化出版社、教育出版社、科技出版社、文学出版社、世界出版社、文艺出版社、军队出版社以及各省市地方出版社。主要新闻机构：1945年创立的越南通讯社，成立于1954年的越南之声广播电台，成立于1971年的越南中央电视台。
② 教育部直属的事业单位有：河内国家大学、胡志明国家大学、教育规划与战略研究院、信息中心等。
③ 农业与农村发展部直属的事业单位有：统计与信息学中心、国家农业渔业发展扶持中心、国家农村环境卫生与净水中心、水产规划经济研究院、水产养殖研究院、水产信息中心、农业大学、水产大学、水产专业高等学校等。

业、盐业、水利、农村发展和水（海）产捕捞、养殖实施等。职责包括：制订农业、水（海）产与农村发展领域的法令、法规；制订农业、水（海）产与农村发展的战略、规划、计划、国家工程项目；颁布和实施农业、水（海）产、林业、盐业、水利和农村发展的法规、指示、通知；促进农业、水（海）产科学技术革新和农产品贸易；组织水（海）产捕捞、加工、出口和发展养殖业等。

（十三）计划与投资部

计划与投资部①是越南政府的宏观经济管理部门，负责发展计划、投资管理，有1名部长和5～7名副部长。其职责包括：提出全国的社会经济总体发展战略、规划、计划；提出宏观经济管理和行业部门经济管理的体制、政策；负责管理国内外投资、工业区、出口加工区；负责管理政府发展基金、招标投标及全国范围内的企业注册；负责全国范围内的公益事业管理。

（十四）内务部

内务部②的职能是保障国家行政体系的有序、安全运行，其职责包括：国家行政机构和地方政府机构管理；行政区域、地界管理；公务员、职员管理，国家级奖励管理，国家机密管理，宗教事务管理，各类协会组织和非政府组织管理；国家档案、文件保管；对行政机构设置、组织编制、工资待遇、奖惩制度、业务培训等进行研究和管理。

（十五）卫生部

卫生部③负责卫生医疗保健、人口与计划生育、医疗保险的行

---

① 计划与投资部下属的事业单位有：发展战略研究院、中央经济管理研究院、国家社会经济通讯中心、信息中心、投资报、经济杂志等。
② 内务部直属的事业单位有：国家行政学院、国家组织机构科学研究院、信息中心等。
③ 卫生部直属的事业单位有：医疗卫生政策与战略研究院、友好医院、统一医院、白梅医院等22家部属医院，14家部直属卫生保健医学研究院，8所部直属医科大学等。

政管理。其职责包括：制定卫生医疗、疾病防治系统的法令、法规、条例；制订本系统的发展战略、规划、计划；颁布本系统的管理决定、指示、通知；指导并监督医院、制药厂、医疗企业的生产和经营管理；指导并监督传统医学、化妆品、食品加工的开发研制，负责发放生产经营许可证；审定并监督本系统的工程建设项目；指导和管理全国人口与计划生育工作等。

（十六）科学技术部

科学技术部[①]负责科学技术领域的行政管理，其职责包括：管理和促进科学技术活动，发展科学技术潜力，制订产品质量鉴定标准，管理知识产权，和平利用原子能，防止核子辐射。该部还负责制订科技领域的法令、法规；制订科技事业的发展战略、规划、计划；颁布和实施发展科学技术的措施、指示、通知等。

（十七）文化体育旅游部

文化体育旅游部[②]是合并原文化通讯部、体育运动委员会、旅游总局以及原人口家庭少年儿童工作委员会部分职能而成的。负责文化、体育、旅游、家庭建设四大领域的行政管理，其职责有：管理文化遗产、艺术表演、电影、美术、摄影、展览；组织全国的群众体育活动、学校体育活动、竞技体育活动和体育竞赛等；指导监督全国范围内的旅游活动，管理各类旅游企业与设施；督促检查全国家庭建设工作等。

---

① 科学技术部直属的事业单位有：战略和科技政策院、国家级重点项目办公室、信息学中心、科学和发展报、科技活动杂志、科学技术管理学校、技术应用院、越南原子能院、知识产权科学院、科学评估和技术定价院、地方科学技术委员会、地区研究和发展中心、科学技术传媒研究和发展中心、光芒杂志、质量监察组织公认办公室、科技活动登记办公室、科学技术出版社等。

② 文化体育旅游部直属事业单位有：越南电影研究院、遗产保护院、河内音乐院、胡志明市音乐院、胡志明博物馆、主席府内胡志明故居遗址区、越南历史博物馆、越南革命博物馆、越南美术博物馆、越南民族文化博物馆、越南国家图书馆、越南文化艺术展览中心、旅游信息中心、旅游发展研究院等。

（十八）资源与环保部

资源与环保部①的职责是对全国的土地资源、海洋资源、水资源、矿产资源、生态环境、气象水文、地图测绘等进行管理。资源与环保部负责制订有关资源与环保的法令、法规、条例；制订国家资源与环保的发展战略、规划、计划；颁布国家资源与环保的管理决定、指示、通知；组织指导资源与环保领域的科研与应用；实施资源与环保领域的国际合作。

（十九）国家总监察委员会

国家总监察委员会的职责是行使全国范围内的行政监察监督权，受理申诉控告，防止和惩治贪污犯罪等。

（二十）国家银行

国家银行负责管理全国范围内的金融货币、银行周转活动。国家银行同时是中央银行，负责制订有关金融货币、银行活动的法令、法规、条例；制订关于金融货币、银行活动的发展战略、规划、计划；颁布国家有关金融货币、银行活动的管理决定、指示、通知；确保银行系统的正常经营运作活动。

（二十一）民族委员会

民族委员会的职责是管理全国的民族工作。政府民族委员会是国会民族委员会的执行机构，其中民族政策司负责民族政策的制定、实施和监督，第一地方工作司负责西北地区民族工作，第二地方工作司负责西原地区民族工作，第三地方工作司负责九龙江地区民族工作。

（二十二）政府办公厅

政府办公厅是政府和政府总理的办事机构。办公厅的职责是组

---

① 资源与环保部直属的事业单位有：国家水文气象中心、水资源调查规划中心、国家远程探测中心、环保与资源战略政策研究院等。

织协调政府的运作，提出有关总理指导政府各部门活动的建议，协助总理组织协调政府各部、部级机关、直属机构、各省市的各项活动以实现政府各项工作计划，确保政府各项议事规则、议事日程和工作计划的实施，保证政府运作活动的各种技术和物资供应。

此外，政府的直属机构还有：胡志明主席陵管委会、社会保险委员会、越南通讯社、越南之声广播电台、越南电视台、胡志明国家政治学院、自然科学技术院、社会科学院、统计总局[①]。

第六节　司法机构

一、人民法院

越南1992年宪法规定：最高人民法院、地方人民法院、军事法院和根据法律成立的其他法院是越南社会主义共和国的审判机构。需要审理特别案件的情况下，国会或国会常务委员会可以决定成立特别法庭。最高人民法院是最高审判机关，监督地方人民法院、军事法院和特别法庭的审判工作。最高人民法院院长由国会选举和罢免，任期5年，向国会负责并向国会或国会常务委员会报告工作。最高人民法院副院长、审判长根据最高人民法院院长的建议由国家主席任命和罢免。越南的人民法院包括最高人民法院、省人民法院、县人民法院三级。各级人民法院院长由同级人民议会选出，向同级人民议会负责并报告工作，任期与同级国家权力机关相同。同时，省、县人民法院还要接受最高人民法院的指导和监督。

人民法院依照宪法和法律进行审判工作，审判实行两审终审制，在特殊情况下，最高人民法院有权进行初审和终审。对于死刑

[①] 统计总局负责组织开展全国统计工作，公布统计数据、资料。制订统计法规、制度、规定，指导和审定各部门的统计报告和数据。定期公布经济社会的年度、季度、月统计数据报告。

的判决，除被告可以按照复审程序对判决结果提出上诉外，还要经过最高人民法院审判委员会全体会议批准后方能执行。

2002年4月2日，越南十届国会第十一次会议通过的《人民法院组织法》规定：人民法院负责审判刑事、民事、婚姻与家庭、劳动、经济、行政案件，按照法律规定解决相关的其他事务。法院在职责权限范围内承担保护社会主义法制的任务，包括保护社会主义制度和人民当家作主的权利，保护国家和集体的财产，保护公民的生命、财产、自由、名誉和人格不受侵犯。

最高人民法院设有院长、副院长、审判长、审判员、书记员。最高人民法院还设有最高审判会议、审判委员会、中央军事法庭、刑事庭、民事庭、复审庭等一些下属机构。

各级法院的审判原则是：公开、独立、以法律为唯一准绳；集体审判；人民会审委员会参加；根据多数原则判决。为了保证在法律面前的平等权，被告有权请律师为自己辩护，包括使用特别的文字、声音为自己辩护。

二、人民检察院

依据1992年宪法中对人民检察院的规定，检察机构由最高人民检察院、地方人民检察院和军事检察院组成。最高人民检察院依法对政府各部、各部级机构、政府下属其他机构、地方行政机构、各经济和社会组织、人民武装机构和公民实施监察遵守法律的情况。地方人民检察院和军事检察院依法在权限范围内行使起诉权。地方各级人民检察院服从上一级检察院的领导，军队各级检察院接受最高人民检察院的统一领导。最高人民检察院只向国会负责，在国会闭会期间向国会常务委员会负责。

2002年4月2日，国会第十一次会议通过的《人民检察院组织法》规定人民检察院依据宪法和法律执行公诉权和监察司法活动。人民检察院在职权范围之内承担以下任务：(1)保护社会主义法制；保护社会主义制度和人民当家做主的权利；保护国家和集体的财产；保护公民的生命、健康、财产、自由、名誉和人格。(2)与其他相关国家机构配合，对犯罪进行有效的预防和制止；在司法活动中及时严明地对各种犯罪和违法行为进行处理；对犯罪和违法行为开展研究工作。(3)监察国家管理机关各项决议、决定、指示和其他规划；监察侦查机关的侦查工作；监察人民法院的审判工作和执行判决工作。(4)组织法律宣传和教育；制定法律；对干部进行培训。

最高人民检察院院长由国家主席提名，国会选举任命和罢免；接受国会的监督，对国会负责并向国会报告工作；国会休会期间向国会常务委员会和国家主席报告工作。最高人民检察院副院长、检察员根据最高人民检察院院长的建议任命和罢免。最高人民检察院院长的任期与同届国会相同。

地方各级人民检察院接受同级人民议会的监督，有责任向人民议会报告工作，回答人民议会代表的质询并听取建议和要求。

第七节　政党和社团

越南1992年宪法第1章第4条明确阐明：越南共产党是越南工人阶级的先锋队，是全民族工人阶级和劳动人民的忠诚代表。越南共产党以马列主义和胡志明思想为指导，是国家和社会的领导力量。越南共产党的所有组织在宪法和法律的框架下开展活动。简而言之，越南共产党是唯一的执政党，其他政党①和社团发挥各自优势，向执政党献言献策，根据规定参与国家管理。

一、越南共产党

1929年，在越南先后出现了三个共产主义组织：印度支那共产党②、安南共产党③、新越共产主义联盟④。这三个共产主义组织之间缺乏统一的领导，对待革命的态度和方法也存在分歧和差异。共产国际致信呼吁这些组织统一起来，并派遣阮爱国（即胡志明）回国组建统一的越南共产党⑤。1930年2月3~7日⑥，在阮爱国的领导和主持下，"统一会议"在香港九龙召开。各共产主义小组的代表们⑦经过认真讨论和协商，一致同意把三个共产主义组织合并成为一个无产阶级政党——"越南共产党"⑧。会议选举陈富为越南共产党中央

---

① 越南历史上曾经存在不少政党：1962年1月1日成立的越南人民革命党，实际是"南方党"，南方解放后，该党完成历史使命，不复存在；1946年7月22日成立的越南社会党，主要成员是院校、科研机构、大医院的知识分子，1988年10月15日宣布停止活动；1944年6月30日成立的越南民主党，成员主要是进步的民族资产阶级和小资产阶级知识分子，1988年10月20日宣布停止活动；1927年12月成立的越南国民党，该党信奉孙中山的三民主义，参加者为资产阶级知识分子、爱国绅士、农民和士兵等，现已经停止活动。此外，越南曾经存在过的较小政党还有国家革命运动（1945年9月成立）、公民集团党（1954年底成立）、勤劳人民党（1954年9月成立）、争取和保卫自由运动党（1954年成立）等，现都已停止活动。
② 1929年3月28日，越南青年革命同志会北圻分部召开大会，一致同意成立共产党。同年5月1日，越南青年革命同志会全国代表大会在香港召开，北圻代表团提出解散越南青年革命同志会，成立印度支那共产党的建议。大会没有接受该建议，北圻代表团退出大会，并发表声明解释为什么退出大会，呼吁工农群众支持成立共产党。1929年6月17日，印度支那共产党成立，并发表了《政治纲领》和《宣言》。
③ 1929年10月，越南青年革命同志会南圻分部召开大会，宣布解散越南青年革命同志会并成立"安南共产党"。
④ 1930年1月，更名为印度支那共产主义联盟。
⑤ 1929年10月，阮爱国由泰国曼谷启程赴香港，其身份为"共产国际东方部委员和东南亚司负责人"。
⑥ 会议的第一天，即2月3日成为越南共产党的成立纪念日。
⑦ 出席会议的有印度支那共产党和安南共产党的代表各2名，印度支那共产主义联盟来不及派代表出席。
⑧ 越南共产党的名称曾经历几次改动：越南共产党（1930.2.3—1935.3）、印度支那共产党（1935.3—1951.2）、越南劳动党（1951.2—1976）、越南共产党（1976.12至今）。

委员会总书记，通过了阮爱国起草的《简要政纲》《策略》①和《党章》以及一些群众组织的章程。1930年2月18日，阮爱国在香港以共产国际和越南共产党代表的名义发表号召书，向全世界宣告越南共产党的成立，同时阐明越南共产党的性质、目的和路线。

从1930年成立至今，越南共产党组织和领导人民取得了一个又一个胜利。1945年，党领导了"八月革命"，推翻了封建统治并建立越南民主共和国。在党的领导下经过9年的艰苦抗战，1954年取得抗法战争的胜利，解放了越南北方。1954—1975年间，党领导了北方的社会主义建设和全国的抗美救国战争，统一了全国。1986年，党推行"革新、开放"，逐步使国家摆脱了社会和经济危机，走上了一条工业化、现代化的强国之路，并为2020年实现国家工业化奠定了基础。

越南共产党现在拥有约360万名党员，4.8万个基层组织。基层单位有3名以上党员的可以成立党支部，党员多的单位可以设立党委。基层党委或支部由书记、副书记主持会议。党员必须参加基层党组织经常性的活动。越南共产党党内实行民主集中制。

1. 越南共产党历次大会

越南共产党迄今已召开11次全国代表大会。1935年3月27～31日，在中国澳门召开第一次党的全国代表大会，代表人数10人，7人被选入党中央，陈富②为总书记。1951年2月11～19日，印度支那共产党在宣光省越北林区召开第二次代表大会，会议决定把印度支那共产党更名为越南劳动党，选举胡志明为党中央主席，长

---

① 《简要政纲》和《策略》的主要内容为实行土地革命，推翻法国殖民统治及封建势力，争取越南独立并向社会主义和共产主义迈进。
② 陈富（1904.5—1931.9），河静人，越南共产党第一任总书记，任职时间1930.10—1931.9。

征①为党中央总书记。1960年9月5～10日,越南劳动党第三次代表大会在河内举行,大会选举胡志明为党中央主席,黎笋②为党中央第一书记。1976年12月14～20日,越南劳动党第四次全国代表大会在河内举行,大会决定把越南劳动党更名为越南共产党,选举黎笋为党中央总书记。1982年3月27～31日,越南共产党第五次全国代表大会在河内举行,大会选举黎笋为党中央总书记,实际上从1960—1985年都是黎笋担任党中央总书记(第一书记)。1986年12月15～18日,越南共产党第六次全国代表大会在河内举行,大会选举阮文灵③为党中央总书记。大会做出决议,越南开始全面实行"革新、开放"政策。1991年6月24～27日,越南共产党第七次全国代表大会在河内举行,大会选举杜梅④为党中央总书记。1996年6月28日～7月1日,越南共产党第八次全国代表大会在河内举行,大会选举杜梅继续担任党中央总书记。1997年12月,越共中央举行中央八届四次中央全体会议,会议选举了新的中央领导成员,杜梅不再担任党中央总书记,选举黎可漂⑤为党中央总书记。2001年4月19～22日,越南共产党第九次全国代表大会在河内举行,大会选举农德孟⑥为党中央总书记。大会决定取消中央政治局常务委员会,设立中央书记处,不再设立中央顾问委员会。2006年4月18～25日,越南共产党第十次全国代表大会在河内举行,大会选举农德孟继续担任党中央总书记。2011年1月,越南共产党第十一次全国代表大

---

① 长征(1907.2—1988.9),南定人,第五任总书记,任职时间1941.5—1956,1986.7—1986.12。原名邓春驱,由于钦佩中国革命的"二万五千里长征"而改名,是越南共产党创始人之一,也是越共杰出的理论家、诗人。
② 黎笋(1907.4—1986.7),广治人,第六任总书记(第一书记),任职时间1960.9—1986.7。
③ 阮文灵(1915.7—1998.4),兴安人,第七任总书记,任职时间1986.12—1991.6。
④ 杜梅(1917.2—),河内人,第八任总书记,任职时间1991.6—1997.12。
⑤ 黎可漂(1931.12—),清化人,第九任总书记,任职时间1997.12—2001.4。
⑥ 农德孟(1940.9—),北𣴓人,岱依族,第十任总书记,任职时间2001.4—2011.1。

会在河内举行,大会选举阮富仲①担任党中央总书记。

2. 党的组织机构设置

党的全国代表大会是党的最高领导机关,每五年召开一次②。基本任务为审查和批准中央委员会报告;决定党的路线、方针、政策及基本任务;决定补充、修改党章和党纲;选举中央委员会。

中央委员会是越南共产党在全国代表大会闭会期间的最高领导机关。中央委员会的职责和任务是:组织实施全国代表大会的各项决议;决定党的建设、群众工作、对内对外工作的重大问题;决定和实施干部政策和干部管理;决定收缴党费和管理党的财政问题等等。中央委员会每年召开两次会议,必要时可以召开特别会议。

政治局是中央委员会休会期间,代表中央委员会领导党的工作的核心和决策机构。政治局由中央全会选出,根据中央委员会的决议实施领导,并向中央委员会报告工作。

中央委员会设立总书记③,由中央委员会全会从中央政治局委员中选出,总书记负责主持中央政治局、中央书记处会议。总书记任期不得超过两届(10年)。越南共产党历任总书记分别是陈富、黎鸿峰④、何辉习⑤、阮文渠⑥、长征、黎笋、阮文灵、杜梅、黎可漂、农德孟、阮富仲。

处理中央日常事务的机构是中央书记处,它的职能主要是:在实施党的指示、决议工作中,指导、检查党员和各级党组织的活动;

---

① 阮富仲(1944.4—),河内人,第十一任总书记,任职时间2011年1月至今。
② 特殊情况可提前或延期召开,时间不超过一年。
③ 党的最高职务在一大期间为总书记;从二大开始同时设主席和总书记两个职务;三大仍设主席,总书记改称第一书记;四大以后,不再设党的主席,仅有总书记。胡志明从1951年2月到1969年9月去世,担任过二大、三大两届党的主席。
④ 黎鸿峰(1900—1942),乂安人,第二任总书记,任职时间1935.3—1936.3。他还是著名女英雄阮氏明开的丈夫。
⑤ 何辉习(1902—1941),河静人,第三任总书记,任职时间1936.3—1938.3。
⑥ 阮文渠(1912.7—1941.8),北宁人,第四任总书记,任职时间1938.3—1940.5。

指导党的建设、干部建设工作；组织和指导呈送政治局讨论、决定的重大问题的准备工作。

2007年越共十届四中全会决定，将中央的11个部委办撤并重组为6个：中央组织部、中央宣教部、中央纪律检查委员会、中央民运委员会、中央对外联络委员会、中央办公厅。此外还有人民报、共产杂志和国家政治（真理）出版社三个事业单位。

二、主要社团组织

（一）祖国阵线

越南1992年宪法第1章第9条规定：祖国阵线及其成员组织是人民政权的基石。祖国阵线发挥团结民众的传统，增强民众在政治和精神上的一致性，参与国家建设和巩固人民政权，与国家共同关心、保护人民的正当权益，动员民众发挥主人翁的精神，严格执行宪法和法律，监督国家机关、人民代表、干部、政府员工的行为、行动。国家应当为祖国阵线及其成员组织有效开展活动创造条件。

越南祖国阵线团结全国各阶层人民，具有较广泛的群众基础，在国家的政治生活、经济建设和改革事业中发挥了重要作用，是具有政治协商性质的民族统一战线组织。其前身为1952年3月成立的越南国民联合战线。1955年9月10日在河内召开的全国民族统一战线大会决定建立越南祖国阵线。1977年1月31日至2月4日，北方的"越南祖国阵线"和南方的"越南南方民族解放阵线""越南民族、民主及和平力量联盟"、各政党、团体、人民军、宗教界、民族知名人士、工商业者以及各省市统一战线组织的近500名代表，在胡志明市举行越南民族统一战线大会，大会决定合并建立统一的"越南祖国阵线"。统一的祖国阵线建立以来，孙德胜、黄国越曾任其中央委员会主席团名誉主席，黄国越、黄晋发、阮友寿、黎光道、范世阅、黄胆曾任主席。祖国阵线中央委员会设主席团为执行机构，现有成员45人。中央机关报为《大团结报》。

越南祖国阵线成员单位：越南共产党、越南总工会、越南农民协会、胡志明共青团、越南妇女联合会、越南退伍军人协会、越南武装力量、越南科学技术联合会、越南文学艺术联合会、越南和平团结友好组织联合会、越南合作社联盟、越南青年联合会、越南律师协会、越南新闻工作者协会、越南红十字协会、越南传统医学学会、越南医药学会、越南历史学会、越南植物栽培种植学会、越南佛教联合会、越南天主教会、越南福音教会、残疾人保护协会、越南盲人协会、家庭计划化协会、越南老年人协会、针灸学会、越南工业商贸处等。

（二）胡志明共产主义青年团

胡志明共产主义青年团成立于1931年3月26日，原名印度支那共产主义青年团。其名称几经变更[①]，1976年12月2日，根据越共"四大"决议，改为现名。胡志明共产主义青年团是越南共产党领导下的青年组织，是青年团结和战斗的旗帜，是党的助手和后备军。青年团的最高权力机构为全国代表大会，由大会选举出中央执行委员会，进而产生常务委员会和由第一书记、第二书记和若干名书记组成的书记处。

（三）越南总工会

工会是工人阶级及其他劳动者的政治—社会组织，以关注并保护干部、工人、职工及其他劳动者的权益，参加国家和社会的管理，监督和检查国家机关、经济组织的各项活动，教育干部、工人、职

[①] 1936—1939年进行公开活动时称民主青年团。1939年9月后转入地下，易名反帝青年团。1941年4月24日改组为越南救国青年团。1954年以后，南方的青年团组织先后称为越南人民革命青年团、胡志明人民革命青年团；北方的青年团组织先后称越南劳动青年团、胡志明劳动青年团。南北统一后，1976年3月，全国团组织统一命名为胡志明共产主义青年团。

工及其他劳动者以建设和保卫祖国为己任。越南总工会成立于1946年7月20日，前身是越南劳动者救国联合会，是世界工会联合会会员，现有会员300多万。

（四）老兵联合会[①]

老兵联合会是退休、退伍军人的组织。长期的战争使得越南社会有从军经历的人非常多，安抚好老兵、伤兵事关政治稳定和社会和谐，除了政府有专门机构"劳动、伤兵和社会部"进行管理外，自治组织"老兵联合会"也在帮助老兵维护权益、融入社会和归属情感等方面发挥了积极作用。

此外，越南还有不少社团组织和行业协会，如：农民协会、科学技术联合会、文学艺术联合会、和平团结友好联合会、合作社联盟、红十字协会、青年联合会、记者协会、胡志明研究会、文学会、史学会、工商联合会、学生联合会等。

---

① 也译为退伍军人协会。

第八章 国民经济

近代以来,越南饱受侵略,积贫积弱。法国殖民以来,小农经济逐渐破产,越南逐步建立起了以大城市为中心的依附经济体系,向法国提供能源、原材料、廉价劳动力和产品市场。1954年,越南民主共和国成立后,在北方解放区推行计划经济,在中国、苏联等国的帮助下建立起了初步的工业体系,全力保障南方战场的供给。与此同时,南越经济也在美国援助下畸形发展,在美国商品倾销和垄断资本的倾轧下,依附性特征十分明显。1975年,南北统一后,越南经济面临向服务民生经济转型,但是由于整体经济政策不能适应时代要求,经济转型失败,陷入严重危机。从1986年起,推行革新、开放政策,发展社会主义定向的市场经济,经济发展势头越来越好,步入新兴市场国家行列。2007年加入WTO,融入世界经济体系的步伐加快。2010年国内生产总值为1 016亿美元,人均国内生产总值达到1 168美元,城市失业率控制在4.43%,外汇储备约136亿美元。[1]

第一节 经济发展简史

一、殖民时期的经济

越南传统经济是自给自足的小农经济,以家庭为生产单位,商品交换仅限于少数的农产品和手工产品,这样的经济生产模式延续到法国殖民时期。据统计,1939年越南的工业生产值仅占工农业生产总值的10%左右,人均耕地不到0.1公顷,耕作全部依靠人力和

---

[1] 中华人民共和国外交部官方网站,2010年数据。

畜力。①

　　法国殖民时期，殖民者通过掠夺土地、矿山、原料，控制税收、金融等关键行业，掌控越南经济命脉。二战以前，法国在农业领域也有不少投资，大多投资到了种植业②、畜牧业、渔业和加工业。这些投资客观上促进了上述行业的发展，也为殖民者、资本家带来巨额利润，更塑造了畸形的经济模式，整体工业水平十分落后。

　　越南的农业资源和工矿资源都十分丰富，是世界著名的水稻、橡胶、咖啡、胡椒、腰果、茶叶、海产品的主要产地，还有丰富的煤、铁、磷灰石等矿藏，水利资源也极其可观。但是在法国殖民统治下，越南民族工业难以发展，民族资产阶级弱小，传统手工业也面临破产。除了法国垄断资本控制的煤炭、电力、纺织、水泥和小型机械修配外，基本没有其他工业。此外，殖民者还通过鸦片、盐和酒的专卖攫取大量财富，通过各种苛捐杂税盘剥人民。

　　二战爆发后，法国殖民者在越南推行所谓"指挥经济"，即控制生产，控制进出口，控制货物分配和价格，配合采取其他一些措施，为战争服务。后来，日本控制越南后，也采取了类似法国的做法，竭力掠夺各种资源，使得原本薄弱的经济更加凋敝。

二、越南民主共和国时期的经济

　　从1945年独立到1954年抗法战争结束，越南尚无力顾及经济建设。由于法国的殖民统治和战争的破坏，土地抛荒、城镇工业企业瘫痪、交通阻断、物品奇缺、物价飞涨，人民生活十分困难。在解放区，革命政权没收殖民者和垄断资本家的财产以建设国营企业，鼓励农民恢复生产，推行减租和土改政策。

---

① 戴可来、于向东：《越南》，南宁．广西人民出版社，1998年版，第161页。
② 如咖啡园、橡胶园、胡椒园等。

第八章 国民经济

1954年北方完全获得解放后，于1955—1957年实行了恢复经济的三年计划，主要措施是恢复和发展农业生产、继续推行土改、恢复工业，主要是手工业和资本主义工商业。该计划取得明显成效，1957年，北方经济已经达到或超过战前最好的1939年的水平。

从1958—1960年，北方又实行了改造和发展经济的三年计划，开始在经济部门进行社会主义改造。改造集中在农业、手工业和资本主义工商业。[①]改造结束后，国家经济结构发生了根本变化，国家掌握了国民经济的重要部门，国营和集体经济发展壮大。

1960年9月5日，越共三大召开，大会制定了北方社会主义经济建设的第一个五年计划(1961—1965年)。计划的目标是：初步建立社会主义的物质和技术基础，初步实现社会主义工业化，同时完成社会主义改造，工业总产值增长148%，农业增长60%。第一个五年计划的指导思想为"优先发展重工业"，强调重工业的基础地位，同时大力发展农业和轻工业。该指导思想偏离了实际，不少目标未能实现。

1955—1965年，十年的和平建设是越南社会主义事业发展的一个重要时期，经济基础和计划体制基本建立，工业发展较快，并形成了河内的机械制造、纺织、综合工业，越池的化工、轻工，鸿基的煤炭，太原的钢铁，高平的有色金属，海防的机械制造、建材，南定的纺织，清化的农具、农药，荣市的磷肥、粮油加工等特色工业基地。

1964年底，美国开始攻击北方解放区，为适应战争需要，越南经济在1965—1972年间转入战时模式。主要指导思想为"一切为了前线，一切为了胜利"。具体做法有：压缩中央工业和重工业，大

---

① 基本模仿中国方式，对农业和手工业的改造采取合作化的方式，成立农业合作社、劳动合作社、行业合作社等；对工商业的改造采取和平赎买的方式。

力发展农业和小手工业，发展地方工业；采取疏散安置、分散生产等措施以避免轰炸。这一时期，农业歉收、工业生产困难、经济下滑。

1973年，《巴黎和平协定》签订以后，越南北方努力恢复经济，其中交通运输业和工业恢复较快，农业也有所发展。到南北统一之前，北方经济基本已经纳入社会主义国营、集体经济轨道，工业发展较快，为抗美救国战争和南北统一的斗争作出了积极的贡献。但是整体来看，北方仍是以农业为主的落后的传统经济。

三、南越经济

统一前的越南南方，先后处于法国和美伪政权的统治之下。法国殖民者大肆掠夺资源、盘剥南方人民。1954年前，南方的橡胶种植、食品加工、纺织、船舶和机械修理等行业几乎都被法国资本垄断；稻米加工、出口也被法国控制；金融业更是被法国牢牢把控，通过倒卖货币、印支元贬值等手段获得超额利润。多重盘剥造成严重通胀，人民生活困难。从20世纪50年代开始，基于资本安全的考虑，法国逐步把在越资本转移到本国或非洲。[①]

1946—1954年间，美国逐步取代了法国在南越的垄断地位。1955年，吴庭艳傀儡政权建立后，一度打起"民族独立"和"反殖民主义"的旗号，限制法国货进口，掀起排法运动，民族工业有所发展，但是在美国商品的倾销和垄断资本的倾轧下迅速萎缩。[②]进入20世纪60年代，南越经济基本为战争经济，严重依赖美国援助。

[①] 印支银行1950年9月宣布已经将95%的资金转移到法国和突尼斯等地，美国则抓紧时机，极力向南越渗透。
[②] 南越民族工业受摧残最严重的部门是纺织业和制糖业。纺织业80%倒闭；1958年，美国出口到南越的白糖达6.1万吨，而本年南越全部消耗量为6.5万吨，糖厂成批破产。

1954—1974年的20年间,美国向南越伪政权提供援助达260亿美元[①],大量美元的流入,客观上促进了南越经济的发展。具体体现在:(1)基础设施建设成效显著;(2)培养了一批了解市场运作规律的经济专才;(3)实行土改,改变社会经济结构;(4)轻工业获得较快发展;(5)以外资银行和私人银行为主的金融业发展较快;(6)商业、服务业发展较快。

南越资本主义的发展从一开始就受到美国的控制并为美国全球战略服务,其主要特点就是寄生性、畸形发展,一旦外援断绝,极易发生经济危机,导致社会动荡。此外,战争还导致了南越50多万顷良田被毁,100多万公顷森林遭到化学污染[②],至今还影响着当地居民的生活。

四、统一至革新开放时期的经济

统一后,越南劳动党第四次全国代表大会确定了新时期社会主义革命和建设的路线:从小生产走向社会主义大生产;在发展农业和轻工业的基础上合理地优先发展重工业,促进社会主义工业化,建设社会主义的物质技术基础,建立工农业相结合的经济体系;把中央经济和地方经济结合起来,把经济和国防结合起来;同社会主义各国加强分工、合作与互助关系;争取用20年时间,把越南建设成为拥有现代化工农业经济、先进的文化和科学技术、强大的国防,拥有文明和幸福生活的社会主义国家。1982年召开的"五大"再次肯定了"四大"的路线。从统一至1986年底越共"六大"召开,越南遵循"四大"的路线,继续进行社会主义改造,同时实施了发

---

① 其中军援180亿美元,经济援助80亿美元。经济援助主要以商品输入的形式进行,一方面推销了剩余产品,一方面也服务了战争需要。
② 美国为了阻断胡志明小道,在小道经过的林区喷洒落叶剂(俗称橙剂),造成水土污染。受污染地区大量新生儿畸形。

展国民经济第二个五年计划(1976—1980年)。

（一）北方合作社的扩大

北方在20世纪五六十年代已经基本完成了对农业的社会主义改造，农业生产走上了集体化的道路，农业合作社成为农村基本生产单位和组织形式。农村成为抗美救国战争时期稳固的后方，为抗战胜利作出了积极贡献，但是效益差、管理不善等问题一直未得到解决。统一后，越共按照社会主义大生产模式进一步扩大合作社规模以解决生产效益差的问题，但是扩社后，不仅未能解决效益差的问题，还因为管理水平跟不上、责任心不强、分配无差异等原因进一步挫伤了农民的生产积极性，农业效应进一步下滑。

（二）南方的社会主义改造

1975年9月，越共三届24次会议决定对南方农业进行"社会主义改造"。原计划1980年完成，由于情况复杂，困难重重，到20世纪80年代中期才基本完成。南方社会主义改造过程中，首先调整农村的土地占有[①]，在此基础上，同时开展农业生产合作化运动和将农业机械集体化。南方农业的社会主义改造推进速度过快、过猛，追求规模和高水平，忽视地区差异，机械照搬同样的组织形式和管理方式，给南方农业生产留下了隐患。

南方商品经济比北方发达，西贡解放前，约有36.6万经商户和劳务户，大约有资本家2万～4万人，更多的是小手工业者、手工业者和小商贩。对民族资产阶级采取了公私合营的方式进行改造；对手工业的改造主要采取走集体生产的道路，组织合作社或合作组；对于商业的改造政策是废除资本主义私营商业。[②]经过改造，大

[①] 将外国资本家的庄园和土地收归国有；没收不法地主和逃亡地主、买办资产阶级的土地；没收南越伪军、伪政权和其他逃亡分子的土地；对拥护抗战的地主、富农、农业资本家，动员他们献地，也征购一部分，然后再分给农民。

[②] 1978年4月，南方又决定扫荡"露天市场"，取缔了大部分小商贩。

量资金和物资被国家掌控，然而由于改造过左、过激，打击面过宽、过大，对南方经济造成了很大破坏。

（三）第二个五年计划及其失败

1976年12月，越共"四大"通过了关于国民经济第二个五年计划的决议，该计划强调在进行社会主义改造的基础上，加快经济建设的步伐。在发展农业和轻工业的基础上，合理地优先发展重工业，形成工农业相结合的建设和生产体系。要求五年内工业总产值平均增长达到16%～18%，农业总产值年均增长8%～10%，粮食从1975年的1 159万吨增至1980年的2 100万吨，国民收入年均增长13%～14%。此外，在各个行业都有具体指标。

实施结果是没有一项达标，工业总产值年均增长0.6%，农业总产值年均增长1.9%，国民收入年均增长0.4%，越南经济陷入严重危机。城镇居民粮食供应严重不足，每年缺粮300万～400万吨，工厂普遍开工不足，商品奇缺，物价飞涨，年通胀率达两位数，黑市猖獗，五年累计财政赤字134.14亿越盾。

造成第二个五年计划失败的原因大致有：(1) 计划脱离国情，目标过高，重工业消耗了大量资金，农业和轻工业投入不足。同时，为了稳定物价，人为压低农产品价格，打击了农业生产积极性，造成农产品供给不足。(2) 南方过急的社会主义改造，对经济发展产生了严重的负面影响。(3) 侵占柬埔寨导致国际制裁，西方许多国家削减，甚至停止了对越经济援助。

（四）新经济政策时期（1979—1985年）

为了摆脱经济社会危机，1979年9月召开的越共四届六中全会开始调整经济政策，修改经济目标。会议提出"促进生产、稳定和保障人民生活"的方针。会议认为只有走列宁提出的道路，取消战时经济模式，实行新经济政策，才能摆脱困境，因此，越南领导人将这一时期的经济调整称为"新经济政策"。调整内容包括：（1）农业实行生产承包责任制①；（2）工业方面，放慢南方社会主义改造速度，采取"灵活政策"②发展消费品和地方企业；（3）在商品流通领域，从1981年开始开放自由市场，允许私人经商，扩大地方和企业的出口权；（4）推行价格、工资、货币改革。③

经济局部调整的政策取得了一定成效，但是还有很大的局限性和不彻底性。越共"五大"提出"取消官僚包给的行政管理体制"，但是实际上该体制仍然主宰经济管理系统。此外，还没有从根本上解决经济发展的理论问题，不少领导者还把新经济政策作为权宜之计。

五、革新开放以来的经济

1986年12月，越共"六大"召开。大会总结了全国统一后在经济建设中的经验教训，明确造成经济困难的主要原因是党在"总的主张和政策方面的严重、长期的错误，是战略指导和组织实施方面的错误"。同时强调应从中汲取教训：一是党必须贯彻"以民为本"的思想，巩固和发展劳动人民当家作主的权利；二是党必须时刻从实际出发，尊重和按客观规律办事；三是必须把党的建设同执政党的政治任务等同起来。革新路线自"六大"提出以来，1991年七大进一步完善，1996年"八大"、2001年"九大"、2006年"十大"、2011年"十一大"继续坚持革新路线，发展社会主义定向的市场经济，并制定了不同时期的经济社会发展战略。

---

① 一般称为"三五"承包制，把水稻生产过程中的8个环节分成两部分：插秧、施肥管理、收割3个环节承包给个人，耕地、育秧、施肥、排灌和防治病虫害5个环节由合作社统一负责。
② 政府鼓励企业自筹资金，自找物资、原材料、能源生产国家计划外产品，可自行销售产品。工资上实行总额承包、计件工资和奖金制度。
③ 由于价格、工资、货币改革缺乏配套的财政、税收政策，并且在根本上与计划体制冲突，最终失败。

(一)经济革新的思想和理论基础

"六大"认为,越南尚处于社会主义过渡时期的初级阶段。初级阶段的主要特点是:(1)没有经过资本主义发展阶段,直接从以农业为主的小生产向社会主义过渡,工业不发达,劳动生产率低,国民收入少。(2)经济基础差,经济建设比例失调,生产不能满足消费和积累的必要需求。(3)存在商品经济和多种经济成分,有国营和集体经济,也存在个体经济和资本主义经济。初级阶段理论改变了越南急于求成的左倾冒进思想。根据该理论,越南允许各种私营经济成分的存在和发展。

"六大"还认为,从小生产过渡到大生产的过程,就是从带有自给自足性质的经济向商品经济转变的过程,发展商品经济不能超越,从而否定了社会主义经济与商品经济对立的观念。"六大"及其以后,越南也开始注意到计划与市场的关系,把"以行政命令为主"的管理机制改为"以经济手段为主",缩小指令性计划,扩大指导计划,给企业更多自主权。但是,"六大"还未能明确提出社会主义市场经济。

(二)革新政策的实施和深化

"六大"解决了经济建设的理论问题,决定按照"农、轻、重"的顺序发展经济,把发展粮食和食品生产、日用消费品生产和出口商品生产作为党和国家的核心任务。具体措施有:(1)完善农村的家庭承包责任制,发展农、牧业生产;(2)扩大企业自主权,让企业在市场上谋生存、求发展;(3)实行价格改革,初步控制通货膨胀;(4)发展多种经济成分,增加外贸出口,大力吸引外资。

1.经济革新的突破口——农业革新

1981年,越南在全国农村推广"三五"承包制,促进了农业生产的发展，1981—1985年间，粮食年均总产量增至1 700万吨。[①]但是"三五"承包制本身还有很大的局限性，没有把土地承包到户。1986年，农业出现停滞、滑坡；1987年农业进一步减产；1988年初，全国发生严重饥荒[②]。1988年4月5日，越共中央政治局统一认识，做出了关于改进农业生产承包制的"10号决议"，把土地彻底承包到户，农户对土地的使用权10～15年不变，承包定额5年不变等。1993年7月，越南国会通过《土地法》，该法规定：种植一年生作物的土地使用权为20年，种植多年生作物的土地使用权为50年；允许农民拥有土地使用权、出租权、继承权、转让权和抵押权；激发了农业活力。与此同时，改革农产品流通分配和价格政策，放开粮食市场。越共八大进一步强调，加强农村的"水利化、机械化、电气化"建设，按照工业化、现代化方向开发和建设农业、农村。迄今为止，越南农业、农村已经取得了飞跃式发展，成就巨大[③]，不仅为社会经济稳定作出了重大贡献，还带动了其他行业的革新。

2. 国企改革

越南的国企改革大致经过了市场化、股份化、公司化三个阶段。第一步是从"管理集中统包制"向企业自主经营、自负盈亏，成为独立的商品生产者、经营者以及市场主体的转化。到1995年，国有企业从12 296家减少到5 962家。第二步是国有企业的股份化，1991年七大提出逐步扩大国有企业股份制的主张，并出台了一些措施。第三步是国有企业公司化，1994年3月，越南政府作出组建企业集团

[①] 1976—1980年间粮食年均总产量为1 335万吨，改革后增长明显。
[②] 1986年，粮食产量为1 837万吨，比1985年增加仅17万吨。1987年粮食产量下降为1 750万吨，人均粮食产量从1985年的304千克下降至281千克。1988年春，全国有930万人缺粮。
[③] 1989年，越南粮食首次突破2 000万吨，不仅实现自给，还出口150万吨；1997年，出口大米386万吨，成为世界第二大米出口国，此后一直保持该地位；2005年出口大米500万吨；2007年出口450万吨。此外，越南还是著名的咖啡、胡椒、橡胶、腰果、茶叶、海产、木材出口国。农业已经成为越南的支柱产业。

（或总公司）的决定，实质是国有企业的联合、重组。[①] 上述国企改革"三部曲"在内容上有区别又相互联系，在时间上有交叉，大体上反映了国企改革逐渐深化的过程。

3. 价格革新与通胀治理

革新前，物价体制为双轨制，市场也分为计划市场和自由市场，价格革新就是要取消计划市场。1989年初，越南政府决定废除国家物价体制，除少数重要进口物资以及电、交通运输、邮电等价格由国家决定，其余全部放开。通胀治理综合运用了调整投资结构，缩减军队、政府机构开支，控制货币发行量，实行浮动利率、浮动汇率，转变银行职能等政策。通过综合运用各种金融手段，从源头控制通胀，取得初步成效。但是，在全球经济危机的背景下，2008年越南又经历了一次剧烈的通胀，引起全球关注。

4. 发展外向型经济

革新开放前，越南基本属于落后的农业国，要想在全球化的背景下发展经济，吸引外资、扩大出口是可行的选择。首先，逐步扩大对外开放，全面改善与世界各国、各政治组织的关系，增友减敌。其次，实行出口发展战略，改革外贸体制、发展多样化市场。第三，吸引外资，颁布了《外国在越南投资法》[②] 等一系列涉外法规，从法理上解决外资入境的问题；建立出口加工区和工业园区，全面鼓励出口贸易。实践证明，吸引外资、扩大出口极大地带动了越南相关产业的发展，并为GDP的发展作出了巨大贡献。

---

① 国有企业公司化的出发点在于解决国有企业过于分散，经济、技术实力单薄，竞争力不足的问题。此外，成立总公司还有利于政府对国有资产的管理，便于实现国家产业政策、技术政策以及宏观调控等。

② 越南国会1987年通过。

第二节　主要经济部门[①]

越南原是一个农业为主、工业相对落后的国家。自革新开放以来，在工业发展方面具有超前意识，非常重视有技术含量的高新产业的开发，重点发展信息产业（以计算机软件为突破口）和生物工程技术。同时，在交通运输、邮电通信、旅游、贸易、金融等领域都也取得了相当大的成就。

一、农业

目前，越南农村人口仍占全国人口的70%，有2 000万劳动力在700万公顷的土地上耕作。人均农业用地面积约为0.5公顷，在世界上排名第159位，人均耕地面积大约只有0.1公顷。根据统计部门的数据，越南农业耕地面积还可增加约400万公顷，但这些潜在耕地大部分开发条件不佳，前期投入太大，短期内难以实现。

越南的农业发展有许多便利条件，如气候温湿，水源充足；种植、养殖的品种类别多种多样，农业生产复种指数高；地理条件比较优越，有多个生态区和一些小型气候区，灵活多样，可进行复种、间种。此外，越南还有大量河湖、海湾、山林，有利于发展水产业、畜牧业、林业等。

（一）种植业

水稻是越南的主要粮食作物，一年可种收2～3季，有二十几个品种，如三月稻、早稻、大茬稻、冬春稻、夏秋稻（产于越南中部和南部）、八香稻、野生稻（天稻）、晚稻（秋稻）、糯米稻、浮稻、旱稻（长在山区）、春稻（产于北方，六月收割）等。此外，还种植

[①] 数据源：http://www.gso.gov.vn/default.aspx?tabid=507&Item=12128.

玉米、木薯、红薯等杂粮。

自1986年以来，越南农业发展很快，最突出的成绩是粮食产量得到持续稳定的增长：1985年全国粮食总产量仅1 820万吨，1990年为2 148万吨，2000年达到3 420万吨。2011年，全年粮食产量约4 700万吨，其中水稻总产量达到4 230万吨（冬春稻1 980万吨、夏稻1 330万吨、秋冬稻[①]920万吨），玉米产量460万吨。如今，越南的粮食储备十分充足，人均口粮达500千克以上，大米出口在世界上排第二位，并有赶超泰国的趋势。2011年，越南大米出口创汇36亿美元（FOB价格）。

越南还是茶叶、橡胶、咖啡、胡椒、腰果等生产和出口大国。2010年，茶叶[②]产量82.37万吨；橡胶[③]产量75.45万吨，出口创汇32亿美元；咖啡[④]产量110.57万吨，出口创汇27亿美元；胡椒产量11.12万吨，出口创汇7.75亿美元；腰果[⑤]产量28.99万吨，出口17.84万吨，创汇14.7亿美元。

（二）林业

1943年，越南的森林面积为1 430万公顷。其后连绵不断的战争对森林资源破坏极大，兼之传统的刀耕火种生产方式，以及人为的毁林开荒，到1983年，全国森林面积减少到780万公顷。森林面

[①] 农历十月份收割的稻子，越语为lúa mùa。
[②] 茶叶在越南种植比较广泛，种植面积逐年扩大。据越南有关部门统计，2003年茶种植面积为10万公顷，种植面积和产量均居世界第5位。到2009年，茶叶种植达到12.81万公顷，产量达到79.88万吨。越南是世界七大茶乡之一，其茶叶质量得到国际市场的认可，国际市场份额逐年扩大。2011年截至11月出口达12.2万吨，创汇1.8亿美元。
[③] 自1986年以来，越南橡胶种植业发展很快，最近10年来，在西原和中部地区、南部地区新种22万公顷橡胶，其中有18万公顷已开始产胶。到2009年，全国橡胶种植面积为67.42万公顷，橡胶产量约73万吨，90%用于出口。越南橡胶质量优良，可与马来西亚所产的橡胶媲美。
[④] 随着世界市场的打开，越南着力在西原地区推广咖啡种植，到2009年，咖啡种植53.7万公顷，已经成为世界重要的咖啡生产和出口国。越南咖啡质量好，但加工技术较落后，改进加工工艺还可以进一步挖掘其在世界市场的竞争力。
[⑤] 越南从广平到南部东区各省都可种植腰果。在腰果种植面积、产量和加工出口等方面居于印度和巴西之后，在世界上排名第三。

积的急剧减少引起了政府的高度关注，并出台了一系列措施保护森林资源，鼓励植树造林，森林面积逐渐增加。截至2007年，全国森林覆盖率已达到38.3%。[①]

保护森林的措施包括1992年颁布的《森林保护法令》，明令禁止原木和低附加值木材产品出口。1993年以来，对木材开采、运输、出口采取了更加严格的管制措施。[②]越南林业逐渐走上了一条保护性开发的道路。[③]2011年，全年植树造林54.7万公顷，再生林94.2万公顷；全年开发木材469.2万立方米（其中用于生产纸浆的木材220万立方米）。2011年木材及木材产品出口创汇39亿美元。

（三）畜牧业

越南的家畜主要是牛、猪，主要家禽为鸡、鸭，个别地方饲养少量骡、马、鹿、山羊等。越南畜牧业的发展起点较低，革新开放以前，总体的情况是缺乏饲料、种畜、兽医、兽药等。推行经济革新以后，政府制定了一系列鼓励农业发展的政策，粮食连年增长，推动了畜牧业发展。同时，鼓励发展庄园形式的具有一定规模的牧养经济，投资新建屠宰场，采用现代科技进行物种杂交，加强产品质量的检查与监督，促使畜牧业形成产业链。截至2011年10月1日，越南生猪存栏2 710万头、水牛271.2万头、黄牛543.66万头、家禽

[①] 数据转引自徐绍丽、利国、张训常：《列国志·越南》，北京．社会科学文献出版社，2009年版，第225页。
[②] 1992年《森林保护法令》是在1972年《森林保护法》和《森林保护条例》基础上修订而成。与之配套的做法还包括：把全国约400家国营林场逐步从林业开发向植树造林、护林、巡林转化，注重林业开发的可持续性；根据1990年颁布的《资源税法》，对开采木材、薪柴和其他林产品征收10%~40%的资源税；在全国划出87个特殊用途林区，其中7个为国家公园，49个为自然保护区，31个为历史文化保护林和环保林，总面积达110万公顷；提高林业干部队伍素质，普及森林保护知识；植树造林和节约木材并举；实现原料区与加工区的合二为一，运用新的嫁接等生物学工艺为造林提供足够的树种，在种植、开发、运输、加工等多个环节实现机械化；进一步提高与林业相关的产业科技水平，达到增效、降耗的目的。
[③] 据不完全统计，1990年越南林业总产值约1.37万亿越南盾，2002年为6.03万亿越南盾，2009年达到12.699万亿越南盾。林业产值不断增加，而森林覆盖率也能逐年上升。

32 260万只，预计全年畜、禽肉产量417万吨。

越南畜牧业、家禽饲养业从革新开放以后，保持了较快的增长势头。这一方面是因为粮食产量连续增加，有余粮投入到畜牧业；一方面是因为经济发展，人们生活水平提高，对动物蛋白的需求持续增加；同时，牧业科技的发展提供了保障。

（四）渔业

越南发展渔业具有得天独厚的条件。首先，沿海地区处于热带和亚热带海流的交汇点，又有众多的河流入海，适宜的气温、丰富的食物非常有利于海洋生物生长；其次，越南有大小河流上千条，全长约4.1万千米，可用作淡水养殖的面积达150万公顷。同时，随着水、海产世界市场的拓展，越南还推行一系列措施[1]，促进渔业发展。2011年，水产产量达到543.29万吨，其中，鱼类产量405.05万吨，虾类产量63.29万吨；水产养殖产量约为293.04万吨、水产捕捞量约为250.25万吨（其中海洋捕捞230万吨）。

二、工业

越南工业起步于法国殖民时期，统一后走过一段弯路，革新开放后，逐步理顺发展思路，现在已经初步建成门类较齐全的工业体系。2010年，工业产值（按1994年可比价）为7 942 020亿越盾。

（一）重工业

1. 钢铁工业

20世纪90年代以来，越南钢铁工业快速发展，钢产量逐年递增，1990年为10.1万吨；1999年突破100万吨，达到122.3万吨；2002年突破200万吨，达到242.9万吨；2011年约900万吨。钢铁产

---

[1] 总的指导方针是对捕捞、养殖与现代加工均衡投资，使之同步发展。如投资发展远海捕捞、人工养殖、生态养殖，将一部分农业用地转为水产养殖基地等。

量呈几何级增长,从侧面反映了越南经济快速发展的势头;同时高需求导致了大规模投资,现有产能已经趋于过剩①。大型钢铁企业主要有太原钢铁联合企业、南方钢铁公司和Pomina钢铁公司②。太原钢铁联合企业原型为20世纪60年代中国援建的太原钢厂,20世纪90年代以前,占到国内钢产量的60%。进入21世纪,中国又与越南签订了太原钢铁联合企业技改援助项目,帮助企业采用先进技术,提高产能。南方钢铁公司有边和、守德两个轧钢厂。近年来越南钢铁总公司与外商合资兴建了一批钢铁厂,其中,最大的钢铁合资项目是台塑集团在河静省兴建的大型钢铁企业。

2. 建材工业

截至1990年,越南全国大约有50家水泥厂,100家砖瓦厂以及众多的石材厂,其中水泥的产能约400万吨。随着经济建设速度加快,建材业获得了发展黄金时期。同时,建材产品单一的状况也有了改变,建筑玻璃、陶瓷(瓷砖)、大理石等新兴建材产品发展迅猛。以水泥为例,1991年,全国水泥产量约312.7万吨,2000年为1334.8万吨,2010年为5670万吨,2011年达到7000万吨③,以5年翻一番的速度增长。建材工业高速发展的原因大致有以下几点:(1)大量建设项目开工;(2)大量外资和ODA④项目落户越南;(3)先进生产线的引进;(4)民间住宅建设需求等。

---

① 据《越南经济时报》2012年7月20日的报道,越南现有钢铁企业462家,钢材产能近1000万吨,国内需求只有600万吨左右,经济下行趋势明显。
② 据越南《投资报》2012年7月27日的报道,由越南Pomina钢铁公司投资3亿美元兴建的第三Pomina炼钢厂竣工投产,该项目位于巴地一头顿省富美工业区,设计产能100万吨/年。此外,该公司在头顿省和平阳省还有第一、第二炼钢厂,第三炼钢厂建成后,公司钢坯产能将达到210万吨/年,轧钢能力150万吨/年。
③ 据《越南经济时报》的数据,2012年前6个月,月均销售水泥350万吨,这意味着越南水泥产能过剩达2500万~3000万吨。
④ "官方发展援助计划"的英文缩写。

3. 化肥工业

越南的化肥工业相对薄弱，长期不能满足市场需求。为了解决国内化肥供需矛盾，越南规划扩建河北氮肥厂，增加产能到40万吨/年；扩建磷矿选矿厂以提高磷肥生产能力；在南方建设金瓯化肥厂，在北方新建宁平氮肥厂。随着各项措施的落实，化肥产能逐渐增加，但仍需要进口。2010年，越南化肥产量达257.4万吨。随着金瓯化肥厂等新建化肥厂相继投产，越南化肥产能进一步提高，2012年上半年的产量即超过2010年全年产量，其中氮肥产量73.4万吨、NPK（氮磷钾复合肥）产量88.6万吨、磷肥产量91.9万吨、DAP（磷酸二铵）产量12.9万吨。

(二) 轻工业

1. 纺织业

从20世纪70年代开始，越南新建和扩建了一批大型纺织厂，如河内纱厂、芽庄纱厂、荣市纱厂、东南纱厂、顺化纱厂、南方纺织厂、三八纺织厂、永富纺织厂、胜利纺织厂、丰富纺织厂等。20世纪90年代以后，纺织业着力引进设备、更新生产工艺、推进现代化管理、深化企业革新，逐渐发展为越南的支柱产业。2011年，纺织品出口140亿美元，成为全球重要纺织品出口国，现在，纺织品出口是越南第一创汇产业。当前，越南约有1 000家纺织品工厂和50万产业工人。

服装生产是纺织业中的龙头产业，自1990年以来，产量逐年增长，1991年服装总产量1.06亿件，2000年达到8.7亿件，2010年生产成衣18.839亿件。服装业快速发展一方面是因为革新开放、企业改制等政策激活了纺织企业的活力，一方面也因为贸易市场的拓展和产品的竞争力。服装业面临的瓶颈问题是原材料紧缺和出口配额。

2. 制鞋业

20世纪90年代以来，随着人民生活水平的提高，对鞋类的消费出现了多元化的需求，制鞋业适应需求，快速发展起来。2010年，越南鞋类产量达3.725亿双。制鞋业出口创汇也连年增长，1999年，创汇13.8亿美元，2011年为65亿美元。越南制鞋业快速发展一方面是适应了市场需求，一方面也由于外资大量进入，适应全球化模式，把廉价劳动、先进设备、国际市场紧密结合。制鞋业与服装业一样，也面临出口配额限制等问题。

3. 粮食加工

越南粮食加工业主要包括碾米业、小麦及副产品加工和杂粮加工三部分。碾米是越南的传统产业，20世纪40年代左右，越南已经有了一些加工出口大米的工厂；20世纪70年代以来，又新建了一批规模不一的大米加工厂。革新开放之后，越南的粮食连年增长，大米大量出口，为适应该需求，一些企业引进先进生产设备和技术，扩大产能，提高碾米质量，有效提高了越南大米在国际市场的竞争力。到2011年，越南粮食加工能力突破5 000万吨。越南的小麦全部需要进口，每年大约加工面条、面包20万吨。杂粮加工一般采用半机械化和手工操作，产品主要满足国内市场。

三、能源

（一）石油天然气

1975年，越南政府组建了石油天然气总局，负责组织有关单位在沿海海域进行石油勘探开采。1977年，越—苏石油天然气联营企业①发现头顿海域有大量的石油天然气，于是便开始开采白虎、大龙油田，并在前海（太平省）开采天然气。这一时期的开采量十分

---

① 英文名称为Vietsovpetro。

第八章 国民经济

有限，但展现了越南油气行业的美好前景。1977年9月，越南政府组建了越南石油天然气公司负责与外国合作进行石油天然气勘探、开采。1990年7月，成立了越南石油天然气总公司。1992年4月，越南石油天然气总公司与工业部脱钩，直属政府总理领导。1995年5月，越南石油天然气总公司升格为国家级集团企业。越南石油天然气总公司[①]负责石油天然气的勘探、开采、储运、科研、产品加工及进出口贸易等。

现在，石油天然气产业及其建成的相关石化企业已成为越南的龙头产业。越南已成为东南亚出产和出口原油排第四位的国家，越南石油总公司已成为亚太地区销售量最大的前100家石油公司之一。为加速石油天然气事业的发展，越南已建成或规划建设一些石油化工工程项目：在榕橘修建年产650万吨的越南第一个炼油厂[②]；开采兰西—兰赤油田；在头顿铺设长400千米、每年往海岸输送60亿~70亿立方米的天然气管道；在黎明油田的九龙储气区采集天然气，为沿岸各工业区服务；建设年产20万吨沥青的联合企业；建设DOP、PVC生产企业。越南原油开采量也逐年上升，1991年原油产量为392万吨；2000年原油产量为1 650万吨；2005年开采石油1 860万吨、天然气66亿立方米。2010年，全年开采原油1 496.7万吨，天然气92.83亿立方。[③]

在加快国内石油开发的同时，越南也抓紧投资开发国外油气资

---

① 越南石油天然气总公司，英文名称为Petro VietNam，包括21个子公司：油气勘探开采公司、油气开发投资公司、油气工程设计建设公司、油气技术劳务公司、石油产品加工经营公司、天然气产品加工经营公司、油气商贸公司、油气保险公司、油气旅游劳务公司、油气钻探溶体与化工产品公司、油气财政公司以及10家油气科研院所、培训中心、项目管理委员会等。
② 2010年已经投产。
③ 2005年以后，越南政府提出不过度开采和出口不可再生能源，采取了有节制的开采措施，保持年产1 600万吨原油、70亿立方米天然气的生产水平。实际还会根据每年的具体情况进行调整。因为原油出口是越南最重要的外汇来源之一，政府为了平抑个别年份的贸易逆差也会增大原油开采和出口。

源。2008年1月8日，越南油气勘探和开发总公司与老挝政府签订了在占巴塞省和沙拉湾省勘探、开采油气的合同。同时，还计划在海外购买数座适中规模的油气田。

（二）煤炭

越南煤的储量丰富且品种多、质量好。除广宁省外，太原省太原、宁平省儒关、谅山省禄平和红河上游沿岸地区均有煤，总储量达65亿吨，品种有无烟煤、褐煤、泥煤、肥煤，其中无烟煤主要分布在广宁省的东北部地区。无烟煤是越南主要出口商品之一。此外，估计在红河三角洲地下200～2 000米地层的褐煤储量达2 000亿吨。革新开放以来，煤炭开采快速增长，1998年为1 070万吨，到2010年已经达到4 401万吨。为了整合资源，加强管理，政府1994年决定成立越南煤炭总公司，负责煤炭的勘探、开采、加工，组织煤炭销售和出口等。煤炭还是越南的主要创汇商品之一[①]，2010年出口1 923.1万吨，创汇15.49亿美元。

（三）电力

越南电力资源主要由水能资源和热能资源组成，热能资源主要为火电，以及少部分地热、太阳能、风能、核能。越南拥有丰富的水能资源，大小河流总长4万多千米，总流量8 500亿立方米/秒，潜在水力发电量为750亿～1 000亿千瓦时。越南比较重视大、中、小型水电建设，但因资金困难和其他原因，目前水力发电量只达到潜在水力发电量的约2%。越南已建成的较大水电站有：托婆水电站、沱江水电站、和平水电站、雅里水电站、治安水电站等。其中，在沱江上修建的和平水电站是最大的水利工程，耗资约11亿美元，共安装8个发电机组，总装机容量40万千瓦，年发电量82亿千瓦/时。

---

① 中国是越南最大的煤炭出口市场，约占80%的份额。

第八章　国民经济

自20世纪80年代以来，越南的电力生产快速增长。1986年，全国发电量为56.83亿千瓦时；1996年已达169.96亿千瓦时；2007年为671亿千瓦时；2010年达到916亿千瓦时。但是电力生产仍不能满足需求，据统计，2008年，越南电力缺口达15亿～20亿千瓦时。为了缓解供需矛盾，越南一方面从国外购电，一方面引进外资建设电站，同时开发新型能源。根据公布的资料，越南核能电厂[①]已经选址完备，进入建设筹备阶段。

四、交通运输

交通运输一般被称作经济发展的动脉，关系到物流的通畅高效。而越南的交通运输业总体还比较落后，其中铁路、公路运输发展比较滞后，海运、航空运输相对发达，这在一定程度上制约了越南经济的健康发展。近年来，经过重组，提高服务质量，越南运输部门取得了较好的经济效益。2010年，全年客运总量为24.605亿人次，其中国内旅客24.55亿人次，国际旅客536万人次；铁路运送旅客1155万人次、海运654万人次、河运1.71亿人次，公路运输22.57亿人次，航空1414万人次。全年运送货物7.15亿吨。

（一）铁路运输

越南铁路交通线总长为2 855千米[②]。除个别短途支线系新修建的以外，主要铁路线都是19世纪末到20世纪初修建的，且经受过战争的破坏，目前只能保持运营。主要铁路线有：

（1）河内—海防，长102千米；

（2）河内—太原，长76千米；

---

① 越南核电厂选址在富安省和宁顺省的三个地方，其中宁顺省福荣乡和宁海县永海乡两个点已经基本确定。越南发展核能首先源于其国家电力建设规划，其次在于越南本身出产铀308，不用进口原料，最后还有日本的技术支持。
② 本数据只计算干线里程；有的统计数据为3 259.5千米，是由于计算项目包含了工厂、码头专用线。

(3) 河内—同登—广西凭祥，长165千米；

(4) 河内—胡志明市（统一铁路），长1 729千米；

(5) 河内—老街—云南河口，长283千米；

(6)（太原）同喜—汪秘—鸿基（下龙市），长178千米；

(7) 达叻—宁山—新美—藩朗西，长108千米；

(8) 泰和—黄刘，长35千米。

其中河内—同登—友谊关—南宁；河内—老街—河口—昆明两条线路为国际线路。

还有一些工矿、码头专用铁路线。越南铁路由交通运输部下属的铁路总局管理，由全越铁路联合企业负责具体营运工作，北方铁路联合企业负责洞海站以北1 600千米各条线路的营运工作；南方铁路联合企业负责洞海站以南1 200千米各条线路的营运工作。

越南铁路轨道宽度不统一，大部分铁路线为米轨[①]，部分线路为准轨[②]，还有的线路为套轨[③]。铁路多处急需维修或重建；铁路沿线共有大小车站260个，多数陈旧破烂；使用的信号设备多数还是半自动化设备，只能保证180~300千米范围的通信联络。总之，越南铁路路轨差、车况差、调度不力、运力低。随着经济的快速发展，加快铁路建设已经被列入国家计划。但是铁路建设投入大、工期长，现在开工的项目很少。

（二）公路运输

截至2009年，越南全境公路线总长为180 549千米，分为国家级公路（国道）、省级公路、县级公路、乡级公路、城市街道马路、专用公路线共6种。其中国家级公路（国道）全长15 065千米，主要

[①] 轨距为1米。
[②] 国际通用的铁轨宽度轨距为1.435米，凡同此标准的轨道称准轨。
[③] 所谓套轨即准轨里有米轨。

第八章 国民经济

干线有：

1A号公路：河内—南定—宁平—清化—荣市—河静—洞海—东河—顺化—岘港—三圻—广义—归仁—绥和—宁和—芽庄—金兰—藩朗—边和—胡志明市，长1 768千米；

1B号公路：河内—北宁—谅山—友谊关，全长194千米（实为1A号公路向北延伸线）；

1N号公路：胡志明市—美萩—芹苴—朔庄—薄寮—金瓯，长360千米（实为1A号公路向南延伸线）；

2号公路：河内—越池—宣光—河江，长318千米；

3号公路：河内—太原—高平，长305千米；

5号公路：河内—海阳—海防，106千米；

6号公路：河内—山萝—莱州，长511千米；

9号公路：东河—辽保，长98千米；

11号公路：河内—老街，长346千米；

13号公路：胡志明市—禄宁—越柬边界，长154千米；

18号公路：海防—鸿基—先安，长209千米；

19号公路：归仁—波莱古—德基—越柬边界，长238千米；

20号公路：藩朗—达叨—保禄—边和；

22号公路：胡志明市—西宁—柬埔寨，长141千米；

51号公路：胡志明市—头顿，长125千米；

80号公路：芹苴—迪石。

其他公路包括省级公路[①]36 255千米，县、乡级公路129 259千米。

越南公路质量较差，年久失修，负荷过重。从整体看，广治以南的南方公路比北方公路好，路面稍宽，柏油罩面的路段较多。从

[①] 指多在一省内或不超过两省内的公路，由各省管理，俗称省道。省级公路以下属地方性公路，常常没有编号和名称。

路面结构看，罩面路[①]87 941千米，占48.7%；石子路8 898千米，占5.0%；基配路37 060千米，占20.5%；土沙路46 650千米，占25.8%。近年来，越南加大了对公路建设、改造的力度，尤其是高速公路[②]建设成效比较明显。河内—内排、河内—海防、河内—北宁（部分）、河内—河西工业园、河内—府里、胡志明市—头顿高速公路改造、升级完成。

（三）水上运输

越南境内，河流众多，大小河流总长约4.1万千米，内河运输潜力较大。但是现在已经实现的通航里程却相对有限，原因主要有通航需求和装卸能力等。

越南海岸线长，岛屿众多，分布着大量天然良港。主要国家级港口有：盖遴、海防、芽庄、岘港、归仁、金兰湾、西贡、头顿等。近年来，远洋运输业发展很快，目前已有用于远洋运输的大小轮船300余艘。同时，白腾、海防、三泊3家造船厂，已具有设计制造远洋大船的能力。越南正修建或扩建一些能供巨轮进出的现代化港口，如：3万～5万吨级的盖遴港，1万吨级的岘港港新码头，5万～7万吨级的头顿港新码头，宜山、罗岛、头盎、榕橘等地的专用水泥、石油、煤炭码头。扩建西贡港、岘港港、海防港，使其成为越南的三大支柱港口。但是，目前，越南的港口服务还存在着多头管理、缺乏效率等问题。

（四）航空运输

越南航空运输业起点低，但是发展较快。1954年10月，越军从法军手中接管河内市东郊的嘉林机场，标志着越南航空事业的开始。1956年4月，越南正式开通了河内—北京第一条国际航线。

---

① 柏油或水泥路面，属于高质量公路。
② 越南的高速公路不是完整意义上的高速公路，类同于高等级公路，中间有隔离带，有平交路口。

第八章 国民经济

1958年，开通了河内—荣市，河内—洞海，河内—奠边府三条国内航线。1975年统一后，航空飞行事业得到迅猛发展。1976年2月11日，越南民航总局①成立，并组建了航空飞行大队。1977年，越南民航运送旅客2.1万人次，其中7 000人次系外国旅客，空运货物3 000吨。1989年，越南组建航空总公司；1993年4月又改组为直属国家民航总局的越南国家航空公司。此后，越南航空迎来了爆发式增长的黄金时期，1996年空运旅客90万人次，70%以上是外国人，空运货物1.2万吨。2010年，越南航空完成旅客运送1 414万人次，空运货物17.6万吨。

在机场建设方面，越南规划建设52个机场②，除了新山一、内排、岘港3个最大的机场为国际机场外，还将有海防、朱莱、龙成三个备用国际机场。三个国际机场先后更新机场导航设备，新建、扩建候机设施，以满足不断增长的航运需求。

五、邮电通信

越南的通讯业基础薄弱，1990年以前，邮电系统有邮电中心40个，县级邮局500个；电话机12万台，总机3 200个，每100人平均拥有电话不足0.2部；电报机1 600台，无线电近300套；仅能保障中央与各省之间的联系。随着革新开放的推进，邮电通信业飞速发展。2001年，全国邮电系统有邮电中心71个，县级邮局747个，全国乡镇有75%能看上报纸。2002年，全国有电话用户550多万个，92.5%的乡镇通电话，85%的乡镇能看到当天的报纸。

1996年6月，越南开通移动电话，到1997年已经覆盖52个省（市），出租移动电话13万部。截至2010年，越南全国电话用户达

---

① 在业务上与空军仍属一个指挥系统。
② 投入日常运营的机场有22个，其他多数机场为抗美战争时期遗留下来的，只能起降小型飞机。

4 452万，其中移动电话4 373万。1996—1997年间，越南投资240万美元在国内建设互联网，1997年正式接入国际互联网，同年12月1日起为国际用户提供服务。2002年，越南互联网用户突破30万户，此后一直高速增长，至2012年6月，越南互联网用户突破440万户，使用人数达到3 240万人，约占全国人口37%，超过世界平均水平。2010年，越南邮政通信业营业收入138.8亿越南盾。

在通信基础设施建设上，越南走了一条跨越式发展的道路。以前主要依靠架空明线和无线电短波通信，革新开放以来，着力发展卫星通信、微波通信、光纤通信。卫星通信可以提供长途电话、传真、电传、广播电视节目、公众电报等多种服务；微波通信使得数据传输实现数字化；光纤通信更使得高速数据传输、宽频综合业务数据网络（ISDN）和宽频国际信息互联网络成为现实。同时，越南还把通信网向山区、边疆、海岛延伸，提高通信网络的覆盖率，为老少边穷地区发展助力。

越南邮电通信业高速发展主要基于以下原因：(1)七大制定了切合实际，适应国际潮流的发展战略；(2)逐步建立起了自己的邮电通信工业体系；(3)通过财政拨款、吸引外资、鼓励民营资本、国际借款等多种方式解决建设资金；(4)加强邮电通信人才队伍建设。

六、旅游

越南旅游资源丰富，全国共有7处风景名胜[1]被联合国教科文组织列为世界文化或自然遗产。革新前，经济落后，民生凋敝，旅游对于老百姓是可望而不可即的奢侈品，而且尚未推行开放政策，

---

[1] 分别是，世界自然遗产：下龙湾（1994年），2000年又被列入世界地质遗产；丰芽—戈榜国家公园（2003年）。世界文化遗产：会安古街（1999年），美山圣地（1999年），顺化故都遗迹群（2003年），升龙皇城中心遗迹区（2010年），胡朝城（2011年）。

外国游客也很少,旅游业在国民经济中所占比重微乎其微。1986年,外国游客仅2万人,旅游收入1 500万美元。革新开放后,经济逐渐好转,同时又采取了一系列促进旅游发展的有效措施,旅游业开始崭露头角。1990年,全年吸引外国游客25万人次;2001年,接待外国游客233万人次,旅游收入达到20.5亿美元。2007年,接待国际游客423万人次,国内游客1 920万人次,旅游业收入约35亿美元。2011年全年接待国外游客400多万人次,比上年增长17.4%。主要客源国(地区)为中国(141.68万)、韩国(53.64万)、日本(48.15万)、美国(43.99万)、柬埔寨(42.34万)、台湾地区(36.11万)、澳大利亚(28.98万)、马来西亚(23.31万)、法国(21.14万)。[①]现在,越南正加大力度实施"国家发展旅游计划",注重旅游开发及相关服务、劳务业的发展,努力使越南成为吸引世界各国游客的旅游热点地区。

(一)丰富的旅游资源

越南历史悠久,山河壮丽,民族众多,因此有着极为丰富的自然、人文旅游资源。山地海拔较高,形成类似温带的气候,其间又有许多溶洞、瀑布、山间湖泊,成为著名的疗养胜地和名胜古迹,如红河中游地区的三岛山和地处黄连山谷的沙巴。海岸线长,有不少优质海滩,形成了许多风光秀丽的海滨度假区,如:下龙湾、涂山、岘港、芽庄、头顿、富国岛等。此外,悠久的历史还留下不少名胜古迹,全国有2 250处遗迹被国家列入保护范围,其中著名的有:顺化皇城建筑群、升龙皇城、雄王庙、古螺城、文庙等,以及众多的庙宇、寺观、教堂。越南主要的旅游观光地大致可分为北、中、南三部分,分别以河内、顺化和胡志明市为中心。

---

① 参见http://www.fmprc.gov.cn/chn/pds/gjhdq/gj/yz/1206_45/1206x0/(中华人民共和国外交部官网)。

首都河内市是一座古城，11世纪后成为越南政治、经济、文化中心，现为第二大城市。市中心的还剑湖是河内第一风景区，有龟塔、玉山祠、栖旭桥、笔塔等，周边有李太祖广场、水榭、长钱商场等；建于1070年的文庙是供祭儒家先师之所，曾设有全国最高学府国子监和十二学堂，是重点文物保护单位；在还剑湖东北面有著名的36街坊；西湖是休闲娱乐的好地方；河内市的统一饭店、河内大剧院等，都是典型的法国式建筑；巴亭广场、革命博物馆、历史博物馆等是河内的现代名胜。除河内市以外，北部还有许多风光宜人的风景区。如著名的庙祠、山水风景区——香山；热带原始森林保护区——菊芳园；疗养避暑胜地——沙巴、三岛山；天然溶洞景观——三青洞；著名的海滩——茶古、拜寨、涂山、岑山；瀑布、湖海胜景——高平省的版约瀑布、北㳏省的三海湖、和平省和山萝省的沱江水库、安沛省的托婆湖；古迹、圣地——古螺、华间、奠边府、金莲村等。

顺化市是越南传统文化中心。主要名胜有：阮氏王朝的皇宫建筑群、御屏山、皇陵、天姥寺、国子监等。此外，广平省的丰芽洞为世界自然遗产，溶洞奇观；广南省的会安[①]、美山占塔为世界文化遗产；岘港市既是中部政治、经济中心，也是一座旅游城市，北面的海云关壮美雄奇，南面的山茶半岛风景秀丽，沿岸天然海滨浴场星罗棋布，市内的占婆艺术博物馆显示着占婆文化曾经的辉煌。

胡志明市的主要景点有统一宫[②]、芽龙港口、莲潭公园、古芝地

---

① 会安古街始建于16世纪，至今保存完好，以日本桥为界分为两个街区——华人区和日本区。其精华建筑集中在华人区，华人街区除了普通的民居，最具特色的是各种风格的庭院、会馆、寺庙等。这些建筑又可以细分为广肇风格、潮汕风格、泉州福州风格、琼海风格，一般表明业主的祖籍地。建筑多用上等木材修建，廊柱上刻有各种精美的花纹，悬挂汉字对联。会安是中国明清时期民间风格建筑在海外较为完整和系统的遗存。

② 原伪总统府，现在为博物馆，保持南越伪政权时期的陈设。

道[1]等。市内有许多具有浓厚法兰西风格的建筑[2]和一些著名的宗教寺庙[3]有较高的观赏价值；战争罪行博物馆[4]、嘉隆馆[5]、历史博物馆[6]等也值得一看。此外，头顿的海滨浴场，海滨度假城市芽庄，"堤岸"[7]地区的唐人街，林同高原上的避暑胜地达叻[8]，西宁省的黑婆山、金兰湾，陶瓷器制造中心边和，漆器之乡土龙木，巴地—头顿省的昆岛，建江省的富国岛等都是著名的旅游目的地。

（二）政策引领和设施建设

革新开放以来，旅游业成为越南经济发展的一个亮点。为了培育旅游业成为可持续的、具有竞争力的产业，1987年4月，越南政府通过了《关于发展旅游业的决定》。1994年10月，越共中央发布关于发展旅游业的第46号指示。1997年，政府制定了全国旅游总体规划方案，从人才队伍建设、设施建设、秩序管理、服务提升等多方面制定了发展路径。同时，积极开展与外国旅游组织的合作，建立协作关系；宣传越南旅游资源，提高知名度。

从1990年开始，越南政府开始大力促进旅游配套设施建设，一方面通过自筹资金建设星级宾馆；一方面吸引外资建设宾馆、休闲度假中心和高尔夫球场等。据国家统计局数据，2007年，旅游业吸引外资项目47项，金额达18亿美元，比2006年增长195.7%。

---

[1] 著名抗战遗迹，位于市郊古芝县，是成体系的地道群，既反映了南方抗战的艰苦，更体现了民众的智慧。
[2] 如雷克斯饭店、九龙饭店、独立饭店、工人俱乐部、市政厅等。
[3] 如罗马天主教堂、永尹佛寺、沙利佛寺、印度寺庙、清真寺等。
[4] 主要展示法国、美国侵略者所犯下的战争罪行。
[5] 主要陈列反映革命斗争的历史照片。
[6] 主要陈列越南、高棉、占婆文物和中国、日本艺术品。
[7] 现今胡志明市第5、6、11郡。
[8] 达叻有亚洲的"萨尔斯堡"之称，终年凉爽，自然风光秀丽，森林湖泊众多，有被越南人喻为浪漫圣地的叹息湖。法国探险家最早发现这里，并着手开发，修建了大量别墅。同时，这里的土壤和气候非常适合种花，也是越南的花都。所谓达叻三绝就是法式别墅、玫瑰花、湖泊。

七、金融

革新开放以来,越南对金融体系进行了一系列调整,建立和发展多元化金融体系,依法管理银行,扩大金融市场建设,并取得明显成就。(1)首先,确定中央银行[1]只负责稳定货币,不再承担财政借款与透支,也不负责具体借贷业务,强化其宏观调控职能。(2)建立多元化金融体系,不仅国有银行,股份制银行和财务公司也可经营具体的金融业务;允许外国银行在越南开设分行;所有银行均可从事包括越盾在内的所有银行业务。(3)改革利率政策,实行浮动利率,保证银行利率高于通胀率,吸收民间闲散资金;贷款利率因此水涨船高,保障资金使用的效率[2];通过政策银行扶植农业等弱势产业。(4)改革固定汇率为国家管理下的自由汇率,所有银行均可经营外汇,打击汇率黑市[3]。(5)逐步建立金融市场,1998年9月,胡志明市证券交易中心正式成立;2002年,全国已有20家上市公司;2007年12月底,越南已有75家证券公司、24家基金管理公司、253家上市公司、35万个证券账户,全年交易额386.428亿越盾。(6)开放保险市场,不断推出新保险产品。通过上述系列举措,越南的金融业不仅成为革新开放的助推器,还成为国民经济的重要的支柱。

---

[1] 计划经济时期,中央银行是国家的总出纳、总会计和货币发行机构。
[2] 1989年,越南全国平均贷款利率达42%~48%,银行成为紧缩银根的有力执行者。但同时,过高的贷款利率也压制了资金的流动,经济发展速度受限。
[3] 革新前,越南多年实行固定汇率制,不能反映汇率实质,如1988年,官方汇率为1美元兑308越盾,而黑市价为1美元兑3 000越盾。此后,货币兑换逐步放开,不仅银行可以经营外汇,大街小巷的金店、钱庄都可以自由兑换外币,这引发"去越盾化"风险,老百姓手中有钱一般选择购买黄金或兑换成美元、欧元等。2008年越南爆发比较严重的越盾信任危机,导致经济剧烈震荡。2008年后,越南政府决心加强金融监管,打击地下货币兑换,实施"去美元化"的金融政策,要求国内所有经济往来都必须用越盾结算。

八、外贸、外资和外援

自革新、开放以来,越南走了一条外向型经济发展之路。(1)通过出口原油、煤炭等能源产品;出口劳动密集型产品如服装、鞋帽和优势农产品如大米、咖啡、胡椒、橡胶、海产等以创汇;(2)用外汇购进先进的成套设备,逐步提高生产工艺和企业管理水平,进一步提高相关产品的竞争力,出口规模扩大;(3)通过培育国际市场,吸引外资参与出口导向型的优势行业;(4)经济发展,国内市场发育,辅以优惠政策,以后发优势吸引外资全面进入;(5)许多想在越南大展宏图的国家(地区)和企业开始并逐渐增加对越援助以建构其在越影响力和软实力。

越南传统的贸易对象为经互会成员国,也就是以苏联为首的社会主义集团,1989年,东欧剧变、苏联解体,越南在国际上的市场急剧萎缩。政府调整外交战略,强调愿与"世界上所有的国家成为朋友",实施"增友减敌"战略。1990年以来,越南已经建立起广泛的国际经济关系,迄今为止,已经与世界上150多个国家和地区有贸易往来。1986年,国家外贸创汇仅6.78亿美元。2011年,越南进出口总额为2 021亿美元,其中出口963亿美元,进口1 058亿美元。如今越南已经形成了初级产品和轻工产品两大出口系列,主要商品有:原油、煤炭、水产品、大米、咖啡、茶叶、胡椒、腰果、纺织品、鞋类、电子产品、计算机等。①

1986年以来,越南不断改善投资环境,截至2001年,累计吸引外资项目3 046个,协议投资总额378.61亿美元,到位资金186.93亿美元。2001—2010年,10年间越南共吸收外资项目9 445个,协

---

① 2011年,出口额超过20亿美元的商品有:纺织品140亿、原油72亿、电话及零部件69亿、拖鞋65亿、水海产61亿、电脑42亿、机器设备及配件用具41亿、木材及木材产品39亿、大米36亿、橡胶32亿、咖啡27亿、宝石贵金属等27亿、运输工具及配件24亿、汽油21亿。

议总额1659亿美元。

自1993年国际社会恢复对越援助以来，截至2012年6月，各国政府和国际组织共承诺向越南提供官方发展援助（ODA）717亿美元。截至2011年底，越南共获得ODA放款334.1亿美元。主要援助方有日本[①]、世界银行、亚洲开发银行和欧盟国家。

第三节 经济发展前景

在越南《2011—2020年经济社会发展战略》中，提出了五个关于"发展"的理念：坚持快速发展和可持续发展相结合；坚持经济革新与政治革新相结合；坚持以人为本；坚持发展生产力和完善生产关系相结合；坚持经济独立自主与扩大开放相结合。这反映了越南经济发展思路的调整，强调未来经济发展的方向并不是只求速度，而是更注重可持续性、注重发展质量。越南日前通过的2011—2020年商品进出口战略[②]即是一个明显的信号[③]。

2008年以来，经济增速总体放缓，下行的趋势凸显。越南政府

[①] 日本长期是对越最大援助国，截至2001年，已实际提供58亿美元优惠贷款和无偿援助（约占总额的10%～15%）。

[②] 其目标是至2020年越南进出口总额比2010年增长3倍，人均出口额超过2000美元；年均出口增幅约11%～12%；2021—2030年均出口继续保持约10%的增幅；力争使进口增幅小于出口增幅，贸易逆差逐渐下降，至2015年贸易逆差占出口总额10%以下，至2020年进出口贸易趋于平衡。出口将向合理和可持续增长模式转变，既要扩大出口规模，又要注重提高商品出口附加值。四大类商品的出口发展定向为：（1）燃料和矿产。逐渐减少原矿出口，加大科技投入，增加加工产品的出口，充分利用好市场和价格有利因素增加出口值。该类产品出口额占出口总额的比重由2010年的11.2%下降至2020年的4.4%。（2）农林水产品类。该类产品具有优势和竞争力，但附加值较低。须提高产量、质量和附加值；转变产品出口结构，发展深加工和具有先进科技含量的出口产品。（3）加工制造业产品。发展优质、科技含量高的商品和辅助工业等，该类商品的出口额占出口总额的比重将由2010年的40.1%上升至2020年的62.9%。（4）新产品（属其他类）。检查筛选在未来具有较高发展潜力，但目前出口额仍较少的商品，出台鼓励发展的相关政策，以便取得出口突破。加大吸引外国投资资金的力度。

[③] 越南经济基本属于出口带动型的外向型经济，其进出口战略很大程度能反映决策层对未来经济发展的思路。

第八章　国民经济

意识到只有迎难而上才有机会，只有在发展中解决问题、在发展中破解发展瓶颈才是符合国情的发展道路。越南国会已经提出了未来经济社会发展总体目标：集中一切力量保持经济增长速度，提高经济增长质量，加强宏观经济的稳定性，同时防止高通胀卷土重来；保障社会民生，改善人民生活；主动融入国际经济，提高合作效果。为了实现上述目标，越南政府提出了经济发展的一些新措施。

(一)**加强农业生产**

农、林、渔业关乎民生，又是国民经济的重要支撑，大力推进该领域发展，提高生产效率和质量，拓展国内外市场，增加农民收入，改善农民生活。政府将采取政策扶持，鼓励企业向农业投资，推动农村经济结构和劳动结构调整。大力推进农业科技的研究和在生产、农产品加工中的使用。使用生物科技培育生产率、质量和价值高的农畜产品，特别是水稻、玉米、水果及水产等产品的良种。加大对农、林、渔产品的存储、加工等方面的投资，以减少损耗、增加出口价值、提高抗风险能力。

(二)**大力推动工业发展**

实现产业升级，逐步使工业生产由组装加工模式向制造模式转变。发展配套工业，逐步形成具有竞争力的产业链。尽快提高水泥、化肥、电力、造船、农业机械等领域的设备以及相关配套设备的生产制造能力，减少对进口的依赖。调整吸引外国直接投资的结构，优先引导外资投向制造领域、高科技领域。

(三)**大力促进第三产业发展**

在金融、通讯、运输、旅游、咨询等领域形成自身特色，以满足日益增长的国内需求，同时初步参与国际竞争。重视发展农村市场，通过政策倾斜发展农村服务业，缩小城乡差距。巩固已有旅游市场，开拓新兴旅游市场，发掘新的增长点。加强宣传，多渠道推进出口，积极开发已签署自由贸易协定国家的市场，提高出口额，减少贸易逆差。

（四）逐步调整经济结构

推动企业进行结构调整，发展民族工商业。鼓励发展混合所有制企业，主要是股份公司，使这类企业在国民经济中越来越普遍。推动国有企业股份化。为私营企业特别是中、小企业发展提供政策扶持。实施企业发展国家战略，组建一批有经济效益和竞争力的、股份化改制的大型企业集团和总公司，提高国有企业经济效益。

（五）实施灵活、谨慎的财政货币政策，稳定宏观经济，防止高通胀

通过上述举措，可以看到，越南政府对未来经济发展有相当清晰的认识，措施也很具针对性：在经济未完全复苏的情况下采取经济刺激政策；促进经济增长的同时，对通货膨胀持警惕态度；在发展的过程中逐步解决经济结构不合理和工业水平低下的问题；保增长的同时关注民生改善。同时也要看到，越南经济未来发展道路上还面临不少难题：（1）财政投入乏力，大规模经济刺激计划不少停留在纸面上；（2）结构调整非一朝一夕能见成效，制度保证和政策支持不到位；（3）在货币、金融这个至关重要的层面，政府监管乏力，调控效果有限，越盾贬值的风险长期存在；（4）出口贸易萎缩影响到国际收支失衡，国家信用评级堪忧等等。所有这些积极因素和消极因素此消彼长，共同构成了越南经济未来发展的动力和阻力，可以预计未来越南经济政策也就是在上述因素中寻找、建立平衡，推动经济波浪式发展。

基本的判断是：自1986年推行革新、开放以来，经过20多年的快速发展，民间被压抑的财富创造力已经基本得到释放；2007年加入WTO为越南经济发展提供了一个更广阔的平台，本是一个新

的发展契机，奈何美国次贷风暴引发全球经济危机，经济发展外部动力受损；而国内市场尚需培育；上述三个因素将使越南经济在未来相当长的时间内难以高速增长。同时，也要看到，推动其经济增长的内外动力只是受损，并未消亡，仍会在今后较长时间内发挥效力，越南经济在2012—2020年间的平均增速可能会保持5%上下。

第九章 军事与国防

二战以来，在抗击法、日、美帝国主义侵略的过程中，越南武装力量不断成长壮大，建立起了一支英勇善战、百折不挠的军队。进入20世纪80年代，在革新开放的同时，越南推行精兵政策，大规模裁军；并以此为基础，进一步加强军队、国防体系的建设。现今，越南拥有一支规模适中、兵员素质较高、装备良好、具有丰富实战经验的常备军，其战斗力在东南亚地区有比较优势。同时，"全民国防"的思想也落实为"全民、全面"两个阵地建设，为越南的国防安全提供了有力支撑。本章从性质、简史、军兵种三个方面介绍越南人民军，并概述当前越南的军事战略、国防体制和军事外交。

第一节 人民军的性质、特点

越南人民军在越南政治生活中有着举足轻重的作用，其本质是党的军队，是越南共产党为推行其政治意图、实现其政治理想的工具。同时，作为国家机器的重要组成部分，也是国家意志、国家强制力的体现。

军队置于党的绝对、直接领导之下，"党指挥枪"是核心原则。越共中央政治局为最高军事决策机构[①]，其下设的中央军事党委为越军的最高党委。中央军事党委书记由党的总书记兼任，委员由政治

[①] 越南宪法规定国家主席为人民武装力量总司令，担任国会"国防—安全委员会"主席、国家行政机构"国防—安全会议"主席，这都是从国家武装力量的角度进行的制度安排。而人民军首先是越南共产党领导的军队，因为共产党是唯一执政党，所以人民军才担负国家军队的职能，成为国家武装力量。因此，由总书记领导的中央军事党委才是人民军的最高领导者、决策者。中国实行总书记、国家主席、中央军委主席三位一体，越南的国家主席并不由党的总书记担任，如此设计有权力制衡的考虑。

局、书记处和军队主要领导组成,是中央政治局的军事和国防工作常设机构,代表政治局行使决策权。党中央对军队的有关决定由中央军事党委领导全军贯彻执行,并通过国防部对全国武装力量实行行政领导。各级武装力量也实行党委集体领导下的分工负责制。军队有权选举自己的代表参加国家政治生活,军队的领导人同时是党和国家领导人[①]。

人民军建设的方向是:革命化、正规化、精锐化、现代化;绝对忠诚于党、祖国和人民;尊重人民、全心全意为人民服务;文化水平和知识水平较高;具有健康、俭朴的生活方式和道德品质;英勇善战。

越南人民军还有以下一些特点:(1)军队既是国家主权的捍卫者,又是国家建设的生力军。人民军担负着保卫祖国的领土、领海、领空的任务,保卫国家建设的安全环境,是"社会主义制度"的坚定捍卫者。同时,军队还参加国家建设,人民军不仅有移动通信公司、银行、外贸公司,还有生产武器、服装、装备等军需品的兵工厂;人民军序列里还有专门的经济建设部队[②],其职能十分灵活。(2)人民军还是国家开展各种运动的先锋和楷模,在防灾抗灾等活动中担当危、重、急、难任务。如边防部队利用自身优势帮助老、少、边、穷地区发展教育和经济,推动边境地区改善民生;各部队积极参加

---

① 越南历任国防部长:武元甲大将(任职时间1946.11—1980.2)、文进勇大将(任职时间1980.2—1987.2)、黎德英大将(任职时间1987.2—1991.2)、段奎大将(任职时间1991.2—1997)、范文茶大将(任职时间1997—2006)、冯光清大将(任职时间2006至今)都是越共中央政治局委员,现任国防部长冯光清为越共第十届、十一届中央政治局委员,在第十一届中央政治局委员里排名第三,仅次于阮富仲总书记、张晋创国家主席,高于阮晋勇总理。其他还有不少军界高层是越共中央委员。

② 人民军的经济建设部队类似于古代的"屯兵制",平时以军事化模式组织生产,战时立刻转为作战部队。

驻地的植树造林活动；各部队带头践行国家规定①等。（3）人民军还是教育人才、培养人才的基地。由于越南实行义务兵役制，许多战士服满兵役之后要回到地方工作，人民军在对战士进行军事训练的同时，还进行文化、思想教育和技能训练，旨在把战士培养成符合主流标准的"新时代"人才。越南人民军成长为具有上述性质和内涵的部队经过了血与火的考验。

第二节　人民军简史

一、越南人民军的成立

人民军是在越南人民争取民族独立、民族解放的斗争中产生和壮大起来的。20世纪30年代末40年代初，第二次世界大战爆发，法国被德国击败。日本通过德国迫使法国同意日本在印度支那享有特权，法日签订了《法日共同防守法属印度支那议定书》。越南人民从此要承受法国殖民者和日本侵略者的双重压迫，全国各地的各种反抗运动此起彼伏。1939年11月，越南共产党召开第六次全会②，会议号召立即成立团结战线和团结战线军队。号召得到广泛的响应，短短的几个月时间，全国爆发多次起义和暴动，其中比较有影响的军事行动有谅山战斗和北山起义。1940年11月，越南共产党第七次全会在北宁召开，会议决定开展武装斗争以抵御外军侵略、夺取全国政权。在这次会议上，冯志坚、梁友知和黄文树等越共早期领导人指示创建一支团结阵线武装力量，史称"民族救国

---

① 比如，越南2007年在全国推行"骑摩托车，戴头盔"运动，推行难度极大。各部队均举行仪式，宣誓遵守该法规，起到了较好的模范带头作用。
② 会议地点在嘉定省西贡郊外。此次会议后，在南方掀起了抗日、反法高潮，南方17省成立了自卫队。

军"。民族救国军由三支游击队组成，每支游击队约125人。其中的第一支队伍于1941年2月成立，称为民族救国军第一中队，朱文晋任队长。

越南武装力量建设之初，胡志明回到了越南。当时，他对建立一支武装力量、发动武装斗争已经有了认真思考和详细的计划。1941年5月，在中国广西召开的越南共产党第八次全会上，胡志明公布了他的革命武装计划。该计划决定建立团结阵线——即"越盟"，建立一支团结阵线的军队，胡志明任"越盟"主席。

1941年9月，越南共产党召开军事会议，确立了建立军事机构的构想。1944年12月的越共全会上正式公布了这一构想。1944年12月22日，武元甲根据胡志明的指示，在高平省原平县黄花探乡和陈兴道乡的林区成立了一支新型的军队——解放军宣传队。宣传队共有34人，34支枪，黄参任队长，赤胜任指导员。后来，这一天被定为建军节。

1945年4月15日至20日，越南共产党在河内郊外召开了"北圻革命军事会议"，决定将救国军、自卫队、游击队和解放军宣传队合并为"越南解放军"。会议明确了解放军的建军思想；统一部队编制；统一军政训练；建立政治工作组织；开设军政学校，培养干部；创办兵工厂；储备粮食；扩大部队，组建地方武装和民兵自卫队。同年5月15日，在太原省则珠地区定边上村正式成立"越南解放军"，全军编为13个连，约5000人。其领导机构为越南共产党中央委员会领导下的革命军事委员会[①]，当时的成员有武元甲、文进勇、黎清毅和陈登宁。

---

① 该委员会为越南共产党中央军事委员会的前身。

二、1945—1975年间的人民军

（一）抗法时期

1945年3月9日，侵越日军发动政变，解除了驻越法军武装，建立了亲日傀儡政权，越南变成日本独占的殖民地。同年8月，日本宣布无条件投降，第二次世界大战结束。8月13日，越南共产党召开全国大会，决定利用大好形势，发动全国总起义。8月16日，武元甲率军从新潮和宣光向太原城发起进攻。19日，河内起义首先取得成功，接着西贡、顺化起义相继成功，这就是越南历史上著名的"八月革命"。9月2日，胡志明主席在河内巴亭广场庄严宣布越南民主共和国成立，正式宣告越南独立。越南解放军更名为卫国军，总兵力约5万人。

越南人民取得抗日战争胜利不久，法军卷土重来。1945年9月23日，法军在南方登陆，占领西贡，人民军又开始了抗法救国的斗争。1946年11月，法军投入10万军队发动全面进攻，先后占领了海防、河内、南定，控制了主要交通线。由于军事力量悬殊，越南卫国军只能采取战略守势，从城市转入农村，开展游击战。越南共产党中央机关从河内迁到越北山区的北坡。越南卫国军汲取中国人民解放军建军和发展的成功经验，提出"建设以主力部队、地方部队、民兵自卫队三种形式相结合"的建军思想，采取边打边建设的方针，争取在战争中发展壮大。在这一时期，越南卫国军首次提出了自己的军事战略："坚持全面、全民、长期抗战，夺取彻底胜利。"1946年5月22日，卫国军改编成越南民主共和国的国家军队，按照团、营、连进行统一编制。同年11月，越南召开第一届国会并通过第一部宪法，将军事委员会与国防部合并为国防部，由武元甲

任部长。①

1949年8月28日,越军组建了第一个主力师,称先锋军大团;1950年3月,又组建了第二个主力师,称荣光大团,后来又陆续组建了5个主力师。在此期间,还先后组建了各兵种部队:通信兵(1945年)、工程兵(1946年)、炮兵(1946年)、高炮兵(1953年),初步建立了主力部队、地方部队和民兵自卫队(游击队)三结合的武装体系。1951年2月11日正式定名为"越南人民军"。

1949年10月,中华人民共和国成立。应越共中央的邀请,中国派出了军事、政治顾问团到越南,帮助越南人民进行抗法斗争。在中国顾问的帮助下,越军于1950年9月组织了"边界战役",扫除了中越边界地区的法军据点,使越南解放区和中国连成一片,掌握了北部战场主动权。

1953年夏季,法国制定了"纳瓦尔计划",计划用18个月的时间消灭越南抗战力量。在中国和国际社会的帮助下,越南人民军坚持正确的战略方针,机动灵活的战略战术,彻底粉碎了敌人的计划,并取得了"奠边府战役"的伟大胜利。该战役从1954年3月13日开始,5月7日结束,历时55天,全歼法军主力1.6万余人,迫使法国于1954年7月20日签订了《日内瓦协议》。越南人民取得了抗法战争胜利,越南北方解放。此时,人民军总兵力已经发展到33万人,编成12个师、11个独立团、4个炮兵团和2个工兵团。

(二)和平建设时期

抗法战争结束后,越南北方进入相对稳定的10年和平建设时期。人民军提出了"建设一支正规化和相当现代化的陆军,同时

---

① 在此之前,1945年8月成立的临时政府和临时联合政府期间,朱文晋在1945年8月—1946年3月任国防部长。后改为抗战联合政府,潘英在1946年3月—1946年11月任国防部长。其中1947年8月—1948年8月,谢光表还短暂地担任过国防部长。

为其他军种、兵种的建设奠定初步基础"的建军方针，实施了两个"五年建军计划"，对部队进行了精简整编。第一个"五年建军计划"（1954—1959年）完成时，总兵力精简到17万人，陆军编为7个师、5个旅、9个独立团和9个边防营。还先后组建了一些新的军兵种：海军（1955年）、防化兵（1958年）、武装公安（1959年）、装甲兵（1959年）、雷达部队（1959年）。1955年3月3日，机场研究委员会成立，这一天被视为空军成立日。1958年11月4日，在海防市建安机场组建第一个飞行训练团。1963年10月22日，越南人民军把空军、高炮部队、雷达部队合并成防空—空军，同时组建地对空导弹部队。

1958年12月20日，越南颁布了《越南人民军军官服役条令》，实行军衔制和薪金制；1960年4月28日颁布《义务兵役法》，以及其他一些军队条令、条例和规章制度，全面展开军队正规化建设。

从1960年到1964年的第二个"五年建军计划"期间，人民军积极进行解放南方的准备，加强干部队伍培养和部队的军事技术、战术训练，改善部队武器装备——各部队淘汰日本和法国制造的旧装备，装备中国制造的各式武器。1964年8月2日，美国制造"北部湾事件"，派飞机轰炸越南北方，人民军转入战时状态，加紧扩军备战，为抗美救国战争和解放南方做准备。

（三）抗美战争时期

"北部湾事件"后，美军开始对越南北方进行大规模轰炸，战争逐步升级。1965年3月，美国发动全面侵越战争，越南全国转入战时状态，进入抗美救国时期。美国在这场战争中出动兵力最高达55.5万人，另有仆从军7.2万余人，南越伪军100余万人。这一时期，越南采取了"坚持人民战争，决战决胜，巩固北方，伺机解放南方"的战略方针。

第九章 军事与国防

"一切为了前线,一切为了赢得战争胜利,积极争取社会主义国家和国际援助,迅速大规模扩充部队,动员全民参战,打败美伪,解放南方,用人民战争的方式最终取得反侵略战争的胜利。"根据这一指导思想,人民军大量扩充地面部队,首次在陆军中设立了军一级的建制,以适应大规模地面作战的需要,1974年至1975年4月先后组建了1、2、3、4军,地面作战部队扩编到25个师,到战争后期,总兵力已达100万。此外,还根据战争的需要组建了导弹部队,加强防空—空军建设;组建特工部队。

经过各方面的准备,越南人民军陆续组织了9次较大规模的战役:波来梅战役(1965年11月)、冬春战役(1965年底至1966年4月)、溪山战役(1967年)、新春战役(1968年1月至3月)、9号公路战役(1971年2月至3月)、广治战役(1972年3月至4月)、顺化—岘港战役(1975年3月)、西原战役(1975年3月至4月)、胡志明战役(1975年4月)。经过这些战役,消灭了大量的美军和南越伪军,最终赶走了美国侵略者,推翻了南越政权,实现了南北统一,取得抗美救国战争的全面胜利。

三、1976—1986年间的人民军

南北统一后,当时的越南当局奉行"亲苏、反华"政策,推行地区霸权主义,为保证其"侵柬、反华、控老"的需要,越军依然保持战时的庞大军事体制,并继续扩军备战。这一时期,越军的建军思想作了一些调整:仍以"数量建军"为主,重点建设陆军,协调发展诸军兵种,同时仿效苏军模式,试行军事体制改革,全面加强正规化和现代化建设。

这一时期,越军的军事战略是"南攻北防",南攻即攻占柬埔寨,北防即防中国。根据这一战略的需要,越军继续大规模扩编、

组建部队。陆军编成9个军区、2个驻外司令部、7个军、52个步兵师、23个装甲旅（团）、18个高炮旅（团）、27个工兵旅（团）、23个通信团、14个特工团等建制单位，兵力约47万。同时，越军还大力发展经济建设部队，1976年4月，在国防部下增设经济建设总局，以"屯田养兵"的方式储备兵源，将生产部队编成5个兵团（军），约30个师，兵力约30万。海军编成5个沿海区司令部，6个舰艇旅（团）、5个陆战旅（团）、1个运输旅、2个守备团、6个勤务团，兵力约为5.5万。1976年6月，越军仿效苏军，实行空、防分立，将防空—空军分成空军和防空军。空军编成2个歼击航空师、1个歼击轰炸师、1所航校。兵力约为5万人。防空军编成7个防空师、1个防空旅和1个雷达兵司令部，下辖16个导弹团、19个高炮团和6个雷达团。1979年3月3日，越南当局发布总动员令，继续扩军，使越军总兵力达到120万人。

经过一系列的准备工作，越军开始推行其地区霸权的政策，1977年9月开始武力侵犯柬埔寨边境。1978年12月25日至1979年1月7日，越军动用15个步兵师约20万人，在近200架飞机、500辆坦克的配合下，侵占柬埔寨，扶植韩桑林傀儡政权。同时，越军把约60%的兵力（70万）部署在越南北部和中越边境地区，并对中国进行军事挑衅，枪杀中国居民，侵占中国边境领土和南沙群岛岛礁。在忍无可忍的情况下，中国人民解放军被迫于1979年2月17日至3月5日[①]对越南进行了自卫还击战，沉重打击了越南的地区霸权主义。

20世纪80年代初，越军加强与苏联的军事合作，聘请了5 000

---

① 1979年3月5日，中国向国际社会宣告，自卫还击作战胜利结束。但是参战部队全部回撤至中国境内的时间是1979年3月16日，其间仍有战斗，所以有的文章把自卫还击作战的时间界定为1979年2月17日至3月16日。

多名苏军顾问，遍布各军兵种，并派出大量人员到苏联学习，仿效苏军模式，在军内全面推行"一长制"。由军事首长统一负责，全权指挥和管理本单位的军事、政治、后勤、技术等项工作；在国防部、各军种、兵种、军区和相当于军的单位成立军事委员会，军事委员会主席由军事指挥员担任；在师以上单位实行"一正四副"制，即军事指挥员（最高单位首长）、副指挥员（兼参谋长）、军事副指挥员（负责军事训练）、后勤副指挥员（兼后勤主任）、技术副指挥员（兼技术主任），旅、团、营、连还设有政治副指挥员。由于过于强调军事一长制，军队内部出现了不同程度的混乱和不稳定因素。有鉴于此，1985年越共中央政治局做出决定，在师以上单位恢复党委制，重申了各级党委实行集体领导与个人分工负责的原则。

四、1986年以来人民军的发展

1986年12月15~18日，越南共产党第六次全国代表大会在河内召开。关于国防和安全问题，大会强调：必须正确贯彻和实施"全民建设国家和保卫祖国、全军保卫祖国和建设国家"的方针。大会决议：建设正规化、日益现代化，综合素质不断提高，组织编制合理、均衡、精干、强大，纪律严明，有高度战备水平的人民军队。按照新任务、新要求保质保量地发展民兵自卫力量，加强预备役力量建设，加快研究工作，发展越南军事科学和军事艺术……全面落实军队后方政策，在加强国家经济实力的同时，逐步发展国防工业。

这一决议成为越南人民军近期的建军指导思想。根据这一思想，越军执行了一条"质量建军"的路线：建设一支数量适当、编制合理、"能征善战"的现代化正规军；建设一支实力雄厚，随时可以参战的预备役部队；建设一支适应新形势要求的民兵自卫队队伍。为适应国家战略目标的转变和军队发展的需要，1991年1月4

日，越南颁布了新的《义务兵役修改补充法》和《军官修改补充法》。1999年12月，第十届国会第六次会议通过了《越南人民军军官法》。与原《军官法》相比，新《军官法》具有以下特点：(1)增加了"国家对军官的管理"和"奖励与处分"的条文；(2)注重基层干部队伍建设，降低校官比例，增大尉官比例；(3)增加了技术军官的比例；(4)完善军官的福利制度。

目前，人民军建设主要有以下特点：

(1)裁减军队，改善装备，提高质量。到1999年，越军通过撤编、缩编、精简机构等措施，裁减军队约50万，目前保有兵力约49万。实行平战结合的编制体制，甲类作战师团[①]满编满员，乙类师团[②]只保留编制和骨干。2000年，进一步调整编制体制，一部分部队转为经济建设部队[③]。裁减兵员的同时，提高部队的文化素质，要求军官必须经过军事院校培训，士兵必须完成3～10年普通教育，专业技术人员必须完成相应的专业技能训练。逐步淘汰旧装备，多渠道改善常规武器装备；从俄罗斯、印度等购买战机、作战舰艇、导弹、雷达等先进军事装备，以装备建设[④]带动部队全面建设。

(2)优先发展海军和空军，加强陆军重点部队建设。越军推行"陆缩海进"战略，优先发展海、空军。扩编海军陆战旅、恢复海军二区，重在提高近海防御和支援岛屿作战能力。空军和防空军合并以后，裁减了部分部队，重新调整了兵力部署和防空火力配系，

---

① 也称满编师。
② 也称简编师。
③ 国防部先后颁布命令，将1军区338步兵师及4军区337步兵师改编为经济建设部队。
④ 进入新千年后，越南制定了"新世纪武装部队现代化计划"，其核心内容是对陆、海、空三军的武器装备进行全面换代，以改变装备落后的局面。在准备购买的武器装备中，海、空军装备占了很大的比例。

重点加强战略防空。陆军方面主要是加强战略值班部队①和特工部队建设。

（3）加强军队政治建设，使之成为反"和平演变"的中坚力量。通过政治建设，提高军队政治素质，保证党对军队的绝对领导；通过政治建设，筑牢思想防线，提高官兵抵抗"和平演变"腐蚀的能力；通过政治建设，提高官兵捍卫社会主义制度的决心和能力，随时平息国内暴乱和国外敌对势力的渗透、破坏活动。

（4）加强军事科学和军事理论研究。近年来，人民军不断健全军事研究机构、加大投入、吸引人才、推动军事科研不断发展。一方面，加强武器装备、军事技术的研究；一方面加强军事理论研究。近年来，在军事理论方面，人民军尤其加大了对外军、人民军战史、军队政治思想工作、军事指挥、非战争军事行动、预备役建设的研究等。

（5）加强军事训练，进行针对性演习、演练。海、空军各部队除了加强常规训练，还根据各单位实际，制定北部湾和南沙战场作战预案，进行针对性训练并举行模拟作战。海军除了进行海上救生、海上巡逻、实弹射击、目标跟踪、海上观察、岛礁防御等常规科目的训练，还前往南海岛屿进行适应性训练。航空兵部队主要进行战斗应用科目及远距离机动打击地面和海上目标科目的训练。雷达部队着重展开战备转级、干扰和反干扰、捕捉和跟踪空中目标、伪装等科目的训练。为提高部队实战能力，越军还多次举行较大规模的演习。

（6）建设诸兵种合成的预备役部队和适应新形势要求的民兵队

---

① 也即陆军尖锐部队，包括各野战军、军区的王牌师，如301、308、312等，这类部队齐装满员、训练有素、武器较好，随时担负机动作战任务，战时向作战部队提供支援，不仅战斗力强，还具有在全境快速部署的能力。

伍。预备役部队在战时可以直接转为作战部队，其数量和质量对越军战斗力和全民国防有重要意义。因此，和平时期的预备役部队建设要按未来战争的要求进行，诸兵种合成、高科技手段是训练的主要内容。民兵是战时兵员的可靠来源，民兵建设注重组织的完备性、参与的广泛性、训练的经常性、投入的持续性。总之，人民军近年来实施的是一条"质量建军"战略。

（7）加强军事工业建设。越南军事工业相对落后、武器装备自给率较低、装备维修保养能力较弱，为改变现状，越军采取了一系列措施：①加强军事科研队伍建设；②调整军工产业布局；③加强军工企业管理；④扩大国际合作交流；⑤努力提高武器装备自给水平，提高装备保养、维修能力。

第三节 军种与兵种

越南总兵力45万人[①]，包括陆军、海军、防空—空军三个军种和边防部队[②]、特工部队、炮兵、装甲兵、通信兵、化学兵和工兵7个兵种。

一、陆军

陆军编有野战军[③]、军区部队、兵种部队以及经济建设部队、训练部队等。其中，野战军是全军战略机动部队，负责全境机动作战，是越军最高建制作战单位。军区相当于军一级建制，主要负责辖区

---

① 越南国防部官方网站公布的数据为正规军45万，后备部队5万。
② 1959年3月，越南组建了一支担负戍边和内卫任务的专门力量，即"人民武装公安"，隶属内务部领导指挥。由于边防保卫任务的需要，这支部队逐渐发展成现在的"边防部队"，1979年10月，划归国防部领导指挥，并正式改名为"越南边防部队"，1988年6月划归内务部领导指挥，1995年又划归越南国防部领导指挥。
③ 也称野战兵团，是总部直属军。

内的作战。兵种部队分为各兵种司令部直属部队和建制单位队属部队两大部分。

陆军约37万人，分属8个军区、4个野战军和7个兵种部队。4个野战军各编制3个满编师[①]（含1至2个机械化步兵师），以及装甲旅、炮兵旅、防空旅、工兵旅、通信团、运输营、警卫营、化学营、侦察营等兵种、勤务分队，员额2万～2.5万人。

除首都军区只编有301师外，其他军区一般编制2～4个师（含1个满编师、1～2个简编师或架子师），若干个省（市）军事指挥部[②]，以及炮兵团、装甲团、防空团、工兵团、通信团、运输团、特工营、侦察营、化学连、警卫连等兵种、勤务分队。此外，还有学校、仓库、工厂、文体单位，员额2万～3万人。

陆军的师一般分为机械化步兵师、甲种步兵师（又称重装步兵师或满编师）、乙种步兵师（又称轻装步兵师或简编师）、架子师、训练师5类。机械化步兵师编3个机械化步兵团，1个炮兵团，1个防空团，以及坦克营、反坦克营、火箭炮营、侦察营、工兵营、化学营、运输营、军医营、警卫连等兵种、勤务分队，员额8 000余人。满编师多采用4团制编制，通常辖2个满编团，1个简编团或常备架子步兵团，1个炮兵团以及其他兵种、勤务分队，员额7 000～8 000人。简编师员额4 000～5 500人，通常编2至3个团，即满编步兵团、简编步兵团、常备架子步兵团各1个或1个满编步兵团、2个常备架子步兵团，以及坦克营、高炮营等兵种、勤务分队。架子步兵师员额1 000多人，通常辖3个架子团。

各种旅（团）编制：越南陆军共有8种旅（团），即步兵团、炮兵

---

① 第1军辖308、312、390师，第2军辖304、306、325师，第3军辖10、31、320师，第4军辖7、9、309师。
② 省军事指挥部下辖1个地方团；县级军事指挥部下辖1个步兵营。

旅（团）、装甲旅（团）、防空旅（团）、特工旅（团）、通信团、工兵旅（团）、化学团等。其中旅多采用4个营编制，团一般为3个营编制。炮兵旅编制1 000～1 500人，编有2个加榴炮营，1个火箭炮营、1个反坦克炮营，以及训练营等勤务分队。防空旅编制约1 500人，编有4个高炮营以及指挥连等勤务分队。装甲旅编制1 500人左右，编有3个坦克营、1个装甲营以及侦察连、通信连等。工兵旅编制1 600人，编有舟桥营和工兵营。特工团编有3个特工营以及侦察连等分队，一般每个团辖2个满编联队、1个架子联队，各团编制人数从200～1 200人不等。通信团编制1 300至1 500人。运输团编制600人。

二、海军

目前，海军拥有兵力3.5万人，编为5个区，5个舰艇旅，1个海上运输旅，3个陆战旅，1个守备旅，2个岸舰导弹团，1个水上特工团，2个守备团，1个岸炮旅，1个岸炮团，2个工兵团，1个通信团，1个训练团，1个海洋测绘团及院校和其他专业（部）分队。

海军司令部设有参谋部、政治局、后勤局、技术局、院校训练局等机关，海军司令部机关编制2 850人。海军各区是海军司令部下属的相当于师级的指挥机构，负责一定海域的巡逻、警戒、保卫任务，一般辖1至2个舰艇旅，1个守备旅（团），1个雷达营等，编制员额3 000～5 000人。

舰艇旅下设参谋处、政治处、后勤处、技术处，一般辖2～4个海队，全旅编制1 100～2 000人。陆战旅机关编制与舰艇旅相同，下辖3个陆战营，1～2个攻击营，1～2个炮营，1个高炮营，全旅编制4 500人。守备旅（团）下辖1～2个守备营，1个岸炮营，2个高炮营，编制员额2 000余人，守备团编制员额1 200～1 500人。运输旅下辖4个海队；岸炮团下辖3个营；水上特工团下辖3个营；工兵团下辖3个营；海测团下辖4个测量队。

三、防空—空军

越南防空—空军由歼击航空兵、歼击轰炸航空兵、运输航空兵、直升机、地空导弹兵、高射炮兵和雷达兵部队组成，兵力约4万人。

航空兵部队主要由歼击航空兵、歼击轰炸航空兵、运输航空兵、直升机部队和训练、保障部队组成。共编成3个航空师（1个歼击航空师、2个混编航空师）、1所航校和2个直属飞行团，共计13个飞行团。防空兵部队主要由导弹、高炮、雷达部队组成，共编成6个防空师，计15个导弹团、5个高炮团和6个雷达团。

航空兵部队的编制分为航空师（校）、飞行团、飞队和飞行分队4级。航空师是航空兵部队最大的作战单位，可独立执行战役战术作战任务；每个航空师编有3个飞行团，装备飞机60～150架。飞行团是航空兵部队基本的战术单位，可单独执行战术任务；每个飞行团编有2至3个飞队。飞队编有3～4个飞行分队。飞行分队不作为正式编制，分队长为非正式职务，一般由技术较好的飞行员担任。

防空兵部队编制分为师、团、营（连）三级。防空师是防空兵部队最大的作战单位，每个师覆盖一个作战方向，可独立执行战役、战术作战任务。防空师由防空兵部队各兵种部队混合编成，每个师编有1～4个导弹团、1～2个高炮团和1个雷达团。导弹团、高炮团和雷达团是防空兵部队的基本作战单位，每个导弹团下辖3个导弹营，每个高炮团和雷达团编有若干连级单位。

四、各兵种概况

（一）边防部队

边防部队是越南人民武装力量的组成部分，是保卫、管理和维护陆地边境和海岛安全的专职力量，是行使国家主权的职能部队。边防部队驻守边境口岸、港口、机场，是维护边境地区及口岸的安全和社会秩序的主要力量。边防部队的主要任务和职能是管理、保卫国家边界及国界标志，与越境侵耕侵种、非法居住、非法移民、非法开采资源等一切侵犯边境领土的行为和危害国家利益、危害边界地区稳定的行为作斗争。负责并配合各地、各部门进行边界管理，维护陆、海边界和口岸的社会秩序和安全。

边防部队由国防部直接指挥和领导，省（市）边防指挥部平时受边防部队司令部和所在军区的双重领导，战时受军区司令、省军指指挥长、海军各区司令（指挥长）的统一领导。

总参谋部下设边防部队司令部，它是边防部队的最高指挥机构，下设司令1名、副司令若干名；机关设参谋部、政治局、后勤技术局、侦察局、情报局、反间局。边防部队司令部下辖省、市边防指挥部及海团、学校和勤务单位等。边境省设立边防指挥部，接受边防部队司令部及军区的指导，下辖边防海团、边防屯（站）、观察台等。

（二）特工部队

特工部队又称"特别精锐部队"，是一支经过特殊训练、执行特殊任务、采用独特活动方式和作战方法的一个独立兵种，是担负战略、战役或战术任务的特殊部队，在各类作战中具有特殊的作用。特工部队由陆地、水上、蛙人、空降和别动特工部队组成，最大建制单位为旅。

特工部队原来分为特工部队司令部直属和军区、野战军下属两种，特工部队司令部、军区、野战军均编有特工团，现军区、野战军特工团均已撤编，仅保留1个特工营。目前，每个特工团（旅）辖2～3个作战联队。特工部队司令部共编为12个联队，每个军区编1

个特工联队,每个联队约200人,辖特工队3个,通信队、侦察队、火力队各1个;海军861水上特工团辖1个蛙人队、3个水上队。

越军特工部队通常采用袭扰、破坏、直接突击三种作战样式执行任务。特工部队作战的基本指导思想是"以高度的突然性夺取战斗主动权,从而达到以小打大、以少胜多的作战效果"。其战术特点是,隐蔽突然、准备周密、以少胜多、战术灵活。

(三)炮兵

炮兵是陆军主要地面火力战斗兵种和实施火力突击的骨干力量。炮兵由战术导弹、加农炮、榴弹炮、反坦克炮、火箭炮、迫击炮、反坦克导弹等部队组成,最大建制单位为炮兵旅。

炮兵部队编为炮兵司令部直属炮兵和编在军区、军、师的队属炮兵两种。炮兵司令部设有机关,军区、军设有炮兵处,辖炮旅或炮团;师、省军指设有炮兵科,分别辖炮团、营;步兵团、营辖炮连。炮兵火炮一般采取隐蔽、分散、突出重点的梯次配置。炮兵运用原则是:(1)集中使用,在进攻、反攻、防御的主要方向上形成强大的火力密度;(2)各种火炮结合使用,充分发挥现有火炮的作用,在战役、战斗中形成强大而可靠的火力网;(3)准确、及时、突然地进行射击,大量杀伤敌军;(4)同步兵、坦克及其他武装力量密切协同作战。

(四)装甲兵

装甲兵是陆军的重要突击力量,由坦克和装甲车部队及专业保障分队组成,最大建制单位为装甲旅。其作战特点是:重视战前准备;注重步、坦协同;强调夜战;注意工程保障。

装甲兵司令部是兵种的最高指挥机构,直属总参谋部;装甲兵司令部机关设有参谋部、政治局、后勤局、技术局,下辖直属装甲旅3个、训练团3个、学校6所;各军、军区设装甲处,下辖1～2

个装甲旅团。各装甲处受装甲兵司令部的业务指导，具体负责所属装甲部队的训练、考核和作战协调。此外，中越边境前沿步兵师还编有独立坦克营。

（五）通信兵

通信兵是战斗保障技术兵种，是担负军事通信任务、保障军队作战指挥的专业技术力量。通信兵由有线、无线、军邮、通信工程部队组成，具有在各种条件下随时保障通信联络畅通的能力。

通信兵司令部是兵种最高指挥机构，机关设参谋部、政治局、后勤局、技术局。越军通信体制分为战略通信和战术通信两大系统。战略通信系统包括总部对军兵种、军区和军等大单位之间的通信；战术通信系统包括各军兵种、军区和军以下建制部队内部的指挥及协同通信。

目前，越军的通信手段主要有无线、有线、军邮和移动通信。无线通信包括短波、超短波、微波、卫星通信等。越军现已建成以明线和电缆相结合的全国范围的有线通信网。越军通信的主要特点有：网络多重配置，各种通信手段同时并存，结合使用；呼频变化频繁；重视通信保密。

（六）化学兵

化学兵是战斗和战斗保障技术兵种，是对大规模杀伤武器防护的骨干力量，由侦察、烟幕、喷火、洗消等专业防化部队组成。化学兵能保障部队同敌人大规模杀伤性武器袭击进行斗争，掩蔽部队的行动和重要军事、经济目标，并可使用专业武器配合其他兵种进行战斗。化学兵传统日是1958年4月19日（第一陆军军官学校化学6营及308、320师化学连成立日），成立日是1976年7月17日。

目前，化学兵编有侦察、防化、烟幕、喷火、消毒、洗消等专业防化单位和军事化学院、化学军官学校等。化学兵司令部辖1个化学团、3个独立化学营和若干直属单位，编制4 000人。主要装备有ARS-12U型、ARS-14型消毒灭菌车，AGB-3M消毒灭菌站，DKV-1型洗消车，GAZ-69RK型化学侦察车，LPO-50型喷火器，及发烟筒等。

（七）工兵

工兵是陆军战斗和战斗保障技术兵种，是执行工程保障、破袭敌人交通的技术骨干力量。工兵由工程、舟桥、建筑部队组成，具有快速进行多种工程作业和遂行一定战斗任务的能力。工兵包括总部直属、军区和军属工兵部队，以及师、团属工兵分队。军以上所属工兵部队主要担负军队战略、战役机动工程保障任务及重要国防工程的构筑和伪装等任务。师以下工兵部队主要用于为部队的战斗行动提供各种工程保障。工兵传统日是1946年3月25日（国防部公政交通局成立日）。

目前，工兵司令部辖239舟桥工兵旅，229、249、279、284、293、596工兵旅，14、72工兵团和升龙工兵团等，编制1.4万人。

第四节　国防体制

国防体制一般包括武装力量构成、统帅机构、指挥系统、政治工作、后勤保障、装备系统、训练科研、兵役和动员体制、民兵组织等内容。越南的国防体制经过多年建设，已经逐步完善，并形成了比较有效的运行模式。

一、武装力量的构成

越南武装力量由主力部队、地方部队、预备役和民兵组成。主力部队包括陆军、海军、防空—空军3个军种和若干技术兵种，是全民国防的基本力量,在全国范围担负机动作战任务。地方部队,即省、县军事指挥部下属独立团、营,是地区作战的主要力量,主要担负本省、县辖区范围内的作战任务。预备役和民兵是"全民国防的基础",是不脱产的全民性武装力量,平时以生产为主,战时就地作战,并向主力部队、地方部队补充兵员、提供后勤保障。越军强调战时应充分发挥三种力量相结合的总体力量。

二、统帅机构

越南宪法规定,国家主席统帅各人民武装力量[①]。但实际上,越军的最高决策和统帅机构是越南共产党中央军事党委,党的总书记兼任中央军事党委书记,是武装力量的实际最高统帅,通过国防部对全国武装力量实行统一领导和指挥。国防部长为中央军事党委常务副书记,主持军委的日常工作。国会设有国防—安全委员会,负责审查和监督国防与安全政策的制定与执行;国家机关设有国防—安全会议,协助国家主席统帅武装力量。国防部既是越共中央军委的办事机构,又是越军的最高军事行政机关。

中央军事党委的主要职责是,根据党中央政治局提出的战略总方针,组织完成战略部署;拟定国土防御、战场建设、战时动员等计划;提出军队建设方向和路线;制定建军计划;处理日常军政事务,负责全军的作战指挥、军政训练、后勤及装备技术保障、军事学术研究等工作。

国防部下辖总参谋部、总政治局、总后勤局、总技术局和国防工业经济总局五大机关,海军、防空—空军两大军种司令部,以及边防部队、特工部队、炮兵、装甲兵、工兵、通信兵和防化兵等7

---

① 国家主席担任人民武装力量总司令,还任国会"国防—安全委员会"的主席,又任国家机关"国防—安全会议"的主席。

个兵种司令部。五大总部（局）分别负责全军的作战指挥、政治思想、后勤保障、装备技术保障和经济建设工作。

军种司令部是军种部队的最高领导机关，分别负责本军种的作战指挥、政治工作、后勤和装备技术保障工作以及生产建设工作。同时根据本军种的特点拟定部队发展、编制装备及基地设立等计划。兵种司令部除特工部队司令部外，一般对所属部队不直接实施作战指挥，只负责本兵种的组织、编制、装备、训练和技术保障等业务的领导工作。

三、作战指挥系统

总参谋部秉承中央军事党委的意图，通过各军兵种、军区、军司令部对全军实施作战指挥。必要时由各总部派出人员，组成战区司令部或总部前指。

总参谋部是越军指挥系统的中枢环节。其主要职责是：按照中央军事党委的指令，拟定作战计划并组织实施；协调各军、兵种和各军、军区的行动；确定全军的军事教育方针，拟定训练计划并组织实施；拟定全军的编制、装备及军事动员计划，并向中央军事党委提出军队建设的建议。总参谋部设有作战、情报、军训、动员、军力、管理教育、条令、地图、院校、机要、军体和军事科学等局，以及政治、后勤等辅助单位。

四、政治工作系统

政治工作由总政治局负责。总政治局是越南共产党对军队领导和控制的重要部门，全军团以上单位分别设政治工作机构[1]，总政通

---

[1] 团级单位一般设政治科，师、旅级单位一般设政治处，军级单位设政治局。营、连两级没有政治工作机关，只设政治主官。

过各级党组织和政治工作机关对全军实施控制。

总政治局的主要职责是：负责全军党的建设和发展；处理党、团事务；指导和监督各级党组织和政治机关工作；决定全军上校（或副师职）以上干部任免；制定军队政治思想、宣传教育计划并组织实施；负责军队内部的保卫、民运及瓦解敌军等工作。总政治局设有干部、宣训、组织、政策、保卫、军法、出版等局以及文艺、体育等单位。

五、后勤保障系统

后勤保障工作由总后勤局负责，全军团以上单位均设有相应的后勤保障机构，负责本单位的粮秣、油料、被服、步兵武器、弹药、战场救护等通用物资的申请、发放和少量储备工作。坦克、装甲车、车辆、火炮、防空武器装备以及通信、工兵器材等专用物资则按军、兵种系统分级补给。

总后勤局是全军后勤保障工作的最高领导机关，其主要职责是：拟定军事预算，负责全军后勤工作的协调和通用物资的采购、储备、加工、调拨、供应以及专用物资补给和运输。总后设有军粮、军需、财务、军医、军装、计划、营房、物资、生产、农林、运输、油料等局。

越军强调按区域部署后勤保障系统，平时按预设战区建立总部直属的后勤网点（即兵站），就地筹集和储备各类通用物资，以保证战时对参战部队的后勤保障。

六、装备技术保障系统

装备器材的技术保障工作由总技术局负责。任务包括全军装备器材的接收、储存、计划以及武器弹药的生产和改进等工作。下设企业管理、国际合作、计划、装甲技术、物资、运输、军械、装备接收、培训、科技管理、武器弹药管理、机械车辆管理等局,以及若干兵工厂和专业修理厂。

七、生产管理系统

国防工业经济总局是指导军队执行经济建设任务的专职机构,与其他总局相结合,与各军区、国家机关共同研究确定军队经济建设的指标、计划和措施。为组织指挥在重要领域的生产,有权组成专职司令部、建立必要的科学技术和经济管理专门研究机构。下设生产资料、物资运输、基建管理、机械、农林、路桥等局以及经济学院、经建部队。

八、训练和学术研究系统

总参军训局及各军兵种军训局负责军队训练工作,每年均以国防部名义颁布训练大纲,规定统一的教材、教范、训练程序以及考评制度。各军事院校的培训目标、专业、章程、内容亦以国防部名义颁布。各总部、各军兵种均设有负责本系统官兵训练的机关、院校和部队。其中,陆军编有训练团,分属各军区;全军共有各种院校70余所。越军非常重视干部的培训工作,除在职训练外,主要进行院校训练。规定凡士兵提升为军官必须经过院校培训,现职军官必须分批到军事院校轮训,营以上干部必须具备大专以上文化程度。因此,院校工作在越军训练体系中占有相当突出的地位。总部所属各类院校负责训练营以上军官,学制3年;军区和军兵种各类院校负责训练连、排级军官,学制一年半;技术干部和专业士兵则由各军兵种所属的各种专业技术学校培训。

军事学术研究工作主要由军事科学委员会负责。研究课题包括本军和外军的战略、战役、战术学，作战指挥，后勤保障等。另外，各部门还抽调一些有实战经验的老干部编写军史，总结作战经验。

九、民兵组织

民兵自卫队归地方基层党政机关领导，作战指挥、军事训练、武器装备则由县军事指挥部负责。军事部门每年要为民兵举办各类集训班，时间为一周至三个月不等。民兵干部及机动武装民兵成员一般由退伍军人充任，以保证民兵的军事素质。

越南规定凡年满18～45岁的男子和18～35岁的女子，除已参加现役或有特殊情况不适合加入民兵组织者外，一律编入民兵组织。目前，越南工矿、企业、机关、院校、农林场及镇、乡、村均按行政单位分别编有班、排至营级民兵组织。

十、兵役和动员体制

越南实行义务兵役制，规定凡适龄青年必须进行严格的兵役登记。动员工作由总参动员局统一负责。军区、省、县军事指挥部三级均设有相应的业务机构，形成一套比较完善的兵役动员系统。预备役的组建和训练工作分别由总参军力局和军训局负责。军区和省军事指挥部设有相应的机构。

越军战时紧急扩军大致有三种方式：一是预备役转为现役部队；二是经济建设部队转为作战部队；三是紧急征召新兵、退伍军人补充部队。其中效率最高、反应最快的是预备役部队转为现役。平时一类预备役人员按行政编成从班到师的建制，除生产外，每年训练2个月左右。战时按原建制改编、换装、配发武器装备和补充一定数量的现役骨干后，即可转为现役部队，投入战斗[①]。经济建设部队

[①] 越军预备役部队现在的训练水平可以保证48小时内即可成建制（一般为步兵团）开赴前线。

转为作战部队时效较差，从接到命令，经换装、补充人员、装备到可以担负作战任务一般需三四个月。

第五节 军事战略和作战思想

军事战略是国家战略的有机组成部分，并服务于国家战略，其制定、调整与当时的国际国内形势紧密相关。军事战略大致可以分为扩张型、防御型和综合型，越南的军事战略总体上属于防御型。军事战略的制定主要依据执政者对当前和未来威胁的判断以及对自身综合国力的判断。越南认为当前面临的威胁主要是来自西方阵营的旨在推翻社会主义制度的"和平演变"，以及由于现实的领土、海洋权益争端引发的武装冲突，甚至局部战争。越南的对策可概括为"全民、全面、自主、自力"。

一、对威胁的判断

越南2009年《国防白皮书》认为国家正面临着复杂多样的安全挑战：（1）经济基础不够稳固，受到了世界金融危机和全球经济衰退的深刻影响，正面临着倒退的危机；（2）国家的国防—安全虽然稳定，但并未完全克服导致政治—社会不稳定的外界和自身因素；（3）敌对势力利用民主、宗教和人权问题，欲破坏全民大团结，在一些地区引发暴乱和制造分裂；（4）南海的领土、主权、主权权利和管辖权争端复杂多变，对人民的海上活动和海洋经济的发展造成较大影响；（5）非传统安全问题如非法贩卖和运输武器、毒品走私、海盗、有组织跨国犯罪、恐怖主义、非法入境和移民、环境污染、气候恶化、疾病等日益严峻。

总体而言，越南认为国家安全大致面临两类威胁：对社会主义制度的威胁和由领土争端带来的威胁。经济衰退会动摇执政基础，国防—安全不稳影响决策信心，敌对势力的各种破坏直指政权，非传统安全影响民心，这些因素都会动摇共产党的执政。领土争端问题作为"显性"问题，实则也牵连着国内政治的方方面面。具体而言，越南认为国家安全面临三方面威胁：（1）以美国为首的西方国家从来没有放弃过颠覆社会主义制度的活动，它们打着"民主""人权"的幌子，利用国内矛盾，培养代言人，以"和平演变"的方式企图在越南实现政权颜色的改变。（2）越南与周边国家存在领土争端和海洋权益争端，有引发局部武装冲突甚至局部战争的危险。（3）全球化对执政能力的考验，民族分离势力、宗教势力、恐怖势力对国内政局的威胁。为此，2010年3月，越南共产党十届十二中全会通过的2011年版《社会主义过渡时期建设纲领》修改文件草案中对国防—安全的目标任务描述为："牢牢保卫祖国的独立、主权统一和领土完整，保卫党、国家、人民和社会主义制度，维护和平、国家安全、政治稳定和社会安全秩序，主动防止、挫败敌对势力对我国人民革命事业的一切阴谋破坏活动。"上述威胁是越南军事战略制定的依据，而《社会主义过渡时期建设纲领》中对国防—安全任务的描述即军事战略的目标和使命。

二、军事战略

军事战略是国家针对外来威胁在军事领域的宏观对策体系，越南确定的军事战略强调积极防御、强调保卫社会主义制度和领土主权、强调尽量消除或减少威胁、强调消除威胁于萌芽状态、强调全民参与和全面投入、强调独立自主、强调自力自强。

越南政府认为当前国际形势总体趋于缓和，在短期内爆发针对越南的大规模战争的可能性较小，越南可获得一段较长的和平、发展时期。因此，越南国家战略的重心调整为"抓机遇、促发展，巩

第九章 军事与国防

固执政地位"。与此相适应,当前的军事战略也转为强调实施全方位的积极防御战略,对武装力量进行了全面调整和布局,扭转战略布局不合理、兵力部署不平衡现象,加强了战略重点保障,并确立了"以积极防御为主要内容;以保卫领土主权完整和社会主义制度为基本目标;以努力消除、积极应对局部战争和武装冲突为方针;以全民武装和全面阵地建设为手段"的总体战略。而在战争准备方面,越南"立足于本国经济和军事实力,随时做好应付可能在南沙海域发生的中低强度战争和在北部、西南边境局部地区发生小规模武装冲突的准备"。

积极防御是指在威胁尚未显化以前,提前预防,提前部署。越南认为,以美国为首的西方发达国家从未放弃过以"和平演变"的方式颠覆共产党政权,尤其是越南加入WTO以来,西方敌对势力利用各种方式对其进行渗透、控制,培植西方价值观的代言人(尤为值得警惕的是通过军事合作与交流培植亲美的军方代言人),策动国内外反动势力利用民主、宗教、民族等问题对政府发难。因此,越南从来没有放松意识形态领域的斗争,越军更是明确把美国作为潜在敌人,积极应对。同时,越南正视与中国的领土、权益争端,积极制定对华作战预案,加紧建设已占领岛礁,布局防御体系,进行军事演习。

在战略目标方面,坚决保卫领土主权完整和社会主义制度,其大致内涵是:确保边境稳定和安全,维护在南海的既得利益,保持国内政局和社会稳定,为国家集中力量发展经济创造有利条件。具体包含以下4点:(1)由于在南海问题上与中国存在难以解决的领土争端,在南沙海域爆发武装冲突的可能性不能排除,因此,将中国作为主要作战对象。(2)针对近年来与柬埔寨领土(海)纠纷增多,越军将确保西南边境安全作为军事战略目标的重点,加强对争议海域和边境地区的控制。(3)坚决挫败民族分裂活动。(4)坚决挫败各种颠覆和破坏活动。

在战略方针方面,努力消除、积极应对局部战争和武装冲突。其基本内涵是:收缩陆地战线;扩大海上控制范围,巩固已占南海岛礁;建立"区域防御"体系;严防发生暴乱和颠覆活动。具体包含以下3点:(1)由边防部队全面接防边境一般防务,主力部队后撤至浅近纵深和二线便于机动位置①,转入"机动、防御"态势。(2)加强南海已占领岛礁的军事设防,建筑永久工事、增配武器装备、构建通信网络、改善生活设施,做长期占领的准备。同时,制定南沙作战预案,强调空海协同,增加海上军演和联合军演。(3)对中心城市和重点地区,制定反暴乱应急预案,成立快速反应部队,配合公安力量打击敌对势力,协助边防部队加强边境管控,堵截外部势力潜入,维护社会安定。

在战略手段上,强调全民、全面、独立自主、自力自强。所谓全民,即一旦战争爆发,越南人全体参与,分为作战人员和保障人员;作战人员一般包括主力部队、地方部队、预备役部队和民兵自卫队。所谓全面即全面阵地化,即在全国领土范围内,根据统一的战略部署,组织、开展、布置国防力量。通俗讲就是投入国家的所有的资源,把全国领土变成战斗阵地,保证战胜一切敌对势力的侵犯,保卫国家独立、主权、统一、领土完整和国家利益。所谓独立自主、自力自强的核心是依靠自身力量,不受制于人。

三、作战指导思想

越军自1944年建立以来,绝大部分时间处于战争状态。越军在

---

① 距边境线50~100公里的区域,一般称为浅近纵深或二线。这是一个相对的概念,不同国家对自己的浅近纵深有不同的划分。

长期的战争中，在吸收外国军队作战经验的基础上，形成了一套自己的作战指导思想，并且曾以越南军委的名义颁布，作为全军统一的作战思想。其内容如下：(1)积极消灭敌人，保存自己，积蓄力量，越战越强。(2)树立牢固的进攻思想。(3)军事与政治、作战与瓦解敌军、消灭敌人与保障人民权利密切结合。(4)主力部队、地方部队和民兵自卫队密切结合；游击战与正规战密切结合；中、小型作战与各种战略大规模作战相结合。(5)合理集中兵力，全歼敌人，普遍推广以少胜多的打法。(6)消灭工事内之敌和消灭工事外之敌相结合，重视进攻营房内之敌。(7)独立作战，主动协同，以步兵作战为中心，单一兵种独立作战和多兵种协同作战相结合。(8)坚决连续地进攻，积极顽强地防御。(9)发挥近战、夜战和昼夜连续作战的特长。(10)有重点地部署兵力，掌握强大的预备队。(11)打有组织、有准备之仗，初战必胜。(12)积极、主动、勇敢、灵活、机智，创造战机，隐蔽、突然地打击敌人。

近几年来，越军在继承传统作战指导思想基础上，又针对现代作战的特点，颁布了一套新的作战条令和方案，对其作战思想作了进一步充实和完善。当前越军作战思想主要内容是：(1)多种作战样式和手段相结合，诸军兵种协同作战。(2)使用综合力量，实施总体作战。(3)以应付中低强度边境武装冲突和局部战争为重点，快速反应，初期制胜。(4)主动、坚决、机智、灵活地进攻。(5)积极、稳固、顽强地防御。

以上五个方面的内容与传统作战思想相比，更加强调快速反应的机动作战、协同配合和攻防平衡，体现了作战指导的全面性、作战手段的多样性和战术运用的灵活性。

四、战术特点

（一）陆军的战术特点

进攻战役是越军现代战役中最主要的战役类型。越军进攻作战的特点是：(1)灵活运用战术。(2)秘密集结，迅速、隐蔽、突然开进。(3)重视发挥各种火力的作用。(4)正面牵制，侧翼攻击，小群多路，连续冲击。(5)集中力量，击敌弱点和要害。(6)重视使用特工和地方武装力量配合主力作战。

防御是越军作战思想的基础，防御作战是越军的基本作战方式，通常分为阵地防御和运动防御，以阵地防御为主。其主要作战特点是：(1)重点设防，纵深梯次部署。(2)构成坚固阵地，组织环形防御体系。(3)组织以炮兵火力为主的严密火力配系。(4)依托坚固阵地顽强坚守，反复争夺。(5)灵活运用战术，阻、伏、袭、反、藏结合。(6)实施机动作战，兵力机动与火力机动结合。(7)重视与其他武装力量配合作战。

（二）海军的战术特点

越南海军经过四十余年的发展，经历了一些海战，积累了一些作战经验；同时，近几年加大组织较大规模军事演习的力度，逐步形成了符合自身实际的作战特点：(1)以小制大，以弱胜强。(2)注重使用预置兵力。(3)重视发挥陆战队和水上特工部队的作用。

（三）防空—空军的战术特点

越南的防空—空军由航空兵部队和防空兵部队构成的。

航空兵部队作战特点：(1)固定任务与机动使用相结合。(2)小编队、多波次频繁出动。(3)隐蔽突然，低空偷袭。(4)机动灵活，避免损失。

防空兵部队作战特点：(1)重点设防与机动作战相结合。(2)高、中、低各种火器结合配置。(3)集火近战,适时开火。(4)设置多种阵地,进行欺骗伪装。(5)注重严密的对空监视。

第六节 对外军事关系

对外军事关系一般也称军事外交,越南的军事外交既是其总体外交的重要组成部分,又服务于整体外交。越南军事外交的目标是在平等和相互尊重的基础上,建立和发展与各国的军事关系,为建设国家、建设武装力量、巩固国防安全、保卫祖国、维护世界和地区的和平与安全作出贡献。越南认为,在世界一体化的趋势下,越南的安全与地区和世界的安全紧密相连,通过军事外交推进军事合作是维护世界与地区和平稳定的重要措施。越南人民军主张扩大和提高双边国防合作,同时积极参与多边国防合作。目前,越南已与65个国家建立国防合作关系,在31个国家设立军事随员办事处,有42个国家在越南设立军事随员办事处。

在遵守东盟政治—安全共同体章程,符合各方利益关系的前提下,越南加强与东盟其他成员国的国防合作,建立军事合作框架:(1)与东南亚其他国家签订了《东南亚无核武器区条约》(SEANWFZ)。(2)与东盟各国军队展开合作,努力解决各种非传统安全问题。(3)高度评价和积极参与东盟国防部长会议(ADMM),以加强东盟军队的合作,解决共同关心的安全问题。

越军优先发展与邻国的军事合作以解决具体的国防—安全具体问题。(1)越南已经完成了与中国的陆地勘界立碑工作。(2)与柬埔寨达成到2012年之前完成勘界立碑工作的协议。(3)完成了与老挝的分界并正在增加界碑的密度。(4)边防部队加强与各国边防安全力量在边界地区的联合巡逻,严格落实有关边界的国际条约以及边防合作协定，以防止边界走私、非法移民、拐卖妇女儿童、毒品走私等各类犯罪。(5)努力解决海上边界问题，扩大与各国的海上合作，保障海上安全。(6)越南海军与柬埔寨、马来西亚、泰国和中国海军建立热线联系，进行海上联合巡逻，提高海上边界安全的合作效果。

越南还注重扩大与地区和世界大国进行国防对话，增进相互了解，努力解决涉及各方利益的问题。越南已与中国、俄罗斯、美国、日本、法国、印度等进行了各级别的国防—安全对话。

越南人民军注重加强高级军事代表团以及年轻军官之间的交流。仅海军方面，2005—2009年间，越南接待了各国46个代表团的81艘舰船，超过18 000名海军军官和水手到海防港、岘港、胡志明市进行访问；2008年，越南首次派出海军舰队对他国进行友好访问。越南还重视加强军事院校和国防科研机构与别国的合作；建立和保持与各国军事情报机关的合作；根据自身的实力和条件，有效参与联合国维和行动。

第十章 对外关系

第一节 外交简史

1945年9月2日,越南民主共和国成立,从此开启了越南对外关系的新篇章。结合越南当代历史的发展,其外交历程大致可以分为五个阶段:抗法战争时期(1945—1954年)、经济建设时期(1955—1965年)、抗美战争时期(1965—1975年)、南北统一与外交困难时期(1976—1985年)、全面革新与外交活跃发展时期(1986至今)。①

越南民主共和国成立之初,就在胡志明主席的领导下确立了"独立自主、平等互利和尊重主权"的外交方针和原则。由于当时的国际环境和国内形势,在1950年之前,没有一个政权在外交上正式承认越南民主共和国。1950年1月18日,中国率先承认越南民主共和国,并与之建立了外交关系。1950年1月30日,苏联同越南民主共和国建交。随后,东欧一些国家先后与越南建交,越南成为社会主义阵营的一员。从此,越南有了比较巩固的国际地位,抗法战争有了强有力的后盾,不仅获得军事、经济援助,还获得了外交支持。1954年5~7月召开的日内瓦会议期间,越南、中国、苏联等国代表互相支持、合作,终于使会议达成《日内瓦协议》,承认印度支那三国的独立、主权、统一和领土完整。

1955年6~7月,胡志明率领越南党政代表团对苏联进行正式访问。两国签署了苏联向越南援助9 000万卢布和贷款1.6亿卢布的协定,苏联承诺提供设备和技术帮助越南恢复和建设33个企业以及

---
① 外交阶段的划分参见戴可来、于向东:《越南》,南宁.广西人民出版社,1998年版,第140-141页。

其他项目。此后，越苏往来频繁，苏联对越援助不断增加。20世纪50年代后期，越南同日本建立起非官方的贸易关系，此后，双边贸易额有所上升，1962年，越南首次派商务代表团访日，并签署了贸易协定。1956年苏共"二十大"以后，面对中、苏两国两党的重大分歧和激烈争论，越南一直采取中立立场，从中斡旋，胡志明主席一直坚持"团结苏联，团结中国"的方针。

1964年8月"北部湾事件"之后，美国开始轰炸北越。1965年2月，美国再次对北越军事目标进行大规模轰炸。越南民主共和国这一时期的外交路线主要是继续争取中、苏等友好国家的支持和援助，开始和一些西方国家接触并建交，争取同情和理解，寻找尽快结束战争的途径。1964年勃列日涅夫上台，越苏关系进一步密切，先后签署了多项无偿援助和军援协定，提供了价值数十亿美元的军用物资。这一时期，由于种种原因，美国开始实施收缩政策。为了结束战争，越美之间开始秘密接触，在巴黎进行谈判。1973年1月，越美双方签署了结束战争的巴黎协定。1973年3月，美国撤出越南南方。在越美接触前后，越南也开始与一些西方国家发展关系。越南与欧美发达国家最早建立外交关系的国家是瑞典，抗美战争期间，越南从瑞典获得5 000万美元的援助。1972—1973年间，越南与澳大利亚、法国、日本建交并获得援助。随后，联邦德国、意大利、荷兰、比利时、英国、加拿大、芬兰、挪威等相继与越南建交，一些国家还提供了援助和贷款。

1975年，越南南北统一，1976年改国名为"越南社会主义共和国"。1977年6月，越南被接纳为联合国会员国。1977年，黎笋与越南党政代表团访问老挝，双方缔结了《越老友好合作条约》，进一步发展了越老之间的特殊关系。1978年11月，越苏签订了具有军事同盟性质的《越苏友好合作条约》，并于次年底由双方批准生

第十章　对外关系

效。在苏联的支持下，越南黎笋集团开始推行"地区霸权主义"。1978年12月25日，越南出兵柬埔寨，1979年1月7日占领金边，扶植韩桑林政权，建立"柬埔寨人民共和国"。[①] 同时，越南在国内大规模排华，造成大量华侨、华裔流离失所。此外，越南方面还对中越边境的陆地、海洋提出主权要求，宣布将西沙群岛、南沙群岛等岛屿纳入其版图范围。[②]出兵占领了中国南沙群岛部分岛屿，并不断在中国边境挑起武装冲突。上述种种举动严重威胁了中国的边境安全，影响了东南亚的局势稳定，为了捍卫主权，惩治侵略者，中国在边境地区发动了"自卫反击战"[③]，沉重打击了越南的地区霸权主义行径。至此，除了"经互会"成员国仍保持对越援助、贸易等，越南陷入外交孤立。

  1986年底，越南确立了革新、开放的政策，对外政策有了重大调整，由过去"一边倒"转向"多元化、全方位"发展对外关系。越共六大提出了"增加朋友、减少敌人，创造有利的国际环境，为国内经济建设服务"的方针。1991年，越共七大提出"愿意与世界上所有国家交朋友"。在上述方针和政策的指引下，(1)越南积极改善与中国的关系，1991年11月，实现与中国关系的正常化，并积极展开各方面的交流与合作。(2)积极展开与美国的对话，打破贸易禁运，与美国建交。(3)努力减少苏东剧变对越南的影响，重建与独联体各国的关系。(4)发展与东盟的关系，加强区域合作。(5)争

---

① 越南入侵柬埔寨遭到国际舆论的强烈谴责，许多国家中断了与越南的接触，停止或减少援助，并采取贸易制裁等措施要求越南从柬埔寨撤军。
② 此前，越南民主共和国(北越)则明确表示南海诸岛为中国领土。
③ 对越自卫反击战，又称中越边境战争，狭义上是指1979年2月17日至1979年3月16日中国、越南两国在中越边境爆发的战争。广义的自卫反击战争，是指从1979年到1989年近十年间的中越边境军事冲突。其中包括1979年中越边境中方自卫还击作战，1981年中国收复扣林山、法卡山之战，1984年中国收复老山、者阴山、八里河东山之战，中国对越拔点作战、两山轮战、对越坚守防御作战等。

取西方的援助和投资，发展与西方各国的关系。(6)调整与老挝、柬埔寨的关系，寻求建立新型印支关系。(7)加强与古巴、朝鲜等"友好国家"的关系，扩大与其他国家和地区的合作与交流。通过上述举措，加之革新成就巨大，越南国际地位逐渐提升，成为新兴市场国家的代表。

第二节 外交政策、目标和成就

越南政府认为，当今世界和平、合作与发展仍是时代的主流。经济全球化为发展中国家提供了机遇，也带来了挑战。越南将继续奉行独立自主、和平、合作与发展的对外路线，实行开放、全方位、多样化的外交政策，积极参与国际和地区合作进程，主动、积极融入世界经济，努力为国内经济建设营造和平、有利的国际环境。在具体做法上，越南全力发展同邻国、周边国家、传统友好国家、大国四类国家的互信合作关系[①]，并积极发展与国际组织的良好关系。在具体做法上，越南以大国外交为主线，奉行等距离外交[②]；重视周边外交；借助联合国和东盟等拓展多边外交；主动开展政府、政党、民间外交。同时，奉行鲜明的现实主义政策，在领土、领海等问题上维护其既得利益，并谋求获取更多的实际收益；在人权、宗教等问题上与西方国家进行斗争。

越南政府谴责和反对一切形式的恐怖活动，愿与国际社会进行

---

① 越南的外交大致可以用同心圆来划分，最核心的是周边国家老挝、柬埔寨、中国、美国（美国把自身的利益边界深深地嵌入东南亚地区，可以说美国是整个东亚、东南亚地区的邻国）和东盟其他国家；第二圈为亚太地区重要国家如俄罗斯、日本、印度、韩国等；第三圈为世界重要大国和传统友好国家如法国、德国、英国、澳大利亚、古巴、朝鲜、蒙古、罗马尼亚、波兰等；其他国家则为第四圈。

② 越南的外交政策的支点之一是"在大国之间谋求本国利益的最优化和最大化"，一般称作"大国平衡"外交。笔者认为，越南这样的国家，难以建构与各大国之间的平衡，而推行"等距离外交"更有可操作性。

反恐合作。反对借反恐干涉别国内政，强调国际社会必须在尊重联合国宪章、国际法、民族独立和国家主权的基础上进行努力，把恐怖主义从人类生活中彻底铲除。

越南外交的目标是：(1) 为发展经济，实现国家的工业化、现代化创造和平环境和便利的国际条件；(2) 主动融入区域经济与国际经济一体化；(3) 在对外关系中坚持独立自主原则，实行以不变应万变的方针；(4) 高举爱国和正义的旗帜，争取国内外人民的支持，团结一切热爱和平和进步的力量。

在上述外交战略指导下，越南外交成就巨大，越南的地区和国际地位日益提高，在国际事务中扮演越来越积极的角色。从20世纪70年代起，越南就是世界不结盟运动的正式成员；1977年越南加入了联合国；1988年越南当选为联合国经社理事会成员；1995年越南成为东盟的正式成员；1997年越南当选为联合国大会副主席；1997年11月，越南成功地主办了世界法语国家第七次首脑会议；1998年12月，越南又成功地主办了第六次东盟首脑会议。2006年11月7日，越南正式加入世界贸易组织WTO。2006年11月18～19日，越南政府在河内主办第14届亚太经合组织（APEC）领导人非正式最高峰会。近年来，越南对美关系发展迅速，同欧盟合作扩大，同日、俄、印等本地区大国关系良好，同东盟成员国的合作加强，多边外交活跃。越南担任了2008—2009年安理会非常任理事国，2008年7月任联合国安理会轮值主席国。越南现已与173个国家建交，并同20个国际组织及480多个非政府组织建立合作关系；派出70多个驻外大使馆、总领事馆和外交代表机关。

第三节　与中国的关系

中国与越南山水相连，唇齿相依，两国人民有着十分悠久而深厚的传统友好关系。1949年新中国成立后，中越两国关系有了新的发展。回顾60多年来两国关系发展历程，大体可以分为四个阶段。

一、"同志加兄弟"时期（1950—1975年）

"同志加兄弟"出自胡志明主席的名句"中越情谊深，同志加兄弟"。它真实地反映了中越两国1950—1975年这段时间的亲密关系，是中越两国友好关系的高潮时期。

1950年1月18日，中华人民共和国正式承认越南民主共和国政府是代表越南的唯一合法政府并与之建交。从1950年开始，中国向越南提供了大量无私的援助。1950年，中国派出以罗贵波为首的政治顾问团和以韦国清为首的军事顾问团赴越南帮助培训干部、建设军队、建立各级政权、实行土地改革，以积蓄力量。1951年和1954年，陈赓将军率中国人民解放军四野九兵团一部指导并参加边界战役和奠边府战役，为越南的抗法战争胜利作出了贡献。

1960—1975年这一阶段，尽管中越两党、两国政府在国际共运、中苏分歧、抗美策略和斗争艺术等方面存在分歧，但中国党和政府一直强调中国是越南的"坚强后盾"和"可靠后方"，中国"不惜承担最大的民族牺牲"支援越南的抗美战争。在得到中国支持和援助的同时，越南也在一些具体问题上支持中国。1963年，刘少奇和胡志明发表联合声明，越南重申了支持恢复中国在联合国合法地位的立场。越南还支持中国政府在中印边界问题上的原则立场，支持中国在西藏平息暴乱和进行民主改革，支持中国倡导的和平共处五项原则和睦邻友好政策。

1964年8月2日,"北部湾事件"爆发后,美国对越南北方的战争逐步升级。应越南劳动党中央和军委的邀请,中国派出九个师建制的高炮、工程、铁道和作战部队赴越南参战,直接支援越南人民的抗美救国战争。在25年中,中国给予越南200多亿美元的经济军事援助,提供大量的作战物资;派出2万多名专家、顾问和32万人的作战部队赴越南参战;牺牲并长眠在越南国土上的干部、战士有1 442人。集中安葬在越牺牲烈士的陵园有北江省谅江县陶美乡陵园、河西省彰美县春梅乡陵园、安沛省安平县郎陀乡陵园等。

二、非正常时期(1975—1990年)

1975年全国解放,越南决定与苏联发展更为亲密的外交关系,在苏联的强力支持下,黎笋集团的扩张思想一度膨胀,企图拼凑由自己主导的"印度支那联邦"。① 与此相应,中越关系日趋冷淡,但是一直都有外交关系。

1975年,越南趁解放南方的机会,侵占了中国南沙群岛的六个岛礁,即南子岛、沙岛、鸿庥岛、景宏岛、南威岛、安婆沙洲。同时,越南还在中越边境一再挑起纠纷,制造事端。

1977年,中越双方商定进行陆地边界谈判,由于越方的原因,会谈没有取得任何成果。

1978年,黎笋集团掀起反华、排华活动的高潮,大肆驱赶在越华侨、华裔,人为制造大量华侨难民,大批华侨、中国血统的越南人以及越南公民被驱赶到中国。中国政府被迫停止对越经济、技术援助,撤回了援越工程技术人员。

从1978年起,越南当局进一步加剧在中越边境地区的侵略和挑

---

① 《各国概况》编辑组:《各国概况》(1979年版),北京.世界知识出版社,1979年版,第103页。

衅活动，制造流血事件。

越南的所作所为对中国周边安全造成了严重威胁，中方一再发出警告，越方却置若罔闻，一意孤行，中国政府在忍无可忍的情况下，被迫发动对越自卫反击战。

自此，中越边界地区战事时断时续，一直持续到1989年。中越关系也随之降到冰点。中越两国中断了一切经济、文教、商贸、通讯等往来。

三、正常化时期（1990—2000年）

（一）友好往来与合作

1986年12月15～18日，越南共产党召开了第六次全国代表大会，确立了革新、开放的总方针，调整了对内对外政策。1989年，苏联和东欧社会主义国家先后解体，社会主义阵营不复存在。对当时的越南来说，这无异于一场大"地震"，越南失去了政治上的依靠和盟友，失去了军事上的全部援助，失去了90%的经济援助和外贸市场。为了尽快摆脱被国际社会孤立的危机，越南亟需重树国际形象。1989年，越南从柬埔寨撤出了全部军队，柬埔寨各方就成立和平中立的政府达成谅解。1991年10月，柬埔寨问题巴黎会议签署了柬埔寨冲突全面解决协定。柬埔寨问题的解决，为中越关系的正常化消除了最大障碍。

1990年9月3～4日，越共中央总书记阮文灵、政府部长会议主席[①]杜梅、中央顾问范文同应中共中央邀请秘密前往中国成都市，与中共中央总书记江泽民、国务院总理李鹏会谈。经过双方认真、坦率、友好的讨论，就恢复两国关系达成谅解。"渡尽劫波兄弟在，相逢一笑泯恩仇"，两国领导人一致同意"结束过去、开辟未来"。1991年8月10日，中越两国副外长在各自首都同时发表声明，宣布

---

① 即政府各部部长召集人，实际职权等于政府总理。越南在1980—1992年间实行部长会议制。

第十章 对外关系

中越两国即日起恢复两国之间的经济、贸易、交通、邮电等关系，两国关系开始正常化进程。1991年11月，越共中央新任总书记杜梅率越南党政代表团正式访问中国。1992年12月，中国国务院总理李鹏应邀访问了越南。1993年11月，越南国家主席黎德英应邀访问中国。此后，中越两国党政领导人实现了多次互访，每年还有中央各部门、各地方的上百个代表团互访，交流经验，探讨合作项目等。两国实现关系正常化以来，中国对越南的革新开放事业作出了积极的贡献，双边合作取得了可喜的成果，签订了多项合作协定。

1991年，两国签订《贸易协定》，并于当年实现两国贸易总额3 000万美元。

1992年，两国签订《经济—技术合作协定》《国境铁路协定》《邮电合作协定》《民用航空协定》《海运协定》《文化协定》《科学技术合作协定》。

1993年，两国签订《气象科学技术合作谅解备忘录》《两国银行结算合作协定》。

1994年，两国签订《成立双边经贸合作委员会协定》《中国公安部与越南内务部友好合作协定》《汽车运输协定》《旅游合作协定》。

1995年，两国签订《关于在水利领域开展科技合作的协定》。

1996年，两国签订《卫生合作协定》《医药合作协定》。

1998年，两国签订《领事合作协定》《司法互助协定》《边境贸易协定》等。

1998年12月17～19日，胡锦涛副主席赴越南出席东盟峰会并访问越南，向越南提供1 000万元人民币无偿援助，并通过越南政府向东盟基金会捐赠20万美元。

1999年2月25日，越共中央总书记黎可漂访华，中越两党领导人确立了发展两国关系的16字方针："长期稳定、面向未来、睦邻友好、全面合作",加强中越两国之间的全面合作。两国领导人还一致同意加快两国政府代表谈判进程,于1999年以前签定陆地边界条约,2000年以前签定北部湾划界协定。在访问期间,中国方面决定向越南提供2 000万元人民币无偿援助。

1999年10月23~25日,中国国务院副总理吴邦国率领由4位部长和广西、云南两省领导组成的政府代表团访越,实现两党总书记达成的谅解,落实中国援助越南经济建设的具体项目,双方签署了以下文件:

——中国政府向越南政府提供2亿元人民币优惠贷款,用以恢复和扩大生产设施的框架协定。

——中国政府向越南政府提供1 000万美元的无偿援助以资助太原钢铁企业的改造项目。

——中国提供太原钢铁企业改造扩大工程所需的全套技术设备的框架协定。

——中国向越南提供1.7亿美元贷款以改造太原钢铁企业的议定书。

2000年6月12日,中国对外经贸部副部长孙广祥和越南驻中国大使裴鸿福在北京签署了两国经济合作协定,按照该协定:从2000年7月1日起,中国向越南提供一项5 500万美元优惠信用贷款,用以改建太原钢铁厂和原河北氮肥厂。其中三分之一(2 000万美元)为无偿援助,其余部分为无息借贷,五年后越南每年偿还10%(350万美元)。

在此期间,中越两国之间的经贸关系也有了很大发展,到2000年时,中越两国双边贸易额已达29.37亿美元。

(二)签订陆地边界条约

中国广西、云南两省与越南北部的广宁、谅山、高平、河江、老街、莱州、奠边七省交界，共同边界线长达1 353千米。在封建社会时期，中越双方从未签订过任何边界协定，也没有明确的边界线标记。法国侵占印度支那后，强迫清政府签订《法国—清朝政府边界协定》。1957年，越共中央致函中共中央，建议双方谈判签订两国边界协定。1958年，中共中央正式复函，同意举行双边谈判以签订中越两国之间的正式边界协定。谈判历程大致如下：

1977年10月至1978年8月，在北京举行了以两国副外长为首的政府级谈判，双方各自提出一份陆地边界协定草案，经过10个月的磋商，交换意见，没有取得实质性的结果。

此后，由于两国关系恶化，边界谈判长期搁置。

1993年10月，在河内举行了第二轮政府级谈判。双方就解决中越两国领土边界问题的基本原则达成谅解，签署了谈判纪要。

1995年7月，在北京举行了第三轮政府级谈判。在两国领导人的推动下，双方决定成立由两国外交部官员和专家组成的陆地边界联合工作组，以加快谈判进程。

1996年9月，在河内举行第四轮政府级谈判。

1997年8月，在北京举行了第五轮政府级谈判。双方决定加快谈判进程，落实两国领导人达成的共识，在2000年以前签订两国陆地边界协定。

1998年9月，在河内举行第六轮政府谈判。

在进行政府级谈判的同时，已成立的陆地边界联合专家工作小组也先后举行了16次会议。双方就有分歧的76块地段[①]的解决方案，绘制地图等问题多次交换意见。在1999年内，双方多次深入具体地交换意见，最终达成了双方都能接受的文本。

---

① 中越双方对边界问题的分歧和不同主要体现在中国主张"保持边界现状"，越南主张"保持边界原状"。所谓"原状"即恢复法国政府与清朝政府签署的边界线。就保持现状而言，双方也有不同看法。

1999年12月，中国国务院总理朱镕基访问越南，中越两国政府同时宣布：中越两国陆地边界存在的所有问题已得到解决，两国之间的实质性谈判已经圆满结束。按照中共中央江泽民总书记和越共中央黎可漂总书记1999年2月达成的共识，中越双方将集中精力，加快处理各种技术问题，尽早完成陆地边界条约的起草工作，尽最大努力在1999年底前正式签署陆地边界条约。

1999年12月30日，中越两国外交部长分别代表两国政府在河内正式签署了《中华人民共和国和越南社会主义共和国陆地边界条约》。该陆地边界条约包括前言部分和八条内容。其中七条阐述总原则规定；一条描述陆地边界线的详细走向；条约附件是体现边界线位置的1∶50000的34张地图。

2000年4月，中国全国人民代表大会正式批准了该条约，2000年6月，越南国会也正式批准了该条约。2000年7月6日，中国政府谈判代表团团长、外交部部长助理王毅和越南政府谈判代表团团长、外交部部长助理黎公奉正式交换由两国国家主席签发的边界条约批准书，条约自即日起开始生效。

2000年11月，中越两国陆地边界勘界立碑联合委员会第一次会议在北京举行，双方就勘界立碑工作交换了意见。2001年11月，在河内举行第二次会议（第一轮联合委员会主席会议），双方进一步交换意见，并起草了技术性文件，同意于2001年底举行第一块界碑的竖立仪式，2002年全线展开[①]。原定于2005年底以前完成陆地边界定界立碑工作，后延至2008年12月底才完成全部勘界立碑工作。

---

① 2001年12月27日，中越两国政府代表在广西东兴—越南广宁省芒街关口举行中越两国首块界碑竖立仪式；2002年4月和7月13日，中越两国政府代表又先后在广西友谊关—越南同登关口、云南河口—越南老街关口举行界碑竖立仪式；并于2002年在中越两国边界全线展开。按照双方达成的协议，在1353千米的边界线上共竖立近2000块界碑，其中有1533块界碑为主界碑。界碑用花岗石做成，包括底座共高2.2米，底座宽90厘米，碑宽50厘米；界碑分别面向中国和越南，有两国国徽。

第十章　对外关系

(三) 签订北部湾划界协定

北部湾是位于中国和越南之间的海域，湾的西面是越南，东面、北面和西面的一部分为中国。北部湾北纬17°线以南海域的水深平均为40～50米，最深处可达100米，湾口南面有的地方可达1 000米深。北部湾内有大量海产品，还有石油和天然气。北部湾面积为123 700平方千米，东西最宽处320千米(176海里)，最窄处270千米(119海里)。

中越两国对北部湾内边界的分歧是：北部湾内是否已划过边界？北部湾是否为历史性内水？

中方主张：北部湾内从未划定过边界，也不是历史性内水。1887年6月26日，法国和清朝政府代表签订的东经108°03′13″南北线系海上各岛屿的归属管理线，这一南北线以东的各岛屿归清朝政府管理；南北线以西各岛屿归法国管理。中越两国政府应该进行谈判，以共同划定北部湾内海上边界。

越方主张：法国和清政府签订的东经108°03′13″南北线可以视为北部湾内海上边界线。

从1993年3月起，按照两国领导人达成的谅解，中越双方成立了北部湾划界联合工作组，于1993年10月在河内举行第一次会议，然后每半年在双方首都轮流举行会议，到1999年共举行了13次会议。

1999年2月，越共中央总书记黎可漂应邀正式访华，中越两党、两国领导人一致同意加快谈判进程，于2000年以前签订北部湾划界协定。中方在谈判中提出了"大体对半分"的主张，"对半分"不一定是各50%，一方可以稍多一点，但不能太多。

2000年6月26～28日，在北京举行中越两国北部湾划界联合工作组第14次会议，双方就具体划界的详细内容深入地交换了意见。

并一致同意加速谈判进程，争取达成积极进展以早日达成共同的划界办法。2000年7月，在河内举行中越两国北部湾划界联合工作组第15次会议。2000年12月12～14日，在河内举行由中国外交部部长助理王毅和越南外交部部长助理黎公奉为首的中越两国政府级谈判代表团团长会晤。双方达成了各项具体措施以完成划界工作，并按照两国领导人达成的谅解在2000年内签署北部湾划界协定。经过双方谈判，基本完成了与划界有关的全部实质性谈判。[1]

2000年12月25～29日，越南国家主席陈德良应邀访华，中越两国政府正式签署了《中华人民共和国和越南社会主义共和国关于在北部湾领海、专属经济区和大陆架的划界协定》和《中华人民共和国和越南社会主义共和国北部湾渔业合作协定》。按照划界协定，中国分得47.19%，越南分得52.81%[2]。

在北部湾内，由于自然生态条件的原因，主要渔场和捕鱼区都在靠越南海岸线一侧，中越两国渔民长期以来都在湾内自由捕鱼，划定湾内界线之后，两国渔民就不能越界进行捕捞作业了，因此有必要签订一项渔业合作协定。在两国划界谈判过程中，到2000年4月，越南方面才同意对在北部湾内建立共同捕鱼区这一问题进行实质性谈判。经过6轮渔业专家级谈判，双方一致同意在北部湾内北纬20°至湾口处建立一个共同捕鱼区。该共同捕鱼区从湾内分界线向中越两国陆地方向各延伸30.5海里，总面积为33 500平方千米，即约为湾内总面积的27.9%。这样，保证了共同捕鱼区距离各自国家陆地海岸线30海里，其中大部分区域距越南陆地海岸线是35～59海里，只有两处距越南陆地海岸线28海里。共同捕鱼区的

---

[1] 中越两国经过了7轮政府代表团级的谈判，3次代表团长级会晤，18次双边联合工作组专家级会谈，才达成了中越双方都能接受的共同谅解和协定。
[2] 北部湾内海上分界线在白龙尾岛以东，距该岛约15海里（27.78千米）。双方面积相差了5.62%，即7 200平方千米，实现了大体对半分。

有效期是15年[①]。中越双方还就北部湾内环保和海产品养殖达成了相关的条款。

中越两国还达成海军联合巡逻；共同渔区资源联合调查、检查；北部湾渔业、环保、海上搜救、海洋科研等领域的合作。

四、建立21世纪全面战略合作伙伴关系

1999年，中越两国领导人确定了发展两党、两国关系的16字指导方针，即"长期稳定、面向未来、睦邻友好、全面合作"。这是50年来中越两国关系发展的历史经验的深刻总结，也是在新世纪两国友好合作关系发展的正确方向。长期稳定，就是中越友好，符合两党、两国政府、两国人民的根本利益，任何时候，任何情况下两国都要从友好的大局出发，保持友好合作关系稳固健康发展，使两国和两国人民世世代代友好下去；面向未来，就是两国都要站得高、看得远，立足当前，着眼未来，继承传统，开创中越关系更加美好的未来；睦邻友好，就是两国和两国人民永做好邻居、好朋友、好同志、好伙伴，始终以睦邻友好精神处理两国关系中的一切问题，互相信任，互帮互助，互谅互让，共同发展；全面合作，就是要不断巩固和扩大两党、两国在各个领域、各个层次的交流和合作，以造福于两国人民，并为维护和促进地区与世界的和平、稳定、发展作出贡献。

2000年12月25日，中越两国政府代表正式签署的《新世纪合作联合声明》。在16字方针的指导下，两国政府具体谋划21世纪加强合作的框架，双方确定在政治、经济、商贸、科技、教育、文化、农林渔业、交通运输、邮电通信、旅游、环保、防灾等各个领域、各种层次加强和扩大合作，使中越两国关系在21世纪上升到一个新

---

① 12年正式期限加3年延长期。

台阶，有新的发展，实现平等互利、注重实效、优势互补、形式多样、共同发展。

进入21世纪，中越两党、两国决心推进双边友好合作关系全面深入地向前发展，把两国关系不断提高到新的水平，使中越两国和两国人民永做好邻居、好朋友、好同志、好伙伴。具体体现在五个方面：(1)继承和发扬两党、两国高层领导人经常互访的优良传统。(2)加强双方治党治国经验的交流，深入探讨社会主义理论和实践方面的新情况新问题。(3)采取切实措施，推动两国经贸合作不断迈上新台阶。(4)坚持不懈地用中越世代友好精神教育两国人民，共同搞好民间交流，尤其是两国青少年的友好交往，着力培养中越友好事业的接班人。(5)加强双方在国际和地区事务中的协调与合作，努力把两国边界建设成为永久和平、稳定、友好的纽带。

（一）高层交往与政治合作

2002年2月27日至3月1日，中共中央总书记、国家主席江泽民对越南进行了正式友好访问。双方就加强新世纪两党两国关系深入交换意见并达成重要共识：(1)保持高层交往。(2)扩大和加深两国经贸合作。(3)以中越长期友好的精神教育两国人民。(4)加快陆地边界勘界工作和北部湾渔业合作协定后续谈判。(5)深化双方在治党治国经验和社会主义建设理论方面的交流。(6)扩大和加深两国外交、国防、安全和公安等部门以及青少年交流。双方签署了《中越两国政府经济技术合作协定》和《中越两国政府关于中国向越南提供优惠贷款的框架协议》。江泽民总书记还在河内国家大学发表了题为"共创中越关系的美好未来"的演讲。

2003年4月7～11日，越共中央总书记农德孟应中共中央总书记、国家主席胡锦涛的邀请对中国进行了工作访问。农德孟总书记与胡锦涛总书记举行了正式会谈。两国领导人达成加强经济合作的谅解，一致同意就越南生权铜矿和高岸热电厂两个大型项目进行合作；双方还继续讨论、落实了其他一些大型合作项目。同时，中国决定免除越南向中国所借的全部债务，以用于在越南首都河内兴建"越—中友好文化中心"。双方一致同意进一步充实和丰富"长期稳定、面向未来、睦邻友好、全面合作"16字方针的内涵，把中越关系不断提高到新的水平，使两国和两国人民永做好邻居、好朋友、好同志、好伙伴。

2004年10月6～7日，中国国务院总理温家宝对越南进行了正式访问。温家宝总理和潘文凯总理举行了会谈，并会见了越共中央总书记农德孟、国家主席陈德良和国会主席阮文安。双方发表了《联合公报》。

2005年7月4～6日，越南政府总理潘文凯赴中国云南昆明市出席大湄公河次区域经济合作（GMS）第二次领导人会议，并对云南进行访问，期间与中国总理温家宝举行了双边会晤。

2005年7月18～22日，越南国家主席陈德良对中国进行国事访问。访问期间，胡锦涛主席和陈德良主席举行了会谈，两国领导人就如何巩固和加强双边关系以及共同关心的地区和国际问题深入交换了意见，取得广泛共识，对推动中越睦邻友好与全面合作关系的发展起到了积极作用。

2005年10月31日至11月2日，中共中央总书记、国家主席胡锦涛对越南进行了正式访问。访问期间，胡锦涛总书记与农德孟总书记、陈德良国家主席举行了会谈，分别会见了越南政府总理潘文凯、国会主席阮文安，并应邀在越南国会发表了演讲。双方认为这次访问将中越两党、两国睦邻友好与全面合作关系提高到了一个新的水平，同时也将对本地区和世界的和平、稳定、发展与合作产生积极的影响。

2006年3月20～24日，中共中央政治局常委、全国政协主席贾庆林对越南进行了正式访问。访问期间，贾庆林主席分别会见了越共中央总书记农德孟、国家主席陈德良、政府总理潘文凯，并分别与越共中央政治局委员、书记处常务书记潘演，越南祖国阵线中央主席团主席范世阅举行了会谈。通过这次访问，双方进一步增进了了解，加深了友谊，扩大了合作，有力推动了中越睦邻友好与全面合作关系的发展。

2006年8月22～26日，越共中央总书记农德孟对华进行了正式访问。访问期间，中共中央总书记、国家主席胡锦涛与农德孟总书记举行了会谈，全国人大常委会委员长吴邦国、国务院总理温家宝和全国政协主席贾庆林分别会见了农德孟总书记。

2006年11月15～17日，中共中央总书记、国家主席胡锦涛对越南进行国事访问。访问期间，胡锦涛主席与农德孟总书记、阮明哲国家主席举行会谈，并分别会见了越南政府总理阮晋勇、国会主席阮富仲。双方相互通报了各自党和国家的情况，并就两党、两国关系及共同关心的国际和地区问题深入交换意见，达成广泛共识。

2006年11月，两国成立了中越双边合作指导委员会。双方一致认为，这有利于加强对中越两国各领域合作的宏观指导、统筹规划和全面推进，协调解决合作中出现的问题，将为两国睦邻友好与全面合作关系长期、稳定、健康、持续发展发挥重要作用。

2007年5月15～18日，越南国家主席阮明哲对中国进行了国事访问。访问期间，胡锦涛主席与阮明哲主席举行会谈，全国人大常委会委员长吴邦国、国务院总理温家宝、全国政协主席贾庆林会见了阮明哲主席。双方就双边关系及共同关心的国际和地区问题深入交换意见，达成广泛共识。

2008年5月30日至6月2日，越共中央总书记农德孟正式访问中国，与中国党政领导人举行了会谈。双方一致同意发展两国的全面战略合作伙伴关系，宣布建立两国领导人热线电话，本着"大局为重、友好协商、公平合理、互利共赢"的精神，积极采取措施，确保两国关系长期、稳定、健康地向前发展。

2008年8月7~9日，越南国家主席阮明哲来华出席北京奥运会开幕式，国家主席胡锦涛和全国政协主席贾庆林分别会见了阮明哲主席。

2008年10月20~25日，越南政府总理阮晋勇正式访华并出席第七届亚欧首脑会议，国家主席胡锦涛、全国人大常委会委员长吴邦国、国务院总理温家宝、国务院副总理李克强分别与阮晋勇总理举行了会见和会谈，双方签署了经贸、卫生检疫、民间交往等领域的合作文件，发表了联合声明。除北京外，阮晋勇总理还访问了海南省。

2008年10月21~28日，越南副总理黄忠海分别出席在南宁举办的"第五届中国—东盟博览会"和在成都举办的"第九届中国西部国际博览会"，国务院副总理王岐山会见了黄忠海副总理。

2010年4月26日至5月1日，越南政府总理阮晋勇来华出席上海世博会开幕式并顺访沪、苏、浙，国家主席胡锦涛会见了阮晋勇总理。

2010年10月28日至30日，国务院总理温家宝赴越南河内出席东亚领导人系列会议，会见越共中央总书记农德孟、政府总理阮晋勇。

2011年10月11~15日，越南共产党中央委员会总书记阮富仲正式访问中国。访问期间，中共中央总书记、国家主席胡锦涛同阮富仲总书记举行了会谈。吴邦国委员长、温家宝总理、贾庆林（政协）主席分别会见了阮富仲总书记。习近平副主席、李克强副总理分别出席了相关活动。双方互相通报了各自党和国家的情况,就新形势下进一步加强中越两党两国关系及共同关心的国际和地区问题深入交换了意见,达成广泛共识。双方一致认为,中越两党两国深化战略互信,密切全面合作,妥善处理两国间遗留或新出现的问题,符合两党两国和两国人民的根本和长远利益,有利于各自社会主义事业,有利于地区和世界的和平、稳定与发展。双方一致同意,采取切实措施全面扩大和深化两国各领域合作。

2011年11月12日,胡锦涛主席在美国夏威夷州首府檀香山会见了越南国家主席张晋创,就中越关系和共同关心的问题坦诚深入交换意见,达成重要共识。胡锦涛主席就发展中越关系提出3点意见:(1)坚持加强战略沟通,增进政治互信;(2)坚持深化务实合作,实现互利共赢;(3)坚持扩大人文交流,夯实中越友好的民意基础。

2011年11月20~22日,应越共中央和越南国家副主席阮氏缘邀请,中共中央政治局常委、国家副主席习近平对越南进行了正式访问。访问期间,习近平副主席会见了越共中央总书记阮富仲、国家主席张晋创、政府总理阮晋勇、国家副主席阮氏缘、国会主席阮生雄等越南领导人,并同黎鸿英共同会见了中越两国青年代表。习近平副主席对两国青年提出了三点希望:(1)希望两国青年都来做中越传统友谊的传承者。(2)希望两国青年都争当中越友好合作的生力军。(3)希望两国青年都成为中越世代友好的使者。

2012年1月5日,吴邦国委员长会见到访的越南国会副主席丛氏放。吴邦国委员长积极评价中国全国人大和越南国会的关系,并指出中越关系的深入发展,对两国议会提出了更高要求。希望两国议会加强在治国理政、民主法制建设、保障和改善民生方面的合作与交流,通过议会交往不断巩固和扩大两国关系的民意基础,为国家关系注入新的活力。

2012年4月13日,国家副主席、中央军委副主席习近平会见到访的越南人民军总参谋长杜伯巳一行。习近平副主席强调,中越社会制度相同,理想信念相通,前途命运相连,这既是推动两国务实合作的独特优势,也有益于妥善处理两国矛盾和分歧。面对当前复杂变化的国际形势,双方应共同努力,多做有益工作,保持两国关系正确发展方向,积极造福两国人民,维护本地区乃至世界的和平、稳定与发展。杜伯巳参谋长表示,中越两军要进一步加强合作交流,成为维护两国关系大局的坚强支柱。

目前,两国党和政府领导人保持着经常的互访和会晤,两国高层保持频繁接触,增强互信,确定两国关系发展目标。两国政治、外交、公安、国防、安全、共青团等部门合作进一步深化。

(二)经济合作

近年来,中越两国政府已陆续签订了关于促进双边经贸、科技、旅游、航空、海运、公路、教育、文化合作的54项国家级的合作协定或协议以及59项其他合作文件[1],为两国经济贸易关系长期稳定发展提供了法律保障。同时,两国采取了许多具体措施,扩大经贸合作的规模,拓宽合作的领域,提高合作的水平,使两国经贸关系取得了突破性的跃升式发展,双边贸易[2]额高速增长:2000年双边贸易总额为25亿美元;2005年双边贸易总额超过81亿美元[3];2007

---

[1] 双方签署的经贸类协定计有:《贸易协定》(1991年11月7日)、《经济合作协定》(1992年2月14日)、《关于鼓励和相互保护投资协定》(1992年12月2日)、《中国人民银行与越南国家银行关于结算与合作协定》(1993年5月26日)、《关于货物过境的协定》(1994年4月9日)、《关于保证进出口商品质量和相互认证的合作协定》(1994年11月22日)、《关于成立经济、贸易合作委员会的协定》(1994年11月22日)、《关于对所得避免双重征税和防止偷漏税的协定》(1995年5月17日)、《边贸协定》(1998年10月19日)、《关于扩大和深化双边经贸合作的协定》(2006年11月16日)。此外,还有《成立混合经贸合作委员会协定》《经济合作协定》《清决算协定》《关于扩大和深化双边经贸合作协定》《扩大边贸与边境区域贸易协定》等。

[2] 不含港、澳、台对越贸易。

[3] 越南方面统计为87亿美元。

年双边贸易总额达到158亿美元[①]。2010年双边贸易额为300.94亿美元。中国继续是越南第一大贸易伙伴。

除主渠道贸易外，中越两国还有小批量贸易、边境贸易等。现在中国广西与越南的边贸成交额每年达1.5亿美元；中国云南与越南的边贸成交额每年达6 000万美元。越南向中国出口的商品有：原油、橡胶、煤炭、矿石、精油、粮食、腰果、胡椒、海产品、热带水果等共100多种。中国向越南出口的商品有：机器设备、整套生产线、燃料、化肥、钢铁、建材、汽车、摩托车、农产品、日用品等共200多种。

截至2010年底，中国企业在越南累计签订对外承包工程、劳务合作和对外设计咨询合同额202.1亿美元，完成营业额109.6亿美元。

近几年来，中国加大了对越南的投资力度，取得投资项目不断增加，协议资金[②]逐年提升。截至2005年，中国对越南累计直接投资有效项目357个，协议资金总额为7.39亿美元。2009年，中国对越投资2.1亿美元，新增投资项目48个。截至2009年，越南累计对华投资4.7亿美元，实际到位1.1亿美元。中国企业在越投资约50%的资金投在河内、海防、广宁、胡志明市、同奈等省市。中国对越南直接投资项目中多是越南国民经济建设中具有关键意义的大型投资项目。例如，河北氮肥厂、老街省生权铜矿、多农省多农铝矿、高岸热电厂、胡志明市至荣市铁路通信信号现代化工程、南北铁路改建工程等。

同时，中国还以无息贷款、低息贷款、无偿援助、提供技术和

[①] 越南国家统计局数据。两国提前实现了2010年双边贸易总额达到150亿美元的目标。
[②] 中国对越投资金额均不含港澳台地区对越投资额。

设备支持、培训科技人员等方式向越南提供援助。①

中越两国政府还签署了《关于开展"两廊一圈"合作的谅解备忘录》,要求两国有关部门积极开展制定"两廊一圈"合作建设规划方案,以加快"两廊一圈"建设进程,实现互利双赢。

(三)其他领域的合作

进入21世纪以来,中越两国除了在政治、经济等主渠道交往日益加深外,两国在文化、科技、教育和军事等领域的交流与合作也不断深入和广泛。党、政、军、群众团体和地方省市交往日趋活跃,合作领域不断扩大。两国签署了外交、公安、经贸、科技、文化、司法等合作文件近40项,还组织开展社会主义理论研讨和青少年交流活动。

2006年11月,中越双边合作指导委员会成立,以加强对两国各领域合作的宏观指导、统筹规划和全面推进,协调解决合作中出现的问题,以保证两国睦邻友好与全面合作关系长期、稳定、健康、持续发展。2008年1月,双边合作指导委员会第二次会议召开,中国国务委员唐家璇与越南政府副总理兼外长范家谦共同主持,双方就进一步推进中越友好,深化全面合作达成一系列共识。

中越两党有关部门共同组织了多次关于社会主义理论研究和社会主义建设经验的研讨会。

中越两国共青团和青年组织定期组织举办两国青少年交流活动。

在教育方面,中国政府每年向越南提供130名政府资助留学基金。2006年,越南有约1万名留学生在中国学习。越南现有20所大学与中国40所大学(学院)保持交流合作关系。

---

① 2001年11月30日,双方代表签署了关于中国向越南提供4 050万美元优惠信贷用于生权铜矿开采项目的协定和中国向越南提供3 000万元人民币无偿援助的协定。2002年2月28日,双方签订了中国给予越南5 000万元人民币的经济技术合作协定和向越南提供5 000万元人民币优惠信贷的框架协定。

中越军事安全领域的合作明显增加,两国国家安全部门领导、军方高层相继进行互访,达成了多项合作协议或谅解。2005年,中越举行了首次防务磋商;2005年10月,双方签署了《中越海军联合巡逻协议》;2007年8月27日,双方签署了《中越国防部边防合作协议》。双方同意积极拓展交流,深化合作,提高两军合作水平。

第四节　与东盟国家的关系

一、与老挝的关系

越南与老挝外交关系为:传统友好关系,始终如一、忠贞纯洁的特殊团结情谊。双方保持在政治、经济、安全、国防、对外领域的完全信任和全面合作,捍卫和发展特殊关系。

1962年9月5日,越南与老挝王国建立外交关系。1975年8月12日,越南与老挝人民共和国政府建交。几十年来,越老两国之间的"特殊友好"关系日益得到巩固、发展和深化:(1)两党中央、国家、政府、国会领导人保持着经常性的互访和密切的磋商,统一和决定推动两国关系发展的具体措施。(2)各部门、各阶层、各地方的交流合作不断加强和深化,从1977年起,双方签署了《友好合作条约》《国家边界划界条约》《经济文化科技战略合作协定》等几十个文件,每年双方还要签订一些具体项目的合作议定书。(3)两国政府成立了越老政府经济、文化、科技合作委员会,每年举行一次会议,达成了多项协议。(4)双方采取了许多措施推动双边贸易的增长,2008年,双边贸易额达到4.23亿美元。[①](5)截至2009年9月,越南在老挝共有207个直接投资项目,总金额达21.12亿美元。

---

① 双边贸易的总金额不算太多,但所占的比例却十分可观。越南出口老挝商品占老挝进口商品的15%～40%;老挝出口越南的商品占该国出口商品总量的30%～50%。

(6)两国在交通运输领域不断扩大合作,连通两国的国际公路不断增多和升级;越南沿海港口为老挝国内货物的出口提供港口劳务。(7)越南在人才培养方面给予老挝支持,每年接收600多名党政干部、留学生来越学习。(8)越南在赛事组织、电视转播、运动场馆建设等方面对老挝进行援助。(9)双方在联合国、东盟、湄公河流域合作组织、柬老缅越四国合作组织、越老柬三角区域合作组织中互相配合、密切合作、互通信息。

二、与柬埔寨的关系

越南与柬埔寨外交关系为:亲密邻邦、传统友谊、全面合作、牢固永久。1967年6月15日,越南民主共和国与柬埔寨王国建交。在1967—1993年间,两国关系经历了波折。1993年以来两国关系持续发展:(1)两国领导人保持经常性互访和磋商,各部门各行业的负责人也保持着密切的交流和往来。(2)两国政府签订了政治、经济、贸易、教育、体育、通讯以及国家安全、军队建设、干部培训、社会治安、防灾禁毒等多项合作文件。(3)越南—柬埔寨经济、文化、科技混合委员会已成立多年,签署了《银行相互结算协定》等多项合作协议。(4)两国有关部门采取了许多措施,推动双边贸易大幅度增长,2002年为2.4亿美元,2005年为6.9亿美元,2008年达到16.4亿美元。(5)两国政府于1985年签署了边界划界条约;2005年10月,两国又签署了《越柬两国1985年划界条约补充条约》;同年11月,双方交换了"两国政府关于1985年陆地划界条约补充条约"的批准书,解决了边界问题。(6)双方商定,在国际和区域性组织中,积极合作,密切配合。(7)1999年起,越南、老挝、柬埔寨三国建立了两年一次的三国总理会晤机制以增进全面合作。(8)2004年11月在万象举行的第三次越老柬三国总理会晤中,提出了建立三国边界地区三角经济区的构想。该经济区包括越南4个省、老挝2个省、柬埔寨2个省。

三、与缅甸的关系

越南与缅甸联邦共和国于1975年5月28日建立外交关系。建交以来,两国多领域合作关系不断得到巩固与发展,近年来两国关系不断升温:(1)高层交往十分频繁,2010年4月2~4日,越南阮晋勇总理对缅甸进行工作访问;2011年3月20~21日,缅甸总统吴登盛对越南进行正式访问。(2)两国决定进一步加强在农业、工业原料、渔业、航空、通讯、石油天然气、矿业、电力设施、汽车产业、建筑业、贸易和投资合作等12个主要领域的合作。(3)两国决定进一步提高在文化、教育、体育、旅游、交通、安全及国防领域[①]的合作。(4)携手合作,早日签署对持有两国普通护照人士的签证互免协议[②]。(5)双方共同努力,采取积极措施,推动双边经贸快速发展。2011年,越缅双边贸易额达1.673亿美元,同2010年相比增长了9.8%;2012年3月,在越缅两国举办的"越南—缅甸投资与贸易洽谈会"上,两国共签署了建筑、旅游、化妆品和日用品等11项经贸互利合作协议。(6)两国在地区和国际论坛上相互支持,吴登盛总统感谢越南支持缅甸2014年担任东盟主席国。

四、与泰国的关系

1976年8月6日,越南与泰国正式建立外交关系。1978年,越南入侵柬埔寨,越泰关系蒙上阴影。20世纪90年代后,两国关系不断改善和发展:(1)越南加入东盟之后,两国领导人和各级别的

---

① 包括探讨《关于两国国防合作的谅解备忘录》。
② 该协议将在东盟成员国对普通护照互免签证框架协议下进行。

代表团来往频繁，友好关系不断加强。（2）2004年2月，两国政府分别在越南和泰国举行了两国政府内阁成员联席会议，讨论推动双边关系发展的措施。（3）截至2010年，越南与泰国已经签订了近40项合作协议。（4）两国之间的贸易①发展较快，2003年双边贸易总额为16亿美元，2005年为31亿美元，2008年达到62.5亿美元。（5）泰国是在越南直接投资较多的国家，2008年，在投资项目32个，协议金额40.52亿美元。（6）双方还在大米出口等领域进行有效合作。

五、与菲律宾的关系

越南与菲律宾于1976年7月12日建立外交关系。30多年来，两国关系发展良好：（1）两国高层保持经常互访，并在东盟、亚太经合组织等多边框架内经常磋商。（2）2002年11月越南—菲律宾签署了《21世纪前25年双边合作框架共同声明》。（3）2005年11月举行的第四次双边混合委员会会议取得成功，两国签署了经济、科技、贸易、航空、航海、文教、农业、旅游、税收、民事等10多项协定和意向书。（4）双边贸易不断增长，2000年双边贸易为5.4亿美元，2005年为10.39亿美元，2008年实现双边贸易总额22.1亿美元。（5）2008年，菲律宾对越直接投资项目4个，协议金额840万美元。

六、与马来西亚的关系

越南与马来西亚于1973年3月30日建立外交关系，1976年双方互设大使馆。1991年以后，两国关系发展进入一个新阶段：（1）两国领导人和各级别的代表团经常互访，并在东盟、亚太经合组织等多边框架内经常磋商。（2）1994年双方成立了友好协会。（3）1995年

---

① 越南和泰国之间的贸易有较强的互补性，越南向泰国出口电脑软件、石油、煤炭、水产品、农产品等；泰国向越南出口成品油、摩托车配件、塑料原材料、服装原材料、钢材等。

成立了两国混合委员会协商解决两国多个领域的合作问题。(4)双方签定了经济、商贸、科技、航空、电讯、投资、旅游、银行、青年、体育等13项合作协定。(5)2004年4月两国政府签署了《21世纪全面合作框架联合声明》。(6)双边贸易发展很快,2004年为18亿美元,2008年达到45.5亿美元。(7)马来西亚对越南的投资逐年增加,2008年达149亿美元。(8)劳务出口是两国之间很有潜力的合作领域,2002年以来,有约12万越南人在马来西亚务工。(9)两国石油公司还在石油天然气领域开展合作,已经签订了多项合作勘探开采油气合同。

七、与印度尼西亚的关系

1955年12月,越南与印度尼西亚建立总领事级外交关系并互设总领事馆,1964年8月,两国关系升格为大使级关系并互设大使馆。1966—1989年间,两国关系比较冷淡。1990年以后,两国关系得到不断巩固和发展:(1)高层多次互访,并就东盟、亚太经合组织等多边框架内经常磋商。(2)双方成立了混合委员会,在经济贸易、文化教育、医疗卫生、旅游、防止跨国犯罪等领域进行合作。(3)双方发表了多项《联合声明》,签署了《经济合作协定》《鼓励和保护投资协定》《贸易协定》《海运协定》《民用航空运输协定》《林业合作协定》《避免重复征税协定》《经济科技合作协定补充议定书》《21世纪全面友好合作框架联合声明》《大陆架划分协定》《石油天然气合作备忘录》《橡胶咖啡技术合作备忘录》《教育合作备忘录》和《预防与打击犯罪合作备忘录》等。(4)两国经贸关系不断发展,2004年双边贸易总额为11.8亿美元,2008年双边贸易总额为25.2亿美元。(5)印度尼西亚在油气勘探、煤炭开采、银行金融、旅游饭店等领域对越南有投资,投资规模不大;2008年,投资项目

2个，协议金额580万美元。（6）两国军队、公安系统保持交流和合作，两国国防部长和军队高级将领进行多次互访，印尼军队在万隆参谋学院为越南培训军官。

八、与新加坡的关系

新加坡于1965年独立建国，1973年8月1日与越南民主共和国建立外交关系，但由于当时越南尚未真正实现和平，因此双方没有互设使馆。虽然越新两国在冷战时期已经建交，但在整个冷战时期，两国基本处于敌对状态。[①]越共六大后，调整对外政策，尤其是1995年加入东盟后，越新关系进入快速发展期：（1）高层互访日益频繁，政治互信逐渐加深。（2）双方经贸发展迅速。2000年，双边贸易额为25.8亿美元；2005年为53.99亿美元；2008年达到120.5亿美元。（3）新加坡是对越直接投资大国。2008年，在越投资项目101个，协议金额44.95亿美元。（4）双方在教育培训、农业、旅游、人文交流等领域的合作逐渐加深。（5）关于多边合作，越新强调将继续加强双方在地区和国际论坛上的配合协调，在东盟地区论坛（ARF）、东亚峰会（EAS）、亚欧会议（ASEM）、亚太经合组织（APEC）等地区和国际论坛上和跨太平洋伙伴关系协议（TPP）谈判进程中紧密合作。

九、与文莱的关系

1992年2月19日，越南与文莱建交。建交以来，两国保持着良好的合作关系：（1）两国多位领导人和部长进行了互访，保持良好的政治关系和友谊。（2）文莱是越南主要的外资来源国。2008年，

---

① 新加坡领导人李光耀出于反共意识形态和对地缘政治的考虑，对越南持强烈的戒备心理。而越南则把东盟看成是新殖民主义的产物，进而把东盟创始成员国新加坡也列为敌人。

文莱在越投资项目19个，协议金额44.17亿美元。（3）文莱每年向越南提供一些有关油气、英语和飞机保养维修专业的留学基金。

第五节　与世界主要国家的关系

一、与美国的关系

由于历史的原因，从1945年越南民主共和国成立到20世纪90年代初，越美一直处于敌对状态。冷战结束后，越南积极寻求与美国对话，美国也积极响应，经过多轮协商，两国于1995年7月12日建立外交关系。

1987年8月，美国总统特使约翰·维西访问越南，两国开始官方往来。1990年7月，布什政府决定改善同越南的关系。1990年9月，两国外长开始讨论关系正常化问题。1991年4月，美国提出了两国关系正常化的"路线图"，并设计了具体步骤。美国表示，正常化的进度主要看柬埔寨问题和寻找越战中美国失踪人员问题上的进展。同年，维西再次访越，在河内设立处理越战中失踪美国军人问题的办公机构，还宣布向越南提供100万美元的直接援助。1991年10月23日，柬埔寨和平协议在巴黎签署。越南积极寻找美军失踪人员，陆续向美国交接500具美军遗骸。另一方面，其他西方国家积极改善同越南的关系，并一再要求美国解除对越贸易禁运，而事实上各国的投资和援助已经使美国的禁运名存实亡。美国国内工商界也纷纷敦促政府取消对越投资限制。1992年，维西第三次访越，与越南时任国防部长段奎和外交部长阮孟琴会谈。同年，美国助理国务卿所罗门也率团访越。美国宣布向越南提供400万美元的援助，同时逐步放宽对越经贸限制，对第三方进行的对越投资也睁只眼、闭只眼。1993年4月，美国宣布取消对越电讯限制。同年7月，

第十章 对外关系

美国不再反对国际货币经济组织对越提供贷款和援助。8月和12月，美国助理国务卿两度访越，就双边关系进行了广泛讨论。美国对越在寻找美国失踪人员方面的工作表示满意，并向越南提供了档案材料，帮助寻找越战中失踪的20万越南人的下落。1994年2月3日，美国宣布解除对越贸易禁运。5月，美越双方决定尽快设立联络处。1995年1月，两国联络处同时启用，美越关系正常化迈出了实质性的一大步，为完全正常化奠定了基础。1995年7月12日，两国正式建交。1997年5月，双方首任大使抵任。

近年来，双方交往日益频繁，合作领域不断拓宽，合作深度不断推进，虽然也存在一些起伏，但总的势头不错。越南国家主席、政府总理及多位部长应邀访美；美国总统及多位部长访问了越南。双方举行了各个层次和级别的会谈并发表联合声明，双方同意在科学技术、教育卫生、经贸文化、防治艾滋病、人道主义援助以及军事、反恐、打击跨国犯罪、防控艾滋病等方面加强合作。双方签署了《外交财产移交协定》《清理南越政权所欠债务协定》《建立知识产权关系协定》《进出口银行合作协定》《贸易协定》《科学技术合作协定》《劳务合作备忘录》《民用航空航线合作备忘录》以及多项包括购买波音飞机在内的商业合同意向书。

2006年5月，越美就越加入WTO达成协议，结束双边市场准入谈判。2006年12月，美国国会表决通过法案，给予越南永久正常贸易关系待遇。越南—美国混合委员会每年举行一次例会，以促进和落实双边贸易增长。2007年6月，越南国家主席阮明哲正式访问美国，双方达成了总价值约110亿美元的一揽子购销意向协议[①]。越美两国双边贸易实现了突破性增长，2008年双边贸易额突破145

---

① 包括：越南电力集团和越南油气总公司与美国一家（集团）总公司签订了在越南东南面海域合作开发天然气的价值40亿美元的议定书；越南航海总公司与美国海运公司签订了价值5亿美元的合作项目。

亿美元。

投资方面，2008年，美国在越投资项目53个，协议金额15.19亿美元。

越美两国之间的文化、教育交流不断增加，美国每年为越南提供各种形式的奖学金项目以帮助越南学生在美国求学。同时，越南的富裕家庭也越来越多地把孩子送到美国留学。

当前，越美两国在意识形态、国家安全、民主、人权、宗教自由①等问题上还存有分歧和不同主张。

二、与俄罗斯的关系

越南与俄罗斯外交关系为：全面战略伙伴关系。越南与苏联于1950年1月30日建交。双方也有一段较长时间的"蜜月期"。苏联在越南抗美期间提供了大量援助，1975年南北越统一后，仍延续了两国友好关系②，并建立起了军事同盟的关系。1986年，越南调整外交方针，不再把苏联"老大哥"当作唯一靠山。1991年，越共七大提出加强越苏两国团结合作，回避两党之间的关系，不再把越苏关系作为对外政策的基石，强调改革合作方式，遵循互惠互利。苏联解体后，俄罗斯联邦继承了越苏外交关系。1992年7月，以越南部长会议副主席陈德良为首的政府代表团访问俄罗斯，随后，以副总理马哈拉杰为首的俄罗斯政府代表团回访越南。双方签订了一些经贸科技领域的合作协定。1994年，越南外长阮孟琴、越军总参谋长陶庭练、总理武文杰先后访问俄罗斯。同年4月，俄罗斯政府经济代表团访越。1994年6月16日，两国签署《越俄友好关系基础条

---

① 2006年11月起，美国不再把越南列入"宗教特别关注国家"。
② 1990年以前，越南是以苏联为首的华沙条约组织经互会的正式成员，当时越南90%以上的贸易都是与华沙条约组织成员国进行的，苏联及其他一些国家每年对越南的援助达10亿美元。

第十章 对外关系

约》。经过一段时间的调整，两国关系步入正常发展时期。1994年起，越南全面恢复和发展与俄的经贸关系①，促进俄罗斯在越南的投资②。2000年9月11日，两国首脑在莫斯科举行会谈，签署了《关于越俄两国地方政府之间合作的原则协定》《食品检疫和保护协定》《共同开发11—2天然气区的合同》《关于两国外贸银行之间的合作协议》。2001年2月28日至3月2日，俄罗斯总统普京对越南进行正式访问。③越南与俄罗斯就两国政府间的"战略伙伴关系"发表了共同宣言：(1)双方重申了1994年以来两国共同签署的关于确立两国友好合作关系的协定和宣言的重要意义，决心继续巩固和发展两国之间的建立在战略伙伴关系基础上的传统友好关系和多领域的合作。(2)同时，为把这种关系在政治、经济、科技、教育、国防等领域进一步加强并提高到新的高度明确了方向，提出了任务、内容和解决办法。(3)双方一致同意巩固和加强各种积极趋势，主张建立国家之间公平、平等的关系，反对一切干涉主权国家内部事务的行为。(4)承认世界经济全球化的两面性。(5)遵守联合国宪章的宗旨和各项原则，积极配合该组织更加行之有效的活动。

越俄双方还签署了《关于两国政府1991年7月16日签订的越—苏石油天然气联营企业在越南南部大陆架勘探和开采石油合作协定的有关各项议定书》，《关于双边关系中双方签订的各项条约和协定中法理基础及文件效力的核查议定书》《两国外贸银行之间的合作协定及意向书》《两国在防御自然灾害方面的合作意向书及备忘录》《越南科技—环境部和俄罗斯联邦委员会关于在标准化和测量领域

---

① 越俄关系长期存在政热经冷的情况，政治上是全面战略伙伴，但是经济上，俄罗斯难以充分提供越南急需的市场、技术和资金。近年来，越南还启巨资从俄罗斯大量采购战机和潜艇等军火，与俄罗斯的贸易存在大量逆差。
② 俄在越投资项目总体还较少，传统的有越—俄油气联营开发项目。1998年开建的榕橘炼油厂是近年来最大的合作项目，俄罗斯投资8亿美元，联营期限25年。
③ 这是两国建立邦交关系以来俄罗斯(包括苏联)国家元首第一次访问越南。

以及在检验结果和测量实验领域互相认可结论的合作协定》《关于两国合作修建榕橘炼油厂的协定》《关于两国贸易额从4亿美元/年增至5亿~7亿美元/年,并在将来实现20亿美元/年的贸易合作协定》《2001—2010年两国教育合作协定》[①]。

根据所签署文件的精神:(1)俄罗斯将对越南加大投资力度以发展越南的能源燃料产业[②]。(2)在军事技术装备方面推进合作,以有利于各自国家的安全,并且不针对第三国。(3)越南—俄罗斯热带研究中心[③]合作项目延续到2017年。(4)俄罗斯还将在越南修建水产品加工厂、大型水产品超市和大型贸易中心以及几亿美元的不动产项目。(5)双边经贸和投资也同步快速发展。2008年,双边经贸达16.41亿美元;俄罗斯在越投资6 900万美元。

目前,越南—俄罗斯两国高层经常互访,不断增进政治互信,各层面、各领域的双边合作已经基本法制化、条约化。两国媒体都称赞"越南与俄罗斯关系天空没有一丝阴云"。两国在科学技术、国家安全、国防建设、核能利用等领域的合作也在不断加强。

三、与日本的关系

越南与日本的外交关系为:面向和平与繁荣的亚洲战略伙伴关系。日本与越南的联系,首先是从赔偿开始的,但是赔偿的对象是南越政权,对于北越的共产党政权,日本追随美国,采取了不承

[①] 根据这个协定,俄罗斯政府每年向越南提供250名留学生奖学金,以供越南学生到俄罗斯各大学学习,其中有50~70名硕士研究生和15名博士研究生。多年来,苏联和俄罗斯为越南培训了大量科技、文化和社会学干部以及各种专业人才。
[②] 在山萝、波莱古、岑山修建大中型水电站;在纳扬、高岸修建火电站;在榕橘修建第1、第2炼油厂;提高越—苏石油天然气联营企业的生产经营能力。
[③] 合作双方为越南国防部与俄罗斯科学院。该中心在热带科学技术研究领域取得了不少重要成果。

第十章 对外关系

认的态度。20世纪50—60年代,日本和北越政权没有官方关系[1]。1969年7月25日,尼克松总统访问关岛,作了后来被称作"尼克松主义"的演讲,标志着美国决心从越南撤军,共产党主导越南的前景日益明朗。敏锐的日本也开始研究北越统一后的外交应对措施,由于美中关系尚未松动,所以日本也没有进一步的举措。1970年初,中美恢复大使级谈判,中美关系发生明显地积极互动。1972年2月,尼克松总统访华,日本开始更积极地转变对越南的外交姿态,开始策划具体行动[2]。1973年7月4日,东京训令其驻法使馆向越南代表提出建交谈判的申请。1973年7月25日,建交谈判正式开始,历时近两个月,9月21日,两国签订建交共同申明。因为日本事先和美国、南越做了大量沟通工作,因此南越和美国对这件事情都保持了默认的姿态。这样,日本同时与南越和越南民主共和国都有外交关系。1975年,越南南北统一,日本在河内设立大使馆,成为西方世界中最早承认越南社会主义共和国的国家。1979—1990年期间,两国关系冷淡。1992年以后,日本恢复对越南的援助,两国关系日益增强。

近年来,两国高层交往频繁,2006年,两国新任政府首脑实现互访,决定把两国关系提升为"长期稳定的战略伙伴关系"。2007年5月,越南副总理兼外长范家谦访日,双方签署成立越日合作委员会的备忘录,并举行了委员会首次会议。2007年11月,越南国

---

[1] 自1960年起,越南就通过日本共产党与日本官方保持着联系。1960年,日本共产党就在河内设立了办事处。同时,日本民间企业以及日越贸易协会与越南民间及官方仍保持着经济以及其他方面的有限联系。日本与北越保持民间往来,一方面是出于对原料的需要,更主要的是为未来进一步拓展越南市场作铺垫。

[2] 1972年2月8~10日,日本外务省亚洲局东南亚课第一课课长三宅和助和副课长井上吉三郎秘密访问河内。越南同意增强两国间的贸易交流,并承诺与日本建立友好关系。1973年1月,越日在《巴黎和平协定》上签字,日本大平正芳外相在国会辩论中呼吁承认越南民主共和国。1973年2月,日本驻巴黎大使馆正式向越南驻巴黎代表提出关系正常化的建议,并于3月被北越接受,三宅和助1973年4月14~21日再次访问越南。

家主席阮明哲访日，双方签署关于建立两国战略伙伴关系的合作计划。2008年3月，越南国会主席阮富仲访日。2008年7月，日本外相访越。2008年12月，越日签署《经济合作伙伴协议》，双方承诺10年内逐步减免贸易关税。2009年2月9～15日，日本皇太子德仁亲王应邀访问越南。2009年4月19～22日，越共中央总书记农德孟应日本首相麻生太郎的邀请访问日本。越日双方发表联合公报，一致决定建立"面向和平与繁荣的亚洲战略伙伴"关系。2009年5月21～23日，阮晋勇总理应邀访问日本，参加第十五届未来亚洲大会。2009年11月6～7日，阮晋勇总理赴日参加首届湄公河—日本峰会。

1992年以来，两国政府签署的合作文件有：《日本政府向越南提供年度贷款协定》《民用航空协定》《避免重复征税协定》《技术合作协定》《鼓励和保护投资协定》《科学技术合作协定》《司法领域合作文件》《旅游部门合作声明》《成立越日合作委员会备忘录》《电讯合作声明》《提升牢固的伙伴关系的声明》《为亚洲的繁荣和平建立战略伙伴关系的声明》。

经济贸易方面，日本一直是越南重要的贸易伙伴[①]：1996年的两国双边贸易额已达20亿美元，2000年双边贸易额达48亿美元，2005年两国双边贸易额达到84.1亿美元，2010年两国双边贸易额超过150亿美元。

在对越南的投资排名榜上，日本经常排在前三名，而资金实际到位率经常排第一。2008年，日本在越投资项目105个，协议金额75.8亿美元。两国政府正就修建南北新铁路、南北高速公路、高新技术工业区、河内和胡志明市地铁等大型经济合作项目进行商谈。

日本是向越南政府提供ODA（政府开发援助）最多的国家。从1992年起，日本向越南提供官方发展援助资金，到2007年，日本

---

① 从1999年起，两国已经互相给予最惠国税率待遇。

政府向越南提供的官方发展援助资金已超过100亿美元，其中无偿援助超过10亿美元。越南政府使用这些资金发展能源、交通运输、农业开发、城市基建等，对改善投资环境、推进民生进步具有积极作用。

在教育方培训方面，日本政府逐年增加向越南提供留学助学金，以供越南各类学生到日本留学或进行研究，学习技术或进行业务培训。在文化交流方面，双方近年来组织了多次文化论坛、文艺演出、展览会、各类礼会等。

四、与印度的关系

越南与印度的外交关系为战略伙伴关系。1954年，印度与越南建立领事级外交关系，并在河内设立总领事馆。1956年，越南在新德里设立总领事馆。1972年1月7日，两国升格为大使级外交关系。长期以来，越南和印度保持着传统友好和全面合作关系，高层互访频繁，各行业的互访和交流也很多。1982年，两国成立了经济、文化、科学技术合作混合委员会，签订了多项合作项目和计划。两国政府签署了《贸易协定》《避免重复征税协定》《鼓励和保护投资协定》《领事协定》《航空合作协定》《旅游合作协定》《文化合作协定》《两国外交部政治对话磋商协议》《矿产、地质、环境保护、民族医学合作协议》《国防合作议定书》等。

2007年7月，越南政府总理阮晋勇访问印度，两国签署了越印战略伙伴关系的共同声明，标志着两国关系从此进入了新的发展阶段：（1）双方一致同意推动政治合作，设立两国外交副部长级战略对话机制。（2）双方承诺在联合国和其他国际组织中相互协调、密切配合，越南支持印度在联合国安理会扩大时竞选安理会常任理事国，印度支持越南竞选2008—2009年任期内的非常任理事国席位。

(3)双方还就继续加强国防安全合作达成协议,尤其是在有关反恐、反海盗以及各种跨国犯罪的培训、交流及分享信息中的合作。(4)两国教育培训、文化艺术、科学技术、财政金融领域的交流合作也呈现良好发展势头。(5)双方决心采取措施扩大两国双边贸易额[①],到2015年达到50亿美元。(6)印度工商界关注对越投资。2008年,印度在越投资项目4个,协议金额310万美元。(7)印度政府决定加大对越援助力度,包括用于建设水电站的4 500万美元优惠贷款,用于两个通讯技术改造项目的470万美元无偿援助,每年上百名赴印度培训的奖学金名额等。

五、与法国的关系

在与西方国家关系中,越法关系最为悠久和密切。[②]越南与法国于1973年4月12日建立外交关系,此后双方一直有高层往来。全面革新以来,越南非常重视发展与法国的关系,并以此为窗口进一步改善与西方的关系;同时,法国也希望重返越南。1993年2月,法国总统密特朗率团访问越南[③],双方签署了7项政府合作协议,确定了越法之间航空、电讯等事业的"优先伙伴"关系。法国宣布1993年对越援助3.6亿法郎;承诺推动欧共体与越南加强联系;促进IMF尽早恢复对越贷款;支持越南主办1995年法语国家首脑会议;公开要求美国政府解除对越南的封锁。1993年6月,越南总理武文杰回访法国,受到法国工商界的热烈欢迎,谈成一大批合同,包括法国托塔尔石油公司投资12亿美元在越建炼油厂,电力公司参与南北高压线路架设,法国航空公司与越南航空公司5亿美元的合作

---

① 2008年,越印双边贸易额为24.8亿美元。
② 戴可来、于向东:《越南》,南宁.广西人民出版社,1998年版,第155页。
③ 密特朗是1954年撤离印度支那后访越的第一位法国总统,也是继1966年美国前总统约翰逊访问西贡后第一位踏上越南国土的西方国家元首,这次访越在西方产生了广泛的影响。

计划等。自1993年以来，越法关系快速发展。两国高层互访不断；两国经济、文化、教育等领域的合作不断加强；越南支持法国政府多极世界、多种文化的主张；法国重视、争取和信任越南，避开敏感的民主和人权问题。

2005年，越共中央总书记农德孟访问法国，双方确定了"传统友好，21世纪诚信长期全面合作"为越法关系的方针，两国关系进入战略对话阶段：(1)两国政府签订了大量合作文件，包括《经济文化科学技术合作框架协定》《鼓励和保护投资协定》《避免重复征税协定》《卫生医疗合作协定》《药品合作协定》《旅游合作协定》《航空合作协定》以及《两国国防部关系协议》《农业领域合作协议》《收养子女协定》等。(2)法国是越南重要的贸易伙伴，双边贸易额以10%~15%的速度逐年递增，2000年为7.1亿美元，2005年为11亿美元，2008年为18亿美元。(3)法国是欧盟国家中对越南累计投资最多的国家，2008年在越直接投资5 670万美元。(4)法国向越南提供了相当数额的政府援助基金[①]，2005年超过3亿欧元，并逐年增长。(5)在文教、科技方面，法国每年向越南提供1 000万欧元用于教学、语言培训、人才培养等；每年向越南提供400~600名留学助学金名额；法国还资助越南的非物质文化遗产。(6)法国核能委员会与越南核能研究院续签了核能合作协议书，法国将帮助越南于2020年前建设第一座核能发电站。(7)越南各省市与法国的省或地区还有结对子合作关系。

六、与德国的关系

越南与德国的外交关系为战略伙伴关系。1950年，随着中国和

---

① 法国政府援助基金主要用于越南政治法律系统改革、教育研究领域现代化、经济转型、扶贫和社会福利等。

苏联与越南建交，包括民主德国在内的东欧社会主义阵营诸国也纷纷与越南建交。越南与民主德国在华沙条约组织条约框架下友好往来。1975年9月23日，越南与联邦德国建交。1990年10月3日，东西德统一，统一后的德国继承了与越南的外交关系。1990年5月，越南派出高级代表团访问德国，德国同意承担原东德与越南签署协议中的所有义务。1993年4月，德国外长金克尔访越，表示德国将在越南重建等方面发挥更大作用，双方签订了一项加快和保护德国对越投资的协议。1993年6月，越南总理武文杰访问德国，获得超过5 000万马克的援助。此后，双方保持高层互访，签订了多项合作协定，两国关系逐步深化。

2011年10月11日，越南总理阮晋勇在河内与到访的德国总理默克尔举行了会谈，两国领导人一致同意将双边关系提升为战略伙伴关系。双方签署了旨在进一步加强多领域合作的《联合宣言》，内容包括：(1)将贸易和投资、司法、环境保护、科技和教育等领域确定为今后两国重点合作的领域。(2)努力为两国企业的合作、投资、经营创造便利条件，一致同意建立经济战略对话机制以便交换具体措施促进经贸[①]、投资的合作。(3)交换有关经济政策的宏观经验。(4)积极展开优先的经济合作项目，如在胡志明市建设二号地铁线和德国宫。(5)继续向越南优先提供官方发展援助，集中于环保、应对气候变化、职业培训、医疗卫生等领域。(6)向越南的越德合作项目提供4亿美元的开发援助与优惠贷款。(7)增强教育培训合作。德国继续援建越德大学，使之早日成为地区一流培训和科学研究中心；增加奖学金份额；为越南学生和研究生留学德国创造便利条件。(8)支持越南与欧盟增强全面合作关系，支持越南早获欧盟承认为市场经济体制和欧盟越南自由贸易协定谈判。

---

① 2008年，越德双边贸易额为35.5亿美元。

七、与英国的关系

越南与英国于1973年9月11日建立外交关系,1990年以后两国关系才有了实质性的发展:(1)从1993年起,越南国家主席、总理和多位部长先后访问英国;英国王室皇子、公主、副首相和多位大臣也到访越南。(2)两国签署了《向越南提供技术帮助计划》《避免重复征税协定》《航空运输协定》《财政合作框架协定》《鼓励和保护投资协定》《解决外交财产协定》《解决双方所欠债务协议》《技术专家咨询规则协议》《驻越南的英国委员会活动规则协定》《2006—2015越南—英国伙伴关系发展协议》等合作协议。(3)两国贸易近年来不断增长,2000年双边贸易总额为6.3亿美元;2005年双边贸易总额为11.9亿美元;2009年双边贸易总额突破20亿。(4)英国各公司从1988年开始向越南投资,起初集中在油气勘探领域,现已扩大到财政、机器制造、服装等行业。(5)从1992年开始,英国政府向越南提供发展援助,2001年以后,英国对越南的援助有显著增长。2005年,英国向越南提供9 000万美元的援助,英国承诺代替越南偿还2005—2015年期间所欠世界银行1亿美元债务,计划再向越南提供4.4亿美元的援助,英国是向越南提供无偿援助最多的国家之一。(6)英国还向越南提供每年赴英国留学助学金名额。(7)1996年以来,两国军队开始互相访问交流;2003年,双方签订了价值200万美元的6项军事装备供应合同。

八、与朝鲜的关系

1950年1月31日,越南与朝鲜建交,两国一直保持着兄弟般的友好关系:(1)各级别的代表团互访和各部门、各行业的交流正常进行。(2)双方签署的合作文件有《越南与朝鲜友好合作条约》《文化合作协定》《科技合作协定》《卫生互助协定》《民用航空运输协定》等。(3) 2000年9月，两国政府成立了"越朝经济科技合作联合委员会"以解决两国交往中遇到的经济技术问题，每年举行一次。(4) 2002年5月，越南国家主席陈德良正式访问朝鲜，双方又签署了《海运协定》《贸易协定》《司法互助协定》《避免重复征税协定》《鼓励和保护投资协定》。(5) 援助方面，2002年6月，越南向朝鲜赠送了5 000吨大米；2005年，越南向朝鲜赠送了1 000吨大米和5吨橡胶原料。(6) 2007年10月，双方就两国之间的友好合作达成多项协议和谅解。[①](7) 越南文化主管部门每年都派出文艺团体参加四月份在平壤举行的春季艺术联欢节活动。

九、与韩国的关系

越南与韩国的外交关系为全面合作伙伴关系。越南与韩国于1992年12月建立了大使级外交关系。两国保持着密切的往来和交流，两国外交部保持经常性磋商机制：(1) 越南国家主席、政府总理、国会主席、越共中央总书记都曾对韩国进行过正式或工作访问；韩国总统、国会主席和多位部长也访问了越南。(2) 两国政府签署的合作文件有：《经济与科学合作协定》《鼓励和保护投资协定》《航空协定》《贸易协定》《旅游合作协定》《避免重复征税协定》《文化协定》《海运协定》《海关协定》《引渡协定》《关于互换"引渡协定"批准书的议定书》《关于互换"刑事司法互助协定"批准书的议定书》《外交公务护照免签协定》《无偿援助与技术合作协定》《核电领域人力资源培训协议》《越南油气总公司与韩国油气总公司关于11—2区块天然气的购销合同》。(3) 韩国是越南

---

① 2007年10月中旬，越共中央总书记农德孟率越南党政高级代表团访问朝鲜；2007年10月底，朝鲜政府总理率朝鲜高级代表团回访越南。

的重要外资来源国，韩国在越南的FDI排名榜上经常排名第四或第五，截至2007年5月，韩国在越南投资项目1365个，注册资金85.4亿美元。(4)援助方面，在2006—2009年期间，韩国每年向越南提供1亿美元的优惠贷款和950万美元的无偿援助。(5)双边贸易不断增长，2000年，双边贸易额为21亿美元；2005年为42.5亿美元；2008年达到88.4亿美元。(7)劳务合作方面，2006年7月，越南与韩国签定了劳务出口备忘录，目前有4万多越南人在韩国打工。(8)韩国是到越南旅游人数较多的国家和地区之一，2006年全年到越南旅游的韩国游客40万人。

第六节　与国际组织的关系

一、与东盟的关系

东盟的全称为东南亚国家联盟，是由印尼、马来西亚、新加坡、菲律宾和泰国五个国家于1967年8月8日联合创立的。1967—1975年，当时的东盟与前南越政权保持关系，反对北方的越南民主共和国。1975年以后，特别是1979—1986年期间，双边关系趋于恶化，东盟反对越南出兵柬埔寨。此阶段越南已和东盟某些成员国有所往来但与东盟关系始终没有打通。1986—1995年，越南与东盟关系有了很大改善[①]。1992年，越南成为东盟组织的观察员，参加每年的部长级会议及其他一些活动。1995年7月27日，东盟正式接纳越南为正式成员。此后，东盟和越南的关系日益巩固并增强。

在越南的对外关系中，与东盟的合作占有十分重要的地位。越南党和国家领导人经常出访东盟各国，东盟各国领导人也经常到访越南。自加入东盟以来，越南政府积极参与东盟组织的各项活动，

---

① 9年里共有135次双边或多边外交活动，其中有19次国家元首级会谈。

越南领导人多次出席东盟首脑会议。1998年12月，越南还主办了第三十一届东盟首脑会议和东盟与中、日、韩三国对话会议。

越南与东盟的合作主要有两方面：一是加强在地区政治和安全方面的合作，共同维护地区形势；二是加强经贸、科技等方面的交流与合作。

自1993年东盟地区论坛（ARF）成立起，越南就积极参加了ARF的各项活动。1995年底，作为东盟七国成员之一，越南和东盟各成员国与老挝、柬埔寨、缅甸共同签署了《东南亚无核区条约》，确定禁止在该地区研制、试验、部署核武器以及堆放核废弃物。在重大政治问题上，东盟采取协商一致的原则，对内对外一个声音，不仅提升了东盟的国际地位，也促进了地区和平、稳定。东盟是越南最重要的贸易伙伴，双边贸易额占越南进出口总额的20%。东盟是越南重要的外资来源地，目前，东盟在越南有1300个投资项目，注册资金440亿美元。

到1999年，东盟成员国增加到10个[①]，东盟的国际影响力进一步提升。越南积极参加东盟的各项活动，积极参加与日本、韩国和中国举行的10+1或10+3对话会议，在东盟多边框架下发出声音、操作议题、谋求外交利益的最大化。2008年3月，越南批准《东盟宪章》。目前，越南已成为东盟组织的积极核心成员，参与组织东盟各项活动，加强与东盟各国的合作交流，为东盟的发展作出了积极贡献。越南与东盟各国提出到2015年建立东盟共同体的倡议。东盟共同体包括经济共同体、社会文化共同体、安全共同体。

二、与亚太经合组织的关系

亚太经济合作组织（APEC）于1989年成立，截至2011年，已

---

① 包括老挝、柬埔寨、缅甸、文莱、印尼、马来西亚、新加坡、菲律宾、泰国和越南。

经经历19次峰会。APEC为亚洲—太平洋地区最大的经贸合作组织。目前，APEC有21个成员，占世界总人口的40%、世界经济总量的55%、世界贸易总量的44%。APEC一直致力于推动经济增长和贸易投资自由化。

1998年11月，越南正式成为亚太经济合作组织成员。此后，越南一直积极、主动和负责任地参与APEC各项活动并成功主办2006年亚太经合组织领导人峰会。越南已成功实现APEC的70个倡议，为拟定亚太经合组织在各个领域的合作内容、战略和行动计划做出巨大贡献。越南还就推动DOHA谈判、解决区域财政危机、对付粮食价格上涨、反对恐怖主义等具体问题积极作为。

三、与联合国的关系

1977年，越南正式成为联合国成员。越南严格履行自己的义务，同时在联合国框架下积极参与解决各种国际安全问题。2008—2009年，越南担任联合国安理会非常任理事国。对于联合国改革问题，越南认为联合国改革应有助于提高联合国的作用、权威和效率，维护世界和平与安全以及应对新挑战和新威胁的能力，推动各成员国的共同发展，为落实千年发展目标服务。安理会改革应从联合国长远利益出发，根据国际关系民主化原则，在广泛协商的基础上增加发展中国家的代表性，寻求兼顾各方利益的解决办法。

越南强调将本着独立、自主、和平、合作、发展、积极主动融入国际的对外路线继续与联合国合作，为落实联合国维护地区乃至世界的和平与安全的使命、推动发展合作、应对国际社会正面临的挑战和联合国改组等方面作出贡献。

四、与欧盟的关系

欧盟成立前，欧共体及其成员国对越南的援助始于20世纪70年代中期。从1975—1978年，欧共体国家共向越南提供了1.09亿美元的经济援助，其中包括6 800万美元的直接援助。1978年底，越南入侵柬埔寨，欧共体停止了对越经济援助，其中包括已获批准的3 600万美元的分期付款。随着国际形势的发展以及越南的外交努力，1984年底，欧共体恢复了对越南的经济援助，但援助数目不大，1985—1990年共向越南提供了70万欧洲货币单位。

自1990年越南与欧盟建立外交关系以来，双边经贸关系得到了全面快速发展。双边贸易额从2000年的41亿美元增至2010年的154.5亿美元，欧盟约占越南出口总额的20%。越对欧盟主要出口商品为：鞋类、纺织服装和水产品。投资方面，欧盟是越南重要的投资来源地。截至2011年3月，欧盟对越南投资有效项目1 079个，协议总额162亿美元，主要投资领域为：工业和建筑业、油气开采[①]和服务业。1993—2009年间，欧盟及其成员国共向越南承诺提供ODA援款约100亿美元，2010年承诺提供ODA援款10.5亿美元，主要用于基础设施建设、农业与农村发展、城市和农村供排水、扶贫和环保等。

今后几年，欧越关系将优先推动PCA、FTA和援助机制三方面合作。(1)欧越双方已于2010年10月草签了《欧盟—越南全面合作伙伴框架协定》(PCA)，2011年5月14日在比利时首都布鲁塞尔举行的欧盟外长会议上，欧盟27个成员国代表一致同意与越南签署

---

① 近20个项目，金额24亿美元。

《欧盟—越南全面合作伙伴协定》[①]。(2)欧越双方正在加紧筹备欧越自贸协定(FTA)的首轮谈判。欧越FTA将解决越鞋类对欧出口的关税、反倾销等问题；提高越南服务行业水平，使其成为外商投资的理想目的地；扩大越南与地区和世界的经贸合作水平。(3)欧盟将集中力量研究制定一个现代的、更符合越南的援助机制。

同时，双方高层互访仍保持良好态势。2012年2月，欧洲委员会贸易专员卡尔·德古特访越；2012年6月，黄忠海副总理访问欧洲委员会；2012年7月，越南国会副主席丛氏放访问欧洲议会；2012年10月，阮晋勇总理正式访问欧盟。

---

① 《欧盟—越南全面合作伙伴协定》包括8章65条，其中肯定了双边关系的基本原则，确定双方在合作发展、经贸投资、司法合作等领域的全面合作框架；PCA将推动双边关系进入合作范围更广、合作内容更为丰富、合作水平更为深刻的新阶段；PCA将为欧越双方在政治及其他领域的对话创造机会，促进欧越双方合作；PCA涵盖了安全、移民、农业和科技等广泛领域。

第十一章　中越友好关系

中越历史源远流长,两国交往延续不断。自秦始皇平定岭南始,越南进入"信史"阶段,中越交流开始有历史记载。在漫长的郡县时期,中原先进文化逐渐进入交趾地区,促进了当地经济社会的发展。在近千年的自主时期,两国虽偶有嫌隙,但友好交往仍是主流,汉文化继续南传,越南成为濡染汉文化最深的地区之一。近代以来,法国入侵,越南沦为殖民地,在反抗殖民入侵、争取民族独立的进程中,中越两国的仁人志士多有合作,两国人民相互支援,互相帮助。特别是在两国共产党的带领下,两国人民并肩战斗,帮助越南取得抗法、抗美战争的胜利,最终获得祖国统一。

第一节　古代中越友好关系

一、郡县时期

中国和越南山水相连,民族相融,自古以来就有很密切的交往。在远古时期,中国东南部百越的一支——雒越,他们在红河中下游一带创造了自己的文化,历经石器时代和青铜时代。公元前214年,秦始皇攻取岭南,将今越南北部地区纳入中国版图,中原与当地的交流从此拉开序幕。

任嚣、赵佗平定岭南时所率军队人数众多,赵佗上书秦始皇,"求女无夫家者三万人,以为士卒衣补","秦皇帝可其万五千人"。秦经略岭南,迁徙平民开发其地,发配罪人到岭南戍边。这样,大量官吏、军队、平民、犯人进入岭南,带去了中原先进的政治制度、生产工具和科学技术。

第十一章 中越友好关系

秦朝时有交趾人李翁仲在秦始皇军中任职。据越南史书记载："时我交趾慈廉人李翁仲，身长二丈三尺，少时往乡邑供力役，为长官所笞，遂入仕秦，至司隶校尉。始皇得天下，使将兵守临洮，声振匈奴，及老归田里卒。"①可见，秦在交趾地区设置象郡时，已有人北上在朝做官了。

秦末，赵佗建立"南越国"，采取一系列措施开发岭南。他重视传播中原汉文化，使用汉字；"和揖百越"，鼓励汉越通婚，融合越地社会，增进民族和睦；推广中原农业技术，发展生产。赵佗为岭南经济社会的发展做出了突出贡献。

公元前111年，汉武帝派路博德攻取南越，在今越南北中部地区设置交趾、九真、日南三郡，中国封建王朝直接派遣官吏管理其地，其中著名的有交趾太守锡光和九真太守任延。二人积极传播汉文化，向人们传授先进的铁犁、牛耕和种植技术。在他们的治理下，今越南北中部地区社会生产有了较大发展，对此史书评价："岭南华风，始于二守焉。"②汉末三国时期的太守士燮治理交州四十年，颇有建树。他治民有方，礼贤下士，爱民教民，大力发展文化教育事业，传播儒学，深受越人爱戴，被尊为"士王"和"南交学祖"。

汉末，中原大乱，中原人士"往避难者数以百"，其中有著名学者刘熙、程东、薛综、许靖、刘慈、刘巴、牟博等，他们和士燮一道大开文教，传播汉字和汉文化，诗书教化交州子弟，以儒家思想淳化当地风俗，促进了汉文化的传播和交州的发展。

刘熙是当时著名的教育家，他在交州招收学生数百人，薛综、程秉、许慈等著名儒士都曾师从刘熙。牟博（牟子），东汉苍梧人，奉母流寓交趾，成为当地最早传播佛教的人物之一，其著作《牟子

---

① [越]吴士连等著，陈荆和合校：《大越史记全书·外纪》卷一，第101页。
② 《后汉书·任延传》。

理惑论》是一部重要佛教典籍。名医董奉曾到交趾，把已经"病死三日"的士燮救活。史书记载："燮尝病死，已三日，仙人董奉以一丸药与服，以水含之，捧其头摇之，食顷，即开目动手，颜色渐复，半日能起坐，四日复能语，遂复常。"①

李进是东汉高兴郡（今广东化州）人，灵帝中平年间任交趾刺史，向朝廷奏请交趾刺史部应依中州规例贡士，交趾部的茂才应与中州茂才一样授官给禄。朝廷从其请，从此交趾人才得与中州同选。李进此举不但对交趾士人的进取有鼓励促进作用，对岭南的文化发展也起了重要作用，其后阮琴（也称作李琴）仕至司隶校尉，张重官至金城太守。

679年，唐朝在交趾设安南都护府，对其地进行有效管理，中原与安南的交往进入了一个新的阶段。唐朝派往安南的官吏文化素质较高，热心倡导文教，如都护高骈喜欢与儒士交游，任内写下不少诗文；另一位都护马总"用儒术教其俗，政事嘉美"②。王勃的父亲王福畤被贬为交趾令，在任内"大开文教，士民德之"，为儒学广泛传播作出贡献。王福畤去世后，当地人民特立"王夫子祠"，以表怀念。

在官吏们大兴文教的同时，唐朝许多文人墨客也曾来到安南，对汉语汉字及汉文化在当地的传播做出了贡献，如著名诗人杜审言、沈佺期、刘禹锡等都曾寓居安南，留下不少吟诵安南的诗篇，如杜审言的《旅寓安南》、沈佺期的《初达驩州》等。

中原文人墨客南下的同时，安南不少文人如无碍上人、奉定法师、惟鉴法师等北上进入中原，与内地文人切磋诗艺，《全唐诗》中收录有中原诗人与安南诗人相互唱和的诗篇，如张籍的《山中赠

---

① 《三国志·吴书·士燮传》，注引葛洪《神仙传》。
② 《新唐书·卷一六三·马总传》。

日南僧》、杨巨源的《供奉定法师归安南》、贾岛的《送安南惟鉴法师》等。

唐朝时期,安南的一些优秀人才经遴选进入中央政府任职,如姜公辅、姜公复两兄弟和廖有方等。其中姜公辅于唐德宗时在朝为官,他不但精通儒典,有经论之才,而且睿智有谋,忠贞鲠直,曾官至谏议大臣,同中书门下平章事。《全唐文》收录他的《白云照春海赋》《对直言极谏策》一赋一诗,这两篇文章在越南文学史上都占据重要地位,前者被为"安南千古文宗",后者是迄今所见越南人撰写的最早的政论文。

整个郡县时期,随着中原与安南地区交流的不断深入,交趾地区各个方面都得到长足发展。农业方面,铁农具和耕牛得到应用,改变以前"刀耕火种"和"火耕水耨"的耕作方法,产量大幅提高。畜牧业、渔业、制陶业、纺织业、造船业等取得长足进步。史书记载"扬州租绸以钱,岭南以米,安南以丝"[①],可见当时安南丝的质量已经非常高,成为唐朝重要的税收之一。安南织工用芭蕉的丝织成葛,称蕉葛。九真织工用细嫩的簟竹浸泡后织成布,称竹疏布,都很有名。中越之间的交通运输条件得到改善,交趾地区处于中国与东南亚、南亚、欧洲诸国海上贸易的交通枢纽,商人云集,海外贸易繁荣,促进了生产发展和社会进步,人民生活日益改善。

二、自主时期

经过漫长的郡县时期,越南北中部地区已深受中国文化的熏染。自主建国后,越南封建统治者主动学习和接受中国文化,模仿中国的各种制度,维护其封建统治。在这段时期内,宗藩关系[②]成

[①] 《新唐书》卷五一《食货志》。
[②] 关于中越宗藩关系的精辟论述请参看戴可来:《略论古代中国和越南之间的宗藩关系》,载《中国边疆史地研究》,2004年6月,第14卷。

为中越关系的主要方面。首先,越南王朝向中国封建朝廷朝贡,表示臣服,朝贡内容包括岁贡[①]、谢恩、请封、告哀、进贺、祝寿、奏事等。越南统治者只有受到中国的册封,才算"正统",才能巩固其在国内的统治地位。其次,中国朝廷对越南王朝进行册封,承认其藩属国的地位,从而显示自己"天朝大国"的宗主地位。中国历代王朝对于"列藩"的朝贡,一贯采取有利于对方的"厚往薄来"政策,不图利,唯"嘉其诚",还"优诏答之",给与丰厚的奖赏。

朝贡和册封是两国封建王朝主导下的政治互访行为,是两国交往的重要内容。出访的使节多为政府要员、国内博学之士。通过他们的所见所闻,相互学习,将先进文化技术带回国内,推动了双方的文化交流。

此外,朝贡还是一条重要的贸易渠道,越南除从中国获得赏赐外,还直接进行商业购买互换行为,从中获取丰厚经济利益。周去非《岭外代答》描写宋时越南朝贡队伍时说:"一路州县应副夫脚八百人,擎负贡物者固无几人,而皆为使者负贩至都。"外交使团俨然就是一个贸易商队。

然而,中越封建王朝之间的宗藩关系并非一帆风顺,随着双方国力的消长,也曾出现过边境冲突和战争。特别是越南王朝不断更迭,必然使它与中国的宗藩关系发生变化。被篡位的旧王朝向中国求告,寻求保护,因而引发中越之间的王朝战争。这类战争,中国大都是为了维护宗主权,讨伐叛逆,保护藩臣。唯有元朝对越南的三次战争带有侵略性质。需要指出的是,中越之间的战争并非都是中国主动出兵,有的是越南入侵中国。如1075年底至1076年初,李朝辅国太尉李常杰等领兵攻陷钦、廉、邕州等地。宋朝被迫还击,

---

① 越南向中国定期朝贡,相隔时间2年或几年不等。有时因特殊情况,经中国批准,岁贡可推迟至下次一起进行。清末由于太平天国运动,道路不通,越南四次朝贡合而为一。

越军不敌，与宋议和。

总体上看，越南王朝即使在与中国的战争中获胜，也自知无法与中国长期为敌，往往遣使谢罪，恳请册封，继续保持与中国的宗藩关系。因此，中越之间的冲突和战争是短暂的，稳定友好的交往是主流，中国文化继续南传。

唐朝灭亡后，中国进入五代十国的混乱时期，安南的封建主趁机纷起割据。经过一段时间的争夺，至968年，丁部领建立大瞿越国，开启安南自主王朝的新时期。973年，丁部领主动派遣儿子丁琏出使宋朝请封，宋太祖接受了丁氏的朝贡，封丁琏为检校太师、充静海军节度使、安南都护。975年，丁氏再次入贡，宋朝承认它是自己的"列藩"，封丁部领为"交趾郡王"。这样，在宋太祖的时候，中越之间确立了宗藩关系，并逐渐形成了"其王初立，即封交趾郡王，久之进南平王。死者，赠侍中南越王"的制度。

980年，黎桓建立黎朝（史称前黎朝），在支棱击败宋军。黎桓担心宋军再来，于982年遣使"上表谢罪"。986年，宋太宗承认了黎桓政权，并于993年进封黎桓为交趾郡王。宋朝使者李觉从安南回国时，黎帝诏匡越禅师吴真流[①]曾为其制曲饯行，即席作《饯别曲送宋使李觉》[②]：

> 祥光风好锦帆张，
> 遥望神仙复帝乡。
> 万重山水涉沧浪，九天归路长。
> 情惨切，对离觞，攀恋使星郎。
> 愿将深意为边疆，分明奏我皇。

---

① 为当时越南佛教领袖，生卒年月933—1011。
② 此曲又称《王郎归》。

这首词体现了当时越南人深厚的汉文功底,词中的"我皇"指宋朝皇帝,表现出了中越之间强烈的相互认同感。

丁、前黎朝利用佛教加强统治,佛教盛行,禅师在朝中拥有重要的政治地位。至李朝时期,越南统治者逐渐认识到儒家思想对于维护封建统治要比佛道学说更为有效,于是兴办学校,推行科举,逐步提高儒学的地位。李朝初年,官员中多数是武将和僧官,但儒家思想已经在国家政治生活中拥有了一定的影响。李太祖时的《迁都诏》用汉文写成,效法中国古代盘庚迁殷、周王朝三迁其都的故事,说明此次迁都是上应天命、下顺民意之举,整篇诏书贯穿着儒家思想。

李圣宗时期(1054—1072年),儒学的地位进一步提高。1070年,越南在升龙修建文庙祀孔子,塑周公、孔子及四配像,画七十二贤像,这是儒学在越南儒教化、孔子被偶像化的开始。1076年,李仁宗在京师设立国子监,请文学之士任教,作为皇太子和文职官员学习儒学知识的场所。1086年8月,越南成立翰林院,"试天下有文学者,充翰林院官"。李英宗大定十七年(1156年),越南建孔子庙。国子监、翰林院、孔子庙等传授、宣扬儒家思想机构的建立,说明儒家思想在李朝的地位进一步提高。

李朝崇尚中国文化,多次遣使请求宋朝赐给佛经和其他书籍,获赐大藏经、三藏经等佛教经典,促进了佛教在越南的传播和发展。此外,李朝还经常派人到中国购买书籍。宋徽宗大观(1107—1110年)初年,李仁宗曾遣使向北宋"乞市书籍",宋朝"嘉其慕义,除禁书、卜筮、阴阳、历算、术数、兵书、敕令、时务、边机、地理外,余书许买"。[①]中国历代封建统治者都希望将中国文明远播域外,尤其是儒家思想,宋朝虽禁止书籍出境,但儒家经典不在禁止之列,

---

① 《宋史》卷十五《神宗本纪》,中华书局校点本,第296页。

第十一章 中越友好关系

中国的儒家经典连同宋代的理学著作，不断输入越南。

两宋时期，两国民间的海上贸易和边境互市①也活跃起来。宋朝的丝绸绫罗、铁器等产品不断传入越南，而越南的水稻、香料、药材以及热带动植物也不断进入中国，其中占城稻最为有名。占城稻是印支半岛高产、早熟和耐旱的稻种，北宋初年传入中国福建地区。1011年，宋真宗因江淮、两浙地区遇旱少水，派人到福建取占城稻多达三万斛，在长江、淮河以及两浙地区推广，并将种植方法贴榜告知民众。占城稻对长江流域的农业产生了重大影响。

陈朝是越南佛儒势力盛衰交替的时代。陈朝初期继续李朝儒、佛、道三教并行的政策，佛教势力仍然强大。到中后期，统治者逐步认识到只有儒学的中央集权和等级尊卑思想才是封建统治长治久安的思想基础。因此，陈朝统治者一方面不断削弱佛教势力，排斥佛僧道士；另一方面进一步提高儒学地位，使儒学在越南发展到一个新的高度，在意识形态上逐步取得主导地位。

陈朝设国学院，专门讲习儒学；修建国子监，以儒学大师主持管理，皇太子也专习儒学；经常开设以儒家经典为考试内容的太学生和进士科考试，选拔儒学人士，充任相关职务，统治集团进一步儒化。此外，陈朝还修文庙，祀孔子和儒学先圣，将朱文安、张汉超、杜子平等安南的儒学大师从祀文庙。这些措施使儒学在越南得到迅速发展。

在儒学发展的背景下，越南汉字文学逐渐兴盛起来，中越使节相互酬和的诗体现出两国之间的友好交流。陈太宗《送北使张显卿》写到："幕空难驻燕归北，地暖愁闻燕别南。"曾经参加过陈元战争的将领也和中国使臣相互赠诗，如陈光启在《送北使柴庄卿》写到："一谈笑顷嗟分袂，共唱酬间惜对床。未审何时重睹面，殷

---

① 如在钦州、廉州、邕州等地设博易场。

勤握手叙暄凉。"他们的诗歌中多次提到中国皇帝向安南下诏册封之事，如陈光启的《赠北使柴庄卿李振文等》写到："一封风诏天下庭，咫尺皇华万里行。"范师孟的《和大明使余贵》写到："大明受命兴江左，天使赍诏颁安南。"陈艺宗为明朝使者送行的诗《送北使牛亮》写到："安南老臣不能诗，空对金樽送客归。园伞山青泸水碧，随风直入无云山。"陈艺宗作为越南的国王，自称"安南老臣"，体现了两国的宗藩关系。

13世纪末，越南出现了一个诗会名叫"碧洞诗社"，因诗人们常在碧洞庵作诗唱和而得名。该诗社由陈光朝组织发起，参加者有阮昌、阮忆、阮忠彦等，主张闲雅自在，歌颂天然景物，抨击世俗陋习。这可能是越南历史上最早的诗社，说明当时汉字文学的繁荣程度。

陈朝时期出现了用喃字创作的文学作品。据越人吴士连所著《大越史记全书》记载，陈仁宗四年，即1281年，"有鳄鱼至泸江，帝命刑部尚书阮诠为文投之江中，鳄鱼自去。帝以其事类韩愈，赐姓韩"。阮诠作《祭鳄鱼赋》一事被传为佳话，该赋是越南最早的喃字作品之一。

越南出使中国的使节多饱读诗书，聪敏善辩，办事精练，熟悉语言文化和地理风俗，各方面素质较高，在中国有很好的表现，得到中国文人的赞赏，莫挺之就是这样的例子。莫挺之1304年中状元，1308年出使元朝。由于莫挺之矮小丑陋，元朝人很看不起他。一天元朝的宰相召他入府，莫挺之见蚊帐上绣着黄雀在竹枝上的图案，上前将蚊帐撕裂。众人感到奇怪，皆问其故，莫挺之说："我闻古人有梅雀书，未闻有竹雀书者。今宰相帐里绣竹雀，竹，君子也；雀，小人也。宰相以此绣诸帐，是以小人加君子，恐小人道长，君子道消，我为圣朝除之。"众人都敬佩他的才能。莫挺之朝见元武宗的时候，恰好有外国进贡扇子，元武宗命莫挺之题词。莫挺之提笔写道："流金砾石，天地为炉。而于斯时兮，伊、周钜儒。北风其凉，雨雪载涂。而于斯时兮，夷、齐饿夫。噫用之则行，舍之则藏。惟我与尔，有如是夫。"①这就是著名的《扇子铭》。

胡季犛建立胡朝后，实行尊儒抑佛政策。他扩大儒学教育，把一些儒家经典译成喃字，对儒家某些信条进行修改，有选择地吸收儒家思想。

胡季犛崇尚汉文化，在《答北人问安南风俗》中写道："欲问安南事，安南风俗淳。衣冠唐制度，礼乐汉君臣。玉瓮开新酒，金刀斫细鳞。年年二三月，桃李一般春。"这首诗描绘了当时越南礼乐制度文化道德以中国汉唐为样板，风俗淳朴，百姓安居乐业的情形，反应出越南深受中国文化的影响。

明永乐五年（1407年），明成祖朱棣下令搜罗安南各方面的人才遣送京师听用，其令曰："交趾应有怀才抱德、山林隐逸、明经能文、博学有才、贤良方正、孝悌力田、聪明正直、廉能干济、练达吏事、精通书算、明习兵法、武艺智谋、容貌魁伟、语言便利、膂力勇敢、阴阳术数、医药方脉之人，悉心访求，以礼送赴京擢用。"②

在这道命令下，明朝将领先后3次搜罗安南人才共一万六千余人送到南京或北京听用，他们为明朝的建设事业贡献了力量，促进了中国与越南的文化交流。在这些优秀的人才中，有的走上仕途，官至布政使、巡抚、侍郎、尚书，如邓明、阮勤、陈儒、黎澄等；有的成为某方面的专家，为中越科技交流作出了卓越的贡献，如阮

---

① 转引自百度百科，大意是：盛夏炎炎，天气如火燃星流金，天地间也如火炉；扇子，你在这时就像尹伊、周公那样有才有德的读书人一样给人送去凉爽。北风飕飕，天气开始转凉，雨雪堆积在道路上；扇子，你在这时就成了伯夷、叔齐那样的人甘愿隐退。唉！用到自己的时候就愉快地去，用不到的时候就藏而不露，只有我和你才具有这种高贵的品质啊！
② 《明太宗实录》，卷六八。

安、黎澄等。

阮安是建筑史上不可多得的奇才，史书上说他"手自指画，形见势立""目量意营，悉中规制"，巧思神算，令人叹服。明永乐四年（1406年），明成祖开始营建北京城，阮安提出了节俭可行的方案被委任负责总设计。在阮安的统一调度下，北京城九门依次营建，一万多名在京师训练的军卒停止操练用于施工，增加其月粮，安排好班次；建筑费用和材料不再另外准备，只使用官府积存，之前营建北京剩余的大量建筑材料，此次均被派上用场。他于短短的四年当中初步完成了这项繁重的工程，令人称叹。由阮安设计的紫禁城南北长960米，东西宽740米，其中有前三殿皇极殿、中极殿、太极殿，后三殿乾清宫、交泰殿、坤宁宫，总体布局匀称，庄严雄伟。明正统五年（1440年），明英宗下令重建北京的奉天、华盖、谨身三殿，这也是由阮安设计的，重建后的三大殿比原来的建筑更加壮观。

黎澄（1373—1446年），原名胡元澄，是胡季犛长子，永乐五年（1407年）被明军俘获，送入南京。他谙悉火器制造技术，被委任负责督造火器，历任明朝工部郎中、右侍郎、左侍郎、工部尚书，其子黎叔琳继承乃父之职，官至工部右侍郎。黎澄所造火器包括用于防守的大炮和用于进攻的轻便"神枪"，经大量装备部队后，对提高明军战斗力、抗击侵略发挥了较大作用。明代军中凡祭兵器，必定要祭拜黎澄，奉其为"火药之神"。同时，中国军队编制也受其影响。当时京军"三大营"中的"神机营"即专门操演火器。

越南的火药制造技术最初从中国学得，却能够在原有基础上获得新的发展，推动中国火药技术的发展，可谓中越文化相互学习、交流互动的典范。

1428年，黎利建立黎朝，史称后黎朝。黎朝是越南历史上的一个重要时期，是越南封建王朝由繁荣走向衰落的转折点。在黎朝三百多年的统治中，前期国家统一，社会稳定，经济发展，文化教育繁荣，尤其是黎圣宗时期（1460—1497年）达到了越南立国以来的鼎盛时期。自黎朝中兴以后，长期的内战造成社会动荡，经济萧条，文化衰落。

黎朝各项制度仿照中国而逐渐完善，封建中央集权进一步巩固和加强。在文化教育方面，黎朝建立了一套相当完备的学校教育体制，居民的识字率大为提高，京师设有国子监、崇文馆、秀林局、昭林馆，各府、州、县等设有地方官学以及村学、社学和私塾等。儒学、文学、史学、艺术、地理学、医学、药学、数学等学科进一步发展，文人学士辈出，文史、儒学著作大量涌现，达到了越南历史上的繁荣时期。

黎朝统治者推崇儒学和汉文化，尤以黎圣宗为最。黎圣宗好学不倦，对经史文学莫不精通，是一位造诣颇深的诗人，其诗"英气雄遂，词意职溉"。黎圣宗组织了越南文学史上最大规模的文学组织"骚坛会"，自称"骚坛元帅"，与28位诗人酬作唱合，又称"骚坛二十八宿"，名山大川无处不有黎圣宗和"骚坛二十八宿"的作品。词臣将这些酬唱之作编辑成册，得诗数百篇，名《琼苑九歌》（一卷），黎圣宗亲自作序。由此可见越南文人在汉文学方面的深厚素养和造诣，表现出越南汉文学的繁荣。

黎朝时期产生了一批造诣颇深的儒学名士，如阮廌、李子晋、阮梦荀、阮直、阮秉谦、冯克宽、黎贵惇等，他们在黎朝的内政外交方面表现突出，不少人曾出使中国，对两国的政治、经济、文化交往做出了贡献。

阮直，黎太宗1442年进士，是河内文庙进士碑上的第一人，后来成为颇负盛名的学者。据史书记载，1445年阮直出使中国明朝，恰逢明朝科举考试，他申请参加考试，竟然被录为状元，被誉为"两国状元"①，一时传为佳话。

梁如鹄，黎太宗大宝三年（1442年）壬戌科探花，曾于1443年、1459年两次奉命出使明朝，其间注意观摩中国雕刻印刷技术，回国潜心研究学习，技成后传于乡里，于是其家乡刻书业盛行。为奖赏梁如鹄的功绩，越南历朝给与加封，民间至今仍祀之为先师，尊称"梁大王"。

越南常信府陈驴，黎朝景统五年（1502年）壬戌科同进士出身。根据《漆画先师录》记载，他少年聪慧，学问渊博，早悟孔孟之道，于洪德年间随差出使中国，游览各地，遍访高人，学到漆画，自成一家，回国传播画技，后被越南奉为漆画大师。百年之后，该地的画工技艺益精，黎神宗永寿年间，准许平望村为谙晓漆作匠局，凡各种侍图画漆一并委之制作，该村百姓的租税杂役一并免除。全邑百姓思慕先生功德，建祠祭祀不绝。

冯克宽是16世纪末越南汉、喃均工的著名诗人。他满腹经纶，文武兼备，在政治、外交、军事、文化等领域颇有建树。1597年，冯克宽作为正使出使明朝，至燕京恰遇明万历皇帝万寿圣节，冯克宽上拜贺诗三十首，万历皇帝览后大加赞赏，即命刊印，颁行天下，朝鲜国使李睟光为之作序。冯克宽出行所做诗文收录在《梅岭使华诗集（丛吟）》，其中包括与朝鲜使臣李睟光唱和的诗《答朝鲜国使李睟光》：

> 义安何地不安居，礼接诚交乐有余。
> 彼此虽属山海域，渊源同一圣贤书。

---

① "两国状元"不一定真的参加中越两国科举考试且中状元，而是对越南文人的一种褒奖。越南历史上有多位"两国状元"，目前所知的有：莫挺之（1304年中状元）、阮直（1442年中状元）、阮尧咨（1448年中状元）、阮登道（1683年中状元）。

第十一章 中越友好关系

交邻便是信为本,进德深惟敬作舆。
记取使诏还国日,东南五色望云车。

"彼此虽属山海域,渊源同一圣贤书。"中、越、朝三国虽是三个国家,但它们的文化源头都来自孔孟的圣贤书,都出自源远流长的中华文化。此诗成为汉文化圈内中国、越南、朝鲜三国友好交往的历史见证。

黎贵惇是越南历史上著名的学者、文人、史学家、哲学家和政治家。他学识渊博,涉猎甚广,包括诗文、史学、地理、哲学、医学、天文、农学等多个领域,被称许为学问集大成的学者。黎贵惇曾两次出使中国,在中国期间,除修贡外,黎贵惇在京城参观了文庙,历览山川,询访治体,"观上国政治如何、人物如何"。他还与中国官员和其他国家使节团交往颇多,唱酬应答,诗书相赠,至今仍留存有他与朝鲜使者交流的诗歌《送朝鲜国使》等。黎贵惇出使归国后,完成《北使通录》《见闻小录》等著作,记述在中国出使所见所闻所想,为中越交流留下了宝贵的文字资料。

黎朝后期正值中国明清交替之际,有些明朝旧臣不愿归顺清朝,便投奔安南,在越南南部生活下来。这些人以明朝后裔自居,自称"明香人",意指明朝香火,后来改称"明乡人"。明乡人为越南南部的开发做出了巨大贡献,在越南历史上占有独特的地位。

1679年,明广东镇守龙门水陆等处地方总兵杨彦迪、副将黄进和镇守高、雷、廉等处地方总兵陈上川、副将陈安平率部下及军眷3 000多人、战船50余艘从海路到达今越南中部顺化岘港一带。阮主封授他们官衔,令其南下进入南部地广人稀的地方。杨、陈带来的几千中国移民在这片沃土上立足生根,辟地开荒,开展贸易,积极从事各种经济开发活动。在他们的努力下,越南南部荒芜之地变得十分富庶。基于对当地发展做出的巨大贡献，陈上川被封为辅国都督将军胜才侯，后人称其为陈胜才，建有祠堂纪念他。

鄚玖，中国广东雷州人，明朝灭亡后，因不愿受清的统治，于是侨居湄公河三角洲的河仙地区。鄚玖本姓"莫"，为避免与篡黎自立的莫登庸同姓而改为"鄚"。鄚玖后来归附阮主，被授权管理河仙地区。他采取一系列措施，推动当地发展，如建文庙，兴学校，定礼仪，教化民众；开放河仙门户，推动商业发展，发展港口贸易；招揽外地人入住河仙，开拓周边土地，扩大势力范围；修建防御工事，加强自我防卫能力；鼓励农耕，修建水利工程。鄚氏家族治理河仙历七世一百五十余年，使河仙成为富足之地，备受当地华侨尊崇。今天在河仙还有鄚玖庙、鄚玖墓，堤岸有鄚玖街，每逢农历十二月十二日鄚玖诞辰和十二月二十四日鄚玖祭日，当地人们都要进行祭祀，缅怀先贤。

18世纪末19世纪初，越南南方文教发展，出现了几位华人诗人。

鄚天锡，祖籍中国广东，在父亲鄚玖去世后被阮主封为河仙镇总兵大都督，管理河仙地区。鄚天锡除了对当地经济社会发展作出贡献外，在越南文学史上也有一定的地位。1736年，鄚天锡组织"昭英阁"诗社，以"河仙十景"为题作诗10首，邀请众诗人围绕此题进行唱和，最后汇集了31位诗人的310首诗歌，编成《河仙十咏》。

郑怀德，祖籍中国福建，他和黎光定、吴仁静合称"嘉定三家"。他们成立"平阳诗社"（也称"嘉定山会"），经常相互唱和。郑怀德学问渊博，人格高尚，深得阮朝开国皇帝阮福映的器重，他是阮福映派往中国的第一位使者。

18世纪下半叶，越南国内矛盾激化，农民起义军在阮惠（又名阮光平）的率领下，经过一二十年的混战，建立西山朝。阮惠击退清朝武装干涉后，主动请和。1789年，阮惠派其侄阮光显出使清朝。

第十一章 中越友好关系

同年，清朝册封阮惠为安南国王，颁赐驼纽镀金银印，标志着西山朝与清朝的宗藩关系正式确立。

1790年，阮惠亲率安南使团出使清朝庆贺乾隆八十大寿[①]。这是安南自宋以来首次以国王的名义前来觐见，乾隆帝极其重视，以高规格接待阮惠一行，令沿途各省与各督抚接见应以宾主之礼相待，同时令大学士同礼部一起详细酌议具体接待细节。在华期间，乾隆帝多次接见赏赐阮惠及使团人员，允许其行抱见请安礼，赐阮惠佩金黄程带，以示尊贵荣耀。阮惠亲自来朝可谓中越交流中的一件大事。

1802年，阮福映推翻西山朝，建立阮朝。阮朝建立不久，阮福映即遣使赴清朝请封，请改国号为南越，意即安南之南，越裳之越。因古代赵佗所建南越国包括两广地区，清朝以为不妥，嘉庆帝和朝臣商议，决定赐国号"越南"，"以越字冠于上，仍其先世疆域，以南字列于下，表其新锡藩封。"阮福映接受此国名，一直沿用至今。1803年，清朝遣使册封阮福映为越南国王，清朝与阮朝正式建立宗藩关系。

阮朝时期，中越使节继续来往于两国之间。有些越南使节出使中国能对所到地区政治、经济、山川地理、风土人情等进行详细考察，用文字记下出使过程及其见闻，或将中国的科学技术、文学作品介绍到越南，推动了两国的文化交流。

1809年，阮朝遣阮有慎等人清岁贡，归来后向嘉隆帝汇报，越南使用明朝历法，三百余年没有改正，越来越不准确。清朝在康熙年间参考西洋历法进行革新，比之前的精确很多，建议效仿学习。嘉隆帝十分赞赏，批准执行，于是越南在1812年改《万全历》为《协

[①] 阮惠是否亲来中国，学界多有争议。一说阮惠确实亲自来朝；一说阮惠遣相貌相似之人代其前来，该人名范公治，有系其"弟弟""外甥"和"部下"等几种说法。

经历》,越南历法得到长足进步。

阮攸是越南19世纪的大文豪,他于1813—1814年间出使清朝,出使期间创作的汉文诗歌编成《北行杂录》,成为域外汉文学的重要文献。此外,阮攸还将清初青心才人的章回体小说《金云翘传》用越南喃字改成六八体长诗,被推崇为越南诗歌艺术的顶峰,至今仍深受越南人民喜爱。

1810年,武祯出使清朝庆贺嘉庆帝五十大寿,其间注意学习清朝的律书。1812年,阮福映命阮文诚、武桢等编制越南律法。阮文诚、武桢等稽考历朝令典,参照黎朝的《洪德律例》和中国的《大清律》,于1815年编成,由皇帝亲自裁定,作序颁行,这就是《嘉隆法典》①。

1810年,越南国王专门从广东聘请了三位瓦匠,"令于库上锻铸琉璃瓦青黄绿各色,使工匠学"。清朝的手工业技术也对越南产生了重要影响,可以说,两国使节的往来推动了清朝的文明和科学向越南的传播。

自主时期,中越友好往来频密。朝廷间的交往、文人墨客间的酬答应和、使节交往的事迹、佛教高僧南下北上等多见诸史书,更多的民间交往却难见于史籍。而这些"看不见"的民间交往才真正是中越友好关系的基石,正如马克思所言,"人民才是历史真正的创造者",中越两国人民才是中越友好关系的缔造者。

第二节 近代中越友好关系

19世纪中叶以来,随着西方殖民主义的入侵,中国和越南都逐步沦为半殖民地半封建社会。近代中越两国人民有着相似的遭遇、

---

① 又名《皇越律例》《皇朝律例》《国朝律例》。

第十一章 中越友好关系

相同的命运，并抵抗着共同的敌人。在长期反抗外来侵略，进行民族民主革命的过程中，两国人民互相支持、互相帮助，结下了极其深厚的革命友谊，为中越友好谱写了新的篇章。以潘佩珠为首的越南资产阶级革命者领导人民掀起反抗法国殖民统治的斗争，其革命活动得到了梁启超、孙中山等人的大力支持；同时，越南人民也为中国革命作出了贡献，为中越传统友谊增添了新的内容。

一、法国入侵与中越友好往来

19世纪下半叶，中越两国都面临内忧外患，同时遭受法国殖民者的入侵。当时法国一方面欲占领越南，一方面欲以越南为跳板，进而入侵中国西南。这一时期，中越两国处在同一条战线上，同呼吸、共命运、休戚与共。

1858年，法国和西班牙联军进攻岘港，进攻受挫转而进攻富庶且防守松散的嘉定地区。正当法西联军在越南激战时，英法联军在中国发起第二次鸦片战争，急需法军前往增援。此时法国只留少量军队驻守嘉定，其余部队前去支援侵华法军。嘉定战场陷入僵局，谁也无法取胜。1860年9月，中国和英法缔结《天津条约》，战事结束后法军重回嘉定，向越军发起进攻。越军大败，边和、嘉定、定祥、永隆等地相继丢失，越南被迫于1862年签署《西贡条约》。由此可见，在面对法军入侵时，中越两国战场息息相关。

由于中国爆发太平天国运动，南方各省道路被阻，越南接连三次岁贡都无法成行，时隔16年后直至1868年越南贡使才能够来华。而此次岁贡的背景已大不一样，法国已于1862年强迫越南签署《第一次西贡条约》，割让嘉定、定祥、边和三省以及昆仑岛，同时开阜通商支付巨额赔款。法国又于1867年侵占了永隆、朱笃、河仙三省，使南圻全部沦为法国殖民地。鉴于此情，清廷与越南都十分重视此次入贡。从清朝的角度来看，越南为中国藩属，也是中国南面的屏障，保护越南免受入侵对中国的安全十分重要。而越南也迫切希望借岁贡与清廷加深修好，在抗击法国入侵时得到清廷的支持。清朝同治帝三次宴请越南贡使，以示重视。此次岁贡重申了中越宗藩关系，打击了法国破坏中越关系的企图，两国在巩固双方关系、共同应对法国入侵方面达成共识。

随着事态的发展，中越关系呈现出新的变化特点。1882年初，招商局员唐廷庚等奉两广总督张树声之命抵达越南都城顺化，借口商办招商局运粮事宜，寻机会见越南国王及大臣，探询联合抗法等事。但越王阮福时忌惮法国殖民者的淫威，没有亲自召见中方来使，委派户部侍郎阮文祥等与之密商。越方提出三点要求：第一，派使节驻京，若有事便于与总理衙门协商；第二，在广州设领事馆，便于商业往来，通报信息；第三，派人搭乘中国轮船赴欧、美、日本诸国"探学"，以了解海外事务。

越方所提问题与曾纪泽所提建议不谋而合，李鸿章经反复思考，除原则上同意越南使节驻京外，协助越南出洋访学也纳入清廷考虑，拟由两广当局代为择船搭乘并给予凭照。至于越方要求派领事驻广东一事，则没有明确答复。可见迫于时势，中越双方皆有改变两国传统关系模式的愿望并着手实施，只是随着越南局势的进一步恶化，这一推动两国关系向近代新型外交关系迈进的尝试没有取得什么实际效果。

随着法国不断入侵北圻，越南形势更加紧张。清廷派李鸿章与法国公使宝海谈判，李鸿章主张，中、法"两国派定大员后，并应有越南国王遣派大员三面会商"。这实际上是把中法交涉改为中越联合对法交涉，形成联合对抗法国的局面。经反复谈判争取，法国最终允许越南派员参加。1883年，越南派遣刑部尚书范慎橘充钦差

第十一章　中越友好关系

大臣，率领侍郎加参知衔阮述等抵达天津参加中、法、越会谈。但就在此时，宝海被撤回国，三方会谈被迫撤销，中越联合与法交涉的打算落空。

中越除在外交上相互配合外，在军事上也密切合作。此时越南境内各地农民起义不断，尤其是中国反清组织和散兵游勇涌入中越边境地区，使越南穷于应付。据估计，中法战争前仅在越北各地活动的中国天地会武装就有153股，他们设立关卡，收税征粮划分管理区域，俨然一个个独立国王。从1869到1885年间，越南多次向清廷请求援助其助剿匪徒，清军也进驻越南北部，助越剿匪。

随着法军不断进攻北圻，威胁中越边境，法军成了两国的共同敌人。1873年，法国侵略军进攻越南河内等地，应越方要求，刘永福率黑旗军与越军联合作战，在河内西郊大败法军，斩杀法军首领安邺上尉等数百人。1882年，法军再次入侵越南北部，刘永福率黑旗军在河内城西纸桥一带再次大胜法军，击毙法军司令李维利以下数百人。1883年，法军卷土重来，大举进攻红河三角洲地区，黑旗军与清军、越军联合作战，在越北屡创法军。

法军进攻北圻的同时，还派海军入侵台湾、福建等地，把战火从中越陆地边境燃烧到中国东南沿海，中法战争爆发。海战中，法军击败福建水师，但在进攻台湾时受挫；陆战中，清军老将冯子材在镇南关大胜法军，从根本上扭转了战争局势，迫使挑起战争的法国费理内阁倒台。此时清廷下令停战，于1885年同法国签订条约，承认越南为法国的保护国。

而在之前的1883年，阮朝嗣德帝去世，其弟上表告哀、请封，清廷决定派员到越南册封。法国看到了中越两国想以此为契机联合抗法的设想，极力阻挠。趁越南政权不稳之际，法军发动进攻，于1884年6月6日强迫越南签订《顺化条约》，明确规定越南承认并接受法国的保护权，法国代表越南处理一切对外关系，并将清廷册封越南国王所授镀金驼钮银印当场销熔铸为银块，以示中越宗藩关系永世断绝，越南沦为法国的殖民地。至此，中国与越南长达近千年的宗藩关系宣告结束。

二、资产阶级救国运动与中越友好交往

同处于半殖民地、半封建社会的中越两国共同面临着反对殖民入侵、争取民族独立的历史使命。越南受中国文化影响两千年，中越宗藩关系结束后，这种影响仍然持续存在，并内化成一种力量，促使越南主动向中国学习，而中国人民也一如既往地支持越南的革命运动。

潘佩珠是越南资产阶级革命家，越南民族解放运动的领袖，近代启蒙思想的先驱者，他的一生都在为越南的民族解放而奋斗。他深受中国传统文化影响，长期在中国活动，与梁启超、孙中山等多有交往，并得到他们的支持。

1904年，潘佩珠等人成立越南维新会，反抗法国的殖民统治，争取越南的独立自主。维新会决定由潘佩珠负责前往日本求援，1905年2月，潘佩珠东渡日本。抵日后，他与梁启超会晤，就当前越南革命问题进行交流。梁启超十分关注越南，竭力帮助潘佩珠，建议他从宣传入手，多写文章，向全世界揭露法国在越南的黑暗统治，以争取世人的声援。同时，梁启超还建议潘佩珠号召越南青年出国留学，培养人才，积蓄力量。在梁启超的影响和帮助下，潘佩珠写出《越南亡国史》《海外血泪书》《提醒国民歌》《劝国民资助游学文》等陈述越南亡国惨状、揭露法国殖民者罪行的宣传性著作。有些著作没有出版经费，梁启超及中国革命者帮助其出版。这些作品在越南国内广泛流传，激起了越南人民的爱国热情。此外，潘佩

第十一章 中越友好关系

珠掀起"东游运动",组织越南进步青年到日本留学,为以后的革命储备了人才。

在梁启超的引见下,潘佩珠得以会见日本前首相大隈重信、民进党总裁犬养毅,以及福岛、宫崎等重要政治人物。虽然潘佩珠在日本得到了这些人的帮助和照顾,但其向日本求援抗法的计划没有实现。法国和日本勾结,日本下令取缔越南留学生组织,"东游运动"被迫终止,潘佩珠于1909年被驱逐出日本。

潘佩珠在接受梁启超帮助的同时,也与中国革命党人进行接触,他拜会了孙中山,在横滨致和堂进行了两次长时间的笔谈。孙中山向他阐明君主立宪的虚伪和落后,主张通过民主革命,彻底铲除君主制,建立民主共和政体。潘佩珠对孙中山十分崇敬,承认民主共和政体是进步的、革命的,但根据越南的国情,还不能立即实行这个制度。

两位领袖的初始会谈并没有达成具体结果,但却加深了中越两国革命党人的相互了解和友谊,二人由此结识,在后来的革命斗争中,相互支持和帮助,结下深厚的友谊。1925年,孙中山逝世,潘佩珠写下挽联:"志在三民,道在三民,忆横滨致和堂两度握谈,卓有真神贻后死;忧以天下,乐以天下,被帝国主义者多年压迫,痛分余泪泣先生。"表达对孙中山先生逝世的哀痛之情。

1905年8月,孙中山在日本东京成立中国同盟会后,潘佩珠又同黄兴、章炳麟等中国革命党人交往。在东京的云南留学生办起《云南杂志》后,聘请他任编委,主持社论栏。于是,他借《云南杂志》之便,发表了《海外血书》《哀越吊滇》等文,对宣传爱国、仇恨敌人,宣传孙中山的三民主义作出了贡献,受到中国革命党人的称赞。

孙中山及其领导的中国革命党支持越南革命的态度是坚决的。

1912年2月，南京国民政府成立后，潘佩珠从广州到南京，受到孙中山的盛情接待。孙中山邀潘佩珠参加了第一次国会参议院议会旁听。随后委托国民革命军总长的黄兴与潘佩珠具体商谈援越事宜。黄兴坦诚地告诉潘佩珠："我国援越实为我辈不可辞之义务，然此事谋即尚属太早，仅所能为诸君之法，送派留学生入我国学堂或入我国军营，储备人材，以待时机。"黄兴又专门把粤督胡汉民介绍给潘佩珠，并嘱胡安排越南留华学生事宜。不久后，大批越南进步青年进入了中国国民政府开办的各类院校学习，其学费生活费全由国民政府承担。

1912年2月，在中国革命党人的热情支持下，越南革命者在广州成立了"越南光复会"，中国革命党人苏少楼任其副总理，很多中国革命党人参加，为该会提供了人力支持，壮大了其力量。另外，中国革命党人和广州人民为越南光复会捐款捐物，为其在广州的活动提供了各种条件。

1924年6月，越南革命青年范鸿泰在广州用炸弹暗杀法国驻印度支那总督梅兰，失败后投江殉国，此事在国际上引起震动。当时法国政府向中国政府抗议，要中国政府就收容凶手一事赔偿损失，赔礼道歉。广东政府严词拒绝，孙中山发表声明："余未闻有越南人。即使有人，亦皆好人，无一凶手。"这种坚定的态度使越南革命者非常感激。广州人民景仰这位革命烈士，不顾法国当局的干涉，将其遗体安葬在广州黄花岗七十二烈士墓对面的二望岗，并立有墓碑，碑上刻有《越南范烈士墓记》。

另外，广州各界人士也积极支持越南的革命事业，为其活动提供各种各样的帮助。抗法名将刘永福回国后仍关心并大力支持越南人民的抗法斗争。1906年，潘佩珠从日本到达广州，特地到刘永福家拜访，受到热情接待。此后潘佩珠和他的同事们便成了刘永福家

第十一章 中越友好关系

的常客，刘永福家也成了安排来广州的越南抗法人士的居住地，有时一次居住50人之多。刘永福家也成了越南革命者活动的主要据点之一，许多重大会议在刘永福家召开。如1912年2月潘佩珠在刘家宣布成立"越南光复会"等。

1924年，潘佩珠在广州解散越南光复会，成立越南国民党，其组织形式和章程内容都效仿中国国民党。1924年底，潘佩珠和胡志明接触，准备接受胡志明的建议，进一步修改越南国民党章程，使越南国民党真正成为各革命阶级的联盟。但潘佩珠不幸于1925年6月在上海被法国密探绑架，押回越南，终身监禁，这一计划落空。

越南革命得到中国大力帮助的同时，中国的革命也离不开越南人民的支持。越南在孙中山的革命生涯中占有十分特殊和重要的地位。越南与中国边境相连，成为孙中山进行革命活动之有力策应地。孙中山发动组织越南华侨并偕同国内同志，在以河内、海防为中心的越北地区组织力量，进军边境。不利或暂时失败后则退入越境，图谋再起；或潜回国内，或把起义同志转送南洋。1900年到1908年间，孙中山曾在越南活动，在华侨界了解情况并宣传革命，准备力量组织实施起义计划，反抗满清政权。这期间，孙中山在越南策划和指挥了同盟会发动的六次武装起义，其中越南华侨在各方面发挥了很大的作用。1911年4月27日的广州起义中，越南华侨更是舍生忘死，浴血战斗。据不完全统计，牺牲的黄花岗七十二烈士之中有华侨31人，其中有越南华侨14人，他们分别是：徐培添、徐礼明、徐廉辉、徐松根、徐绍良、游寿、李德山、罗遇坤、罗进、罗联、周华、陈春、陈福、陈才。

总之，近代中越两国的紧密关系不仅体现在"同文""同种"上，还体现在"同病"相怜和在共同反抗殖民主义的斗争中结下的战斗友谊上。可贵的是，中国革命党和中国人民，在自身极端困难甚至自身难保的情况下，仍坚持给越南革命以极大的关心和支持；同时越南人民也顶着极大的压力支持和帮助中国人民的革命事业。正如胡志明主席所说：中国革命和越南革命的关系是"恩深""义重""情长"。

第三节 现代中越友好关系

俄国十月革命后，马克思列宁主义传到了中国和越南。两国共产党登上历史舞台，开始领导本国人民进行反帝、反封建斗争，在同呼吸、共命运的革命斗争中，两国的无产阶级革命者结下了深厚的友谊。越南无产阶级革命家胡志明与中国革命党人的密切关系充分体现了两国人民的深厚感情。

20世纪20年代初，早在法国的时候，胡志明就认识周恩来，还介绍赵世炎、陈延年、陈乔年、王若飞、肖三五人加入法国共产党。1924年，胡志明从莫斯科来到广州，在孙中山的苏联顾问鲍罗廷的翻译室工作。1925年6月，胡志明在广州成立越南革命青年同志会，举办特别政治培训班，宣传马克思主义，邀请周恩来、张太雷、陈延年、李富春、彭湃等人给培训班授课。特别政治培训班为越南革命培养了一批骨干，对越南革命具有重要意义。

举办培训班的同时，胡志明还挑选一些优秀的越南青年，通过周恩来介绍送入黄埔军校学习，黎鸿峰、黎广达、武鸿英、张云岭就是黄埔军校二期和三期的学员，他们后来都成为越南革命的骨干力量。

为了更好地领导越南革命，1940年12月，胡志明和一些越南革命党人来到中国广西靖西县，并在那里成立了"越南民族解放委员会"。1942年，胡志明回到越南，在高平省河广县北坡村建立领

第十一章 中越友好关系

导机关，培训干部，发展组织，建立根据地，着手组建武装力量。在这段时间内，胡志明和越南其他革命领导人经常来往于中越毗邻的省份之间，他们与中国广西靖西、那坡、龙州等县的人民建立了深厚的感情。中国边民十分支持越南的革命事业，他们在十分困难的情况下，全力为越南革命者提供住宿，负责交通联络、递送信件、安全掩护、协助购买武器弹药和医药等，为越南的革命事业作出了很大的贡献。

1942年8月，胡志明从越南北坡进入中国靖西，不幸被国民党抓捕，辗转监押在多个监狱。身陷牢笼的胡志明以革命家的坚强意志和不屈不挠的精神写下一百多首汉语诗，这就是著名的《狱中日记》。得知胡志明被捕的消息后，中越两国人士立即展开救援活动。周恩来立即面见蒋介石，进行交涉，同时还找到国民党爱国将领冯玉祥，冯玉祥又找李宗仁一同去见蒋介石，要求释放胡志明，这对促使蒋介石下令释放胡志明起到了重要作用。在各方的共同努力下，胡志明终于在1943年获释。

重获自由的胡志明继续领导越南的革命事业。趁"二战"结束日本帝国主义投降之机，胡志明领导越南人民发动"八月革命"，建立越南民主共和国。但法国殖民者很快就卷土重来，占领越南各大城市，并控制主要的交通要道，越南共产党只能以山区和农村为基地展开游击战。此时中国共产党在进行解放战争，中越两党在边境地区的战斗中互相帮助、互相支持，续写着两国革命友谊的新篇章。1946年4月，在国民党重兵"围剿"下，中共领导的广东南路抗日解放军（即"老一团"）进入越南解放区休整，期间得到越南同志的大力帮助和悉心照顾。在解放战争的艰苦岁月里，中越边境地区成为中共武装力量的基地和后方，中越两党的武装力量在战斗中相互支援，共同战斗。

中越两国的革命事业紧密相连，不可分割，两国军人经常活跃于两个战场，不分彼此，洪水的革命经历正好说明这一点。洪水，又名阮山，参加革命后一直追随胡志明，在中越两国进行革命活动。在中国，他参加越南青年革命同志会，考入黄埔军校第四期，加入中国共产党，参加广州起义。1928年，洪水参加红军，曾到瑞金红军学校任教；1934年参加了中华苏维埃第二次代表大会，当选中央执行委员。1935年，洪水参加长征，在队伍被打散后独自走到陕北。1945年，越南民主共和国成立后，洪水奉命回国参加战斗，曾任第四战区司令员兼政委，建立越军历史上第一所正规军校——广义陆军学校。1949年，胡志明主席授予洪水少将军衔。1950年，洪水再次来中国工作，于1955年被授予少将军衔，成为名副其实的"两国将军"。

　　1949年10月1日，中华人民共和国的成立极大地鼓舞了越南人民的抗法斗志。中国人民在建设自己国家的同时，仍然承担起援助越南革命的责任，支援越南人民取得抗法、抗美斗争的胜利，为越南的解放事业作出了不可磨灭的贡献。

参考文献

一、中文文献

[1] 陈继章.越南概况.广州:世界图书出版公司,2010.

[2] 陈辉燎(范宏科、吕谷合译).越南人民抗法80年史.北京:生活、读书、新知三联书店,1960.

[3] [越]陈重金著,戴可来译.越南通史.北京:商务印书馆,1992.

[4] 丛国胜.越南行政地名译名手册.北京:军事谊文出版社,2004.

[5] 戴可来,于向东.越南.南宁:广西人民出版社,1998.

[6] 杜敦信,赵和曼.越南、老挝、柬埔寨手册.北京:时事出版社,1988.

[7] 古小松.越南的社会主义.北京:人民出版社,1995.

[8] 古小松.2010越南国情报告(蓝皮书).南宁:广西人民出版社,2010.

[9] 何成轩.儒学南传史.北京:北京大学出版社,2000.

[10] 梁志明.当代越南经济革新与发展.厦门:鹭江出版社,1996.

[11] 刘稚.当代越南经济.昆明:云南大学出版社,2000.

[12] 孟庆捷.畅游越南.上海:文汇出版社,2000.

[13] [越]陶维英著,刘统文、子钺译.越南古代史(上下册).北京:商务印书馆,1976.

[14] 王世录,刘稚.当代越南.成都:四川人民出版社,1992.

[15] [越]吴士连等纂修.《大越史记全书》,卷二,陈荆和校合本,日本东京大学东洋文化研究所,昭和五十九年(1984)印行.

[16] 徐绍丽,利国.越南民族.北京:华夏出版社,1989.

[17] 徐绍丽,利国,张训常.列国志·越南.北京:社会科学文献出

版社，2009.

[18] 杨全喜，钟智翔. 东盟国家军事概览. 北京：军事谊文出版社，2003.

[19] 越南国防部军事历史院. 越南人民军50年. 北京：军事谊文出版社，1996.

[20] 张加祥，俞培玲. 越南. 北京：当代世界出版社，1998.

[21] 张锡镇. 当代东南亚政治. 南宁：广西人民出版社，1994.

[22] 赵和曼. 东南亚手册. 南宁：广西人民出版社，2000.

二、越文文献

[1] Đào Duy Anh. Việt Nam Văn hóa sử cương, Nxb TP HCM, năm 1992.

[2] Đinh Xuân Lâm. Lịch sử (giáo trình trung học phổ thông, lớp 6~12), Nxb Giáo dục, năm 2004.

[3] Đinh Xuân Lâm. Đại cương lịch sử Việt Nam (tập II), Nxb Giáo dục, năm 2006.

[4] Kiều Văn. Giai thoại lịch sử Việt Nam (tập I, II), Nxb Văn hóa Thông tin, năm 2002.

[5] Lê Bá Thảo. Lãnh thổ và các khu vực địa lý, Nxb Thế giới, năm 2001.

[6] Lê Mậu Hãn. Đại cương lịch sử Việt Nam (tập III), Nxb Giáo dục, năm 2006.

[7] Lê Văn Chưởng, Cơ sở văn hóa Việt Nam, Nxb Trẻ, năm 2005.

[8] Lưu Văn Lợi. 50 năm ngoại giao Việt Nam (tập I, II), Nxb Công an, năm 1997, 1998.

[9] Mai Lý Quảng. Quê hương Việt Nam, Nxb Thế giới, năm 2004.

［10］Ngô Đức Thịnh. Văn hóa tộc người và văn hóa Việt Nam, Nxb Khoa học Xã hội, năm 2006.

［11］Ngô Đức Thịnh. Đạo Mẫu, Nxb Khoa học xã hội, năm 2007.

［12］Ngô Đức Thịnh. Về tín ngưỡng lễ hội cổ truyền, Viện văn hóa, Nxb Văn Hóa Thông tin, năm 2007.

［13］Phan Ngọc. Bản sắc văn hóa Việt Nam, Nxb Văn hóa Thông tin, năm 2004.

［14］Thông tấn xã Việt Nam, Văn phòng chính phủ. Chính phủ Việt Nam 1945—1998, Nxb Chính trị Quốc gia, năm 1999.

［15］Trần Ngọc Thêm. Tìm về bản sắc văn hóa Việt Nam, Nxb TP HCM, năm 2001.

［16］Trần Trọng Kim. Việt Nam sử lược (quyển I, II), Nxb TP HCM, năm 2000.

［17］Trương Hữu Quỳnh. Đại cương lịch sử Việt Nam (tập I), Nxb Giáo dục, năm 2006.

［18］Văn Thái. Địa lý kinh tế Việt Nam, Nxb Thống kê, năm 1997.

［19］Vũ Thế Bình. Non nước Việt Nam, Nxb Văn hóa Thông tin, năm 2000.

三、网　站

［1］中华人民共和国外交部官方网站 http://www.fmprc.gov.cn/pds/gjhdq/gj/yz/1206_45/.

［2］越南国家统计局官方网站 http://www.gso.gov.vn/default.aspx?tabid=217.

后　记

　　笔者1990年进入大学学习越南语，1997年留校任教。教学之余，笔者对越南国情比较感兴趣，并有意识地搜集相关资料。2004年，笔者有幸被国家留学基金委选派到河内国家大学人文社科大学深造，其间，不仅收集了大量的资料，还增加了对越南的感性认识。回国后对收集的资料进行了整理，并运用到授课当中，同时试着进行学理归类。2007—2008学年，笔者再次到越南访学，不仅进一步充实了资料，对越南的认识也更加丰富、立体。同时，也产生了编写一本简洁、好读、略带感性的向中国读者介绍越南的书籍的冲动。恰好由解放军外国语学院亚非语系主任、博士生导师钟智翔教授策划编写的《东南亚研究》丛书被列入国家出版基金项目，《越南概论》为该项目的子项目。钟智翔教授把这个子项目交给我，他拟定章节目录，提出编写要求，定期检查，推动项目完成。可以说，没有钟智翔教授的推动和促进，这本书不可能这么快面世。

　　本书着眼越南基本国情，兼及对越南的感性认识和理性分析，把笔者在越南的经历和感悟融入写作之中，以突出本书的感性特质，尽可能在枯燥的数据和情况介绍中表达情趣。为了实现上述目标，编者较多使用了脚注。正文强调内容的脉络，突出概论性质，保证阅读的流畅性；脚注内容除了引用，还提供更多细节、解释以及编者的感性认识，并为有兴趣的读者提供更为丰富的视角，更为细腻的描写。

　　本书除了强调基本国情，强调情趣，还在有表达空间的领域突出学术性。为此，笔者邀请了在文化、宗教领域有研究专长的徐方宇和在中越友好领域有研究心得的李华杰参加相关章节的编写。具体分工如下：第一章、二章、三章、七章、八章、九章、十章由兰强编写，第四章、五章、六章由徐方宇编写，第十一章由李华杰编写。全书由兰强负责统稿、修改和定稿。

需要指出的是，尽管我们做了大量工作，但是在资料的取舍和更新上也存在不平衡和不及时的地方。书中使用的材料、数据除注明出处、时间的，一般截止到2010年，数据源为中华人民共和国外交部网站或越南国家统计局官方网站。由于本书体例所限，未把所用材料一一注明出处，为弥补该问题，笔者附了一份参考书目。特别要指出的是，本书第十章"对外关系"主要参考了陈继章主编的普通高等教育"十一五"国家级规划教材《越南概况》第十二、十三章的编写框架；第九章"军事与国防"主要参考了杨全喜、钟智翔主编的《东盟国家军事概览》第一章的内容。此外，戴可来、于向东主编的《越南》，张加祥、俞培玲主编的《越南》，徐绍丽、利国、张训常主编的《列国志·越南》，古小松主编的《2010越南国情报告》等书也是主要参考书，在此一并向作者们致谢。

虽然编写组都是多年从事越南语教学和越南研究的人，但是我们深知，本书呈现的越南在很多领域还只是表皮，对很多问题的认识和分析还很肤浅。对编写组来说，编一本错漏较少的书已经很难，好读、感性更是主观的目标，不尽如人意是肯定的，但是我们相信这样的方向还是值得尝试的。不当之处，敬请读者指正。

兰　强

2012年11月

于解放军外国语学院